교부학 입문

교부학 입문

2024년 5월 28일 교회 인가
2025년 1월 3일 초판 1쇄 펴냄

지은이 · 이상규
펴낸이 · 정순택
펴낸곳 · 가톨릭출판사
편집 겸 인쇄인 · 김대영
편집 · 김소정, 강서윤, 김지영, 박다솜
디자인 · 이경숙, 강해인, 정호진
마케팅 · 안효진, 황희진

본사 · 서울특별시 중구 중림로 27
등록 · 1958. 1. 16. 제2-314호
전자우편 · edit@catholicbook.kr
전화 · 1544-1886(대표 번호)
지로번호 · 3000997

ISBN 978-89-321-1938-0 03230

값 38,000원

ⓒ 이상규, 2025.

성경·교회 문헌 ⓒ 한국천주교중앙협의회, 2024.

이 책은 저작권법에 의해 보호를 받는 저작물이므로 무단 전재와 무단 복제를 금합니다.

가톨릭의 모든 도서와 성물을 '**가톨릭출판사 인터넷쇼핑몰**'에서 만나 보실 수 있습니다.
http://www.catholicbook.kr | (02)6365-1888(구입 문의)

교부학 입문

INTRODUCTIO
PATROLOGIAE

이상규 지음

가톨릭출판사

이 책과 관련된 고대 지명 지도

머리말

예수께서는 이 세상에 계시는 동안 그 어떤 책도 남기지 않으셨다. 대신 성령에 의해 인도되는 살아 있는 유기체인 '교회'를 세우심으로써, 당신에 대한 기억과 가르침이 깨달음의 대상인 '학문'이 아니라 생명을 지닌 체험으로 전달되기를 바라셨다.

"너희는 온 세상에 가서 모든 피조물에게 복음을 선포하여라(keryxate)."*

주님께 '선포하라'는 최종 명령을 받든 사도들은 '전령'(kéryx)이 되었으며, 그들이 공개적으로 선포하는 '기쁜 소식'의 핵심 내용이 바로 '케리그마'(kérygma)이다. 예수께서는 제자들 가운데 사도들을 뽑아 몸소 말씀과 모범으로 가르치시어, 그들에게 구원

---

* 마르 16,15.

신비의 메시지(케리그마)를 온전히 전수하셨다. 게다가 사도들은 "높은 데에서 오는 힘을 입게 되는데", 바로 성령께서 그들에게 임하시는 사건이 벌어졌다(루카 24,49; 사도 1,8; 2,4 참조). 성령 강림으로 인해, "사도들은 성령의 모든 은사로 충만해졌으며, 완전한 '앎'을 소유하게 되었고 …… 그들 각자는 모두 하느님의 복음에 관해 동등한 권한을 소유한 채, 저마다의 방식대로 복음을 전해 주었다."**

하지만 사도들도 스승처럼 처음부터 케리그마를 기록하지 않았다. 그들은 '생생한 목소리'*** 로 복음을 선포하며 세례를 베풀고 성사를 집전했다. 역사가인 에우세비우스는 케리그마의 핵심을 담은 복음서가 '책'으로 쓰이게 된 과정이 처음부터 계획된 것이 아니라 우연스럽게 집필되었다고 증언한다. 요한 복음서의 저자도 이를 암시하는 말을 전하고 있다. "예수님께서 하신 일은 이 밖에도 많이 있다. 그래서 그것들을 낱낱이 기록하면, 온 세상이라도 그렇게 기록된 책들을 다 담아내지 못하리라고 나는 생각한다."(요한 21,25) 다소 과장되기는 했지만, 실제로 복음서들이 예

** 리옹의 이레네우스, 《이단 반박》 3,1,1. 성령은 사도들에게 구세주의 생각뿐만 아니라 그분의 온 생애와 메시지 전체를 전달할 능력을 부여하셨으며, 더 나아가 예수의 생애와 메시지를 담고 있는 '그릇'인 교회도 계속 쇄신시키신다 (Invenescens et iuvenescere faciens ipsum vas in quo est.). 참조. 《이단 반박》 3,24,1.

*** 에우세비우스 《교회사》 3,39,4.

수께서 하신 말씀과 활동하신 '모든 것'을 전부 담을 수는 없다.

예수의 공생활 중에 사도들은 복음서에 기록된 것 외에 다른 내용들도 듣고 배웠을 것이다. 사도행전과 서간에서 볼 수 있듯이, 그들은 새로운 문제와 상황이 발생했을 때, 기억 속의 '케리그마'를 꺼내어 문제를 해결했을 것이다. 또한 사도들 이후에 그들의 제자들도 온 세상 곳곳에 세워진 교회의 책임자들이 되어 자신들이 전해 받은 '사도들의 가르침'(케리그마)에 따라 새로 발생하는 문제들을 대처해 나갔다. 가톨릭 교회는 이러한 가르침의 계승을 '전승'(Traditio)이라고 하며, 로마의 클레멘스의 말대로 "영광스럽고 공경받아 마땅한 기준"****이며 '신앙의 규범'(Regula fidei)으로 생각한다. 리옹의 이레네우스도 사도로부터 이어오는 '신앙의 유산'(depositum fidei)의 중요성을 다음과 같이 강조한다. "설사 사도들이 아무런 책을 남기지 않았더라도 이 전승만으로 충분하다."

제2차 바티칸 공의회 〈계시 헌장〉에서는 하느님의 계시가 '성경'과 '성전'(聖傳)을 통해 전달되며, 이 두 가지 모두 하느님으로부터 흘러나오고 서로 밀접한 연관이 있다고 설명한다. 특히 교부들에 대해 이렇게 언급한다. "교부들의 말씀은 믿고 기도하는 교회의 일상 가운데 풍부히 흐르며, 전승이 생생하게 살아 있

**** 《코린토 신자들에게 보낸 편지》 7,2.

음을 보여 준다." 따라서 교회의 전승에 중요한 몫을 차지하는 교부들과 그들의 문헌을 아는 것은 하느님의 계시를 이해하는 데 필수적이다.

거인과 난쟁이, 둘 중 누가 더 멀리 볼 수 있을까? 교부학을 공부하는 이들이 즐겨 드는 비유다. 당연히 거인이 더 멀리 볼 것이다. 하지만 난쟁이가 거인의 어깨 위에 올라탄다면 어떨까?
"거인의 목마를 탄 난쟁이가 거인보다 더 넓은 시야를 가지며 더 멀리 본다는 사실을 모를 사람이 있겠는가? 거인이 볼 수 없는 것을 난쟁이가 발견했기 때문에, 그것이 실재하지 않는다고 우겨대는 어리석은 사람은 없을 것이다. 그러나 미련한 사람은 난쟁이가 오만하다고 비난한다. 왜냐하면 난쟁이가 언급하는 것들에 대해 거인이 말하지 않았기 때문이란다! 그러나 난쟁이가 아는 것 대부분은 거인이 이미 아는 것들이다."*****

간단하지만 인상적인 이 비유는 '거인'의 어깨 위로 오르라는 초대다. 그러나 목마를 타기 전에 먼저 거인과 사귀면서 친해질 필요가 있다. 이에 대해 아우구스티누스는 다음과 같이 말했다. "우정을 통해서만 누군가를 알 수 있다."(nemo nisi per amicitiam cognoscitur)

***** Jean Daillè, *Sur l'emploi des Saincts Pères*, Genève, 1632.

지난 20여 년간 신학교에서 교부학을 가르치면서, 학생들이 '거인'과 친해지기를 바라는 마음이 컸다. 하지만 교부들의 방대한 작품에 비해 번역이 턱없이 부족하고, '거인'과의 우정을 쌓을 수 있도록 안내하는 길잡이도 손에 꼽을 정도로 드물다는 현실을 마주하게 되었다. 그래서 부족하지만, 더 많은 사람들이 교부학과 친해지기를 바라는 마음으로 그간 강의실에서 나눈 내용을 정리해 보았다.

이 책은 총 3부로 구성되었다. 제1부는 교부학 공부를 위해 기초적으로 알아야 할 내용을 정리한 '예비 교육적'(propaedeutica)인 성격을 지니고 있다. 제2부는 본연의 '교부학'이라고 할 수 있는 부분으로, 주요 교부들의 '생애, 작품, 가르침'이라는 전통적 방법론에 따라 1세기부터 8세기까지 시대순으로 나열했다. 아울러 각 장의 끝에는 '신학적 반성'을 더하여 각 장의 내용을 정리하는 동시에 더 심화하는 데 도움을 주고자 했다. 제3부는 일종의 '교부 신학'(patristica)이라고 할 수 있다. 그렇다고 신학적 주제를 설명한 것은 아니고, 문헌의 양식에 따라 몇 가지 주제를 살펴봄으로써 교부학의 '문헌학'적인 의미를 조금이나마 알아보고자 했다. 그리고 부록으로는 10년 단위로 나눈 연대표를 넣어 일반 세계사와 교회사 그리고 교의와 주요 교부의 문헌 집필 연대를 비교해 볼 수 있도록 했다. 이 연대표는 《교부학과 고대 그리스도교 사전》(Dizionario Patristico e L'Antichità Cristiane) 제3권에 나오는 연대표를 따른 것이다.

끝으로 이 책을 출판해 준 가톨릭출판사와 관계자들에게 감사의 마음을 전한다.

2024년 11월 9일 라테라노 대성전 봉헌 축일에

대전가톨릭대학교에서

이상규 야고보 신부

차례

머리말 6

제1부 교부와 신학

제1장 교부들의 신학 21

1. 성전(聖傳)의 탁월한 증인들인 교부 21
2. 교부들과 문화와의 만남 26
3. 교부와 교의(dogma)의 발전 30
4. 교부들에 의해 전승된 신앙의 '통합적 유산' 32
5. 현대 신학과 교부학 41

제2장 신학 역사 안에서 교부 46

1. 성경과 초대 교회에서 사용된 '아버지'라는 단어와 '교부' 46
2. 교부학 본연의 의미로서 '교부'라는 개념의 '아버지' 49
3. 교의 신학적 '플로릴레지아'(florilegia)와 '교부' 53
4. 역사가들의 첫 번째 관심인 '교부' 54
5. 고대 말기부터 중세 시대의 '교부' 56
6. 인문주의 시대와 프로테스탄트의 출현과 '교부' 60
7. 신(新)교부학 시대와 '교부' 64

제3장 교부학 입문을 위한 예비지식 79

1. '교부학', '교부 신학', '고대 그리스도교 문학' 79
2. 교부학의 학문적 독립성과 다른 신학 과목과의 관계 81
3. 고대 문헌학(Philogia) 83
4. 교부 시대의 구분 88
5. 교부학에서 중요한 거점 도시 90
6. 교부들이 남긴 주요 문헌의 종류 92
7. 교부들의 언어 95
8. 주요 비판본과 번역본 101
9. 교부학에 관한 주요 입문서와 참고서 및 그 밖의 보조자료 104

제2부 역사 속의 교부와 문헌

제1장 사도 교부 111

1. 시대적 상황 113
2. 《디다케》 115
3. 로마의 클레멘스의 《코린토 신자들에게 보낸 편지》 120
4. 위명(僞名)의 클레멘스 문헌 123
5. 안티오키아의 이냐티우스가 쓴 7통의 편지 126
6. 스미르나의 폴리카르푸스 133
7. 《폴리카르푸스 순교록》 134
8. 히에라폴리스의 파피아스 136
9. 헤르마스의 《목자》 136
10. 위-바르나바의 《편지》 138
11. 신학적 반성: 그리스도교의 최초 문헌인 사도 교부 시대 문헌 139

제2장 성경과 관련된 문헌 143

1. 유다 문헌에 대한 그리스도교의 다시 읽기 143
2. 그리스도교의 신약 정경과 외경 149
3. 모방 문학으로서 외경의 기원 157
4. 신학적 반성: 그리스도교 신학은 언제 시작되었나? 163

제3장 2세기 호교 교부: 세상과 그리스도인 170

1. 종교 171
2. 철학 사조 173
3. 초창기 그리스 호교 교부 177
4. 호교 문헌의 확산 185
5. 신학적 반성: 신앙과 이성 186

제4장 영지주의의 도전과 이레네우스 190

1. 영지주의 이단 190
2. 리옹의 이레네우스 206
3. 신학적 반성: 영지주의와 이레네우스의 신학적 역할 218

제5장 카르타고와 로마 223

1. 카르타고와 아프리카 교회 223
2. 테르툴리아누스 225
3. 카르타고의 키프리아누스 235
4. 로마 241
5. 히폴리투스 242
6. 노바티아누스 244
7. 신학적 반성: 테르툴리아누스의 신학적 기여 247

제6장 알렉산드리아의 신학 250

1. 알렉산드리아의 필론 251
2. 알렉산드리아의 클레멘스 253
3. 오리게네스 260
4. 신학적 반성: 알렉산드리아와 아시아 신학의 비교 277

제7장 콘스탄티누스의 제국과 교회: 니케아 공의회와 아리우스 이단 281

1. 4세기의 호교론 283
2. 카이사리아의 에우세비우스 286
3. 알렉산드리아의 아타나시우스 289
4. 신학적 반성: 니케아의 '호모우시오스'와 신학 297

제8장 카파도키아 교부: 니케아의 재해석과 수덕 신비 사상 301

1. 카이사리아의 바실리우스 303
2. 나지안주스의 그레고리우스 310
3. 니사의 그레고리우스 318
4. 신학적 반성: '학문'으로서 신학 323

제9장 황금기를 이끈 서방 교회의 위대한 교부 326

1. 푸아티에의 힐라리우스 327
2. 밀라노의 암브로시우스 331
3. 히에로니무스 338
4. 히포의 아우구스티누스 342
5. 신학적 반성: '세기를 관통하는' 사상가 아우구스티누스 369

제10장 안티오키아와 인근 지역의 교부 375

1. 예루살렘의 키릴루스   377
2. 타르수스의 디오도루스   381
3. 요한 크리소스토무스   382
4. 몹수에스티아의 테오도루스   387
5. 시리아의 에프렘   389
6. 신학적 반성: '안티오키아 학파'의 특성   391

제11장 5세기 그리스도론 논쟁과 그 주역: 에페소에서 칼케돈까지   394

1. 알렉산드리아의 키릴루스   396
2. 콘스탄티노폴리스의 네스토리우스   401
3. 키루스의 테오도레투스   404
4. 대(大)레오 교황   407
5. 신학적 반성: 네스토리우스와 키릴루스의 입장 비교   411

제12장 6세기의 신학자: 칼케돈 공의회 이후   416

1. 비잔티움의 레온티우스   419
2. 예루살렘의 레온티우스   423
3. 안티오키아의 세베루스   427
4. 위(僞)디오니시우스 아레오파기타   432
5. 보에티우스   435
6. 카시오도루스   438
7. 신학적 반성: 6~7세기의 그리스도론   442

제13장 교부 시대 말기   447

1. 대(大)그레고리우스 교황   450
2. 증거자 막시무스   454

3. 세비야의 이시도루스　458
4. 다마스쿠스의 요한　459
5. 신학적 반성: 교부 시대에서 스콜라 시대로　463

제3부 교부학의 문헌 양식에 따른 주제

제1장 순교 문헌　473

1. 어원과 역사　475
2. 순교에 대한 비그리스도인들의 반응　477
3. 순교 문헌의 종류　479
4. 순교 신학　484

제2장 수도 생활에 관한 문헌　489

1. 수도 생활의 기원과 발전　489
2. 수도 생활에 관한 주요 인물　491
3. 수도 생활에 영감을 주었던 문헌　495

제3장 교회의 제반 법규와 전례에 관한 규정집　500

1. 《사도 교훈》　502
2. 《사도 헌장》　502
3. 규정 모음집　503
4. 전례 규정집　505

제4장 그리스도교 시문학과 작가　507

1. 기원　507
2. 성경 주해시　510
3. 찬미가　512

4. 그리스도교 서정시　516
5. '합성시'와 '짧은 경구시(비문)'　519
6. 송가와 성인 찬송시　521

연대표　525

제1부

교부와 신학

제1장

교부들의 신학

1. 성전(聖傳)의 탁월한 증인들인 교부

교부들은 교회의 역사를 이끌어간 수많은 주역 가운데 탁월한 위치에 있다. 무엇보다 그리스도교 초기에서부터 오늘날에 이르기까지 살아 흐르는 전통의 독보적인 증인이자, 모든 시대가 받아들일 수 있는 교의(敎義)의 학문적 토대와 사목 원칙을 세운 교회의 주춧돌이다.[1]

교부들은 당대는 물론이고 후대 전체 교회의 주요 기틀인 그리스도교의 전승[성전(聖傳)]을 전달하고 해설한 이들이다. 전승의 한 부분이자 구성 요소라고 할 수 있는 교부들은 '성경의 정경화' 과정을 생생하게 증언하고 또 다른 신앙의 핵심 축인 '신경'(sym-

---

1 참조. 교황청 가톨릭교육성,《사제 양성에 있어서 교부 공부에 관한 훈령》18.

bolum)에 나타나는 '신앙 규범'(regulae fidei)과 '신앙의 유산'(depositum fidei)이 역사 안에 구체적으로 어떻게 적용되는지 보여 주었다. 그리고 교회의 전례가 형성되는 과정을 전해 주는 동시에 후대에 진행될 전례 쇄신에서 참고해야 할 지침도 마련했다. 또한 초기 교회에 시작된 여러 신학적 전통의 형성과 발전, 여러 신학파들의 상호 작용을 생생하게 전하며 신앙의 다채로운 해석을 보여 주었다. 이와 더불어 여러 신학적 견해 가운데서도 일치된 신앙의 공동 기초가 있음을 전한다. 마지막으로 교부들은 교의의 적절한 전수 과정, 즉, 단순히 획일적이고 부동적이며 경직된 교리를 전달하는 데 그치지 않고, 시대에 맞는 적응을 시도하는 교리 교수와 함께 수덕과 신비의 영적 체험을 증언한다.[2] 이러한 의미에서 "교부들은 진정한 가톨릭 전승(Traditio)을 증언하고 보증해 주는 분들로서 우리 시대의 신학적 문제에도 그들의 지대한 영향력은 계속되며, 권위 또한 계속 발휘된다."[3]

그런데 "교부들이라고 명명되는 이들을 '신학자'로 간주할 수 있을까? 고대 그리스도교의 사상가인 동시에 교회 공동체의 목자요, 설교가면서 스승이었던 교부들이 신학자라면, 그들은 어떠한 식으로 자신들의 '신학 작업'을 이해했으며 수행했을까? 다양한 신학적 방법론 속에도 교부들끼리 일치하는 공통의 원칙이

---

2   참조. 위와 동일, 20.
3   위와 동일, 23.

있을까? 이와 더불어 후대의 신학과 비교되는 교부들의 신학을 특징짓는 요소가 있을까?"[4]

먼저 교부들에게 '신학'이 어떤 의미가 있는지 파악할 필요가 있다. 그렇다고 '신학'이라는 개념의 어원적이며 어의적인 발전 과정까지 파헤칠 필요는 없다.[5] 실제로 교부 문헌에 '신학'이라는 단어가 그렇게 많이 언급되지 않았을 뿐만 아니라, 간혹 나타난다고 해도 고대 그리스 철학에서의 의미나 오늘날 통용되는 뜻과는 다르게 사용되었다.[6] 고대 그리스도인들은 자신들의 신앙과 관련된 것을 서술할 때 '신학'이라는 개념 이외의 다양한 표현

---

4 L. Longobardo – D. Sorrentino(edd.), *Mia sola arte è la fede*, Paolino di Nola teologo sapienziale, Eurocomp, Napoli 2000, 8-9.

5 '교부들의 신학'이라는 개념은 단지 하느님에 대한 교부들의 인식(gnosis) 과정과 관상(contemplatio)의 여정만을 뜻하지 않는다. 이 말에는 현대의 '신학'에 나타나는 수많은 탐구의 영역이 내포되어 있다. 참조. E. Dal Covolo, "conoscensa e contemplatione di Dio. Ignazio di Antiochia, Clemente e Origene", in *Filosofia e Teologia* 2 (1997) 265-280.

6 플라톤 철학에서 '신학자'는 거의 '시인'과 같은 의미로 사용된다. 따라서 '신학한다'(theologein)는 것은 신에 대해 이야기하는 것을 뜻하기에 실질적으로 '신화를 언급하다'(mythologein)와 거의 동일시된다. 참조. 플라톤, 《국가론》 2,379a. 반면 아리스토텔레스는 이 개념을 철저하게 철학적인 견지에서 접근했다. 참조. 《형이상학》 E.1:1025b18-1026a15. 이러한 맥락에서 그리스도인들도 영감받은 시인이나 문필가를 '신학자'로 표현하는가 하면, 천사도 하느님에 대해 말하는 존재라는 차원에서 '신학자'로 묘사하곤 했다. 참조. 카이사리아의 에우세비우스, 《교회사》 1,2,5; 5,28,5; 10,4,70. 여기서 한 가지 주목할 것은 교부들은 '신학'이라는 단어에 일종의 경계심을 가졌다는 점이다. 그들은 그리스도교를 '신학'이라는 표현보다는 오히려 '철학'으로 언급하기를 선호했다. 특히 2세기에 활동했던 유스티누스나 사르디스의 멜리톤과 같은 호교 교부들이 그 대표적인 예다.

과 단어를 사용했다.[7] 따라서 '신학'이라는 용어는 비단 교부 시대뿐만 아니라 그다음 시대에도 누구에게나 똑같은 의미로 받아들여지지 않았다. 물론 하느님과 신앙의 영역을 다루는 많은 작품이 '신학적'인 것만은 틀림없다. 그렇다고 해도 그 작품들이 바라보는 '신학'의 속뜻에는 상당한 차이가 있다.[8]

이처럼 신학에 대한 각기 다른 이해의 지평 속에, 교부 시대부터 오늘날까지 다양한 신학적 시도와 여러 종류의 신학이 존재해 왔다. 그러나 그 신학에 '그리스도교적'이라는 이름을 붙이기 위해서는 다음의 두 요소가 내포되어야 한다. 바로 성경(Scriptura)과 전승(Traditio)이다. 즉, '그리스도교적' 신학은 철저하게 성경을 토대로 구축되어야 하며, 또한 그리스도교 전통의 맥(전승)

---

[7] '신학'에 해당하는 다양한 표현으로 philosophia, gnosis, theoria, escercitatio, didaskalia, episteme, exegesis, disputatio, disciplina, tractatio가 있다. 참조. 나지안주스의 그레고리우스, 《연설》 27; 오리게네스, 《켈수스 반박》, 3,75. 교부 시대에 신학은 영적 여정의 이론적이며 신비적인 측면과 구체적인 수행과 실천이라는 또 다른 측면을 강조하는 두 가지 방향으로 나타난다. 그리하여 이 두 측면을 하나의 '짝'으로 사용하곤 했다. 예를 들어 다음과 같은 것이 있다. contemplatio(theoria) – actio(praxis); ratio – disciplina; sacramentum – exemplum; credenda – agenda; mystice – moraliter; dogmatiké – praktiké.

[8] 이른바 '신학의 역사'를 다루는 수많은 도서 목록이 이를 입증한다. 그중에 몇 가지를 들면 다음과 같다. C. Vagaggini, "Teologia", in *Nuovo Dizionario di Teologia*, Paoline, Roma 1979, 1597-1711; B. Forte, *La teologia come compagnia, memoria e profezia*, Paolne, Alba 1987; E. Vilanova, *Storia della teologia*, I, Borla, Roma 1991; A. Di Bernardino-B. Studer(dirr.), *Storia della teologia*, I. Epoca patristica, Piemme, Casale Monferrato 1993; E. Dal Covolo(ed.), *Storia della teologia*, I, Dehoniane, Roma-Bologna 1995.

과 연결되어야 한다는 점이다. 특별히 두 번째 요소, 곧 교회 전승의 맥은 그리스도교 전통의 탁월한 증인인 교부들과 연관될 수밖에 없다. 교부들로부터 그리스도교 신앙의 체계적인 숙고가 시작되고 숙성되었기 때문이다. 그렇기에 '비잔티움' 신학 혹은 '스콜라' 신학 등 무슨 이름으로 불리든 간에, 그것이 '그리스도교적' 신학이 되기 위해서는 교부들과 불가분의 관계에 놓여 있다고 할 수 있다.

실제로 교부 시대에 그리스도교 교의에 관한 기초적인 논의가 시작되었으며, 오랜 논쟁과 숙의를 거쳐 정립되었다. 사도 시대 이후 교회 내외적으로 벌어진 여러 소용돌이 속에 그리스도교 저술가이자 사상가인 교부들은 자신들의 신앙을 숙고할 수밖에 없었다. 이를 오늘날 언어로 표현하자면, '신학 작업'을 해야만 하는 상황에 직면했던 것이다. 예를 들어 예수와 사도들의 시대에는 발견되지 않는 여러 문제에 대한 사목적인 해답을 찾아야 했거나, 혹은 사도 이래로 면면히 이어오는 신앙의 핵심적 토대를 흔드는 이단들의 발흥에 교부들은 교의의 올바른 방향을 제시해야만 했다. 다시 말해 신앙의 정수를 위협할 수 있는 사목적이면서도 지성적 차원의 문제 제기에 답을 내놓아야 했다. 이렇게 신앙과 관련된 교회 안팎의 여러 도전과 질문에 관하여 교부들은 기존에 있던 당시의 철학이나 학문의 개념과 방법론을 이용하여 자신들이 전수받은 신앙의 가르침을 이성적으로 설명하게 된다. 말하자면 교부들은 자신들의 신앙적 체험을 역사적 맥락 안에서 이해하는 동시에 설명하려 했다. 이러한 노력들을 교부들의 '신학' 또는 교부들의 '신학 작업'이라 여겨도 무방할 것 같다.[9]

2. 교부들과 문화와의 만남

"'교회는 그 역사의 시초부터 여러 민족의 언어와 개념을 빌려 그리스도의 메시지를 표현하는 법을 익혔으며 또한 철학자들의 예지로 자신들의 고유한 메시지를 설명하려고 노력했다. 이것은 결국 가능한 한, 복음을 만인에게 이해시키고 지성인들의 요구도 충족시키기 위해서였다.'(《사목 헌장》 44) 달리 말해서 교부들은 계시의 보편적 가치를 염두에 두고 오늘날 통상 토착화라 불리는 '그리스도교의 적응'이라는 훌륭한 과업을 수행한 것이다."[10]

'토착화'(inculturatio)는 하나의 프로그램이라고 이해되기보다

---

9 '믿음살이' 안에 체험된 신앙을 객관적인 논리와 개념으로 표현한 것이 '신학'이며, 그 결과물이 교부들의 저작물로 전해진다. 그러나 이처럼 글로 표현된 것 이외에 기록되지 않은 수많은 체험과 증거가 있다는 사실도 간과해서는 안 된다. 예를 들어 카타콤베의 벽화라든가, 원시 교회의 비문들과 모자이크 등도 개념화된 신학적 기록물들 못지않은 중요한 신학의 실마리가 될 수 있다.

10 교황청 가톨릭교육성, 《사제 양성에 있어서 교부 공부에 관한 훈령》 32. G. De Simone, "Lo studio dei Padri e l'inculturazione della fede", in *Vivarium* 3 (1995) 51-72.

는 시대와 세기를 관통하는 그리스도교의 현실이라고 말할 수 있다. 교회는 자신이 몸담은 어느 시대이든 간에 다양한 언어로 신앙을 표현하려고 부단히 노력했기 때문이다.

물론 이러한 노력이 교회의 전체 역사에 걸쳐 나타났다고는 하지만 초기 교회, 즉 교부 시대에 더욱더 두드러지게 나타났다. 이 시기는 복음 선포의 핵심 내용(kerygma)이 팔레스티나를 벗어나 완전히 새로운 환경과 극적으로 만나야만 했기 때문이다. 혹자는 복음과 새로운 문화의 만남을 '그리스도교의 헬레니즘화'[11]라고 칭하지만, 그 반대로 '헬레니즘의 그리스도교화'라고도 부를 수 있을 것이다. 어쨌든 교부 시기는 여러 측면에서 결정적인 의미가 농축된 시기임이 틀림없다. 교회는 교회대로 자신이 머물러 있는 장소이자 끊임없이 관계를 가져야만 하는 이교 세계를 복음화하기 위해 고대 문화에 감추어진 가치와 한계를 신중하게 식별해야만 했다.

교부들의 신학적 방법은 "제 민족의 철학과 예지에 입각하여 어떤 경로로 신앙이 이해될 수 있는가"(〈선교 교령〉 22)에 모범이 된다. 교부들은 만나는 모든 사상, 철학 및 문화를 성경과 전승이라는 잣대로 식별하면서, 그것들이 계시 진리에 부합하는지

---

11 이 말은 하르낙(A. von Harnack)이 사도 시대 이래로 다양한 문화와 신앙의 만남 속에 이루어진 초대 교회의 '토착화' 현상을 설명하면서 표현한 것이다. 참조. J. Liblica, "Pensiero attuale della Chiesa sull'inculturazione", in *Inculturazione: Concetti, problemi, orientamenti*, Centrum Ignatianum Spiritualitatis, Roma 1979, 10.

혹은 반대되는지를 판단했다. 이러한 신앙 규범(regula fidei)의 잣대를 통해 교부들은 그리스도교 밖의 문화와 사상을 '수용'(assimilatio)하거나 '거부'(diassimilatio)했다. "교부들은 신앙 규범에 근거하여 그리스·로마 철학으로부터 긍정적 요소들을 받아들이는(동화) 한편 중대한 오류들을 배척했다(부동화). 특히 그 당시 헬레니즘 문화 안에 큰 영향력을 발휘하면서 널리 확산되던 혼합주의(syncretism)의 위험을 피했다. 또한 그들은 헬레니즘의 합리성에 의해 자칫 신앙이 이성의 테두리 안에 축소될 위험을 내포하고 있는 그리스적 합리주의도 배격했다."[12]

그리스도교와 고대 세계(유다와 그리스)와의 만남 속에서 교부들은 주로 세 가지 입장을 취했다.

첫째, 그리스도교의 새로움을 부각하기 위해 자신들의 모태라 할 수 있는 유다이즘과의 차이점(exculturatio)을 강조한다. 유다이즘과 구별되는 그리스도교만의 '새로움'(Novitas christiana)에 초점을 둔 것이다.

둘째, 그리스도교를 유다적 전통의 연장선에 두면서도, 불충분한 유다이즘을 보완하는 의미로 그리스도교를 소개했다. 구약부터 이어지는 '구원 역사'(Historia salutis)의 연속성을 철저하게 그리스도교 입장에서 재해석한 것이다.

셋째, 헬레니즘으로 대표되는 이교 세계와의 연결점을 찾으

---

12 교황청 가톨릭교육성, 《사제 양성에 있어서 교부 공부에 관한 훈령》 31.

면서도 그리스도교는 자신의 고유한 정체성을 인식하고 포기할 수 없는 독창성을 이교 세계의 언어와 개념을 이용하여 설명하려 했다.

초대 교회는 이러한 태도로 다양한 환경과 여러 인물과 접촉하며, 시대적 흐름에 맞춰 토착화를 수행함으로써 당시 문화를 수용하거나 변형, 종합하는 자세를 취했다.[13]

이렇게 교부들은 서로 다른 문화를 가진 이들에게 복음을 선포해야 하는 모든 교회에 지침을 제시했다. 말하자면, 교부들은 복음과 문화, 신앙과 이성의 만남과 조화를 멋지게 보여 준 것이다. 이와 같은 모범은 교회가 '본성상 선교적'(《선교 교령》 2)이라는 의미가 무엇인지를 드러낸다.[14] 이러한 차원에서 제2차 바티칸 공의회는 교부들과 마찬가지로 하느님의 말씀을 설교할 때는 늘 그 환경에 적응해야 한다고 가르치면서, 이는 언제나 유효한 복음 선포의 원칙이라고 선언했다(《사목 헌장》 44 참조).

---

13 이상의 세 가지 측면에 대한 자세한 설명은 다음을 참조하라. F. Bolgiani, "Le origini della cultura cristiana. Posizioni di principio e problemi di metodo per una ricerca", in *Augustinianum* 19 (1979) 7-40; L. Padovese, "Alcune considerazioni su 'cristianesimo delle orinini e inculturazine'", in *Lo studio dei Padri della Chiesa nella ricerca attuale*, a cura dell'Istitutum Patristicum Augustinianum, Roma 1991, 413-438. 로마 제국 이외의 장소에서 이루어진 토착화는 다음을 참조하라. A. Camplani (a cura di), "L'Egitto cristiano", in *Primi secoli* 2 (1999) n. 5; B Levon Zekiyan (a cura di), "Armenia cristiana", in *Primi secoli* 4 (2001) n. 9.
14 참조. 교황청 가톨릭교육성, 《사제 양성에 있어서 교부 공부에 관한 훈령》 32.

3. 교부와 교의(dogma)의 발전

교부들은 이교 문화와 대면하면서 이단이 제기한 문제에 응답하기 위해 신앙의 내용을 이성적으로 심화할 필요를 느끼게 된다. "이성과 신앙의 상봉은 끈질긴 수많은 논쟁을 불러일으키는 계기가 되었다. 이 논쟁들은 교의에 있어서 매우 중요한 주제들과 관련된 것으로, 삼위일체론이나 그리스도론을 비롯하여 교회론, 인간학 및 종말론과 같은 것들이었다. 교부들은 이러한 논쟁의 기회가 있을 때마다 신앙의 본질에 해당하는 진리를 보호함과 동시에 교의 내용에 대한 좀 더 나은 이해를 진작시키는 장본인이었으며, 신학의 발전을 위해 값진 공헌을 이룩한 이들이었다."[15]

즉, '교부들은 계시된 것들에 이성적 접근을 적용한 창시자가 되었으며, 모든 신학이 참되기 위하여 있어야만 하는 '신앙의 이성적 영역'(intellectus fidei)을 밝힌'[16] 이들이었다. 이처럼 교부들은 이성과 신앙의 조화를 통해 교의의 발전에 이바지했다. 그들은 성경에 대한 전적인 신뢰와 전해 받은 전통에 대한 깊은 존경심을 가지면서도, 그 시대에 나타나는 새로운 요구와 문화적 환경에 개방적인 자세를 취할 줄 알았다. 이러한 면에서 교부들은 '전

---

15 위와 동일, 33.
16 참조. 위와 동일, 34.

승의 지속성 속에 쇄신'[17]이 가능함을 훌륭하게 보여 주었다. 그들은 무조건 과거로 회귀하기를 외치는 복고주의가 아닌, 전통의 핵심적 메시지(케리그마)를 유지하면서도 시대에 맞는 적응과 쇄신의 태도를 보인 것이다.

비슷한 예로, "교부들에 의해 삼위일체 신학과 그리스도론 안에 도입된 무수한 개념들은, 비록 성경에서 발견되는 개념이 아닐지라도 공의회의 역사 안에서 결정적인 역할을 다했으며 신앙 고백문 안에 채택되었고 또 우리 시대의 신학에서도 중요하게 사용되는 신학적 용어가 되었다."[18]

결국 교부들의 신학은 오늘날 우리 시대에도 여전히 유효하다. "그것은 후대의 모든 신학자가 참조해야 하고 또 필요하다면 본받아야 할, 모든 이를 위해 일찍부터 놓인 기초다."[19] 이러한 의미에서 볼 때, 교부들의 신학적 경험은 보존하고 계승할 값진 유산이다.

그뿐만 아니라 오늘날 그리스도교의 신비를 새롭게 이해하는 데 반드시 필요한 부분이다. "교부들은 신학자들을 위한 스승으로서 교회의 신학에 있어서 중요하고 결정적이며 잊을 수 없

---

17 참조. 위와 동일, 35.
18 위와 동일, 34. 교부 시대는 물론, 후대 교회의 결정문이나 신학에 영향을 미친 개념으로 다음과 같은 것들이 있다. ousia, hypostasis, physis, agenesia, genesis, ekporeusis.
19 위와 동일, 36.

는 시기를 대표하는 인물들이다."[20] 교부들이 계시 진리에 대해 숙고하고 묵상하며 신앙의 진리에 다가가기 위해 취한 다양한 방법은 모든 시대에 귀감이 된다. 따라서 그들을 신뢰할 수 있는 원천이자 그 무엇과도 대체할 수 없는 증인으로 여긴다.

4. 교부들에 의해 전승된 신앙의 '통합적 유산'

교부들은 교의적인 측면에서만 공헌한 것이 아니다. "교부들은 자신들의 삶과 가르침과 지혜와 성덕을 통해 아직 어린 초창기 교회의 신앙의 틀을 형성한 이들로서 스승이며, 목자요, 영적인 인도자들이었다. 교부들은 이렇게 신학자, 성경 주석가, 교리교사, 전례의 창시자, 기도와 사랑의 사람, 영성 생활의 스승으로 오늘날까지 지속적인 영향을 미치고 있으며, 우리로 하여금 '통합적인 신앙의 지혜'를 회복하도록 돕는다."[21]

교부들은 무엇보다도 한쪽으로 치우치지 않은 통합적 균형을 지니고 있다. 그들은 사변적인 측면을 소홀히 하지 않으면서도 신앙의 전체적인 면을 다루었다는 점에서 주목할 만하다. 한

---

20   위와 동일, 40; 참조. Orazzo (a cura di), *I Padri della Chiesa e la teologia. In dialogo con Basil Studer*, San Paolo, Milano 1995.

21   Longobardo-Sorrentino, *Mia sola arte*, cit., 11.

마디로 그들의 가르침은 사변적 숙고와 구체적인 삶이 연결되어 있다. 따라서 교부들은 신학자일 뿐만 아니라 실천적으로 교회 안에서 생활한 사람들이라고 할 수 있다. "교부들의 가르침과 그들의 실제 삶은 구분되는 동시에 일치한다. 그들은 신학자이며 사목자이고, 교리를 가르치는 동시에 문화의 전파자이고, 영성적인 측면과 함께 대(對)사회 문제도 관여한다. 어쩌면 이러한 모습은 교회의 다른 시기에는 볼 수 없는 특출한 교부들의 면모일 것이다. 우리는 이와 같은 교부들의 모범을 통해 교회의 이상과 구체적인 삶과 사명이 유기적으로 통합될 수 있다는 희망의 실마리를 찾을 수 있다. 바로 이 이유로 교부들이 지금까지 우리를 자극하고 영향을 미치는 풍요로움으로 다가오는 것이다."[22]

"교부들에게 돌아가자."라는 말은 역사적 차원에서 고대로 회귀하자는 의미가 아니다. 오히려 사목적 적응과 교의의 전수를 통해 오늘을 반추하고, 과거를 통해 오늘을 되짚어 보며, 미래를 전망하자는 뜻이다. 물론 교회의 신앙은 역사와 문화를 초월하는 불변의 신적 속성 때문에 항상 한결같고 변함이 없어야 한다. 하지만 본질적으로 교회의 반(半)은 인간의 역사와 변화하는 문화적 요소를 품고 있다. 사실 교회는 하느님과 인간이 만나는 친교의 장소다. 그렇기 때문에 교회의 신앙은 초월적 하느님의 말씀과 인간의 현실적 구조 위에 뿌리를 두고 있다고 할 수

---

22 교황청 가톨릭교육성, 《사제 양성에 있어서 교부 공부에 관한 훈령》 47.

있다. 이러한 신앙이 지닌 신적 속성과 인간적 속성이 어떻게 조화를 이루는지를 모범적으로 보여 준 인물이 바로 교부들이다.

이러한 차원에서 교부들에 대한 연구는 현대 신학에 풍요로운 유익을 제공한다. 교부들은 전승의 증인으로서 다양한 신학적 문제에 해답을 제시할 뿐만 아니라, 신학 작업을 수행할 때 염두에 두어야 할 신앙의 기본적 속성이 어떻게 작동하는지를 보여주기 때문이다. 이처럼 교부들에게서 발견되는 일관된 지향과 태도 덕분에 그들이 시도한 신학 작업과 방법론이 다양함에도 불구하고 우리는 그 안에서 어떤 균일한 일관성이 존재함을 발견할 수 있다. 교부들의 저서와 가르침에 드러나는 공동의 토대, 즉, 그들의 '통합적 유산'을 정리하자면 다음과 같다.

1) 그리스도 중심주의적 신학

그리스도 중심주의는 교부들의 신학적 토대다. 교부들은 죽으시고 부활하신 그리스도를 통해 여러 신학적 주제, 즉 창조, 구원, 성사, 역사 등을 이해하려고 했다. 성부의 영원한 말씀으로 참하느님이시며 참인간이신 예수 그리스도의 빛으로 모든 것을 바라보았던 것이다. 예수 그리스도야말로 역사의 완성이며 모든 것이 그분께 수렴된다. 예수는 아버지의 계시자요, 성령의 증여자이며 교회의 주님이요, 영혼들의 스승이시며 교육자이시다.

2) 구원론적 신학

그리스도 안에 성취된 계시의 목적은 우리의 신화(神化, deificatio) 즉, 그리스도를 닮아 하느님처럼 되는 것이다. 교부들의 신학은 이러한 구원론적 전망에 초점을 맞추었으며, 그들의 모든 신학적 언급 또한 구원과 관련이 있었다. 이러한 이유로 교부들의 신학적 숙고는 결코 사변적 이론에 그칠 수 없었다. 교부들의 신학 작업은 항상 구원을 염두에 두었기 때문에, 단순히 문학적 작품으로만 취급할 수 없는 영적 유익함을 내포하고 있다.

3) 성경을 토대로 한 신학

"교부들은 일차적으로 또 근본적으로 성경 주석가들"[23]로서 성경을 사랑했다. 성경은 교부들에게 "무조건적인 경배의 대상, 신앙의 바탕, 복음 선포의 항구적인 주제, 신심을 촉진하는 양식, 신학의 영혼이었다. 그들은 성경에 대하여 그 신적 기원과 오류의 결여와 규범성 그리고 영성 및 교리를 위한 활기찬 생명력의 무한한 보고(寶庫)로 항상 생각했다." 그러나 교부들이 성경을 대하는 방법은 "현대적 관점에서 볼 때 몇 가지 부인할 수 없는 한계를 드러낸다. 교부들은 문헌학적, 역사적 및 인류-문화적 자료들은 물론이고, 현대 성경 주석에서 활용되는 문서 고증

---

23 교황청 가톨릭교육성,《사제 양성에 있어서 교부 공부에 관한 훈령》26. 참조. 아우구스티누스,《자유의지론》3,2,59;《삼위일체론》2,1,2: "거룩한 책들을 다루는 사람들."

과 과학적 작업 그리고 성경 외적 보조자료의 활용에 대해서 전혀 몰랐고 또 알 수도 없었다. 따라서 그들의 작업 중 일부분은 시대에 뒤떨어진 것으로 보일 수 있다. 그럼에도 불구하고 성경에 대한 더 나은 이해를 위하여 교부들이 쌓은 공적은 이루 헤아릴 수 없을 만큼 많다."[24]

이러한 의미에서 프랑스의 역사가인 마루(H.-I. Marrou)가 아우구스티누스에 대해 한 언급은 모든 교부에게도 적용된다. "아우구스티누스에게 성경은 모든 진리의 요약이고 가르침의 원천이며 그리스도교 문화와 영적 삶의 중심이다. 그의 신학이 긴밀하게 성경과 연결되었듯이, 그의 모든 교의에 대한 가르침 역시 마찬가지다. 우리가 차츰 아우구스티누스의 작품과 문체에 친숙해지면, 성경이 그것을 얼마나 명확하게 하는지를 알게 된다."[25]

4) '교회 감각'(sensus Ecclesiae)이 살아 있는 신학

'교회 감각'이라는 말이 다소 생소할 수도 있다. '교회 감각'은 '교회 정신'과 일맥상통하는 개념으로, '가톨릭' 즉, 보편 교회인 '대(大)교회'[26]에 속해 있다는 자의식을 나타내는 표현이다. 비록

---

24 교황청 가톨릭교육성,《사제 양성에 있어서 교부 공부에 관한 훈령》26.

25 H.-I. Marrou, *Saint Augustin et l'Augustinisme*, Aubieer, Paris 1955, 57. 참조. M. Naldini(ed.), *La Bibia nei Padri della Chiesa. L'Antico Testamento*, EDB, Bologna 1999.

26 '대(大)교회'(ecclesia magna)는 '불가타 성경'의 시편에 나오는 표현으로 교부들이 자주 사용했다. 참조. 시편 21,25; 34,18(Vulg.).

문화와 언어가 다르기는 하지만 항상 동일한 신앙이 교회 안에 유지, 보전되며 또 세상 곳곳에서 선포된다는 의미가 담겨 있다. 이러한 맥락에서 "교부들이 성경과 관련하여 보여 준 경의와 신뢰는 전승에 대한 그들의 경의와 신뢰에 비교될 수 있을 것이다. 그들은 자기 자신을 성경의 주인공이 아니라 종으로 간주했다. 왜냐하면 그들은 교회로부터 성경을 받았고 또 교회 안에서, 교회를 위하여, 사도로부터 면면히 이어오는 거룩한 전통에 의해 제시되고 해석되는 신앙의 규범에 따라 성경을 읽고 해석했기 때문이다."[27]

이러한 교회 정신 또는 교회 안에 존재한다는 감각은 교부들의 가르침의 토대가 되었고, 그들의 가르침에서 빼놓을 수 없는 주제와 성경 해석의 근간이 되었다. 교부들이 지닌 이 감각은 오늘날 공의회를 통한 주교들의 공통된 결정 사항과 사도좌, 특히 로마와 일치를 도모해야 한다는 현실적인 신앙과도 연결된다.

5) '신앙 감각'(sensus Fidei)을 바탕으로 하는 신학

'신비에 대한 감각과 하느님에 대한 체험'은 교부들의 신학에서 매우 중요했다. 교부들은 신학 작업을 하면서 이성적 측면의 여러 도구와 방법론을 활용했지만, 그것에만 의존해서 자신들의 신학을 세운 것은 아니었다. 무엇보다도 그들은 은총과 관상으

---

27 교황청 가톨릭교육성, 《사제 양성에 있어서 교부 공부에 관한 훈령》 28.

로 조명된 내적 생활을 바탕으로 신앙을 설명하려고 했다.

교부들은 계시 진리를 숙고하고 탐구하는 데 이성과 신앙의 보완을 탁월하게 드러냈다. 사실 그들은 "신앙은 이성을 필요로 하며, 이성도 신앙을 필요로 한다."라는 기치 아래, 신앙의 진리를 대하며 이성과 신앙의 조화를 가장 잘 보여 주었다. 이성을 소홀히 하는 사람들을 향해 "믿기 위해 이해하라."(intellege ut credas)라고 외치는 한편, 신앙의 진리를 깨닫게 되는 것이 믿음을 전제로 한다면서 "이해하기 위해 믿어라."(crede ut intelligas)를 주창했다. 교부들은 '신학자'로서 자신들의 이성적 능력과 방법을 활용했을 뿐만 아니라 믿음의 열매를 신학 작업의 수단으로 삼았다. 무엇보다도 그리스도와의 인격적이며 내밀한 일치에서 우러나오는 깊은 신심과 은총에 힘입은 기도를 통해 얻는 체험적 인식이 신학 작업의 중요한 재료이자 출발점이었다. 그들은 계시 진리를 믿지 않고는 깨달을 수 없으며, 반대로 이성적 사고 없이 올바른 믿음에 이를 수 없음을 누구보다 잘 알고 있었다. 신학자인 동시에 참신앙인이었던 교부들의 태도에는 신비에 대한 깊은 감각과 하느님에 관한 체험이 스며들어 있다. 따라서 그들의 신학 작업은 인간적인 합리성을 과대평가하는 '이성주의'의 덫과 맹목적인 '신앙절대주의'의 유혹을 피할 수 있었다.[28]

교부들은 계시 진리의 초월성을 맞대면 하고 자신들의 신학

---

28 참조. 교황청 가톨릭교육성, 《사제 양성에 있어서 교부 공부에 관한 훈령》 37.

적 사색을 심화하기에 앞서 이성의 한계를 받아들이며 신앙의 신비를 믿음으로 고백하고 경배했다. 따라서 그들의 신학은 '영성적'이라고 할 수 있다. "교부들의 신학으로부터 우리가 받게 되는 첫 번째 신선한 충격은 계시 안에 내포된 신적 진리의 초월성에 대한 생생한 인식이다. …… 존경과 겸손 가득한 태도는 다름 아닌 인간 이성이 신적 초월성을 대면하여 겪게 되는 극복할 수 없는 한계에 대한 생생한 자각이라고 말할 수 있을 것이다."[29]

바로 이러한 이유로 교부들의 가르침에는 그들이 경험한 신적인 것에 대한 영성적인 맛이 담겨 있다. 우리는 그들로 인해 하느님과 교회에 대한 감각을 느낄 수 있다. "이같이 생생한 영적 감각을 지닌 교부들이 우리에게 보여 주는 자화상은 이성을 통하여 진리를 추구할 뿐 아니라 무엇보다도 신적인 것들을 경험하고 있는 모습이다. …… 교부들은 초자연적 생활의 전문가로서 …… 자신들이 신적인 것들을 관상하면서 보고 맛보고 체험한 것과 사랑의 길을 통해 깨달은 바를 전해 준다. 따라서 신비가의 향기가 묻어나는 교부들의 표현을 접할 때면, 우리는 하느님과 너무나 친숙한 것이 투명하게 비치는 것을 경험하게 되며, 그리스도와 교회의 신비를 생생하게 체험하고, 초자연적 삶의 모든 원천에 부단히 맞닿아 있음을 느끼게 된다. …… 교부들은 확실히 사변의 유용성을 인정하고 있지만 그것만으로 충분하

---

[29] 위와 동일, 38.

지 않다는 사실을 알고 있었다. 아우구스티누스의 말대로, '어떠한 선도 온전히 사랑받지 않는다면 완전하게 파악되지는 않는다.'"[30]

6) '온전한 복음'(Integritas evangelium)을 전하는 신학

복음의 '온전성'은 정통과 이단을 가르는 기준이 된다. 교회를 통해 전해진 복음의 계시 진리를 온전하게 받아들이지 않고, 자신들의 입맛에 따라 부분적으로 수용하는 태도가 있을 수 있다. 즉, 전해 받은 복음을 위조하거나 변조하여 왜곡한 사례는 이미 신약 성경에서도 드러났으며, 교부 시대에도 종종 나타났다. 교부들은 이러한 이단들에 대한 정보를 이단 반박 문헌이나 이단 목록을 통해 전해 준다.[31] 복음을 왜곡하는 이단들을 접할 때마다 교부들은 강경한 태도로 질타했으며, '올바른 신앙'이란 '온전한 복음'에 기초하여 세워진 교회와 뗄 수 없는 관계에 있음을 분명히 했다.

이단은 신앙에 대한 타협으로 그리스도인이라는 정체성을 희석시킨다. 이단은 종종 계시 진리가 아닌 당시의 철학이나 사상에 의존하거나 적절하지 않은 호기심(curiositas)에서 비롯되는

---

30 위와 동일, 39.
31 참조. Grossi, "Eresia-Eretico", in DPAC I, 1187-1191; C. Gianotto, "Eresiologi", ivi, 1194-1197.

데, 이 두 경우 모두 신적 신비에 무례하게 다가간 결과다. 대개 이러한 오류는 이성의 범주를 넘어서는 신앙의 진리에 단순히 개념과 논리로만 이해하려고 할 때 발생한다. 또한 이단들은 성경을 대할 때, 전해 받은 대로 사용하지 않고 자신들의 신학적 입장에 맞춰 전체가 아닌 일부만 받아들이거나, 심지어 자신들만의 복음을 만들어 내기까지 했다. 이러한 행태는 그리스도의 몸인 교회를 분열시키는 '열교'(schisma)나 '분파'(secta)로 이어지는 경우가 많았다.

5. 현대 신학과 교부학

지난 세기부터 시작된 교부들에 대한 재발견은 신학 발전에 중요한 요인이 되었다. 특히 제2차 바티칸 공의회에서는 사제 양성을 위한 신학 교과 과정을 편성할 때 교부들에 대한 연구를 성경 다음으로 중요한 위치에 두었다.

"교의 신학에서 어떤 특정 주제를 교수할 때, 먼저 성경에서 그와 같은 주제가 어떻게 나타나는지를 제시해야 한다. 다음으로 동·서 교회의 교부들이 그 주제와 연관된 개별적인 계시 진리들을 어떻게 충실히 전달했고 해석했는지를 학생들에게 설명해야 한다. 끝으로 그 주제가 교의사(敎義史)에서 어떤 의미를 지니는지를 설명하는 동시에 일반 교회사에서 교의사적인 의미가 어떻게 연관되는지를 드러내야 한다."[32]

　제2차 바티칸 공의회의 전망이 신학 교과 과정에 그대로 반영된 것이다. 같은 차원에서 교황청 가톨릭교육성은 미래 사제들을 위한 신학 교육과 관련하여 "교부학을 가르치는 주요 목표 중 하나는 역사적 실재로서 교부 시대의 신학과 그리스도인 생활의 윤곽을 그려내는 데 있다."[33]라고 밝힌다. 이 관점은 제2차 바티칸 공의회가 신학을 보는 태도 변화의 결과로, 이른바 '발생적인 방법'(metodo genetico)[34]이다. 즉 신학을 가르치는 것이 계시된 메시지를 이해시키는 것이라고 할 때, 이 이해는 그 메시지와 연관된 신학적 주제가 어떻게 시작되었고, 어떤 과정을 거쳐 발전했으며, 결국 어떻게 교의로 형성되었는지를 밝혀야 한다는 것이다. 교부학은 학생들에게 이러한 '역사 연구 방법론의 중요성'을 이해하고 익히게 하는 매우 중요한 과목이다.[35]

　이러한 이유로 신학부에서 신학적 담론이나 주제를 다룰 때 교부학은 큰 도움이 될 것이다. 교부학 교육은 학생들에게 신학적 주제들이 개별적으로 보일 수 있지만, 사실은 연속선상 안에서 서로 연결되어 있다는 점을 강조한다. 교부학은 모든 교의가

32　제2차 바티칸 공의회 문헌, 《사제 양성에 관한 교령》 16.
33　교황청 가톨릭교육성, 《미래 사제들의 신학 교육에 관한 서한》 86.
34　참조. 교황청 가톨릭교육성, 《사제 양성에 있어서 교부 공부에 관한 훈령》, 13-14.
35　교황청 가톨릭교육성, 《미래 사제들의 신학 교육에 관한 서한》 85.

깊이 연관되어 있다는 '도그마의 유기성'(connectio dogmatis)을 인식하는 감각을 키워 준다. 이와 동시에 어떤 개별 주제들은 특정한 상황이나 조건에서 두드러지는 상대적인 성격도 있다는 점을 깨닫게 해 준다. 교부학의 이러한 긍정적인 기능은 "통합적 차원에서 신학을 공부하는 데 도움을 주며, 특히 교부들이 일치된 의견으로 해석하고 지켜 온 신앙 안에 머무를 수 있게 한다."[36]

앞서 언급한 《사제 양성에 있어서 교부 공부에 관한 훈령》에서는 교부학이 신학적이고 사목적인 차원에서 꼭 필요한 과목이라고 했다.[37] 그렇다면 교부학은 단순히 교의적 담론이나 다른 신학에 종속되는 과정의 일부가 아니라, 그 자체로 신학의 한 과목이라는 점도 강조되어야 한다. 교부학은 고유한 역사적 방법론을 지니고 있기 때문이다.[38] 따라서 교부학은 신학 과목 중에서 단순한 선택 과목이나 부차적인 과목으로 취급되어서는 안 된다.[39] 교부학은 교회가 당면한 여러 문제를 보다 적절히 해결할 수 있는 실마리를 다른 신학에 제공하는 학문이기 때문이다.

교부학은 오늘날 교회에 여러 가지 영감을 준다. 즉, 교부학

---

36 위와 동일, 87.
37 참조. D. Marafioti, *L'istruzione sullo studio dei Padri della Chiesa nella formazione sacerdotale*, in *La Civiltà Cattolica* 141 (1990/2) 229-236; E. dal Covolo – A. M. Triacca, *Lo studio dei Padri della Chiesa oggi*, LAS, Roma 1991.
38 참조. 교황청 가톨릭교육성,《사제 양성에 있어서 교부 공부에 관한 훈령》23.
39 참조. 위와 동일, 61.

은 때때로 마주치는 신학적인 문제와 난해한 성경 주석에 방향을 제시해 주며, 변화하는 사회적 환경 속에서도 안전하게 걸을 수 있는 교의적이고 윤리적인 식별 기준을 제공한다. 또한 평신도들이 참여하는 다양한 신심 운동에 영적인 자양분을 공급하고, 사목자들에게도 새로운 열정과 활력을 불어넣는다. 무엇보다도 신학을 공부하는 학생들의 지적이고 영적인 성숙에 큰 도움을 준다.

그러나 《사제 양성에 있어서 교부 공부에 관한 훈령》이 지적하듯이, 교부학을 공부하는 데는 어려움도 존재한다. 가장 큰 문제는 고대 언어에 대한 지식이 부족하여 원서를 직접 읽기 어렵다는 점이다. 또한 교부 시대와 현재의 문화적 차이가 교부를 이해하는 데 주저하게 만들고, 심지어 교부에 대한 연구의 효용성에 의문을 제기할 수도 있다.

그럼에도 교부학의 역사적 방법론은 우리의 현실적인 문화적 배경을 넘어서는 요소를 이해하는 데 도움이 될 것이다. 어쩌면 교부들에게서 현대 신학이 당면한 여러 문제에 대한 해결책을 즉각적으로 얻지 못할 수도 있다. 그러나 교부학이 다양한 신학적 담론을 더욱 풍부하게 하거나 흥미를 유발할 수 있으며, 무엇보다도 전통의 큰 흐름을 바라보게 한다는 점은 확실하다. 교부들의 신앙과 그들의 신학 여정을 단순히 구태의연한 것으로 치부하지 않고, 꾸준한 인내로 조금씩 다가간다면, 마침내 교부학이 지니는 풍요로움을 발견하게 될 것이며 현재의 상황을 이해하는 데에 큰 힘이 될 것이다.

교부학과 관련해서 잊지 말아야 할 또 다른 요소가 있다. 교부들이 교회 일치에 특별한 역할을 한다는 점이다. 교부들은 모든 교회의 공동 유산으로, 교부학은 다양한 믿음을 고백하는 그리스도교 공동체가 대화를 나누는 만남의 장이 된다.[40] 사실 교부들은 교회 분열 이전에 활동했기에, 가톨릭과 정교회, 프로테스탄트로 대표되는 교회가 모두 자신들의 전통으로 인정할 수 있는 공동의 유산을 지닌 것이다. 특히 동방 교부들은 요한 바오로 2세 성인 교황이 언급했듯이 "교회의 두 허파" 중 하나인 동방 교회와 그 신학을 더 깊이 이해할 수 있게 이끌어 줄 것이다.

마지막으로, 교부들은 서양의 고대 사회, 문화, 문학 등을 연구하는 이들과 초기 그리스도교와의 만남을 열어 줄 수도 있다. 예를 들어, 고대 그리스도교 문학이나 그리스도교 역사, 초기 교회의 성인전 등을 주제로 일반 대학에서 서양사나 사상사를 공부하는 이들과 공동 강의나 세미나 등을 열어 연구를 함께 진행할 수 있는 기회를 마련할 수도 있을 것이다.

---

40 위와 동일, 36.

제2장

신학 역사 안에서 교부

1. 성경과 초대 교회에서 사용된 '아버지'라는 단어와 '교부'

교부(教父)는 글자 그대로 '교회의 아버지'라는 뜻으로, 넓게는 교회의 지도급 인물, 즉 주교들을 가리킨다. 현대에는 일반적으로 공의회 문헌의 첫머리와 끝부분에 그 문헌을 결정하고 반포한 주교들을 일컫는 용어로 사용된다. 그러나 교부학에서 '교부'는 고대 그리스도교 저술가에 한정한다. 이들은 특별히 예수와 사도들로부터 이어져 내려오는 교회의 '전통'을 계승하고 후대에 전수하며, 마치 생물학적 '아버지'가 '아들'에게 생명을 전하듯이 신앙의 유산(depositum fidei)을 전해 주기에 '교회의 아버지'라고 불린다.[41] 그렇다면 성경과 초대 교회에서 사용된 '아버지'가

---

41 참조. 한국교회사연구소, "교부", 《한국가톨릭대사전》 1권, 605-606.

교부학의 주인공인 '교부'와 어떤 연관이 있을까?

구약 성경의 전통 안에서 신앙은 '아버지들의 신앙'으로 특징 지어진다. 믿음의 대상인 **주님**(YHWH)은 "아브라함의 하느님, 이사악의 하느님, 야곱의 하느님"으로 "아버지들의 하느님"(탈출 3,15 참조. 우리말 성경에는 '조상들'로 번역되었다)이시기 때문이다. 이러한 맥락에서 이스라엘 백성들은 '아버지'들로부터 전해 받은 신앙에 결속된 계약의 백성이라는 자의식을 가지고 있었다. 또한 유다인들의 '아버지'(성조)에 대한 공경은 그들의 업적을 칭송하는 것뿐만 아니라 그들의 가르침에 도움을 청하거나 그들의 훌륭한 모범을 따르는 것을 의미했다(집회 44-50장 참조).[42]

이처럼 구약 성경에서 '아버지'라는 뜻은 약속과 계약의 증인이라는 것 외에, '스승'이라는 의미도 내포한다. 특별히 "예언자의 아들들"(1열왕 20,35 참조. 우리말 성경에는 '예언자 무리'로 번역되었다)이라는 표현에서 잘 드러난다. 예언자적 전통의 승계가 스승에게서 제자에게 인계되는데, 이것을 마치 아버지가 아들에게 유전자를 전해 주는 것처럼 표현하고 있다. 이렇게 '스승-제자'의 사슬을 '아버지-아들'의 관계로 표현하는 것은 지혜 문학에서도 다수 발견된다(잠언 1,8; 2,1; 3,1 참조).

구약 성경에서 등장하는 생물학적 '아버지'의 의미를 뛰어넘는 용어의 사용은 신약 성경에서도 자주 나타난다(루카 1,55.72; 히

---

42 E. Bennini, *I padri nella tradizione*(a cura di L. Saibene), Jaca Book, Milano 1982, 9.

브 1,1 참조. 우리말 성경에는 '조상들'로 번역되었다). 비록 예수께서는 이 단어를 '오직 한 분, 하늘에 계신' 아버지에게만 사용하라고 하셨지만(마태 23,9 참조), 바오로 사도는 신앙을 심어 준 사람에게 적용했다. 예를 들어 아브라함을 "우리 모두의 아버지"(로마 4,16 참조. 우리말 성경에는 '조상'으로 번역되었다)로 칭하고, 자신에게 부여된 복음을 선포하는 사명을 영적인 부성(父性)이라는 차원에서 신앙을 '낳는 것'으로 비유하기도 했다(갈라 4,19; 1코린 4,14-15; 필레 10; 1티모 1,2 참조). 이러한 경향은 비교적 후대에 집필된 베드로 서간에서도 나타나는데, "아버지"(조상)라는 호칭이 자기보다 앞선 세대의 그리스도인들을 향해 사용되었다. "사실 조상들이 (아버지들이) 세상을 떠나고 나서도, 창조 이래 모든 것이 그대로 있지 않소?"(2베드 3,4)

사도 교부들도 신약 성경에서처럼 구약의 성조들을 '아버지들'로 부르기는 했지만, 동시에 이 칭호를 주교들에게도 적용했다.[43] 그 첫 번째 예가 167년에 순교한 스미르나의 폴리카르푸스다. 이교인들은 폴리카르푸스를 "아시아의 스승이며 그리스도인들의 아버지"라고 불렀다고 《폴리카르푸스 순교록》에서 언급한다.[44] 비슷한 예로, 177년 리옹과 비엔의 그리스도인들이 로마의

---

[43] 참조. 로마의 클레멘스, 《코린토 신자들에게 보낸 편지》 23,3; 30,7; 60,4; 62,2; 위-클레멘스, 《강론》 19,4; 위-바르나바, 《편지》 5,7; 14,1. 《디오그네투스에게 보낸 편지》 11,5에서는 사도들을 '아버지'라고 칭하기도 했다.

[44] 참조. 《폴리카르푸스 순교록》, 12,2.

주교(엘레우테리우스)에게 서신을 보내면서, 이 주교를 '아버지'로 칭했다.[45] 특히 초기 교회에서 '아버지'에 해당하는 그리스어 '파파스'(páppas)의 발음, '파파'(papa)가 주요 총대주교좌의 주교들에게 사용되었으며, 4세기부터는 로마의 주교에게만 제한적으로 적용되었다는 것도 눈여겨볼 만하다.[46]

2. 교부학 본연의 의미로서 '교부'라는 개념의 '아버지'

4~5세기에 일어났던 커다란 신학 논쟁의 소용돌이 속에서, 교의적 가르침과 연관된 '아버지'라는 개념이 등장한다. 니케아 공의회(325년)에서는 '교부 = 아버지'라는 칭호가 공의회에 참석한 모든 주교에게 해당되었으나, 공의회가 폐막한 이후 이 명칭은 '정통 신앙'을 견지하는 주교들을 가리키게 되었다.[47]

---

45 카이사리아의 에우세비우스, 《교회사》 5,4,2.

46 4~5세기 수도 생활이 꽃피던 시기에 오랫동안 수도 생활에 전념하여 영적 권위를 얻은 인물을 '아버지'에 해당하는 '아빠'(abba)나 '아부나'(abuna, 후대에 아빠스로 불림)로 불렀다. 이들은 영적 권위로 험난한 수도 여정에 들어선 제자들을 안내하곤 했는데, 이를 영적 부성애의 차원에서 표현한 것이라고 볼 수 있다. 마찬가지로 여성 수덕가를 '암마'(amma, 어머니)로 부르기도 했다.

47 교부학은 고대 교회에서 형성된 "교부들의 일치된 견해는 교의의 진리성을 담보한다."라는 정식을 그대로 받아들인다. 5세기 레렝스의 빈켄티우스는 이전 교부들이 언급한 '전통'의 규범적 성격을 다음과 같이 정식화했다. "그 어떠한 규정도 없을 경우, 앞선 시대 선배들의 의견을 우선적으로 참조하고 연구해야

4세기부터는 공의회 참석 여부를 떠나 올바른 신앙을 가르치고 보호하는 이들에게 적용되었으며, 아우구스티누스와 레렝스의 빈켄티우스는 '교부/아버지'로 불릴 수 있는 사람들에 대한 기준과 한계를 제시하기도 했다.

먼저 아우구스티누스는 에클라눔의 율리아누스 주교와 원죄에 관한 논쟁을 치열하게 벌이는데, 이때 자신의 주장을 뒷받침하는 근거로 선대의 '아버지', 즉 교부들을 언급했다. 아우구스티누스에게 '아버지'는 확고한 가르침의 권위를 소유한 이들로, 그들의 가르침이 철저하게 성경에 기초하고 있을 뿐만 아니라 보물 상자와 같은 하느님 말씀을 푸는 열쇠로 '신앙 규범'(Regula fidei)을 따르기 때문이라는 것이다. 이 의미에서 교부들은 참된 신앙의 증인으로서, 그들의 가르침의 정당성을 드러내는 권위는 성경과 교회에서 주어진 것이라고 생각했다. 즉, 아우구스티누스에게 교부들은 교회 **안에서** 교회**로부터** 배운 것을 교회**에** 가르치고 전달했으며[48] 오직 정경으로 인정된 성경에만 가르침의 기준을 둔 이들이다.[49] 이러한 토대 위에 '교부들의 일치된 견해'

할 것이다. 특별히 다른 장소와 시기에 살았지만 '하나인 가톨릭 교회'의 신앙과 친교 안에 머물렀던 모든 이의 의견을 참조해야 한다. 그들이야말로 인정된 스승이기 때문이다."(《회상록》 3,4)

48 아우구스티누스, 《율리아누스 반박》 I,1,17; "Ecclesiam docuerunt quod in ecclesia didicerunt."

49 아우구스티누스, 《본성과 은총》 71; "Solis canonicis debeo sine recusatione consensum."

(consensus Patrum)이야말로 가장 믿을 만한 신앙의 기준이 된다고 아우구스티누스는 생각했다.

레렝스의 빈켄티우스는 434년에 《회상록》(Commonitorium)이라는 작품에서 교부에 대해 언급한다.[50] 그는 '가톨릭적인 가르침'이 되기 위해서는 "어디에서나, 항상, 모든 이에게"(ubique, semper, ab omnibus) 통용되는 원칙이 있어야 함을 밝히면서, '교부/아버지'에 대해 이렇게 말한다. "우리는 가톨릭 교회와 신앙 안에서 성실하고 지혜로우며 변함없이 살았고, 가르쳤고 또 머물렀던 이들의 생각에 조언을 구해야 한다. 그들은 그리스도에 대한 충성심으로 죽음을 맞이했거나, 그분을 위해 자신의 생명을 바친 행운아들이다." 이러한 "가톨릭적 일치"에 머무르지 않은 모든 것은 "공통되고 공적이며 일반적인 가르침의 권위를 가지지 못한 것으로"[51] 개인적이며 사적인 의견으로 치부해야 한다고 빈켄티우스는 주장했다.

레렝스의 빈켄티우스에 이르러 비로소 교의 신학적 차원에서 어떤 고대 저술가가 현대적 의미에서 '교부'라고 불릴 수 있는지에 대한 구체적인 신학적 기준이 나타난다. 빈켄티우스가 제시한 기준을 후대의 입문서는 네 가지로 요약한다. 가르침의 정

---

50 참조. Vincenso di Lerino, *Commonitorio-Estratti. Tradizione e novità nel cristianesimo*, a cura di L. Longobardo, Borla, Roma 1994.
51 《회상록》, 28.

통성, 거룩한 생애, 교회의 승인, 고대성이 그것이다.[52] 이 네 가지 조건은 고전적인 교부에 대한 판별 기준으로 로마 가톨릭 교회에서 거의 정설로 인정되어 고정되었으며, 오늘날에도 여전히 유효하다. 물론 이러한 기준에는 한계가 있다. 즉, 몇몇 교부들의 가르침은 현대적 기준으로 그 정통성을 판단하기 어려울 뿐만 아니라, 생애나 교회의 승인이라는 기준 역시 모호할 수 있기 때문이다.[53]

이러한 교의 신학적 기준의 연장선에서 《겔라시우스 교령》(Decretum gelasianum)은 교부들의 저작을 거의 성경과 공의회의 권위와 대등하게 여겼다. 6세기에 작성되었으나 겔라시우스 교황(재위 492~496년)의 이름으로 전해지는 이 문헌은 신구약 정경 목

---

52 네 가지 조건에 부합하는 경우 '교부'로 불릴 수 있지만, 그들의 신학적 성과나 의미는 시대의 흐름 속에 다양하게 나타난다. 즉 사회·문화적 조건이나 그 시대의 교회 분위기와 신학적 흐름 속에 동일한 교부라도 그 평가에는 상당히 차이가 있다. 그럼에도 교부들은 "신앙의 아버지, 교의적 권위, 전통을 연결하는 사슬, 당대의 그리스도교 문필가, 주석가, 신학자, 역사의 흔적인 화석, 역사적 현상이며 증인"이다. F. Pierini, *Mille anni di pensiero cristiano*, I, Alla ricerca dei Padri, Paoline, Milano 1988, 17-105; 참조. A. Benoit, *L'attualità dei padri della Chiesa*, Il Mulino, Bologna 1970, 13-43; R. Gregoire, "I Padri nel Medio Evo", in A. Quacquarelli, *Complementi interdisciplinari di patrologia*, Città Nouva, Roma 1989, 757-798; 참조. P. Stella, Editoria e lettura dei Padri dalla cultura umanistica al modernismo, in ib., 799-840.

53 이에 관해서는 다음을 참조하라. E. Amman, "Padri della Chiesa', in DThC XII/1, 1192-1198; A. Benoit, *L'attualità dei Padri della Chiesa*, cit..; Y. Congar, *La tradizione e le tradizioni*, I-II, Roma 1961 e 1965, II, 366-393; F. Pierini, *Mille anni di pensiero cristiano*, cit..

록을 열거한 후(2장), 승인된 교부들의 목록과(4장) 교부라고 불릴 수 없는 이들에 대한 목록(5장)을 제시했다. 이 문헌은 후대 중세에까지 교부들을 판단하는 데 큰 영향을 미치게 된다.[54]

3. 교의 신학적 '플로릴레지아'(Florilegia)와 '교부'

4세기 후반부터 교부들의 짧은 금언(金言)을 수집하여 엮은 '플로릴레지아'(Florilegia, 금언 모음집)가 나타난다. 이 문헌들은 "성경 해석의 규범인 성전(聖傳)의 권위를 특별히 드러내는 근거"로 교부들의 말을 주제별로 엮은 것이다.[55] 5세기 그리스도론에 관한 논쟁으로 벌어진 새로운 상황에서 "이전처럼 단순히 성경만으로 문제가 해결될 수 없었으며, 마찬가지로 오직 성경이나 신경만으로 논쟁을 이끌어 갈 수 없었다."[56] 따라서 자신들의 주장을 펴기 위해 또는 상대를 논박하기 위한 기준으로 교부들이 관련 주제에 대해 언급한 토막글을 사용하게 된다. 이러한 인용이 나타난 대표적인 교의 논쟁으로는 7세기의 단의론(単意論, monothelitism) 논쟁, 8세기의 성화상 파괴 논쟁(iconoclasta)이 있으며,

---

54 DzH 350-354; 참조. H. Leclerq, "Gélasien (Décret)", in DACL 6, 722-747; E. Peretto, "Decreto gelasiano", in DPAC 1, 901-902.
55 H. Chadwick, "Florilegium", in *Reallex. für Ant. und Christ.*, VII 1156.
56 위와 동일, 1158.

787년 제2차 니케아 공의회에서는 '플로릴레지아'의 용도가 그 정점에 도달하게 된다.

4. 역사가들의 첫 번째 관심인 '교부'

교의 신학적인 차원에서 교부들에 관한 중요성과 관심이 '플로릴레지아'라는 문학 장르를 통해 드러난 것과 함께 주목해야 할 것이 또 있다. 4세기를 기점으로 나타난 '교회사'와 같은 역사 문헌이다. 즉, 구원이라는 시각으로 인간 역사를 기록하고자 했던 새로운 시도에서도 교부들은 중요한 역사적 자료와 정보의 원천이 되었다. 대표적인 예로, 최초의 교회 역사책인 카이사리아의 에우세비우스가 집필한, 10권으로 된 《교회사》를 들 수 있다. 이 문헌은 그리스도교의 시초에서부터 콘스탄티누스 황제의 정치적 승리에 이르기까지 교회의 주요 사건을 다루는데, "모든 세대에 말이나 책을 통해 하느님 말씀의 사절이었던 사람들"의 생애와 저서, 주된 가르침을 문헌의 주요 골격으로 삼았다. 이 문헌이 특히 높이 평가되는 이유는 '하느님 말씀의 사절'인 교부 이외에 "새로움에 현혹되어 오류의 극단까지 끌려감으로써 거짓 학문의 전령이자 창시자가 된 사람들"도 언급했기 때문이다.[57]

---

57 카이사리아의 에우세비우스, 《교회사》 1,1,1.

즉,《교회사》에는 교부들뿐만 아니라 이단들에 대해서도 다룸으로써 후대에 정통 신앙을 정확하게 식별할 수 있는 기준을 마련했다는 점에서 중요한 가치가 있다.

4세기 말, 히에로니무스는 카이사리아의 에우세비우스가 다루었던 시대를 이어 자신이 살아가는 시간까지의 역사를 기록했다. 즉, 324년부터 392년까지의 역사를 증보한 교회사를 저술하는데, 이 책에는 정통 교부들과 이단뿐만 아니라 교회 밖의 유명한 사상가나 저술가들도 소개되어 있다. 예를 들어 알렉산드리아의 필론과 플라비우스 요세푸스와 같은 유다인 출신의 저명한 학자, 바오로 사도와 서신을 주고받았다고 추정되는 이교 철학자 세네카에 대해서 기술한다. 우리는 이 문헌을 통해 그리스도교의 진리와 유다 사상, 이교 사상이 어떻게 만나고 서로 작용하는지 엿볼 수 있다. 어쩌면 히에로니무스는 이러한 의도를 자신의 책에 '서명'으로 드러내고자 했을 수도 있다. 그는 이미 이교 역사학계에 유명했던 스웨토니우스의 작품명에 영감을 받아 자신의 작품을《명인록》(De viris illustribus)이라고 칭했다.[58]

《교회사》와《명인록》은 교부학뿐만 아니라 교회사에 중요한 원천을 제공한다. 만약 이 작품들이 없었다면 고대 그리스도교 문헌에 대한 정보들을 얻을 수 없었을 것이다. 오늘날 소실된 많

---

58 참조. 히에로니무스,《명인록》, a cura di A. Ceresa-Castaldo, Nardini, Firenze 1988; Girolamo, *Gli uomini illustri*, a cura di E. Camisani, Città Nouva, Roma 2000.

은 작품이 이들이 기록한 문헌에 단편으로라도 소개되기 때문이다. 아울러 이 문헌을 기초로 중세에 이르기까지 여러 후배 역사가들이 증보, 개정 작업을 통해 중요한 역사적 자료와 인물 즉, 교부들에 관한 정보를 전해 주었다.

5. 고대 말기부터 중세 시대의 '교부'

교부 시대의 끝자락에 해당하는 고대 말기(6~9세기)에 활약했던 대표적 교부들은 다음과 같다. 서방 교회에는 보에티우스(†526년), 베네딕투스(†547년), 카시오도루스(†580년), 대(大)그레고리우스 교황(†604년), 세비야의 이시도루스(†636년) 등이 있다. 그리고 동방 교회에는 비잔티움의 레온티우스(†543년), 증거자 막시무스(†662년), 다마스쿠스의 요한(†750년) 등이 있다.[59]

위에 언급된 모든 저술가는 전(前)세대 교부들의 오랜 전통을 이어받아 선배들의 작품을 이용하거나 주석하면서 가르침을 체계화했다. 이 시대에 가장 많이 읽힌 이전 시대의 서방 교부로는 키프리아누스, 히에로니무스, 아우구스티누스 등이 있으며, 동방 교부로는 (비록 많은 위서가 포함되기는 했지만) 아타나시우스, 바

---

59   이 인물들에 대해서는 제2부 제12장 '6세기의 신학자: 칼케돈 공의회 이후', 제13장 '교부 시대 말기'를 참조하라.

실리우스, 나지안주스의 그레고리우스, 요한 크리소스토무스가 있다.

바야흐로 저물어가는 교부 시대는 다가오는 새로운 시대, 즉 중세를 준비하는 시기였다. 당시 일반적인 학문의 경향은 몇몇 예외적인 학자들을 제외하고, 역사-비평적 연구 방법에서 조직적이며 체계적인 스콜라 철학과 신학의 독특한 색채로 서서히 전환되고 있었다.

한편 이 시기는 그리스도교 안에서 서방 교회와 동방 교회 사이의 사고와 신학적 간격뿐만 아니라 정치적으로도 점점 벌어져, 마침내 두 교회의 결정적인 분열(1054년)을 자아낼 싹이 움트기 시작한 때이기도 하다. 그렇다고 동·서방 사이의 문화적 교류가 전혀 없었던 것은 아니다. 특별히 라틴 지역에서는 동방의 위-디오니시우스, 증거자 막시무스, 다마스쿠스의 요한의 작품들이 널리 읽혔다. 대부분의 작품들은 스코투스 에리우게나(9세기 후반)에 의해 번역되었다.

이른바 스콜라 철학의 황금 시기인 12~13세기의 신학은 '조직'(systema)의 최첨단을 발휘하게 되었다. 이전 세기에 축적된 방대한 정보와 자료(교의 신학적 문헌, 성경 주석 작품, 신앙의 정식, 공의회 결정문과 법령 등)가 넘쳐났고, 서로 다른 출처와 다양한 목적에 따라 작성된 과거의 자료들은 정리되지 않은 채 실타래처럼 엉켜 있었다. 그러나 이전 시대에 준비된 스콜라적 기반, 즉 아리스토텔레스의 논리학과 형이상학에 기초한 신학적 방법론은 이

러한 잡다한 자료를 '조직적으로' 분류하고 나누는 데 필요한 도구로 활용되기에 충분했다.[60]

이러한 자료의 체계적 분류 작업과 범주화는 성경 관련 문헌에만 국한되지 않았다. 사실, 이전 시대의 교부들도 성경에 관한 내용을 나름대로 분류하여 성경의 외형적 불일치를 제거하려고 했다. 특히 이 시기에 가장 두드러진 스콜라적 방법론이 활용된 영역은 법조문이었으며, 이로 인해 법학이 하나의 학문으로 자리매김하게 되었다. 당시까지 전해 내려오던 수많은 법령을 사항별로 분류하여 체계적인 법률집(codex)으로 만들기 시작했다.[61] 또한 이러한 분류와 체계를 통한 자료와 학문의 범주화는 교부들이 전하는 여러 정보를 정리하는 데에도 적용되었다. 사실, 이전 교부들로부터 전해진 방대한 양의 정보와 다양한 종류의 신학적 데이터를 조화롭게 체계화할 필요가 있었다. 전승과 계시의 내용이 서로 조화를 이루지 못하거나 모순되어서는 안 되듯이, 교부들의 가르침도 조화와 일치을 이루어야 하기 때문이다.

이러한 작업에는 동일한 하나의 실재에서 '원인과 결과, 실체와 우연, 전체와 부분'(causa/effectus, substantia/accidentia, totum/pars) 등 다양한 모습으로 구분하여 마침내 거짓 의견을 제거하는 방

---

60 참조. J. de Ghellinck, *Le mouvement théologique du XII siècle*, Bruxelles-Paris 1948, 457-476.

61 Decretum Gratiani, Concordia discordianticum canonum.

법인 변증법적 논리학이 제격이었다. 아벨라르두스는 바로 이러한 방법을 교부들에게 처음 적용한 인물이다. "차이가 곧 반대는 아니다."(Diversa, non adversa)라는 말을 표어로 삼은 아벨라르두스의 유명한 저서 《예와 아니요》(Sic et non)에서, 그는 교부들의 다양한 언급을 동일한 주제로 분류하고 그 안에서 같은 주제에 관해 서로 대당되는 언급을 재분류했다. 즉, 수백여 개에 이르는 신학적 주제(질문)에 관한 교부들의 경구를 먼저 취합하고, 특정 주제에 부합하는 여러 교부의 언급을 '일치하는 것'(sic)과 '모순되는 것'(non)으로 구분하여 그 의미를 정확하게 파악하고자 했다. 과거 플로릴레지아(금언 모음집)의 경우는 자신의 주장을 뒷받침하는 데 교부들의 언급을 막연하게 이용했지만, 아벨라르두스의 접근은 그와는 차원이 달랐다. 이러한 새로운 스콜라적 시도는 "교부들의 해석과 그들에 관한 학문의 역사를 한 단계 도약"[62]시키는 계기가 되기에 충분했다. 이 방법은 과거 교부들의 모호하거나 덜 정확한 언급 간의 모순을 조화롭게 정리하여 교의 신학에 빛을 제공함으로써, 교부들의 다양한 해석과 경구들을 "경이로운 해석"으로 자리매김하게 했다. 따라서 이 시대의 '선생'은 교부들의 경구와 언급을 정리하고 주제에 맞게 서술할 수 있는 인물로, 교부들이 남긴 말씀을 어떤 관점으로 받아들이고 식별해야 하는지를 전수할 수 있어야 했다.

---

62 E. Bellini, *I Padri nella tradizione*, cit., 54.

6. 인문주의 시대와 프로테스탄트의 출현과 '교부'

프로테스탄트의 출현은 신학 논쟁의 중심에서 교부들을 다시 한번 바라보는 계기가 되었다. 그러나 이 시기 교부들에 대한 언급은 이전과는 전혀 다른 방향으로 전개되었다. 이러한 현상은 프로테스탄트가 신앙의 유일한 원천과 기준을 오직 성경의 권위에만 의존하는 데 기인한다. 루터의 독일어 번역 성경으로 인해 하느님의 말씀이 모든 이의 손에 들어가게 되면서 교회는 성경에 대한 독점적 지위를 상실하게 되었다. 즉, 성경 해석에 관한 특정 부류에 한정된 특권이 사라진 것이다. 프로테스탄트와 함께 등장한 성경의 자유로운 해석은 공의회, 교도권, 권위가 인정된 학자들의 의견을 따라야 할 필요성을 없앴다. 더 나아가 전승에 기반을 둔 해석도 필요하지 않게 되었다. 이러한 맥락에서 종교 개혁가들은 교부 전통이 성경에 대한 올바른 독서와 해석을 인도한다는 기존의 관념을 뒤집어, 성경이 교부들의 가르침과 전승의 정당성을 판단한다고까지 주장했다.

이러한 근본적인 변화는 교회의 1,500년 역사를 한꺼번에 전복시키는 것처럼 보일 수도 있었다. 사실 프로테스탄트들은 당시의 교회를 하느님의 말씀과 초대 그리스도교 공동체의 신앙에 충실하지 못한 '간음녀'에 비유하곤 했다. 그러나 그들의 의도는 전혀 다른 교회를 세우는 것이 아니라, 하느님의 말씀에 토대를 두고 고대 교부들의 증언에 바탕을 둔 '진정한 전통'을 회복시키는 데 있다고 그들은 주장했다. 프로테스탄트들이 말하는 '오직 성경만으로'(sola Scriptura)는 전승에 대한 단순한 거부가 아니라 전승이 성경에 종속된다는 것을 의미했다. 따라서 교부들도 그들의 가르침이 얼마나 성경에 충실했는지에 의해 평가되어야 했다. 즉, 교부들의 가르침을 수용할 수 있는 근거가 지금까지와 같이 "그들의 고대성이나 그들의 성성(聖性), 교회의 인정과 승인 또는 그들의 일치된 견해 때문이 아니라, 얼마나 성경과 일치하는지에 달려 있다는 것이다."[63]

실제로 종교 개혁가들은 신학적 논점에 있어 교부들의 의견에 상당히 동조하고 수용하기도 했다. 교부들이 16세기의 신학자들보다 시대적으로 성경에 훨씬 가까웠던 것은 사실이기 때문이다.[64] 그러나 많은 프로테스탄트 신자들은 교부들을 비판하며 거친 태도를 보였다.[65] 반면 가톨릭에서는 교회의 전통에 그 어

---

63 A. Benoit, *L'attualità dei padri della chiesa*, cit., 25.
64 16세기 프로테스탄트 신학자들은 더 이상 '질료와 형상', '실체와 우연', '원인과 결과'와 같은 말을 사용하지 않았고, 신앙 체험을 즉각 나타내는 개념과 용어를 선택했다. 그러나 교부들과 그 시대의 공의회는 사변적인 용어와 철학적 개념(ousia, persona, hypostasis)을 만들어 냈고 스콜라 신학이 이를 발전시켰다.
65 예를 들어, 루터는 교부들의 모든 유비적 성경 주해를 거부하면서, 모든 성경이 영감을 받은 것이기에 하나하나의 자구(字句)에 충실할 것을 주장했다. "나는 그레고리우스, 키프리아누스, 아우구스티누스, 오리게네스와 너무 많은 시간을 허비했다고 확신한다. 교부들의 시대에 유비적 성경 해석이 특별한 맛과 취향이 있었는지 모르겠으나, 이제는 그런 것을 치워 버리련다. 나에게 그들의 모든 저서는 이제 별 가치 없는 것이 되었기 때문이다."(Martin Luther, *De Servo arbitrio*, WA 8,700, citato da J. Ratzinger, *Storia e dogma*, Milano 1971, 58)

떠한 단절이나 균열이 있을 수 없다는 연속성을 강조하려고 노력했다. 물론 시대의 흐름에 따라 교회의 규율이나 관습과 제도 등이 진화하거나 발전하기는 했지만, 그 모든 것을 떠받치는 교의는 동일한 원리인 교부 전통의 맥과 일치한다고 주장했다.

이러한 논쟁은 교부들의 문헌을 더 깊이 연구하는 계기를 마련했다. 사람들은 이제 교부들의 문헌이 생성된 구체적인 삶의 자리와 상관없이 인용될 수 있다는 사실을 깨닫게 되었다. 즉, 인용되는 경구들이 전체 문헌 안에서 어떤 맥락으로 사용되었는지를 무시하고, 단지 주장에 대한 근거로 '단순 인용'하는 오류를 인식하게 된 것이다. 이러한 상황 인식 속에서 인문주의가 나타났다.

인문주의와 문예 부흥(르네상스, Renaissance)은 고대 그리스·로마의 고전 문화를 새롭게 일으키려 했을 뿐 아니라, 초대 그리스도교에도 큰 관심을 기울이며 특별히 교부들을 직접 연구했다. 이전 시대까지 불가타 성경 번역에 의존하던 교회에 그리스어 원본 성경을 제시한 것처럼, 인문주의는 문헌학적 탐구를 통해 교부 문헌의 원문에 더 가까이 다가가려고 노력했다. 이러한 시도의 결과로 이전과는 전혀 다른 양상의 신학이 태동할 발판이 마련되었다.

여기에 더해 인쇄술의 발명은 교부들의 원본 전집이 급속하게 전파될 가능성을 열어 놓았다. 초창기에는 출판이 미미했으나, 1600년과 1700년대에 대량 인쇄가 가능해지면서 교부 문헌들이 쏟아져 나왔다. 이러한 현상은 교부들의 사상을 이전보다 좀 더 객관적이고 역사적으로 이해할 수 있게 했고, 그에 따라 다양한 해석이 가능해졌다. 5세기에 나타난 플로릴레지아는 물론, 바로 전 세대의 신학 논쟁에서도 교부들의 발언이나 언급이 원래 문헌의 의도와는 무관하게 끼워 맞추기 식으로 사용되었음이 드러났다. 그뿐만 아니라 어떤 교부의 권위를 차용하기 위해 그가 쓴 문헌을 인용했지만, 인문주의적 성과는 그 문헌이 '위작'임을 밝혀내기까지 했다.

이러한 일이 발생한 원인은 한 교부의 작품 전집이 원어로 출판되었기 때문이다. 독자들은 단순히 한 작품이나 한 구절을 보면서 교부의 가르침을 판단하는 것이 아니라, 전체 작품을 비교하고 분석하면서 그의 고유한 신학이나 문체까지도 정확하게 인지할 수 있게 되었다. 그 결과 지금까지 '친저'(親著, authenticitas)로 여긴 문헌이 차명 위작임을 판단할 수 있게 되었다.

16~17세기에 다양한 고전 문헌의 필사본을 연구하여 처음으로 출판 인쇄된 것을 '에디티오 프린켑스'(editio princeps)라고 부른다. 그런데 이 출판물들은 몇 가지 문제를 내포하고 있다. 예를 들어 그리스 교부들의 작품임에도 라틴어로만 번역되어 출판되거나, 제1자료인 필사본이 더 오래된 것이 있음에도 후대의 사본이 출판에 사용되기도 했다. 문헌학(philologia)이라는 관점에서 아직 초보적인 단계에 있었기 때문에 현대적인 문헌 비판에 따른 '비판본'(editio critica)과는 비교할 수 없다.

교부 문헌에 문헌학을 적용하여 출판한 이들이 많지만, 그중에서도 특별히 '마우리네'(maurine)라 불리는 파리의 성 마우로 베네딕토 수사들에 의해 출판된 것들이 가장 유명하다.

7. 신(新)교부학 시대와 '교부'

'신교부학'(Neo-patristica)이라고 일컬어지는 교부들에 대한 재발견은 19세기부터 시작된 '원천으로 돌아가자'(Ad fontes)라는 취지의 신학적 쇄신 운동에서 시작되었다. 성경과 전례 그리고 교회 일치적 차원에서 '신교부학'은 신학에 생기를 불어넣는 촉매제가 되었다.[66]

1) 19세기: 묄러, 뉴만, 로스미니

묄러

묄러(A. Moehler, 1796~1838년)[67]는 법학 교수였지만 고대 문헌학과 역사에 대한 깊은 식견을 토대로, "당시 첨예한 신학적 주

66　참조. *Bilancio della teologia del XX secolo*, diretto da R. Vander Gucht e H. Vorgrimler, Città Nouva, Roma 1972, II, 76-78; III, 544-569.
67　참조. Bellini, *I padri nella tradizione*, cit., 98-116.

제였던 교회론에 대한 자신의 의견을 개진했다. 그가 바라본 교회는 서로 양립할 수 없는 상반된 두 가지 방향으로 나뉘었다. 먼저 교계 제도에 의해 운영되는 '사회로서의 교회'와 성령에 의해 살아가는 '백성으로서의 교회'다. 그런데 교부들에 관한 연구는 이 두 극단의 만남과 조화를 이룰 수 있는 실마리를 제공했다."[68] 교회에 관한 교부들의 사색과 고민에 대한 심도 있는 연구의 결실이 바로 묄러의 첫 번째 대작 《교회의 일치》(Die einheit der Kirche, 1825년)다. 이 책에서 그는 교회의 신비적 본질과 함께 제도적인 구조성(체계)이 서로 상충되지 않음을 드러냈다. 교부들을 연구하면서 특히 4세기의 아리아니즘의 위기 속에서 보인 아타나시우스의 태도에 강한 영감을 받은 묄러는 《위대한 아타나시우스와 그 시대의 교회》(Athanasius der Große und die Kirche seiner Zeit, 1827년)를 저술했다. 또한 《신앙 고백》(Symbolik, 1832년)이라는 책을 통해 가톨릭과 프로테스탄트의 신경을 비교하면서 전승의 증인이자 성경의 해석가인 교부들의 권위라는 주제에 다시 한번 주목했다. 이 책은 가톨릭 교회에서 이해하는 성경과 교회 사이의 총체적인 관계성을 정확하게 설명한다. 그리고 묄러의 사후에 발간된 마지막 저서인 《교부학, 그리스도교 문헌학》(Patrologie oder Christiliche Literageschichte) 머리말에는 교부들의 실제적인 메시지를 "그리스도와 교회에 대한 교부들의 감성과 신앙 그

---

68 위와 동일, 100.

리고 열정"이라고 밝힌다.[69] 뮐러는 교부들의 신학을 새롭게 조명함으로써 계몽주의적인 이성주의의 도전과 낭만적 신심주의의 위험이라는 양극단에 처한 당시 신학에 교부 전통이라는 새로운 시각을 보여 주었다. 교부들은 뮐러의 신학적 토대였으며, 그 자신과 교회를 위한 영성에 영감을 주는 원천이 되었다.

뉴만

교부들은 뉴만(J. H. Newman, 1801~1890년)[70]의 사상적 발전과 그의 개인사 즉, 영국 성공회에서 가톨릭으로 개종(1846년)하는 데 결정적인 영향을 미쳤다. 뉴만은 옥스퍼드의 '오리엘 대학'(Oriel College)에서 연구원으로 있으면서 당시 영국 성공회에 유행했던 반(反)교조적 자유주의를 접하게 되었고, 이에 대해 아무런 해답을 내놓지 못하는 영국 성공회를 보게 되었다. 영국 교회의 냉담함, 무관심, 불화 속에 초대 교회의 열정을 찾을 수 없었던 뉴만은 아리아니즘 연구를 통해 교부들에게서 해결책을 찾으려 했다.[71] 이어 1833년 존 키블(John Keble)의 '국가의 배교'(National Apostasy)라는 유명한 선언과 함께 시작된 '옥스퍼드 운동'에 열정

---

69 위와 동일, 107.
70 참조. 위와 동일, 116-133.
71 J. H. Newman, *Gli ariani del IV secolo*. Introd. di E. Bellini, Jaca Book-Morclliana, Miano-Brescia 1981; 위와 동일, *La Chiesa dei Padri. Profili storici*. Introduzione di I. Bifi, Jaca Book, Milano 2005.

을 가지고 참여하면서, 영국 성공회의 '제2의 종교 개혁'을 위해 교부들을 발판으로 삼으려 했다. 이때를 기점으로 뉴만은 세 단계에 걸쳐 가톨릭에 가까워지게 된다.

첫 단계로, 뉴만은 성공회를 가톨릭과 프로테스탄트 사이의 중도라고 생각했다. 이미 그는 "프로테스탄트의 사상들이 교부들과는 정반대라는 사실을 일찌감치 깨달았으며 …… 반면 자신이 속한 교회(성공회)야말로 교부들의 사상에 완벽한 연장선 위에 있다고 생각했다. 프로테스탄트가 교부들이 고백한 일부 가치를 포기하는 실수를 범했다고 한다면, 로마 가톨릭은 교부들의 신앙에 부당한 첨가를 초래하는 과오를 저질렀다고 여겼다. 한편, 영국 성공회는 근본적으로 올바른 노선 위에 있기는 하지만, 자신이 몸담고 있는 시대만큼은 신자들의 영혼에 생기를 불어넣을 수 있는 개혁이 필요한 상태라고 파악했다."[72]

그러나 시간이 흐른 후 뉴만은 단성론적 이단을 연구하면서, 5세기의 이단들이 프로테스탄트는 물론 성공회와 흡사하다고 생각하게 되었고 지금까지 자신의 교회를 지지하던 축이 흔들리게 되었다. 이에 대한 그의 글을 살펴보자. "프로테스탄트와 성공회를 이단이라고 생각하지 않게 될 경우, 에우티케스 추종자들과 단성론자들의 이단적 교설이 무엇을 의미하는지를 알아채기 어렵다. 실제로 칼케돈 공의회의 교부들을 거스르지 않고서

---

72 Bellini, *I padri nella tradizione*, cit., 125-126.

는 트리엔트 공의회의 교부들을 거스르기란 쉽지 않으며, 5세기의 교황들을 단죄하지 않고서 16세기의 교황들을 단죄하기 어렵다. 진리와 오류의 다툼이 바로 종교의 드라마며, 이것은 계속된다. 오늘날 교회에서 벌어지는 논쟁의 발단과 그 추이는 옛 시대 교회의 것과 동일하다. 즉, 과거에 발흥했던 이단들의 초기 형태와 그다음의 발전 추이는 오늘날 프로테스탄트의 시작과 발전 과정과 유사하다. 이를 깨달은 나는 경악을 금치 못했다. 과거의 차디찬 주검이 주는 놀라움과 현재 진행되는 질병의 무감각한 침묵 사이에 끔찍한 유사함을 발견했기 때문이다."[73]

그 후 뉴만은 《그리스도교 교의의 발전》(Essay on the Development of Christian Doctrine, 1845년)을 쓰면서 마지막 의문을 해결하고 가톨릭 교회로 개종했다. 그는 교회가 계시를 전해 받은 동시에 그 계시를 심화하는 역량을 지니고 있음을 알게 되었다. 이러한 확신 속에 뉴만은 교의가 발전한다는 사실을 설명하려고 했다. 이와 더불어 이러한 교의의 진보는 교부들의 정신과 그들의 신학적 방법론을 이어받는 한, 정당성을 확보한 채로 계속될 것이라고 피력했다.[74]

---

73   위와 동일, 126.
74   위와 동일, 133.

로스미니

로스미니(A. Rosmini, 1797~1855년)는 역사가보다는 철학자나 신학자에 가깝다. 그는 교부들에 관한 전문적 저술을 남기지는 않았지만, 최근 연구에 따르면 자신의 학적인 탐구 여정에서 교부들과 인연을 맺었다. 1820년 작품인 '그리스도교적 교육에 관한 3부작'이 그렇다. 그 밖에 그의 대표적 연구 성과에서도 교부들에 관한 수많은 언급을 찾아볼 수 있다. 예를 들어 교회와 쇄신을 다룬 《교회의 다섯 상처》(Le cinque piaghe della Chiesa), 인간과 하느님에 대한 그의 신학적 작품이라 할 수 있는 《초자연적 인간학》(Antropologia soprannaturale), 《신지학》(Teosofia), 로스미니의 신학에 관한 전반적인 전망을 설명한 《신학적 용어》(Dizionario di teologia) 등은 교부들에게서 많은 영감을 받았다.[75]

2) 20세기: 뤼박, 다니엘루, 발타사르

뤼박

뤼박(Henri De Lubac, 1896~1991년)은 신학적으로 "그리스도교의 온전하고 순수한 본래의 모습"을 재발견하려는 연구 계획을 가지고 있었으며, 이러한 시도는 교부 시대를 거슬러 올라감으로써 시작될 수 있다고 믿었다. 이에 대한 뤼박의 언급을 살펴보

---

75 위와 동일, 136.

자. "그리스도교의 근원적 원천에 다가가 그 시기에 벌어진 중요한 사건들과 그 여파를 탐색해야 할 것이다. …… 따라서 어떤 경우에는 생수의 원천이 다시 한번 넘쳐흐르도록 샘 바닥을 긁어내려 가는 건조한 고고학적 발굴이 필요할 수도 있다."[76] 이러한 취지로 집필된 뤼박의 첫 작품 《가톨릭 사상》(Catholicisme)[77]에 대해 다음과 같은 평가가 내려졌다. "1938년에 출간된 이 책은 교부 신학적인 쇄신을 요약하는 데 그치지 않고 현대까지 이어진 교회의 신학을 정리하며, 프랑스 신학의 대전환인 '새로운 신학'(nouvelle theologie)을 불러일으키게 한다."[78] 뤼박에게 이 저서는 나중에 집필될 책에서 다룰 내용을 예고한 것이기도 했다.

1950년 《역사와 성령》(Histoire et Esprit)[79]에서 뤼박은 오리게네스가 얼마나 성경을 객관적이며 이성적으로 바라보았는지를 다루었다. 이 책은 알렉산드리아의 천재 신학자인 오리게네스를 '교회의 사람'이자 '위대한 영성가'로 소개하면서 그에 대한 선입견을 바로잡으려고 했다. 특히 성경 해석에 관해 오리게네스에게 부과된 오명, 즉 과도한 주관이 들어간 유비주의자라는 판단을 새롭게 검증했다. 뤼박은 이렇게 교부들로부터 중세에 이르

---

[76] H. De Lubac, *Paradossi*, Parigi 1946 (citato da H. Vorgrimler, in *Bilancio della teologia*, cit., IV, 207).
[77] Trad. it., *Cattolicismo*, Jaca Book, Milano 1978.
[78] H. Vorgrimler, in *Bilancio della deologia*, cit., IV, 125.
[79] Trad. it., *Storia e Spirito*, Jaca Book, Milano 1985.

는 신학 연구를 《중세의 성경 주석》(Exégèse médiévale. Les quatre sens de l'écriture)이라는 대작을 통해 정리하면서 다시 한번 교부들의 교리 교수와 전례 연구에 탁월하게 기여했다.[80]

다니엘루

다니엘루(Jean Daniélou, 1905~1974년)는 1943년 리옹에서 뤼박을 비롯한 몇몇 예수회원들과 함께 '그리스도교의 원천'(Sources Chrétiennes)이라는 의미심장한 이름의 교부 문헌 총서를 출판했다. 그 첫 작품이 바로 니사의 그레고리우스가 쓴 《모세의 생애》(De Vita Moysis)였다.[81] 총서의 제1권을 그리스 교부로 선택한 것은 그때까지 거의 알려지지 않은 세계와 영성을 처음으로 선보인다는 점에서 매우 훌륭한 기획이었다. 아우구스티누스에게만 편중된 서방 신학의 흐름에 다른 큰 줄기의 신학과 영성이 있다는 사실을 제공하는 기회가 된 것이다. 이와 더불어 그는 그리스도교 신학의 다양성에 대한 재발견과 함께 동방 교부들의 신학 전반에 대한 관심을 증대시켰다. 다니엘루는 오리게네스와 니사의 그레고리우스에 관한 연구 이외에 '구원 역사'(historia salutis)라는 개념을 '역사 신학'이라는 틀에서 발전시켰다. 그는 유다-그

---

80 Trad. it., *Esegesi medievale, I quattro sensi della Scrittura*, Jaca Book, Milano 1986-2006.

81 제2차 세계 대전의 소용돌이로 종이의 수급이 원활하지 못한 탓에, 이 작품은 그리스 원문을 수록하지 못한 채 번역본만 출판됐다.

리스도교에 관한 연구의 창시자로서 이를 통해 헬레니즘과의 만남 이전에 존재했던 진정한 그리스도교 신학을 밝혔다. 더 나아가 그리스도교와 그리스·로마의 고전 문화와의 연관성을 연구하며 교부들의 교리 교수와 전례를 이해하는 데 기여했다.[82]

발타사르

발타사르(Hans Urs Von Balthasar, 1905~1988년)는 신(新)스콜라주의의 무미건조함을 체험한 후, 뤼박과의 만남을 통해 자신의 신학 여정에 새로운 전기를 맞이하게 되었다. 뤼박은 교부학을 매개로 프랑스 '신(新)신학'을 촉발시켰는데, 뤼박과의 교제는 발타사르에게 교부라는 새로운 지평을 열어 주었고, 특히 그가 그리스 교부들에 관한 연구에 매진하도록 이끌었다.[83] 그 연구의 첫 성과는 1942년 《현재와 사색》(Gegenwart und Denken)이라는 제목으로 집필된 니사의 그레고리우스에 대한 저술이었다. 발타사르는 다양한 문제가 얽힌 현실 세계에 있는 신학자로서 자기 자신을 인식했다. 이와 함께 이 세계가 해결하려는 노력에서 신학자인 자신도 열외가 아니라는 사실을 전제로 하면서 질문을 던졌

---

82 그리스도교에 영향을 미친 세 문화, 즉 유다교와 헬레니즘과 라틴에 대한 연구 서적은 다음과 같다. *Teologia del giudeocristianesimo*; *Messaggio evangelico e cultura ellenistica*; *Le origini del cristianesimo latino*. 그리고 교부들의 교리 교수와 전례에는 다음의 저서가 대표적이다. *La catechesi nei primi secoli*, *Bibbia e Liturgia*.

83 참조. H. Vorgrimler, in *Bilancio della teologia*., IV, 123-146.

다. "무엇 때문에 과거를 돌아보아야 하는가?" 이 질문에 대한 발타사르의 대답은 단순히 현재의 문제를 해결하고자 교부들에게서 적절한 해법을 찾기 위한 발굴 작업이 아니라는 것이다. 즉, 그는 교부들을 연구하면서 과거에 매달리는 것이 "현대 신학에 영향을 주고 또 관심을 가지게 할 만한 그 어떤 것"을 찾기 위한 노력이 아님을 강조한다. 사실 교부들의 사상이나 그들의 정신세계를 들여다보면 "현대 신학자들의 과업에 '실제적인 도움'을 줄 수 있는 것이 그리 많지 않다. 또한 어떤 경우 도움이 되기는커녕 과거의 무비판적인 복제가 될 위험도 내포한다. 그럼에도 교부들의 사상은 위대하고 튼튼하며, 조화로운 동시에 통합적이라는 점은 의심할 여지가 없다."

따라서 교부들에게 돌아간다는 의미는 "그들의 영혼에 활력을 제공했던 원천에 몸을 담그며, 그들의 사상을 표현하도록 이끌었던 근본적이며 신비로운 직관을 이해하는 것이다. 이렇게 교부들에게 다가갈 때, 우리는 신학이 구체적인 특정 상황에서 어떻게 자신의 자리를 차지하는지 깨닫게 된다."[84] 이것이 바로 신앙의 생생한 전통에 다가서는 것이며, 교회가 세대를 이어가며 지키고 전해야 하는 전통이다. 교부들에게 다가간다는 것은 고되고 인내심을 요하는 '아름다움에 대한 체험'과 비슷하다. 이러한 체험은 대개 유일무이하고 특별하며, 그 과정에서 생산적

---

84 *Présence et pensée*, VIII-XI.

인 열매를 맺을 수 있다. 물론 유례없다는 것은 복제할 수 없고 대체할 수 없는 것을 의미하지만, 역설적으로 새로운 창조의 실마리와 원천을 계시하기도 한다. 여기서 발타사르가 모든 것을 일반화하는 쉬운 해결책을 극도로 경계한 이유를 알 수 있다. 그는 교부들을 대하면서 항상 현상학적 거리를 유지하려고 노력했다.[85] 이러한 태도는 교부들의 신학에 독창적인 특성을 식별하게 해 줄 뿐만 아니라, 그들의 사상을 뒷받침하는 세계관까지 이해하도록 돕는다. 발타사르의 이러한 접근은 현대 신학이 교부들의 세계를 좁은 시야로 바라보는 자세를 고치는 데 도움을 주었다. 즉 교부들을 단순한 모범이나 과거의 예로만 볼 것이 아니라, 주어진 시대의 질문에 답변을 제시한 특별한 생산자로서 오늘날까지 유의미한 영감을 불어넣는 존재로 여기게 했다.[86]

발타사르는 니사의 그레고리우스는 물론, 이레네우스, 오리게네스, 증거자 막시무스까지 연구했다. 발타사르의 대표작인 《영광》(Herrlichkeit)은[87] 그가 그리스 교부들의 신학을 얼마나 잘 소화했는지 보여 준다. 이처럼 그는 가톨릭 신학 안에 머물면서도 자기만의 독특한 신학을 견지했다.[88]

---

85 참조. H.U. von Balthasar, "In retrospect", in *Communio* (ed. francese) 3 (1975) 199-203.
86 위와 동일, 202-203.
87 Trad. it., *Gloria*, Jaca Book, Milano 1975.
88 J. Comblin, in *Bilancio della teologia*, cit., II, 78.

3) 정교회의 신(新)교부학[89]

정교회(orthodox)의 신학은 그리스 교부들의 사상적 터전 위에 구축되었다. 정교회는 스스로를 초대 교회의 적자(嫡子)로서 동일한 사상적 정체성을 성실히 보존한다고 여겼다. 교부 시대에 그랬듯이 정교회의 신학은 그들의 종교적 체험의 산물로 간주된다. 초기 그리스도교에 자주 등장한 '부정 신학'은 정교회의 종교적 체험의 토대라고 할 수 있다. 즉, 하느님을 포함한 모든 신적 실재에 대한 불가해성과 표현 불가능한 성격은 정교회 신학이 고수하는 전제이며 한계로서, 종종 신앙의 정식까지 상대화한다. 이러한 맥락에서 볼 때, 정교회에서 '교의'(dogma)는 신적 실재의 영광에 대한 경이롭고 놀라운 체험의 '내키지 않는' 정의일 뿐이다.[90] 정교회의 신학은 "삼위일체의 접근할 수 없는 초월성과 삼위일체가 발산하는 영광을 관상하는 것"[91]이다. 말하자면 삼위일체이신 하느님께 대한 충만한 사랑의 인식인 것이다. 따라서 "신학과 신비주의 사이에 그 어떠한 대립이 있을 수 없으며, 누군가 진정으로 기도한다면 그는 이미 신학자이다. 신학적 앎과 성화(聖化)는 불가분의 관계이기 때문이다."[92]

89　참조. L. Sertorius, "La teologia ortodossa del XX secolo", in *Bilancio della teologia*, cit., II, 188-232.

90　O. Clément, *La chesa ortodossa*, Queriniana, Brescia 1989, 29.

91　위와 동일, 28.

92　위와 동일, 30.

비잔티움의 신학자에게 서방의 스콜라 신학과 토마스 아퀴나스의 《신학대전》은 너무나 낯설다. 그 이유에 대해서는 다마스쿠스의 요한이 집필한, 신앙의 오랜 종합을 보여 준 《정통 신앙》(De fide orthodoxa)을 읽기만 해도 곧바로 알 수 있다. 교부 시대가 지난 다음 세대를 보면, 하느님의 "에네르게이아"(energeia)에 대한 그레고리우스 팔라마스의 이론 또한 동방 교회 신학의 색채를 그대로 전해 준다. 그는 동방 교회의 독특한 은총에 대한 이해를 설명하는데, 하느님께서는 본성상(ousia) 인간이 다가갈 수 없으며 이해할 수 없는 존재이지만, 당신의 '창조되지 않은 에네르게이아'를 통해 당신 자신을 드러내시고 소통하신다고 이야기한다. 이러한 팔라마스의 생각은 고대 교부들의 일반적인 가르침과 맥을 같이하며, 특히 니사의 그레고리우스의 사상을 명시적으로 드러낸 것으로 서방 신학과는 그 결이 상당히 다르다는 것을 보여 준다.[93]

정교회의 그리스도교적인 지평은 이어지는 시대에 서방 토미즘의 과도한 영향으로 인해 고유한 동방 영성이 휘청거리는 재앙을 맞이했다. 그러나 19세기 러시아에서 서방의 스콜라 신학을 답습하는 경향에 대한 반동의 움직임이 시작되었다. 이러한 쇄신의 주된 힘은 다름 아닌 교부로의 귀환이었다. 러시아 혁

---

[93] 신비가이자 시인이며 비잔티움 신학의 '새로운 신학자'로 불리는 시메온도 참고할 수 있다. 참조. Y. Congar, *Credo nello Spirito Santo*, Queriniana, Brescia 1981, I, 109-120.

명 이후, 러시아 신학은 그 장소를 서방으로 옮기게 되었고, 파리의 '성 세르지오 연구소'와 뉴욕의 '성 블라드미르 신학교'는 정교회 사상과 신학의 새로운 중심지가 되었다.

대표적인 현대 정교회 신학자로는 다음의 인물들이 있다. 베르자예프(N. Berdjaev), 불가코프(S. Bulgakov), 아파나시에프(N. Afanasieff), 에브도키모프(P. Evdokimov), 정교회의 신(新)교부주의의 기본적인 저작이라 할 수 있는 《동방 교회의 신비 신학》(Essai sur la Théologie Mystique de l'Église d'Orient, 1944년)을 집필한 로스키(V. Lossky) 등이다. 또한 최근까지 활약하는 인물로는 메옌도르프(Y. Meyendorf), 클레멘트(O. Clement), 니시오니스(N. Nissiotis), 지지울라스(J.D. Zizioulas)가 있다.

4) 성공회와 프로테스탄트의 신(新)교부학

어쩌면 프로테스탄트에서 신(新)교부주의(신학)를 이야기한다는 것이 조금은 어색할 수 있다. 그러나 프로테스탄트에서도 교부들에게 관심이 있었다는 사실과 프로테스탄트 신학에도 교부들의 영향이 어느 정도 있었다는 것에는 의심할 여지가 없다. 19세기 교부들에 관한 프로테스탄트의 관심은 역사와 문헌학(philologia)과 연관됐다. 하르낙(A. von Harnack)이 그 대표적인 인물이다. 또한 이 시기 즈음에 '그리스 그리스도교 작가'(Griechischen Christlichen Schifsteller, GCS) 총서와 '텍스트와 분석'(Texte und Untersuchungen)과 같은 연구물 시리즈의 간행과 더불어 하르낙과 함께 제베르크(R.Seeberg), 루프르(F.Loofs)와 같은 이들이 주도하는 가운데 많은 종류의 '교의(도그마) 역사'가 집필되었다.

한편 최근 1950년을 전후로 옥스퍼드 대학교에서 교부학에 대한 높은 관심이 일어났다. 이제는 제법 유명해진 연구 모임이 형성되어, 교부와 관련하여 세계 각지의 많은 학자와 다양한 그리스도교 종파 출신의 연구자들이 4년 주기로 만나고 있다. 이 국제 포럼의 결과물이 〈교부학 연구〉(Studia Patristica)를 통해 발표된다. 또한 독일과 프랑스의 프로테스탄트 신학 분야에서도 저명한 교부 관련 학자들이 활발하게 활동하고 있으며, 최근에는 북아메리카에서 교부 신학과 관련된 연구와 그 결과물이 많이 나오고 있는 추세다.

제3장

교부학 입문을 위한 예비지식

1. '교부학', '교부 신학', '고대 그리스도교 문학'

프로테스탄트 루터파 신학자인 게르하르트(J. Gerhard, †1637년)[94]는 교부들의 생애와 작품을 통한 역사, 문학 연구에 대해 '교부학'(Patrologia)이라는 용어를 처음 사용했다. 오늘날 많은 학자들은 '정통'과 '이단'이라는 구분 없이 고대 그리스도교의 모든 저술가를 대상으로 한 연구라는 점을 들어 '고대 그리스도교 문학'(Litteratura christiana antica)이라고 칭하기를 선호한다. 즉, '교부'에 국한되지 않고 고대 교회에 긍정적 또는 부정적으로 관계되는 모든 인물, 철학 사상, 문화적 배경 등을 연구 범위로 삼는다. 따라

94　1653년, 그의 사후에《교부학, 초대 그리스도교 교회 교부들의 삶과 저술에 대한 연구》(Patrologia sive de primitivae ecclesiae christianae doctorum vita ac lucubrationibus opusculum)라는 제목으로 출판됐다.

서 이단은 물론이고 교리적 차원을 넘어 일반 세속의 고대 저술가까지도 순전히 문학적인 관점에서 바라보려는 시도라고 할 수 있다.[95] 이 모든 의견을 종합하여 오늘날 '교부학'(Patrologia)이라는 용어를 다시 정리해 보면, 1세기부터 8세기까지[96] 그리스도교와 관련된 모든 저작물과 그 저자들에 관한 연구로, 좁은 의미의 '교부'뿐만 아니라 이단에 의해 쓰인 작품, 정경이 아닌 위경, 작자 미상의 작품 및 위서(pseudonomi), 특정 공동체나 집단의 작품까지도 연구 대상으로 하는 신학의 한 분야다.

고대 저술가들과 그들이 남긴 저작물을 연구한다는 것은 다양한 방면에서 접근하는 것을 의미한다. 물론 카이사리아의 에우세비우스가 《교회사》에서 채택한 고전적인 접근, 즉 생애와 저서, 가르침을 우선적으로 밝히는 것이 '교부학'의 최우선 과제일 것이지만, 현대에는 그 외에도 더 많은 측면에서 바라보아야 한다는 데에 학자들은 동의한다. 예를 들어, 저작물이 어떻게 편집되었고, 어떤 언어로 집필되었으며, 그 문학적 장르와 형태가 어떠한지를 고증하는 '문헌학적이며 문학적인'(philologico-litterario) 연구가 수반되어야 한다. 또한 저작물이 어떤 원천(fontes)에 영향

---

95 이러한 의견은 1800년대 신학자인 오버베크(F. Overbeck)에게서 처음으로 발견된다. H. von Campenhausen, *I Padri greci* (ed. it. a cura di O Soffritti), Paideia, Brescia 1967, 14.
96 '고대 그리스도교 문학'은 신약 성경까지도 연구 범위에 포함하나, 교부학에서는 제외한다. 물론 신약 성경보다 먼저 집필된 몇몇 문헌은 교부학의 연구 범위에 포함된다.

을 받았는지, 그 친저성(autenticitas)이 확실한지도 알아보아야 하는 문헌 자체의 '역사적'(storico) 연구도 뒤따라야 한다. 이외에도 저술가의 생애와 그를 둘러싼 당시 사회의 사상적 배경, 영향을 주고받은 여러 요소도 연구 대상에서 제외될 수 없다. 끝으로, 작품이 지니는 사상적 의미, 즉 철학적, 윤리적, 종교적, 신학적 의미와 가치도 따져야 한다.

'교부 신학'(Patristica)은 교부학에 비해 좁은 의미에서 교부들과 그들의 작품을 교리와 교의적 관점에서 접근하는 신학이다. 그렇다고 해서 교부 신학이 문헌학적이며 역사적인 모든 측면을 간과한다는 것은 아니다.[97]

2. 교부학의 학문적 독립성과 다른 신학 과목과의 관계

"무엇보다 '교부 신학'이나 '교부학'과 같은 교부들에 관한 학문이 신학의 한 과목으로서 가지는 독자성을 인정해야 한다. 이러한 과목들은 넓은 의미의 전체 신학 교과 중에서도 자기만의 고유한 방법론을 가지고 있기 때문이다. 교부들에 관한 연구는 신학의 한 분야로서 독립성을 토대로 하여, 역사 비판적인 방법

---

[97] 참조. Siniscalco, "Patristica, patrologia e leteratura cristiana antica ieri e oggi. Postille storiche e metodologiche", in *Augustinianum* 20 (1980) 383-400.

론의 원칙이 철저하게 적용되어야 한다."[98] 교부학에 대한 '교황청 가톨릭교육성'의 지침이 작동할 때, 비로소 교부학은 다양한 신학 과목과의 관계에서 고유한 학문적 특성을 발휘할 수 있다.

교부학의 일차적인 목표는 고대 그리스도교의 저작물과 그 저자에 대한 보다 깊은 이해를 위해 문학적, 신학적, 영성적인 다차원의 심화 연구를 수행하는 것이다. 모든 신학 과목, 특히 교의 신학에서는 교부들의 가르침을 교과 과정의 가장 처음에 제시하지만, 교부학은 이러한 가르침으로 대체될 수 없는 독특한 역할을 수행한다. 교부학은 사도 시대 이후 급변하는 환경 속에서 교부들의 '통합적인'(integritas) 신앙의 가르침을 생생하게 접하도록 돕기 때문이다. 이처럼 교회 전통이 발생했던 특별한 순간에 대한 이해는 모든 신학이 수행해야 할 과제 중 하나며, 신학이 단순히 현재나 이전의 과거에만 연연하지 않고 더 근원적인 원천으로 시선을 돌리게 한다.

교부학의 독립성은 이를 다른 학문의 도구로 전락시키지 않음을 의미한다. 동시에 과거를 단순히 고정된 상태로 두는 것을 정당화하는 것도 아니다. 마치 교회가 교부 시대에 멈춘 것으로만 이해해서는 안 된다. 이와 더불어 교부들의 가르침을 지나치게 현대에 대입하려는 것도 의미하지 않는다. 또한 현대 신학의 개념을 무턱대고 교부들의 가르침과 연결하려는 시도도 아니다.

---

98 교황청 가톨릭교육성, 《사제 양성에 있어서 교부 공부에 관한 훈령》 50.

이러한 의미에서 교부학의 독립성과 함께 다른 과목과의 연관성도 살펴볼 필요가 있다. 교부학은 다양한 신학 과목이 만나고 협력하는 장(場)이다. 예를 들어 고대 교회사, 신학과 교의의 역사, 성경 주석의 역사, 그리스도교 고고학 등의 학문이 만날 수 있는 곳이다. 사실 하나의 학문만으로 위대한 성과를 얻기 어렵다. 그렇기에 여러 학문의 전문가가 협력하는 것이 훌륭한 결과를 내기 위해 필수적임을 알 수 있다.[99]

3. 고대 문헌학(Philogia)

현대에는 다소 생소할 수 있는 학문인 '고대 문헌학'은 과거 삶의 증거이자 정신의 소산인 문헌을 정리하고 편찬하며 주석하는 작업을 말한다. 여기서 '문헌'에는 현재 구별 없이 사용되는 전적(典籍), 서적(書籍), 서책(書冊), 도서(圖書)뿐만 아니라 금석(金石) 등에 기재된 문자도 포함된다. 교부들과 초대 교회의 생생한 삶, 신앙, 사상을 연구하는 교부학은 필연적으로 문헌학의 도움을 필요로 한다. 그런 의미에서 문헌학은 교부들을 직접 연구 대상으로 삼는다기보다는 그들이 남긴 삶의 흔적, 특히 언어와 문

---

99 참조. M. Simonetti – G. M. Vian, "Uno sguardo su centotrent'anni di studi patristici", in M. Naldini (a cura di), *La tradizione patristica alle fonti della cultura europea*, Nardini, Firenze 1995, 59-104.

자로 오늘날까지 전해지는 문헌을 체계적으로 고증하고 연구하는 방법론적 학문이라고 할 수 있다. 교부학과 관련된 언어는 그리스어, 라틴어, 시리아어, 콥트어, 아르메니아어, 조지아어, 에티오피아어, 아랍어 등이 있다. 서양에서 문헌학은 '인문주의'를 통해 시작되었으며, 19세기에는 과학적인 체계로 완성되었다. 문헌학의 주요 과제는 고대 문헌을 찾아 연구한 후, 그 자료들을 바탕으로 문헌을 비판·편집하여 출판하는 것이다.

1) 원문에 가까운 비판본(editio critica)을 출간하기 위해 본문비평(Textual criticism)이 필요한가?

비판본이 무엇 때문에 중요한지를 알기 위해서는 다음 사실에 주목해야 한다.

첫째, 전해지는 교부들의 작품 가운데 그 어떤 작품도 원저자가 직접 썼거나 출판한 원본(textum originale)은 없다.

둘째, 우리가 보유한 문헌은 수 세기 동안 필사에 필사를 거친 복제본이다. 이를 '수사본'(필사본, manuscriptus) 또는 '코덱스'(codex)라고 부른다.

셋째, 9세기에서 10세기에 활동한 필사가들은 투박한 대문자인 '언셜체'(uncial script)에서 소문자 '흘림체'(corsiva)를 사용하게 되었다.

넷째, 필사 작업은 종종 원문을 왜곡하는 경우를 초래하기도 했다. 어떤 경우에는 필사가의 무지로 인해 단어나 문장을 잘못

옮기거나 누락시키는 실수가 발생했으며, 반대로 필사가가 더욱 완전한 문장으로 만들거나 이해를 돕기 위해 원문과 다르게 임의대로 첨삭하는 경우도 있었다.

다섯째, 필사본은 수 세기를 내려오면서 습기나 화재로 인해 물리적인 손상을 입기도 한다. 또한 몇몇 페이지가 분실되거나 페이지가 바뀌어 전해지는 경우도 있다.

'비판본'을 출간한다는 것은 이러한 여러 요인을 고려하여, 원저자가 처음 집필한 원본에 가장 가까운 텍스트를 제공하는 것을 의미한다.

2) 비판본은 어떻게 이루어지는가?

먼저 어떤 작품의 모든 수사본을 가능한 한 수집하고, 그것들을 '비교 분석'(collatio)한다. 다음으로 수집된 수사본 중에서 '단순 복제본을 제거'(eliminatio codicum descriptorum)한다. 예를 들어 A, B, C 수사본이 있다고 가정할 때, B가 A의 단순 필사라고 판단될 경우, A와 C만을 사용한다. 이러한 작업으로 모든 필사본의 공통점과 차이점을 찾아 '필사본의 족보'(stemma genealogicum)를 재건한다. 끝으로 우수한 필사본을 분류하면서 원본에 더 가깝다고 생각되는 기준에 의해 취사선택한다. '텍스트 수정'(emendatio)이라고 불리는 이 작업의 가장 널리 알려진 기준은 '렉시오 디피킬리오르'(lectio difficilior)로, 필사본을 읽는 데 난해한 것이 원본에 더 가까울 수 있다는 것이다. 실제로 더 어려운 말이나 난해한 문장이 더욱 쉽게 변하는 것이 상식이기 때문이다.[100] 이 모든 것이 끝나면 비로소 '비판본'(editio critica purgata)이 출판된다.

3) '비판본'을 어떻게 알 수 있나?

비판본이 되기 위해서는 두 가지 필수 요소가 있어야 한다. 첫째, 원본에 쓰인 언어(그리스어, 라틴어, 시리아어 등)로 재생산되어야 한다. 둘째, '비평 연구 자료'(apparatus criticus)가 있어야 한다. 즉, 여러 개의 필사본 가운데 편집자가 선택하여 사용한 필사본들이 기록되어 있어야 한다. 이를 통해 독자들이 편집자의 선택을 판단할 수 있으며, 때로는 비판을 할 수 있게 된다. 이 두 요소가 충족되지 않은 편집본은 '대중판'(editio divulgativa)이라고 부른다. 참고로 현대어로 번역이 되면 유익하겠지만, 이것이 비판본을 결정하지는 않는다.

4) 작품의 '원저성'(原著性)

문헌학의 또 다른 임무는 특정 작품이 원저자에 의해 쓰였는지를 밝히는 것이다. 교부 문헌 중에는 유명한 교부들을 저자로 내세우지만 실제로는 다른 이가 쓴 차명의 '위서'(僞書, spurius)가 많다. 문헌학은 원저자의 문장 특성, 문체, 내용을 근거로 그 친

---

100 이 기준이 절대적인 것은 아니다. 사실 염두에 두어야 할 기준이 그 밖에도 많기 때문이다. 참조. M. Simonetti, "L'edizione critica di dun testo patristico", in *Per una cultura dell'Europa unita*, cit., 25-40.

저성(authenticitas)을 찾아내야 하는데, 이 작업은 매우 어렵다. 원저자의 신학적이며 역사적인 성격을 판별하는 능력과 문헌학에 대한 숙련도가 필요하기 때문이다.

대부분 위서로 판명된 작품은 원저자가 밝혀지지 않고 있다. 그중에 유명한 예로는 암브로시우스가 썼다고 전해지는 《바오로의 열세 서간 주해》(Commentarius in XIII epistulas Paulinas)가 있다. 이 저서는 인문주의 시대 문헌 비판을 통해 원저자가 4세기 밀라노의 암브로시우스 주교가 아닌 것으로 밝혀졌다. 그러나 원저자는 알 길이 없기에, 다마수스 교황(재위 366~384년)은 이 익명의 저자를 '암브로시아스테르'(Ambrosiaster)라고 명명했다.

동방 교회의 경우, 사도행전에서 바오로 사도가 아테네에서 행한 설교를 듣고 개종한 디오니시우스 아레오파고스 의원(사도 17,34 참조)이 썼다고 여겨지는 문헌이 있다. 그러나 이 경우에도 인문주의자들에 의해 그가 쓴 것이 아님이 밝혀졌다. 오늘날 교부학자들은 이 익명의 저자를 '위(假)-디오니시우스'(pseudo-Dionysius)라고 칭한다. 위-디오니시우스는 5세기 말에서 6세기 초에 활동한 것으로 추정되는 인물로, 신플라톤주의에 깊은 영향을 받은 것으로 알려져 있다.

4. 교부 시대의 구분

교부 시대는 보통 사도들 다음 세대, 신약 성경이 쓰인 직후를 그 시작으로 삼는다. 교부 문헌 중에는 신약 성경보다 앞선 시대에 집필된 것도 있지만, 신약 성경이 사도들로부터 쓰였다는 '통념'에 의거해 교부학이 사도와 신약 성경 다음부터 시작된다고 여긴다. 교부 시대의 끝은 학자마다 의견이 다르다. 고대와 중세가 명확하게 구분되지 않기 때문이다. 그러나 학계의 일반적인 설은 서방은 세비야의 이시도루스(†636년), 동방은 다마스쿠스의 요한(†750년)을 마지막 교부라고 한다. 몇몇 학자들은 서방을 존자(尊者) 베다(†735년), 동방을 포티우스(†890년)까지 생각하기도 한다.[101] 교부 시대의 통상적인 구분은 다음과 같다.

1) 초창기

325년에 개최된 니케아 공의회는 그 이전과 이후가 확연하게 나뉘는 분수령으로, 교의적인 차원뿐만 아니라 사회·문화적으로도 새로운 시대의 분기점이 되었다. 따라서 니케아 공의회 이전 시기를 교부학의 초창기로 구분할 수 있다. 이 시기는 그리스도교 문헌이 처음으로 생성되던 때로, 성경의 시대와 근접하

---

101 참조. F. Pierini, *Mille anni di pensiero cristiano*, I, Alla ricerca dei Padri, Paoline, Milano 1988.

다는 점에서 매우 흥미로운 시기라고 할 수 있다.

2) 황금기

니케아 공의회(325년)부터 칼케돈 공의회(451년)까지의 시기다. 이 때에 교회는 교계 제도를 확립하고 주요 교의를 정식화했으며 다양한 신학적 종합을 꾀했다. 또한 본격적으로 아리아니즘, 도나티즘, 네스토리우스 이단, 단성론 등과 같은 여러 이단을 통해 드러나는 신학적 담론이 공식적이며 논쟁적으로 다루어지기도 했다. 교회 내외에서 마주한 이러한 도전과 어려움에 교부들의 역할이 탁월하게 드러난 시기다.

3) 쇠퇴기

6세기부터 8세기까지의 이 시기는 게르만 민족의 대이동과 맞물려 있으며, 이전에 활약한 교부들에게 여러 면에서 종속된 때로 여긴다. 그러나 이 때에도 주목할 만한 중요한 인물과 역사적 사건이 있었다. 예를 들어 제2차 콘스탄티노폴리스 공의회(553년), 제3차 콘스탄티노폴리스 공의회(680년), 제2차 니케아 공의회(787년)가 열렸고, 서방 수도원 역사에서 매우 중요한 인물인 베네딕투스도 이 시기에 활동했다. 이와 더불어 이슬람이 출현했고, 성화상 파괴 논쟁이 벌어지기도 했다. 이 시기 서방은 새로운 시대인 중세를 준비하고 있었으며, 동방은 비잔티움 역사가 그 정점에 달했다.

5. 교부학에서 중요한 거점 도시

교부 시대를 더 깊이 이해하기 위해서는 지중해 연안을 중심으로 하는 당시 지리를 알 필요가 있다. 특별히 이 시기에 문화, 정치, 사회, 종교가 집중된 도시를 알아 두면 교부학을 공부할 때 유익할 것이다.

 - **예루살렘:** 그리스도교의 출발지며 모든 교회의 '어머니 교회'[102]가 있는 도시다. 4세기 이전까지 예루살렘에는 유다 출신의 그리스도인 공동체와 이방 출신의 그리스도인 공동체가 한 주교 아래에서 교회를 이루고 있었다. 그러나 4세기에 접어들면서 예루살렘은 전체 교회 내에서 중요한 위치를 차지하게 된다. 콘스탄티누스 황제 치하에서는 주님의 십자가가 서 있던 곳과 무덤이 있던 장소에 웅장한 성당들이 세워졌다.[103] 예루살렘은 4세기 이후 동방과 서방을 막론하고 모든 그리스도인의 순례지가 되었다. 그러나 614년에는 페르시아에 의해 함락되었고, 638년에는 아랍인들에게 예속되었다.[104]

---

102 리옹의 이레네우스, 《이단 반박》 3,12,5: "이는 모든 교회의 근원적 기원이 되는 교회의 목소리며, 새 계약 백성들의 '어머니 도성(도시)'의 목소리다." 후대 로마의 라테라노 대성전이 이 명칭을 사용하게 된다.
103 이 당시 예수께서 못 박히셨던 십자나무가 발견됐다는 소문이 자자했다.
104 691년 황금 사원이라 불리는 '바위 돔'이 건설된다. 팔각형의 성전 위에 세워진 이 돔은 이슬람의 가장 오래된 대표적인 건축물로, 마호메트가 승천한 바위며 최후의 심판이 있을 성소로 여겨진다.

- **시리아의 안티오키아:** 로마 제국의 동쪽에 있는 가장 큰 도시로 사도행전을 통해 알 수 있듯이, 초창기 교회에 매우 중요한 선교의 중심지였다. 바오로 사도의 전교 여행이 시작되었으며 베드로 사도가 머물렀던 시리아의 안티오키아는 사도 시대 이후에 총대주교좌의 위상을 누리는 교회가 되었다.[105]

- **이집트의 알렉산드리아:** 알렉산드로스 대왕에 의해 세워진 이집트의 알렉산드리아는 로마 제국 시대에도 문화적인 측면에서 가장 중요한 도시였다. 이 도시에는 유다인 집단 거주 지역이 있었으며 전승에 따르면 마르코 복음사가에 의해 복음이 전해졌다고 한다. 이 도시도 총대주교좌 지위를 누린 교회가 되었다.[106]

- **콘스탄티노폴리스:** 330년 콘스탄티누스 황제는 비잔티움을 자신의 이름을 딴 '콘스탄티노폴리스'라는 새로운 수도로 세웠다. 이로써 이 도시는 정치, 사회적으로뿐만 아니라 교회 안에서의 권위 또한 전통적인 총대주교좌, 즉 예루살렘, 안티오키아, 알렉산드리아 교회를 넘어서는 지위를 가지게 되었다. 7~8세기 들어 아랍인들이 지중해 연안의 아시아와 아프리카를 점령하면서 콘스탄티노폴리스는 사실상 동방 교회의 유일한 총대주교좌 교회가 되었다.

---

105 참조. R.E. Brown – J.P. Meier, *Antiochia e Roma, Chiese-madri della cattolicità antica*, Assisi 1987.

106 참조. J.F. Sangrador, *Il Vangelo in Egitto*, Cinisello Balsamo 2000.

- **소(小)아시아 지역:** 2~3세기에 이미 에페소, 스미르나와 같은 도시에는 그리스도교 공동체가 있었다. 특히 4세기에 접어들면서 지금의 튀르키예 중부에 해당하는 카파도키아 지방은 위대한 교부들에 의해 찬란한 교회를 이루었다. 이 교부들을 '카파도키아 교부'라고 부르는데, 바로 대(大)바실리우스, 니사의 그레고리우스, 나지안주스의 그레고리우스다.

- **시리아:** 시리아 동쪽에 있는 니시비스와 에데사를 중심으로 3세기부터 시리아어를 사용하는 그리스도교가 꽃을 피운다. 대표적인 교부로는 아프라테스(아프라하트)와 에프렘이 있다.

- **로마:** 제국의 수도인 동시에 서방 교회의 총본산으로, 다른 모든 교회를 '선도하는' 역할을 하는 교회다. 복음은 이 도시에 매우 일찍 전해졌으며, 베드로와 바오로 사도가 순교함으로써 세워진 교회로 여겨졌다.

이 밖에 기억해야 할 다른 중요한 도시로는 아프리카의 카르타고, 갈리아의 리옹과 아를, 이탈리아 북쪽에 있는 밀라노와 아퀼레이아, 에스파냐(히스파니아)의 바르셀로나 등이 있다.

6. 교부들이 남긴 주요 문헌의 종류

교부들은 이방의 고전 저술가들이 사용한 다양한 문학 형식을 흡수했다. 그리스도교는 항상 그랬듯이, 자신의 종교적 특성을 기존 문화에 통합했다. 교부들은 기존 문학 양식에 고유한 의미를 덧붙여 사용했으며, 때로는 그 취지에 맞게 양식과 구조를 수정하거나 변형하기도 했다.[107]

다음은 교부들이 사용했던 문학 형태와 양식이다.

- **서간 또는 편지(epistula, littera)**: '서간'(epistula)과 '편지'(littera)를 엄격히 구분하자면, '편지'는 그때그때 필요한 계기에 사용되는 것이고, '서간'은 어떤 의견이나 주장을 공적으로 표출하기 위해 작성된 것이라고 할 수 있다. 그러나 실제로 이 용도에 의해 서간과 편지를 나누는 것은 쉽지 않다. 어쨌든 교부들은 이 문학 양식을 가장 많이 사용했다.

- **강해(Homilia)**: 다양한 형태의 '강해'가 있다. 일반적으로 이 양식은 대중을 상대로 한 '연설'(discorsus)과 비슷하다. 그 내용에 따라 보면, '순교에 대한 권고'(Exhortatio ad martyrium)부터 '전례에 관한 강해'(Homilia de eucharistia), 특정한 상황(장례식, 성당 봉헌식 등)에서 행해지는 연설이 있다. 또한 '성경에 대한 강해'(Homilia biblica)가 있는데, 이것은 '설교'(Sermo)와는 달리 전례 밖에서 행해지는 연설로, 예비 신자들을 위한 성경 강해가 대표적이다.[108]

- **교리교육(Catecheses)**: 세례를 준비하는 예비 신자들이나 새

---

107 참조. T. Piscitelli Carpino, "Struttura, *auctoritas* ed *exemplum* in un sermone di Paolino di Nola", in *Vichiana* 19 (1990) 1-16.

108 모든 형태의 강해는 성경에서 영감을 받을 뿐만 아니라 성경 내용을 주제로 삼았다.

영세자들을 교육하기 위한 목적으로 4세기부터 나타나는 특별한 문헌 양식이다. 세례 준비를 위한 것을 '조명받을 이들을 위한 교리교육'(Catecheses ad illuminandos)이라 하고, 새 영세자들을 상대로는 '신비 교리교육'(Catecheses mystatogiae)이라고 불렀다.

- **논고(Tractatus)**: 주요 교리를 설명하거나 올바른 가르침을 전달하기 위한 용도로 쓰인 논문이다[신앙에 대한 논고(Tractatus de fide), 삼위일체(De trinitate), 동정(De virginitate)]. 그러나 이단을 논박하기 위해 사용되기도 하는데, 이 경우에는 일반적인 문학 형태와 구조를 고려하지 않은 채 순전히 논박을 위한 주장이 담겨 있다. 이러한 논고는 '트락타투스'(tractatus) 대신 '~논박'(Contra~), '~반박'(Adversus~) 등의 이름으로 집필되었다.

- **주해(Commentarius)**: 주로 성경에 관한 해설로 많은 교부가 일찍부터 집필한 문헌 양식이다. 사복음서와 바오로 서간은 물론, 구약 성경 주해(Commentarii in Canticum Canticorum)도 많다.

- **호교론(Apologia)**: 주로 2세기에 많이 등장한 문헌 양식으로 '교회 밖'의 세계를 향해 그리스도교에 대한 변호뿐만 아니라 그리스도교의 새로운 이상과 전망을 설명하려는 목적으로 쓰였다. 이 양식은 그리스도교의 고유한 문헌으로 자리 잡았으며, 후대에는 특정 인물을 상대로 한 호교론으로 발전하기도 했다[켈수스 반박(Contra Celsum), 포르피리우스 반박(Contra Porphirium), 율리아누스 황제 반박(Contra Julianum imperatorum)].

- **시문학(Carmen)**: '전례적 찬미가'(Hymnus)는 초대 교회부터

경신례의 중요한 요소로 자리 잡았다. 이러한 찬미의 시는 신앙과 경건심을 드러내며 이교 세계의 '시'(poesia)와 다른 특징을 지녔다. 그리스 시문학의 엄격한 전통 형식을 깨고, 운율보다 의미에 더 중점을 두었기 때문이다. 이 양식을 사용한 인물로는 암브로시우스, 나지안주스의 그레고리우스, 에프렘, 놀라의 파울리누스 등이 있다.

- **성인전 또는 전기**(Biographia): 신앙의 영웅들을 기억하고 그들의 덕을 본받기 위해 집필되었다. 초세기에는 순교자들에 관한 '순교록'이 주를 이루었고, 박해가 끝난 뒤에는 이른바 '성인전'(Vita sacti Antonii)이라는 양식이 등장했다. 극히 드물기는 하지만 자서전도 발견된다[고백록(Confessiones)].

이외에도 특정 교부가 집필한 것이 아닌 공동체 문헌도 교부학에서 중요한 문헌 양식으로 다루어진다. 예를 들어 정경에서 제외된 외경, 수도 규칙서, 공동체 규율과 제도집, 각종 교회 회의 기록, 신경, 기도문과 전례문 등 다양한 문헌이 포함된다.

7. 교부들의 언어

1) 히브리어와 아람어

초세기 교회로부터 전해지는 히브리어나 아람어로 된 문헌은 하나도 없다. 그러나 리옹의 이레네우스는 마태오 복음사가가 60년경 복음서를 히브리어로 썼다는 정보를 전해 준다.[109] 실제로 복음서와 그 외의 신약 성경을 보면 히브리어나 아람어에서 번역된 것으로 보이는 부분이 있다. 그러나 이레네우스의 주장에 대해 학계에서는 현재까지도 의견이 서로 엇갈리고 있다. 어쨌든 신약 성경에서 히브리어와 아람어 기원의 낱말이나 명사를 볼 수 있다. 예를 들어 '아빠'(abbà), '아멘'(amèn), '바르'(bar), '에파타'(effathà), '마라나타'(maranà tha), '코르반'(qorbàn), '라삐'(rabbì), '라뿌니'(rabbunì), '라카'(rakà), '탈리타쿰'(talithà kum)이 있다. 이 용어 중 일부는 현재까지도 라틴 전례에 사용되는데 '아멘', '알렐루야', '호산나', '사바옷'(sabaoth), '에파타'(세례 예식)가 있다.

2) 그리스도교의 그리스어(koiné)

디아스포라의 유다인, 특히 알렉산드리아에서 거주하는 유다인들에게 그리스어는 일상 언어였다. 그들은 자신의 경전인 토라, 예언서, 그 외의 경전을 그리스어로 번역했다(칠십인역).

그리스어는 신약 성경에 사용된 언어이면서 적어도 3세기 중엽까지는 동방과 서방 교회의 언어였다. 로마에서 학생들을 가르치던 유스티누스가 자신의 저서를 그리스어로 썼듯이, 갈리아 지방의 리옹에서 주교직을 수행하던 이레네우스도 그리스어를 사용했다. 더 나아가 3세기 전반에 로마 교회의 사제로 봉직했

---

109 이레네우스, 《이단 반박》 3,1,1.

던 히폴리투스도 그리스어를 사용했다. 로마 교회는 4세기 후반까지 그리스어로 전례를 거행했다.

초기 그리스도교 그리스어는 칠십인역과 신약 성경의 그리스어에서 큰 영향을 받았다. 성경에 사용된 그리스어는 셈족어에 동화된 그리스어다. 신약 성경의 저자들은 그리스어로 글을 썼지만, 대부분 유다인 출신이기 때문에 히브리적 사고가 반영된 그리스어를 사용하게 된 것이다.

3) 그리스도교의 라틴어

교부 시대에 라틴어 문헌이 처음 발견된 시기는 2세기로 거슬러 올라간다. 이 문헌들은 대개 성경을 번역한 것이거나 성경에 버금가는 정도로 중요한 그리스어 문헌을 번역한 것이다. 예를 들어 로마의 클레멘스가 쓴 《코린토 신자들에게 보낸 편지》(Epistula ad Corinthios)나 《디다케》(Didache)와 같은 문헌이 있다. 그러나 이전에 그리스어로 된 것을 라틴어로 번역한 것이 아닌, 직접 라틴어로 쓴 첫 문헌은 180년경 아프리카에서 등장한 《쉴리움의 순교자 행전》(Acta Martyrum Scillitanorum)이다. 그로부터 얼마 후, 196년에 그리스도교로 개종한 카르타고의 테르툴리아누스라는 위대한 학자가 등장하는데, 그를 통해 비로소 진정한 그리스도교 라틴 문헌이 집필되기 시작한다.

고전 라틴어와 구별되는 '그리스도교 라틴어'가 존재했다는 말에는 과장된 측면도 있다. 하지만 실제로 그리스도인들은 이교인들이 사용하는 단어는 물론, 심지어 문법까지 수정하여 '그리스도교적' 의미로 사용하곤 했다. 이러한 형태를 '신조어'(neologism)라고 한다. 그리스어를 번역할 때 주로 사용되었으며, 특히 성경을 라틴어로 번역하면서 신조어들이 많이 나타났다.[110] 다음은 그리스도인들이 사용한 특수한 라틴어의 예다.

- **음차 신조어**(lexical neologism): 그리스어 단어의 발음을 차용하여 생성된 일종의 외래어로, 다음과 같은 신조어가 있다. acolythus, anathema, anathematizo, angelus, antiphona, apostata, apostare, apostolatus, apostolicus, apostolus, baptisma, baptizo, blasphemare, balsphemia, canon (-ones), canonicus, canonizare, catacumba, catechumenos, catholicus, chrisma, chrismatio, christianismus, christianus, Christus, clerus, coemeterium; diabolus; diaconus, dioecesis, dogma, ecclesia, epiphania, episcopatus, episcopus, eucharistia, evangelista, evangelium, evangelizare; exomologesis, exorcismus, exorcista, haeresis, haereticus, laicus, liturgia, monachus, monasterium, mysterium, neophyta, oeconomia, oecumenicus, orthodoxia, orthodoxus, papa, Paraclitus; parocus, paroecia(parochia), pentecostes, presbyter, presbyterium, psalista, psalmus, schisma, schis-

---

110 참조. J. Schrijnen, *I caratteri del latino cristiano antico*, con un'appendice di Christine Mohrmann(a cura di S. Boscherini), Bologna 1986; Ch. Mohrmann, *Études sur le latin des chrétiens*, I-IV, Roma 1958-1965; E. Dal Covolo - M. Sodi, *Il latino e i cristiani*. Città del Vaticano 2002.

maticus, synodus, theologia, theologus.[111]

- **형태 신조어(morphological neologism)**: 그리스어의 의미를 차용하고자 본래 라틴어의 형태를 변용한 신조어다. confessio→confiteri, Dominus→dominicus, poenitentia→poenitere.

- **의미 신조어(semantical neologism)**: 그리스어에서 일반적으로 통용되는 의미를 바꾸어 다른 뜻으로 사용하는 것으로, 이러한 신조어에는 다음과 같은 말이 있다. Verbum(Logos), Spiritus(Pneuma), Trinitas(Triàs), persona(pròsopon), substantia(hypòstasis, ousia), Dominus(kyrios), caro(sarx), gloria(doxa), fides(pistis), gratia(Charis), caritas(agàpe), sacramentum(mystèrion), confessio(exhomològhesis), poenitentia(metànoia).

- **구문 신조어(syntax neologism)**: 앞에서 본 신조어와는 달리 한 단어가 아니라 '구'나 '문장'에서 나타나는 현상이다. 주로 성경을 번역할 때 나오는데, 라틴어 문법을 뛰어넘어 성경에서 쓰인 것을 '글자 그대로' 옮기는 경우에 해당한다. 일례로, 최상급을 소

---

[111] 그리스 발음만 음차한 라틴 신조어는 전례와 교회 생활의 전문 용어로 주로 사용되었다. 그리스 원어는 본래 다의적인 뜻을 품고 있었으나, 라틴 신조어가 되면서 단 하나의 뜻만 지닌 특수 용어가 되었다. 예를 들어 그리스어 '밥티조'(bapizo)는 '잠기다'라는 어원에서 출발하여 '그리스도인이 되기 위해 물에 잠기는 예식'의 뜻으로 사용되었으나, 라틴 신조어에서는 본래의 어원과는 상관없이 '세례성사'를 의미했다. '디아코노스'(diàkonos)라는 말도 그리스어에서는 '봉사자', '관리자', '공적 직무를 받은 사람', '교회의 직무 수행 권한을 가진 자' 등 여러 의미가 있지만, 라틴어로 바뀌면서 마지막 뜻으로만 사용되었다. 참조. E. Cattaneo, *I ministri nella Chiesa antica*, Milano 1997, 191-194.

유격으로 표현하거나(rex regum = 왕들의 왕 = 최고의 왕; canticum canticorum = 찬미가 중의 찬미가 = 최고의 찬미가; vanitas vanitatum = 헛된 것 중에 헛된 것 = 최고로 헛된 것), 전치사 'in+ablativus'를 사용하여 도구적인 의미를 표현하거나(in brachio suo = 당신 팔로), 어떤 상태의 질을 표현하기 위해 형용사가 아닌 소유격을 사용했다(odor suavitatis = 감미로움 + 향기 = 감미로운 향기).

결론적으로 다음과 같이 말할 수 있다. "그리스도교는 '그리스도교적 라틴어'라고 부를 수 있을 만큼 라틴어를 자기 방식대로 세련되게 변형시켰다. 당시의 일반적인 그리스·로마 정신과 비교할 때, 전혀 다른 그리스도교 신앙은 기존의 단어와 문법으로는 그 풍요로운 신앙의 맛을 모두 담을 수 없기에 새로운 단어와 표현 방법을 창조하게 되었다. 특히 영감에 의해 기록된 것으로 여겨지는 '성경'의 표현은 기존의 고전 라틴어 표현을 뛰어넘어 언어적인 혁명이 필요했다."[112]

고대 그리스도교 저술가 중에는 앞서 언급한 것과 다른 언어를 사용한 이들이 있다. 그들은 자신의 고유한 언어(시리아어, 콥트어, 아르메니아어, 조지아어, 아랍어 등)로 신앙을 표현하며 진정한 그리스도교 문학을 창조했다.[113]

---

112 S. Deléani, "Les caractère du latin chrétien", in E. Dal Covolo – M. Sodi, *Il latino e i cristiani*, 25

113 참조. A. Quacqualelli, *Complementi interdisciplinari di patrologia*, Roma 1989.

8. 주요 비판본과 번역본[114]

1800년대 중엽, 프랑스의 사제 미뉴(J.-P. Migne)는 이미 출판된 그리스와 라틴 교부 문헌을 모아 하나의 총서로 편집, 출간했다. 이 모음집을 진정한 의미의 '비판본'이라고 할 수는 없지만, 현재까지 출판된 교부 문헌 총서로는 가장 방대하고 비교적 쉽게 참고할 수 있다. 이 총서는 라틴어와 그리스어로 나뉜 두 시리즈로 구성됐다.

- 라틴 시리즈는 일반적으로 'PL'(Patrologia Latina)로 인용된다. 1844~1855년 파리에서 출판되었고, 초기 문헌부터 인노첸시오 3세 교황(†1216년)까지 수집되어 총 221권에 이른다. 출판 후 얼마 지나지 않아 총 목차를 실은 4권이 나왔으며, 1957~1975년 사이 보충본(PLS) 4권이 추가되었다.

- 그리스 시리즈는 일반적으로 'PG'(Patrologia Graeca)로 인용된다. 1857~1866년 파리에서 출판되었고, 초세기부터 피렌체 공의회(1439년)까지 수록한 문헌이 총 161권이다. 이 그리스어 문헌은 라틴어로 번역되어 함께 수록되었다. PG의 총 목차는 후대에 덧붙여진다.

문헌학적인 비판 과정을 거친 주요 비판본에는 다음이 있다.

---

114 방대한 도서 목록이 될 것이기에, 여기서는 기본적인 것만 언급한다. 더 많은 정보는 다음을 참조하라. Bosio-Dal Covolo-Maritano, *Introduzione ai Padri della Chiesa*, I-VI, SEI, Torino 1990-1999.

- **CSEL**(Corpus Scriptorum Ecclesiasticorum Latinorum): 1866년 오스트리아 빈에서 처음 간행되어 현재 100여 권에 이르는 라틴어본 총서로, 현대어 번역은 없다.

- **GCS**(Die Griechischen Christlichen Schrifsteller): 1897년 독일 베를린에서 간행을 시작하여 현재 50여 권에 달하는 그리스어본 총서로, 현대어 번역은 없다.

- **CCh**(Corpus Christianorum): 벨기에의 투른호우트에서 1953년에 라틴어 시리즈(CChL)가 출판되어 180권에 이르고, 1977년부터 간행된 그리스어 시리즈(CChG)는 현재 20여 권에 이른다. 이 밖에도 15권에 달하는 위경 총서(CChA)가 출간되었다. 'CCh'의 모든 총서는 원어로만 되어 있다.

- **SCh**(Sources Chretiennes): 1943년 프랑스의 리옹에서 일부 예수회원(뤼박, 다니엘루, 몽데세르)이 주축이 되어 간행을 시작했다. 현재도 계속 출판되는 번역본이 실린 총서로, 500권 이상 나왔다. 이 총서는 모든 책에 최고의 해제와 주해를 담고 있다.

한편, 이탈리아에는 위에 언급된 총서와 비교할 만큼 중요한 편집본은 없다. 그럼에도 주목할 만한 총서로는 'Corona Patrum', 'Biblioteca Patristica'가 있다. 이와 함께 번역본이 실린 개별 교부의 문헌 총서에는 다음이 있다.

- 아우구스티누스, opera omnia(Nuova Biblioteca Agostiniana = NBA), Città Nouva, Roma 1970ss, 45권.

- 암브로시우스, opera omnia(SAEMO), Bilioteca Ambrosiana,

Città Nouva, Milano-Roma 1974ss, 20권.

- 대(大)그레고리우스 교황, opera omnia(GMO), Città Nouva, Roma 1989ss, 계속 출판되고 있다.

- 오리게네스, Opere, Città Nouva, Roma 2001ss, 계속 출판되고 있다.

오늘날 거의 모든 가톨릭 주요 출판사가 교부에 관한 문헌을 출판하고 있다는 것은 그만큼 교부에 대한 관심이 증대되고 있다는 사실을 드러낸다. 다음은 그중에서 대표적인 간행물이다.

- Collana di Testi patristici(CTP), Città Nouva, Roma 1976, 200권 이상, 계속 출판되고 있다.

- Letture cristiane del primo millennio(LCPM), Ed. Paoline, Milano 1987ss, 35권 이상, 계속 출판되고 있다.

- Cultura cristiana antica, Borla, Roma 1977ss, 18권.

이상의 총서는 모두 그리스, 라틴 교부로 한정된 이탈리아어 번역본이다. 시리아어나 콥트어 등의 교부 문헌으로는 다음을 참조할 수 있다.

- Patrologia Orientalis(PO), a cura di R. Graffin e F. Nau, Parigi, con traduzione in lingua moderna. 특히 첫 3권은 시리아 교부 문헌으로 PS(Patrologia Syriaca)로 인용된다.

- Corpus Scriptorum Christianorum Orientalium(CSCO), Lovanio, con traduzione in lingua moderna.

9. 교부학에 관한 주요 입문서와 참고서 및 그 밖의 보조자료

교부들을 이해하는 데 기본적인 정보(생애와 저서에 대한 설명, 저서들이 담고 있는 주요 신학과 가르침, 저서들이 포함된 편집본과 비판본 및 번역본 소개 등)를 제공하는 《교부학》 도서에는 다음과 같은 것이 있다. 이 책들은 모두 같은 이름으로 출판되었기에, 일반적으로 저자의 이름을 붙여 부른다. 예를 들어 '알타너의 교부학', '드롭너의 교부학' 등이 있다.

- B. Altaner, *Patrology*.
- J. Quasten, *Patrology*, I-II. 니케아부터 칼케돈까지 그리스 교부들만 다룬다.
- Istitutum Patristicum Augustinianum, *Patrology*, III-V. '아우구스티니아눔' 교수들이 크바스텐(Quasten)을 이어 작업했다.
- H.R Drobner, *Patrology*.
- Bosio-Maritato, *Patrology*, SEI(6권), Torino.

1) 기본적인 사전류

- *Dizionario Patristico e L'Antichità Cristiane*, diretto da A. Bernardino, 3 vol.(Encyclopedia of the Early Church).
- *Dictionnaire d'archeologie chrétienne et de liturgie*, 15 vol.
- *Dictionnaire de spiritualité, ascetique et mystique, doctrine et histoire*.

- *Dizionario di letteratura cristiana antica*, Città Nuova, Roma 2006.
- *Dizionario di Patrologia*, San Paolo, Ciniscello Balsamo 2007.

그리스와 라틴 교부들이 집필한 모든 저서는 알파벳과 집필 순서에 따라 총서와 필사본 정보를 제공한다.
- M. Geerard-F. Glorie, *Clavis Patrum Graecorum*(CPG), I-V, Turnhout 1974-1987.
- E. Dekkers-Ae. Gaar, *Clavis Patrum Latinorum*(CPL), Steenbrugge 1961.

2) 참고 문헌 목록
- Institutum Patristicum Augustinianum Website(도서관).
- L'Annee Philologique: 고대 그리스, 라틴 문헌에 관한 비평적, 분석적 참고 문헌 목록으로 마루조(J. Marouzeau)와 여러 학자가 1924년 이후 파리에서 계속 출간하고 있다. 저자와 전문 분야에 따라 분류하고 논평한 고전 문헌학과 고고학의 참고 문헌 목록이다.
- Bibliographia Patristica: 국제적인 교부학 참고 문헌 목록으로 1959년부터 계속 이어지고 있다.

3) 교부학 관련 주요 잡지[115]
- Adamantius (Pisa).
- Annali di storia dell'esegesi (Bologna).
- Augustinianum (Roma).
- Dizionario biblico-patristico (Roma).
- Vetera Christianorum (Bari).
- Vigiliae Christianae (Amsterdam).

4) 교부 문헌 선집
- C. Moreschini-E. Norelli, *Antologia della letteratura cristiana antica greca e latina*, I-II, Morcelliana, Brescia 1999.
- E. Prinzivalli-M. Simonetti, *Letteratura cristiana antica. Antologia di testi*, I-II, Piemme, Casale Monferrato 1996.

5) 교부들의 주제별 선집
- *Il Cristo*, I-III, Fondazine Valla/A. Mondadori, Milano 1985-1989.
- *Lo Spirito Santo nella testimonianza dei Padri della Chiesa*, I-II, a cura di G. Di Nola, EDR, Roma 1994-1997.
- *Testi mariani del primo millennio*, I-IV, Città Nuova, Roma

---

115 참조. http://web.uniud.it/isr/data/s/s.htm.

1988-1991.

- *Letture cristiane del primo millennio. Antologie*, Edizioni Paoline, Roma 1979ss, una decina di volumi.

- *Traditio Christiana. Collezione di testi e documenti di teologia patristica*, I-VI, SEI, Torino 1975ss.

6) 데이터베이스 자료

- *Patrologia Latina Database* (Chadwick-Haley, Cambridge, Inglilterra): Patrologia Latina, 전체 221권 수록.

- *Cetedoc Library of Christian Latin Texts on CD Rom* (Brepols), in cuk: Corpus Christiannorum Series Latina e Continuatio Medievalis.

- *Thesaurus Linguae Graecae* (California): 그리스어 성경과 교부 문헌을 포함한 그리스 문헌 모음이다.

7) 교부학 관련 인터넷 사이트

- http://www.oeaw.ac.at/kvk/kv07.htm
- http://www.intratext.com/BPI/
- htpt://www.iclnet.org/
- http://www.rassegna.unibo.it/autcristi.html
- http://www.novena.it/padri/padri.htm
- http://www.earlychristianwritings.com/

- http://www.ccel.org/fathers.html
- http://www.newadvent.org/fathers/

8) 연구 논문 전집류

- Studia Patristica.
- Patristische Texte und Studien.
- Studia Ephemeridis "Augustinianum".
- Supplements Vigiliae Christianae (초대 교회 생활과 언어에 관한 문헌과 연구 논문).
- Sussidi Patristici.

제2부

역사 속의 교부와 문헌

제1장

사도 교부

'사도 교부'(Patres Apostolici)라는 이름의 고대 문헌은 사도 시대 직후에 집필되거나 편집되었다.[116] 그러나 이 문헌은 공통점보다 이질적인 면이 많아, 고대 그리스도교 문헌학에서는 이러한 명칭으로 묶는 데 주저하기도 한다. 문헌의 종류와 양식이 저마다 다르기 때문이다. 그뿐만 아니라 사도 교부 문헌은 그 가치와 권위에서도 차이가 있으며, 저자와 집필 연대 및 장소도 일관성을 찾기 어렵다. 그럼에도 사도 교부 문헌은 신약 성경을 제외하고

---

116 '사도 교부'라는 용어는 교부 시대나 중세에는 사용되지 않았고, 코틀리에(J.B. Cotelier)가 1672년 바르나바, 로마의 클레멘스, 안티오키아의 이냐티우스, 헤르마스, 스미르나의 폴리카르푸스가 저술한 문헌과 《폴리카르푸스 순교록》을 모아 《사도 시대의 교부들》(Patres aevi apostolici)이라는 제목으로 출판했다. 그리고 얼마 되지 않아 클레리쿠스(J. Clericus)가 재판을 하면서 '시대'를 빼고 《사도 교부들》(Patrum Apostolicorum Opera)이라는 제목을 정한 것에서 이 용어가 유래한다. 그 후 히에라폴리스의 파피아스, 《디오그네투스에게 보낸 편지》, 《디다케》가 사도 교부 시대의 문헌에 추가되었다.

그리스도교 문헌사에서 가장 오래된 것들로 사도 시대를 이은 다음 세대에 집필되었다는 점에서, 여기서는 '사도 교부'라는 이름을 사용하겠다.[117]

사도 교부 시대에 혹은 사도 교부에 의해 집필, 편집된 문헌은 다음과 같다.

- 《열두 사도들의 가르침》(Doctrina duodecim Apostolorum, 일명 《디다케》)
- 로마의 클레멘스, 《코린토 신자들에게 보낸 편지》(Prima Clementis)
- 위-클레멘스, 《코린토 신자들에게 보낸 편지》(Secunda Clementis)
- 안티오키아의 이냐티우스, 《편지 7통》(Epistulae VII genuinae)
- 헤르마스, 《목자》(Pastor)
- 위-바르나바, 《편지》(Epistula)
- 스미르나의 폴리카르푸스, 《필리피 신자들에게 보낸 편지》(Epistula ad Philippenses)
- 《폴리카르푸스 순교록》(Martyrium Polycarpi)
- 히에라폴리스의 파피아스, 《주님의 설교 해설》(Explanatio

---

117 '사도 교부'라는 이름 아래 여러 문헌이 '한 묶음'으로 수집됐을 뿐, 실제로 문헌들 사이에 상당한 차이점을 보이듯이, 사도 교부 문헌의 숫자도 교부학 참고서마다 제각각이다. 특별히 《디오그네투스에게 보낸 편지》는 종종 호교 교부 문헌과 함께 분류하기도 한다.

sermonum Domini)

- 《디오그네투스에게 보낸 편지》(Epistula ad Diognetum)

이상의 문헌은 눈여겨볼 중요한 작품들이다. 이 작품들은 사도들과 시대적으로 가장 가까운 시기에 저술되어 사도적 전승을 생생하게 보여 주며, 갓 태어난 교회에 복음의 메시지(kérygma)가 어떻게 구체적으로 적용되는지 전하기 때문이다. 즉, 사도 교부 문헌은 신약 성경에서 알 수 없는 초기 그리스도교의 삶과 신앙, 역사와 제도에 관한 귀중한 정보를 제공한다. 실제로 이 문헌이 작성될 때 당시 신약 성경은 완성된 '전집'(corpus)이 아니었고, 입으로 전승(구전)되는 기억을 토대로 집필되는 시기였다. 또한 교회의 체계적인 교계 제도와 구조도 아직 세워지지 않았으며, 신학적 용어나 개념도 명확하게 형성되지 않았던 때였다. 참고로 사도 교부 문헌은 모두 그리스어로 작성되었다.

1. 시대적 상황

사도 교부 시대는 로마에 의한 예루살렘 함락(70년 8월)에서부터 폴리카르푸스의 순교(155/167년 2월 23일)까지로 볼 수 있다. 이 시기 정치사적인 관점에서 보면 먼저 플라비우스 가문의 마지막 권력자였던 도미티아누스 황제(81~96년 통치), 히스파니아 출신 트라야누스 황제(98~117년 통치) 시기와 맞물린다. 이어 팔레스티나에서 일어난 유다인들의 마지막 폭동을 진압하고 예루살렘 도성을 완전히 파괴한 뒤 그 이름을 '엘리아 카피톨리나'(Aelia capitolina)로 바꾼 하드리아누스 황제(117~138년 통치)가 있었으며, 안토니누스 피우스 황제(138~161년 통치)와 마르쿠스 아우렐리우스(161~180년 통치) 황제가 그 뒤를 이었다.

사도 교부 시대에는 그리스도인들에 대한 국가 차원의 대대적인 박해가 이루어지지는 않았다. 다만 고소나 고발이 발생할 경우에 일부 지역(안티오키아, 비티니아)에 공권력이 개입한 경우가 있었다. 또한 이 시기 그리스도교는 유다교에서 독립하여 그 정체성을 구체적으로 확립해야 했으며, 교회 내에서 서서히 싹트는 이단에도 대처해야 했다. 사도 교부 시대의 대표적인 이단으로는 그리스도론에 심각한 해를 끼친 가현론(도케티즘, Docetism)과 엔크라티즘(enctarism), 초기 영지주의를 들 수 있다. 140년경 이집트 출신의 영지주의자 발렌티누스가 로마에서 강좌(schola)를 열었고, 마르키온은 144년 로마 교회에 의해 단죄받았다.

한편, 리옹의 이레네우스에 따르면 로마 교회는 베드로와 바오로 사도의 순교 이후 리누스, 클레투스, 클레멘스, 에바리스투스, 알렉산데르, 식스투스, 텔레스포루스, 히지누스, 피우스, 아니케투스, 소테루스, 엘레우테리우스로 주교직이 계승됐다.

2. 《디다케》

《디다케》(Didache)라는 문헌이 존재한다는 것은 오래전부터 알려졌지만, 출판되어 세상에 나타난 것은 19세기 후반이다.[118] 원래 제목은 《열두 사도들을 통하여 이방인들에게 전해진 주님의 가르침》이다. 하지만 일반적으로 제호의 맨 앞자를 따서 '디다케'라고 불린다. 이 문헌에는 유다교적인 분위기를 느낄 만한 요소가 있다. 예를 들어 교회의 직무 중에 예언자, 대제관 등이 현존한다든가, 그리스도의 임박한 재림에 대한 기대 등이 담겨 있다. 또한 이 문헌에는 그리스도교의 특징적인 윤리, 전례, 교회 생활의 제반 규정 등 생성 시기가 서로 다른 요소가 있다. 따라서 《디다케》는 한 저자가 저술한 것이 아니라 익명의 인물이 다른 시기에 쓰인 기존 문헌을 모아 한 권으로 편집한 것으로 보인다. 그래서 일반적으로는 최종 편집이 이루어진 시기가 1세기 말로 추정되지만, 일부 학자들은 그 이전 시대까지 거슬러 생각하기도 한다.

《디다케》는 크게 4부로 나뉘는데 윤리, 전례, 생활 지침과 묵시적인 권고로 이루어졌다.

---

118 예루살렘본(codex H). 1883년 브리에니오스(Bryennios) 정교회 주교에 의해 초판이 출판되었다.

1) 예비 신자를 위한 윤리 생활 지침(1~6장)

《디다케》는 후대의 영성 생활과 수덕 생활에 기초가 될 '두 가지 길', 즉 '생명의 길과 죽음의 길'을 제시하면서 미래의 신자가 지켜야 할 윤리 지침을 설명한다. 이러한 '선과 악', '죽음과 생명'과 같은 윤리적 이원론은 이미 존재하던 유다교 전통에 영향을 받은 것으로 볼 수 있다. 그러나 《디다케》가 제시하는 초대 그리스도교의 윤리는 이러한 기존의 원칙에 복음을 첨부하여 새로운 윤리 감각을 일깨운다. 즉 복음서에 등장하는 예수의 말씀을 '두 가지 길'에 대한 설명 중간에 첨가하여 그리스도교적인 의미로 발전시켰다(1,3-2,1 참조).

예를 들어 '살인하지 마라', '간음하지 마라', '도둑질하지 마라'와 같은 십계명의 준수를 언급하면서도, 보다 근본적인 내적인 자세(두 마음, 교만, 악의 등)를 강조한다. 특별히 '살인하지 마라'는 계명에는 당시 만연했던 낙태와 영아 살해 금지(2,2; 5,2 참조)가 포함되었다는 점도 주목할 만하다. 아울러 사도행전 2장 44절과 4장 32절의 '재산 공유'를 말했다는 점도 눈에 띈다. "모든 것을 네 형제와 함께 공유하고 네 것이라고 말하지 말라. 너희가 불멸하는 것을 공유하고 있으니 하물며 사멸하는 것들을 공유하는 것쯤이랴."(4,8) 초대 예루살렘 공동체를 떠올리게 하는, 다소 현실감이 부족한 것 같은 지침이지만, 이에 그치지 않고 노동의 중요성도 언급한다. 그뿐만 아니라, 노동의 결과물을 가난한 이들과 함께 나눌 것을 권고하면서 그 의미를 죄의 보속이라는 차원에서 풀이하고(4,6 참조), 약자들에 대한 정의 실천도 다룬다(5,2 참조). 이러한 부분에서 그리스도교 최초의 윤리 규범이 현실 생활에 밀접하게 연결된 신앙 윤리, 더 나아가 '사회 교리'를 언급한다는 점이 놀랍다고 할 수 있다.

2) 세례성사와 성체성사에 대한 전례 지침(7~10장)

세례성사(7~8장)에 관해서는 구체적인 세례 거행 방법을 가르친다. 즉 '삼위일체를 언급하는 경문'("아버지와 아들과 성령의 이름으로")과 재료(생수)와 방법(침수 혹은 머리)을 설명한 다음, 성사에 합당한 준비로써 단식과 기도를 이야기한다. 먼저 단식은 월요일과 목요일에 거행하던 유다인들('위선자들')과는 달리 수요일과 금요일에 실시했다. 기도도 유다인들이 하루에 세 차례 '쉐마 이스라엘'을 바친 것을 대신하여 '주님의 기도'(약간의 차이가 있지만 대체로 마태오 복음서를 따른다)를 드려야 했다.

성체성사(9-10)의 경우, 예수께서 행하신 최후의 만찬과 십자가 죽음에 대한 명시적인 언급은 없지만, 성찬례(eucharistia, 9,1 참조)로서 성체성사를 언급한 것은 틀림없다. 당시에 성찬례가 일반 공동체 식사와 분리되기 이전인 것(10,1 참조)을 감안할 때, "주님의 이름으로 세례를 받은 이들이 아니면 아무도 감사례에서 먹지도 마시지도 말라."(9,2)라는 언급은 이 식사가 평범한 식사가 아닌, 오늘날의 '성체성사'에 해당된다고 할 수 있다. 게다가 세례성사를 언급한 바로 뒤에 성체성사를 배치한 것은 두 성사가 '입문성사'임을 암시한다.

초대 그리스도교의 성찬례가 유다교식 식사의 전통 위에 세워졌다는 것이 일반적인 통념이다. 《디다케》는 이 주장을 뒷받침하는 근거를 보여 준다. 즉 포도주가 든 잔과 빵조각에 각각 드리는 감사 기도(9,2-4 참조)는 유다교식 식사의 전식(前食)에서 행한 찬양 기도(《미슈나》 브라콧 6,1)이며, 뒤에 나오는 기도(10,2-5 참조)도 후식 때 잔을 들고 바친 찬양 기도(birkat hammazôn)와 흡사하다. 이렇게 《디다케》는 그리스도교의 성찬례가 유다교식 식사에서 영향을 받았다는 것을 드러낸다.

이와 더불어 당시 교회가 유다 전통을 그대로 답습한 것뿐만이 아니라 그리스도교적인 의미로 바꾸었다는 것도 보여 준다. 그 예로 "당신 종 예수를 통해"라는 짧은 구절을 삽입한 것이다. 그러나 이러한 소소한 변형보다 더 중요한 것은, 문헌 전체를 볼 때, 《디다케》에는 그리스도교적 의미가 여기저기 스며 있다는 점이다.

《디다케》는 성찬례를 "영적(pneumatikê)인 음식과 음료"라고 명시하는데, 이는 곧 성체성사가 영원한 생명을 위해 영을 운반한다는 그리스도교적 의미를 드러낸다(10,3 참조). 또한 성찬례 거행에 사용된 감사 기도에 백성들의 '모임'인 교회에 대한 탄원이 들어 있다는 점도 주목해야 한다. 《디다케》는 성찬례가 마치 낱알들이 모여 빵을 이루듯이, 흩어진 이들이 하나로 모여 거행하는 것이며, 마침내 완전한 하나를 이루는 종말론적 '모임'의 예형임을 기도로서 드러낸다(9,4; 10,50 참조).[119] 아울러 감사례를 "제사"(thysía, 14,1-3 참조)라고 하는데, 이는 성체성사가 함께 모여 '만찬'을 드는 것인 동시에 '십자가상 제사'라는 특성을 나타내는 것이다. 이렇게《디다케》에 소개되는 감사례는 단순한 식사가 아닌 성사이기에, 감사례를 거행하기에 앞서 자기 잘못을 고백해야 한다는 규정(14,1-2 참조)이 있다.

3) 공동체 생활 규범(11~15장)

당시에는 사도, 예언자, 교사들이 한곳에 머물지 않고 순회하면서 교회 내 직무를 수행했다(1코린 12,28 참조). 그런데 이들 중에는 거짓 예언자나 교사가 있었기에 그 권위를 입증할 식별 기준이 필요했다. 이와는 대조적으로 감독(주교)과 봉사자(부제)는 특정 지역 공동체에서 선출되어 교회 직무를 고정적으로 수행했다. 이들의 주요 역할은 주일 성찬례 거행과 연관된 직무로 여겨진다(15,1; 15,15 참조). 또한 이들은 예언자를 대리하기도 했으며, 특별히 교사가 부재할 경우에는 그의 임무를 대신했다. 그러나 아직까지 신부(장로)에 해당하는 직분은 발견되지 않는다.[120]

---

119 참조. Cattaneo, "Rendila perfetta nell'amore. Il tema del raduno della chiesa nella Didache(9-10)", in Id., *Evangelo, Chiesa e carità nei Padri*, AVE, Roma 1995, 13-48.

120 참조. E. Cattaneo, *I ministeri nella Chiesa antica*, Edizioni Paoline, Milano 1997, 237-249.

4) 재림과 종말론적 권고(16장)

《디다케》는 종말론적인 언급으로 마무리된다. 여기서는 임박한 최후의 심판과 주님의 재림을 대비하여 늘 깨어 있으라고 권고한다.

3. 로마의 클레멘스의 《코린토 신자들에게 보낸 편지》

이 문헌은 로마 교회가 코린토 교회에 보낸 공적 서간이다. 이 서간에는 발신자의 구체적인 이름은 언급되지 않지만, 로마의 클레멘스라는 사실을 뒷받침하는 증거가 많다. 리옹의 이레네우스는 서간의 저자를 베드로와 바오로 사도의 후계자인 클레멘스로 지명하며, 그가 주교일 때 이 편지를 썼다고 이야기한다.[121] 카이사리아의 에우세비우스도 자신의 저서에서 이 사실을 확인해 준다. 170년 코린토의 디오니시우스 주교가 소테루스 교황에게 편지를 쓰면서, 코린토 교회에서 여전히 클레멘스의 서간이 공적으로 읽히고 있다고 소개했다.[122] 이 편지는 그리스어로 된 5세기 성경 필사본(Codex Alexandrinus)에서 요한 묵시록 다음에 실려 있을 정도로 초대 교회에서 정경에 준하는 권위를 인

---

121 이레네우스, 《이단 반박》, 3,3,3.
122 에우세비우스, 《교회사》, 3,16; 4,22,2; 23,10-11.

정받은 문헌처럼 보인다. 서간의 작성 시기는 일반적으로 도미티아누스 황제의 사망 직후인 96~97년으로 추정된다.[123]

이 서간은 코린토 교회에서 발생한 내분에 로마 교회의 입장을 전달한 것이다. 당시 코린토에는 몇몇 신자들이 교권에 항거하고 원로들을 부당하게 해임하는 분쟁이 벌어졌다. 이 현장에 클레멘스가 직접 개입하여 불목과 시기를 꾸짖고, 사랑과 일치를 촉구하는 편지를 썼다. 클레멘스는 먼저 신자들에게 해임당한 교직자들이 사도로부터 이어오는 관례에 의해 합법적으로 선출되었다는 점을 상기시킨다. 이와 동시에 그들이 "그리스도의 양떼를 위해 흠잡을 데 없이 봉사"(44,3)했다는 사실도 주지시킨다. 따라서 원로들의 추방은 단지 시기심에 의해 서로를 가르고 나누는 분파주의에서 나온 것이라고 꾸짖었다.[124]

학자들은 이 문헌이 가지는 역사적, 신학적인 평가를 내리는 데 의견을 일치하지 못하고 있다. 한편에서는 로마 교회의 '수위권'에 대한 첫 문헌이라는 것에 주목하고, 다른 한편에서는 화목과 평화를 바라는 단순한 형제적 충고로 보아 서간의 무게를 가볍게 평가하고 있다. 어쨌든 이 문헌에 교훈적인 측면이 많이 담

---

[123] 서간(41,1-3 참조)에서 클레멘스는 예루살렘 성전과 그곳에서 이루어지는 희생제사가 당시에 실제로 거행되는 것처럼 말하는데, 성전은 70년 티투스에 의해 파괴되어 재건되지 않았다. 더 나아가 서간 다른 부분(5,1-7 참조)에는 베드로와 바오로 사도의 순교(64년 혹은 67년)가 거의 비슷한 시기에 이루어진 것으로 나타난다.

[124] 40장-44장. 참조. E. Cattaneo, *I ministeri nella Chiesa antica*, cit., 254-260.

겨 있다는 것은 사실이다. 특히 구약 성경에 등장하는 다양한 모범을 바탕으로 일치와 평화에 대한 형제적 사랑의 충고가 들어 있다. 이와 함께 교회 일치에 대한 강한 경고도 이어졌다. 즉 로마 교회의 경고는 하느님의 이름과 권위를 토대로 한 집행이라는 사실을 드러내며(63,2 참조), 이에 순명할 것을 강력하게 말하는 대목이 있다. 이 점에서 볼 때, 이 서간은 일찍이 쿰란과 마태오 공동체(마태 18,15-18 참조)에서 행하던 '형제적 교정'(correctio fraterna)이 교회 차원에서 벌어진 일이라고 해석할 수 있다. 이러한 교정에는 무엇보다도 사랑이 전제되어야 했지만, 공동체로부터 파문과 같은 법적인 차원도 뒤따른다. 따라서《코린토 신자들에게 보낸 편지》에는 형제적 사랑이 묻어나는 충고라는 측면과 순명을 강요하는 엄중한 분위기가 공존한다. '강력한 권고'가 가장 잘 드러나는 대목(58,2-59,2a 참조)은 지금까지 학자들의 관심을 받지 못했지만, 로마 교회가 다른 교회에 대해 지닌 책임을 잘 드러내는 부분으로 보인다.[125] 클레멘스는 강력한 권고를 한 뒤, 긴 기도로 자신의 편지를 마감한다. 이 기도는 "세상 모든 곳에 있는" 그리스도인들과 권위를 가지고 봉사하는 모든 이를 위

---

125 "우리의 권고를 듣지 않으면 하느님께 중대한 죄를 짓게 된다."(59,1-2); "우리는 성령의 감도하심에 따라 말하는 것이니 이에 순명하라."(63,2) 참조. E. Cattaneo, "Un nuovo passo della Prima Clementis: la 'grande ammonizione' di 58,2-59,2", in Ph. Luisier (a cura di), *Studi su Clemente Romano*, Pont. Ist. Orientale, Roma 2003, 57-105.

해 바친다(59-61 참조).

이 서간에는 서로 다른 문화적 요소가 녹아 있다. 교회의 조화와 일치를 설명하면서 스토아 철학의 '코스모스'를 예로 들거나 로마 제국의 군대와 비교하는 등, 헬레니즘과 라틴 세계의 다양한 모습을 작품에 드러낸다. 아울러 헬레니즘의 수사학적 요소와 회당에서의 설교 양식이 절묘하게 섞인 것도 볼 수 있다. 특히 그리스 신화에 등장하는 불사조에 대한 암시와 함께 구약성경에 대한 수많은 인용을 찾아볼 수 있다. 또한 예수께서 하신 '말씀'(loghia)을 직접 인용하기도 하는데, 복음서 정경에서 찾아볼 수 없는 내용도 있다.

4. 위명(僞名)의 클레멘스 문헌

고대 그리스도교에서 로마의 클레멘스의 권위와 위상은 엄청났다. 그래서 많은 작품들이 클레멘스라는 차명으로 전해졌다. 그중에는 《사도 헌장》(Constitutiones Apostolicae)도 있는데, 특히 8권 6~15장의 성찬례에 관한 언급을 '클레멘스 전례'(Liturgia clementina) 혹은 '클레멘스 8경'(Octateuchus)이라고까지 칭했다. 다음은 그의 이름으로 된 주요 위서(僞書)다.[126]

---

126 제3부 제3장 '교회의 제반 법규와 전례에 관한 규정집'을 참조하라.

1) 《코린토 신자들에게 보낸 편지》

편지보다는 가장 오래된 강론으로 보는 것이 옳다. "설교자는 단순한 어조로 일관되게 강론을 이끈다. 즉 성경 말씀에 이어 그에 대한 간략한 주해와 윤리적인 권고를 한다."[127] 주목할 것은, 당시에는 아직 '신약 성경'의 정경화 작업이 완료되지 않은 시기임에도 예수의 말씀을 인용하면서 '성경에 따르면' 혹은 '성경이 말한다.'와 같은 표현을 쓴다는 점이다. 아울러 인용된 예수의 말씀 가운데 《이집트인들의 복음》이나 《토마스 복음》에서 가져온 것도 있다.[128] 이 '외경'은 일반적으로 고신극기(苦身克己)를 강조한 에비온파, 엔크라티즘, 영지주의에 기원을 둔다. 이러한 《코린토 신자들에게 보낸 편지》의 특이한 신학적 관점은 교회와 관련해서도 나타난다. 이 문헌에서는 교회가 역사 안에 드러나기 이전에 선재했다고 여겼다. 한편으로 이 문헌에는 바오로계 문헌의 흔적이 전무하다는 것이 눈에 띈다. 이와 같은 근거를 바탕으로 《코린토 신자들에게 보낸 편지》가 시리아, 팔레스티나 지역 유다교 출신의 그리스도교적 토양에서 나온 것으로 추정해 볼 수 있다.

2) 《동정자들에게 보낸 편지》

《동정자들에게 보낸 편지》(Epistula ad Virgines)는 남녀 수도자들

---

127 A. Quacquarelli, *I Padri apostolici*, at., 218.
128 P.F. Beatrice, *Clemente Romano*, in DPAC 714.

을 수신인으로 밝힌 두 통의 편지다. 이 편지는 초기 교회에 있었던 '순회 유랑 선교사들'의 매력적인 모습을 보여 준다. 저자는 본인을 "하늘 왕국을 위해 동정을 지키기로 결정한" 많은 남녀 신자 가운데 하나로 소개한다(1,2,1 참조). 그는 남녀 동정자들이 동거할 경우에 있을 수 있는 위험을 언급하는데, 이 증언을 통해 문헌이 작성된 시기를 추정해 볼 수 있다. 아마도 초창기 유랑 수덕가들이 있던 시대와 한곳에 정착해서 수도 생활을 하던 시대의 중간인 것으로 보인다. 3세기에 이러한 동거에 강하게 반대했던 여러 정황이 있는 것으로 보아, 이 편지가 쓰인 시기도 비슷한 때로 볼 수 있다. 현재 이 편지의 그리스어 원본은 단편으로만 전해지고, 시리아어 번역본만 온전하게 남아 있다.[129]

3) 그 밖의 위명의 클레멘스 작품

먼저 두 통의 《편지》가 있는데, 《클레멘스가 주님의 형제 야고보에게 보낸 첫째 편지》(Epistula Clementis ad Iacobum Domini Fratrem Prima)와 《클레멘스가 야고보에게 보낸 둘째 편지》(Epistula Clementis ad Iacobum Secunda)가 있다. 그리고 클레멘스가 베드로 사도와 동행하며 들은 선교 여행 설교를 담은 《강해 20편》(Homiliae XX), 10권의 《재인식》(Recognitiones)이 있다. 이 문헌은 교훈을 주는 전기 소설 형식으로 되어 있다. 주인공인 클레멘스는 로마

---

129 E. Cattaneo, *I ministeri nella Chiesa antica*, cit., 707-716.

황실의 후손으로 진리를 찾아 헤매고 있었다. 그러다가 팔레스티나에 하느님의 아들이 나타났다는 소식을 듣고 동방으로 여행을 떠난다. 가는 도중에 베드로 사도를 만나면서 그와 동행하게 되고, 나중에는 자신의 가족과 상봉한다는 이야기를 담고 있다. 이 이야기가 수집된 시기는 4세기 초이지만, 이 문헌에서 사용된 원본 자료(《베드로 강론》, 《베드로 행전》)는 그보다 앞선다.[130]

5. 안티오키아의 이냐티우스가 쓴 7통의 편지

안티오키아의 이냐티우스 주교는 맹수형을 받고 형 집행을 위해 시리아에서 로마로 가는 도중 소아시아 지역을 경유한다. 이때 여러 그리스도인 공동체와 지도자들을 만난 것이 인연이 되어 그들에게 감사와 권고의 편지를 쓰는데, 스미르나에 도착하여 에페소, 마그네시아, 트랄레스 교회에 편지를 한 통씩 써 보냈다. 또한 로마 교회에도 편지를 보내면서 자신의 순교 열망을 밝힐 뿐만 아니라 이 숭고한 의지를 방해하는 구명 노력을 하지 말 것을 당부한다. 이어지는 여정 중에 이냐티우스는 트로아스에 도착해서는 환대에 대한 감사의 마음을 담아 필라델피아와 스미르나 교회에 편지를 썼다. 그리고 동료 주교인 스미르나의

130　위와 동일, 695-706.

폴리카르푸스에게도 편지를 보냈다. 카이사리아의 에우세비우스가 전하는 정보에 따르면, 이냐티우스는 110년경 트라야누스 황제 치하에 로마 콜로세움에서 순교했다.

1) 일곱 편지의 친저성 논란

에우세비우스는《교회사》에서 7통의 편지에 대한 정보와 그 편지의 짧은 대목 일부를 직접 인용했다. 그러나 이냐티우스의 편지는 중세를 거치면서 잊히다가, 1557년 7통에 6통의 편지가 더해진 편지 뭉치 한 묶음이 발견되면서 역사상 처음으로 이냐티우스의 편지가 출판되었다. 그러나 에우세비우스의 정보대로 7통의 편지가 아니었고, 게다가《교회사》에서 인용된 구절이 새로 발견된 필사본과 서로 다른 점이 문제였다. 학자들은 이것을 '긴 사본'(recensio longior)이라고 부른다.

1600년 12통의 편지가 묶인 필사본이 새롭게 발견되어 출판되었다.《교회사》에 나오는 7통보다 5통이 더 많았지만, 에우세비우스가 언급한 7통의 편지가 고스란히 들어 있을 뿐만 아니라 인용된 대목이 일치하고, 그 밖에 다른 교부들이 전하는 단편과도 일치했다. 따라서 7개의 편지만 원본에 가깝고, 나머지 5개의 편지는 위서일 가능성이 높다. 그런데 이 사본을 '긴 사본'과 비교하다가, 4세기 아리우스 이단 계열과 아폴리나리우스 이단 성향을 띤 가필가들이 솜씨 좋게 수정했다는 사실이 발견되었다. 이 필사본은 '긴 사본'보다 짧기 때문에 '짧은 사본'(recensio brevis)

이라고 불린다.

1846년 시리아어로 번역된 3개의 편지(에페소, 로마, 폴리카르푸스) 필사본 묶음이 또 발견되어 출판되었는데, '짧은 사본'보다 더 짧았기에 '가장 짧은 사본'(recensio brevissima)이라 불렸으며, 몇몇 학자들은 이 편지들이 가장 원문에 가깝다고 생각했다.

이러한 이유로 학자들 사이에 이냐티우스의 편지에 대한 '친저성' 논란은 계속되었으나, 잔(Zahn)과 라이트풋(Lightfoot)이라는 저명한 두 학자에 의해 에우세비우스가 전한 정보대로 7통의 편지만이 이냐티우스의 친저며 편지의 배열 순서도 에우세비우스를 따르는 것이 거의 정설이 되었다.

물론 소수의 학자들은 이냐티우스 서간의 친저성에 계속 의문을 제기한다. 하지만 아직까지는 납득할 만한 논리를 제시하지 못하고 있다.[131]

2) 주요 가르침

- 그리스도론: 일곱 편지 안에는 그리스도에 관한 이냐티우스의 핵심 사상이 들어 있다. 그의 가르침은 미래 교회에서 그리스도에 관한 교의 정식의 주요 골격이 될 것이며, 당시에는 영지주의적 오류에 대한 경고와 교정 역할을 했다. 특히 가현론(도케티

---

131 졸리(R. Joly)는 모든 이냐티우스 서간이 위서며, 160년경 '주교 군주제'를 옹호하기 위해 작성, 유포됐다고 주장한다. 한편 리우스 캄프스(J. Rius-Camps)는 단지 4편만이 친저라고 주장한다.

즘)에 반대하며 그리스도의 육화와 수난에 대해 그리스도께서 단지 겉으로만 육화하시고 수난을 당하신 것이 아니라 실제 겪으신 일이라고 주장했다. "(주님께서는) 참으로 육으로는 다윗의 후손이고 …… 참으로 동정녀에게서 태어나셨으며 …… 참으로 수난을 당하시고, 참으로 부활하셨습니다."[132] 이 때문에 그리스도에 대한 참된 신앙은 다음과 같이 고백되어야 한다. "예수 그리스도께서는 유일한 의사로서 육적인 의사이며, 영적인 의사이십니다. 또한 그분께서는 태어나셨지만, 태어남에 제외되신 분으로서, 육 안에 나신 하느님이요, 죽음 안에 나신 참생명으로, 마리아에게서 나신 동시에 하느님에게서 나셨습니다. 또한 그분은 먼저 고난을 받으셨지만 나중에는 고난을 받으실 수 없는 분이십니다."[133] 아울러 "저는 예수께서 부활하신 후에도 육신을 지니셨음을 알고 있으며 또 이를 믿습니다."라고 고백했다.[134] 이냐티우스는 그리스도께서 참인간으로 육화하셨지만 참하느님이심을 계속 강조하는데, 그렇다고 '한 분 하느님' 신앙 즉, 유일신 신앙을 훼손하지 않았다. 아직 삼위일체적 신관이 정식화되지는 않았지만, 이냐티우스에게 삼위의 일치는 하느님의 본성적 특성이며, 교회 안에서 반영되어야 할 일치와 친교의 신비였다.

---

132 《스미르나 신자들에게 보낸 편지》 1-2.
133 《에페소 신자들에게 보낸 편지》 7,2.
134 《스미르나 신자들에게 보낸 편지》 3.

- **교회론:** 이냐티우스에게 교회는 '하느님 아버지'의 교회며 동시에 '예수 그리스도'의 교회로서 그분에 의해 세워졌고, 사랑받으며, 성화된다. 이 교회는 '사도적'인 교회로서, 주교들을 통하여 계승되고 사도들의 가르침과 일치한다. 또한 '하나인' 교회로서 단지 내적으로만 그러한 것이 아니라, 눈에 보이는 겉모습도 하나를 이룬다. 교회는 한 주교를 중심으로 유일한 하나의 제대에 모여 신앙과 기도 안에 일치를 이루기 때문이다. 다음으로 이 교회는 '가톨릭 교회'다. 사실 '가톨릭'이라는 말은 이냐티우스가 처음으로 사용했다(스미르나 8,2 참조). 이냐티우스가 어떤 의도로 이 단어를 사용했는지 파악하기는 쉽지 않지만, 세 가지 차원에서 풀이할 수 있다. 첫째, 말 그대로 '보편적'으로 이해할 수 있다. 실제로 교회는 세상 곳곳에 퍼져 있기 때문이다. 둘째, '완전한'으로 해석이 가능하다. 교회는 충만한 의미에서 진리를 소유하며, 구원을 위한 가장 알맞은 도구와 수단을 가지고 있기 때문이다. 셋째, 이 교회는 모든 이단과 분파와는 다른 '진정한' 교회라는 의미로 받아들일 수 있다. 사실 이단이나 분파는 교회와 친교를 이루고 있지 않기 때문에 생겨나는 것이다.

- **교회의 직무:** 위에 언급한 이냐티우스의 교회는 여러 직무에 의해 구성된다. 교회 역사상 처음으로 이냐티우스는 '감독-원로-봉사자'로 이루어진 정리된 교계 제도를 이야기했다. 또한 주교와 원로들을 명백하게 구분했을 뿐만 아니라 이른바 '주교중심주의'라고 불릴 만한 가르침을 처음으로 준다. "예수 그리스도

께서 계신 곳에 가톨릭 교회가 있듯이, 주교가 있는 곳에 공동체가 있어야 합니다."(스미르나 8) 따라서 주교는 교회 일치의 보증이자 유일한 스승으로, 사제들은 마치 거문고의 현과 같이 주교와 일치할 때 하모니를 낼 수 있다. 아울러 주교는 대사제며 은총의 분배자로 성찬례와 세례는 물론, 부부 일치의 약속도 주교 앞에서 이루어져야 한다고 가르친다.[135]

- **로마 교회:** 이냐티우스는 로마 교회에 편지를 보내면서 서두 인사 부분에 다른 교회에서는 볼 수 없는 굉장한 찬사를 보낸다. 예를 들어 "로마인들의 지역에서 선도하는(prokáthetai) 교회"나 "사랑을 선도하는(praesidens) 교회"라는 표현을 쓴다. 이와 더불어 "여러분은 누구와도 비교할 수 없을 만큼 다른 이들을 가르쳤습니다."(로마 3,1)라며 다른 교회에 편지를 보낼 때와는 다른 자세를 보인다.

- **성경:** 이냐티우스의 편지를 자세히 보면 이냐티우스가 바오로 사도의 서간 가운데 일부, 요한계 문헌, 마태오 복음서 등을 알고 있었다는 것에는 의심할 여지가 없다. 그러나 그는 신약성경을 자주 사용하지는 않는다. 이냐티우스에게 '복음'은 살아 있는 생명으로서 예수 그리스도요, 그분의 죽으심과 부활이었기 때문이다. 구약의 경우 '성경'은 성경이기에 인용되기는 하지만

---

135   E. Cattaneo, *I ministeri nella Chiesa antica*, cit., 261-290: Id., "La figura del vescovo in Ignazio di Antiochia", in *Rassegna di Teologia* 47 (2006) 497-539.

극히 적다. 사실 구약은 예수 그리스도를 준비하는 역사로서 사명을 수행했고 완수했다고 이냐티우스는 보았다. 이러한 생각을 토대로 그는 반유다주의 논쟁을 이어 간다. 특히 안식일과 같은 유다 관습에 대해 부정적인 시각을 노골적으로 드러냈다. 하지만 예언자에 대해서는 존경심을 보였다. 그들이 예수 그리스도를 미리 예견했을 뿐만 아니라, 복음대로 살았기 때문이다.

- **순교:** 이냐티우스에게 예수의 육신의 부활이 없다면 그리스도교란 있을 수 없었다. '하느님께 다다른다'는 것은 그리스도를 본받아야 가능하다. 이 본받음은 그분과의 일치를 목표로 하며, 이 일치는 부활에 대한 희망 속에 그리스도의 수난을 닮을 때 가장 잘 드러난다. 이냐티우스의 이 가르침이 두드러지게 나타나는 편지는 로마 교회에 보낸 편지로, 초기 그리스도교 교회의 순교 영성의 단면을 생생하게 보여 준다.[136]

---

[136] 《로마 신자들에게 보낸 편지》에서 유명한 대목으로 다음이 있다. "저는 하느님의 밀알이니 맹수의 이빨에 갈려서 그리스도의 깨끗한 빵이 될 것입니다."(4,2); "이제 저는 제자가 되기 시작합니다."(5,3); "이제 저의 탄생이 다가왔습니다. …… 제가 생명을 얻는 것을 방해하지 마시고, 또 제가 죽음의 상태에 있기를 원하지도 마십시오. 하느님의 것이 되고자 하는 사람을 세상에 내어주지 마시고 물질로 유혹하지도 마십시오. 제가 깨끗한 빛을 받을 수 있도록 해 주십시오. 거기에 이르러서야 저는 참인간이 될 수 있습니다."(6,1-2); "저는 살아서 여러분에게 글을 쓰고 있지만, 죽기를 바라고 있습니다. 저의 욕망은 십자가에 못 박혔고 세상 것에 대한 욕망의 불이 제 안에는 없습니다. 제 안에 살아 있으면서 말을 하는 물이 있습니다. 그것은 제 안에서 '아버지께로 오라'고 말을 건넵니다."(7,2)

6. 스미르나의 폴리카르푸스

스미르나의 폴리카르푸스에 대한 증언은 안티오키아의 이냐티우스의 편지 외에도 이레네우스와 카이사리아의 에우세비우스가 전해 준다. 폴리카르푸스는 80년경에 출생하여 155년 2월 23일에 순교하는데(몇몇 학자들은 167년으로 생각한다), 당시 그는 86세였다. 순교를 위해 로마로 압송되던 이냐티우스와 만날 때 이미 스미르나 교회의 주교직을 수행한 것으로 보아, 이른 나이에 주교직에 오른 듯하다. 폴리카르푸스가 남긴 문헌은 《필리피 신자들에게 보낸 편지》가 유일하다.

《폴리카르푸스 순교록》에서는 폴리카르푸스의 인물됨을 다음과 같이 밝힌다. "선택받은 사람들 가운데 한 사람이 우리 시대의 사도적 스승이고 예언자(didàskalòs kài prophetikòs)로 스미르나에 있는 정통 신앙 교회의 주교며, 매우 존경스러운 폴리카르푸스였다. 그의 입에서 나온 모든 말은 이루어졌고, 이루어질 것이기 때문이다."(16,2) 이 내용에서 폴리카르푸스에게 붙는 여러 호칭을 볼 수 있다. 먼저 교계 직무상 '주교'이고, '순교자'로 선택되었으며, 단순한 '스승'을 넘어 '사도적이며 예언자적' 스승이라고 밝힌다. 이러한 평가, 즉 그를 '사도적' 스승이라고 한 것은 그의 모든 가르침이 사도들, 특별히 요한 사도와 밀접한 교류를 통해 전해 받은 것이기 때문이다. 또한 주교직 수행에 있어 예언의 은사를 충분히 발휘했기에 '예언적' 스승으로 여겨졌다.

《필리피 신자들에게 보낸 편지》는 폴리카르푸스가 보관하던 이냐티우스의 편지를 필사해 보내 달라는 필리피 교회의 청에 대한 답장이다. 폴리카르푸스는 이냐티우스 서간을 보내는 기회에 목자로서 정통 신앙에 대한 성실한 믿음과 애덕 실천 등 교훈이 될 만한 이야기를 전했다. 오늘날 독자들은 이 편지를 근거로 당시 교회를 이루는 원로, 봉사자, 과부, 젊은이, 동정녀, 결혼한 이들과 같은 교회의 구체적인 구성원에 관한 정보를 얻을 수 있다. 이 편지에서 특히 13장은 문헌사에서 중요하다. 여기서 폴리카르푸스는 자신이 이냐티우스의 편지들을 보낼 것이며 아울러 필리피 교회가 이냐티우스의 순교에 대해 알고 있는 정보를 알려 달라고 부탁한다. 이 점으로 볼 때 이 편지가 쓰인 시기는 이냐티우스가 순교한 후 얼마 되지 않은 시점임을 알 수 있다. 그러나 7장에서는 마르키온을 두고 '사탄의 맏자식'이라고 표현하는데, 그 시기는 130년경이다. 이렇게 편지 안에서 시간적 충돌이 발생한다. 그래서 학자들은 이 서간이 이냐티우스가 순교한 직후에 쓰인(13~14장) 것과 130년 이후에 쓰인 것이 합쳐져 하나의 서간으로 전해졌다고 설명한다.

7. 《폴리카르푸스 순교록》

폴리카르푸스의 순교 이후, 스미르나 교회가 프리기아 지방의 필로멜리움 교회에 그 소식을 전하기 위해 쓴 편지다. 이 문헌은 편지 형식이지만 초대 교회의 순교 보고서로서 최초의 '순교록'이라고 할 수 있다. 이 문헌은 초대 교회가 바라본 순교에 대한 신학과 영성을 객관적이고 명쾌하게 표현하며, 순교자 공경과 순교 신심의 초기 모습을 잘 드러낸다. 무엇보다도 순교자를 주님의 수난을 본받는 이로 여기며, 순교를 그리스도의 현존을 드러내는 사건으로 규정한다. 아울러 모든 박해는 악마가 뒤에서 조장한 결과며, 악마는 자발적으로 신앙을 증거하려는 모든 순교 후보자를 비난하는 뒷배다. 순교는 성령에 의해 이루어지기에 종종 예언이나 기적과 같은 비범한 은사적 현상을 동반하기도 한다. 또한 순교는 교회의 공적인 희생 제사와 같기에 순교자들은 하느님과 교회의 중개자이기도 하다. 이러한 차원에서 순교자와 순교자의 유해 공경이 이루어지지만, 그 성격상 하느님께 드리는 예배와는 차원이 다르다.

폴리카르푸스는 형장에서 그리스도를 배신하고 모독하라는 형 집행인의 마지막 권고를 뿌리치고 다음과 같이 소신을 밝혔다. "여든여섯 해 동안 저는 그분을 섬겼습니다. 그분께서는 저에게 어떤 그릇된 행위도 하지 않으셨습니다. 그런데 제가 저를 구원하신 임금을 어떻게 모독할 수 있겠습니까?"(9,3) 화형으로 죽음을 맞이하기 직전 폴리카르푸스는 성령에 휘감겨 긴 기도를 드린다(14 참조). 이 문헌에서는 신앙을 위해 목숨을 바친 그리스도인에게 처음으로 '순교자'(martys)라는 용어를 사용했다(18,2 참조).

8. 히에라폴리스의 파피아스

파피아스는 히에라폴리스의 주교로 130년 《주님의 설교 해설》이라는 책을 썼는데, 이레네우스와 에우세비우스에 의해 13개의 단편만 전해진다(《교회사》 3,39 참조). 이들은 파피아스가 천년 왕국설을 주장했다는 사실을 증언하는데, 에우세비우스는 그를 '질 낮은 저술가'로 깎아내리기도 했다. 그러나 파피아스가 남긴 단편들은 성경에 관한 정보를 제공해 주는데, 예를 들어 마태오 복음서가 원래 아람어로 기술되었다는 것, 마르코 복음서는 예수에 대해 베드로 사도가 남긴 말을 그의 통역이었던 마르코가 기록한 것임을 밝힌다.

9. 헤르마스의 《목자》

140년경 로마에서 헤르마스라는 인물에 의해 집필된 《목자》는 5개의 환시, 12개의 계명, 10개의 비유로 구성된 문헌이다. 이 작품의 중심 주제는 세례 후 저지른 죄에 대한 용서였다. 이 저서의 이름은 회개의 천사가 헤르마스에게 나타날 때 그 모습이 '목자'(牧者)였던 것에서 유래했다.

죄의 용서에 대한 고대 교회의 입장은 크게 두 가지로 나뉘었다. 먼저 엄격주의 경향이 있는데, 이 입장에 따르면 죄의 용서는 오직 세례를 통해 단 한 번만 있을 뿐이다. 이에 비해 비교적 유연한 태도가 있는데, 죽기 전에 적어도 한 번의 또 다른 죄 용서가 있어야 한다는 주장이다. 이러한 용서에는 살인, 간음, 배교를 포함한 모든 죄가 해당된다. 헤르마스는 후자의 의견에 동조했으며, 이러한 태도는 시간이 흐름에 따라 거의 전체 교회가 인정하게 되었다.

《목자》는 당시 교회에 퍼진 윤리적 이완 상태에 대해 하느님의 계시를 통해 경고하고 진정한 참회(metànoia)를 전제로 모든 죄를 용서받을 마지막 가능성을 제시하려는 취지로 집필되었다. 당시 교회에서 죄의 용서는 여전히 은사적인 면이 강했다. 즉 죄의 용서와 화해에서 교회의 제도적인 역할이 아직 드러나지 않은 상태였다는 점을 감안하면 죄 용서에 대한 《목자》의 입장은 상당히 균형 잡혀 있었다고 할 수 있다.

《목자》가 '환시'(apocalipsis)로 이루어졌다는 특징 때문에 사람들은 이 책을 일찍부터 '영감'(ispiratio)받은 계시로 생각했다.[137] 이러한 영향으로 인해 초세기에 이 책이 정경으로 받아들여지기도 했지만, 3세기 이후로는 외경에 편입되었다.

헤르마스의 그리스도론은 전형적인 유다-그리스도교적 시각을 드러내는, 이른바 '천사-그리스도론'의 범주에 머무른다. 아직 삼위일체론적인 신관과 그리스도론이 정립되지 않은 상태

---

137 1859년에 발견된 성경 필사본(Codex Sinaiticus)에 등재됐다.

였음이 드러난다. 《디다케》와 마찬가지로 《목자》를 통해 그때까지 교회 내 '카리스마'를 띤 직무, 곧 순회 유랑 사도와 예언자가 있었음을 추측할 수 있다. 거짓 예언자들에게서 참예언자를 식별하는 기준을 제시하기 때문이다(계명 11 참조). 또한 《목자》는 교회의 일치에 큰 비중을 두었다. 교회는 건설되는 '탑'처럼 여러 돌이 긴밀하게 일치되어 하나의 돌로 이루어진 것처럼 되어야 한다는 것이다(비유 9 참조). 돌이 탑을 건설하는 데 사용되기 위해서는 먼저 세례를 받아야 하며, 회개로 열려 있어야 한다.

10. 위-바르나바의 《편지》

바오로 사도의 동료였던 바르나바 사도의 위명 작품으로, 저자는 익명이다.[138] 이 문헌은 2세기 초에 작성된 것으로 서간 형식이지만, 반(反)유다 논쟁을 위한 짧은 호교적 신학 논술로 보는 것이 맞다. 저자는 유다인들의 전례와 셈족어의 문체에 익숙하며, 알렉산드리아나 시리아 출신으로 보인다.

총 21장으로 된 이 서간은 크게 두 부분으로 나눌 수 있다.

---

138 알렉산드리아의 클레멘스와 오리게네스는 이 서간을 바르나바가 썼다고 보았지만, 에우세비우스는 논쟁적인 작품(opere controverse)으로 여겼으며, 히에로니무스는 외경으로 생각했다. 4세기 시나이 사본에는 요한 묵시록 다음에 위치한다.

첫 부분(1~17장)에서 유다인들은 구약 성경을 제대로 읽을 능력이 없다고 주장한다. 성경을 지나치게 문자적으로만 접근하기 때문이다. 구약 성경의 올바른 이해는 구약의 모든 법을 그리스도의 예형(typos)으로 해석하는 영적 접근으로 '완전한 인식'에 이를 수 있다. 이른바 '알레고리적 해석'이다.[139] 그런데 이 입장의 배후에는 유다교와 구분되는 그리스도교의 새로움과 그 정체를 부각하려는 의도가 있었다. 사실 유다교는 그리스도교가 탄생한 배경이었으며, 이에 따라 유다이즘의 한 분파 정도로 인식될 위험이 있었다. 한편 둘째 부분(18~21장)은 '두 가지 길'을 토대로 한 《디다케》의 윤리적인 가르침을 따르고 있다.

11. 신학적 반성: 그리스도교의 최초 문헌인 사도 교부 시대 문헌

사도 교부 문헌이 이야기하는 초점은 그리스도의 삶과 가르침이 그리스도인을 통해 재현되어야 한다는 데 있다. 그리스도교 최초의 문헌들은 지성적인 이해를 돕기 위해서보다는 실천적인 윤리에 집중했다. 특별히 드러나는 주제로는 헤르마스의 《목자》에

---

139 10장에서 구약의 '부정한 음식' 규정을 이에 상응하는 죄와 연결하여 설명하고, 15장에는 주님의 날을 '제8일' 즉, 종말론적 안식일로 설명하는 것이 특이하다.

서 보여 주듯이 세상사에 어느 정도 거리를 두는 참회와 회개의 필요성이다. 공동체의 형제적 일치도 중요한 관심사였다. 클레멘스와 이냐티우스는 이러한 일치의 중심에 사목자들에 대한 순명의 필요성을 역설했다. 이 가르침은 주님이신 예수의 말씀과 업적을 상기시키거나 예언자와 사도들의 가르침과 모범에 바탕을 두었다.

사도 교부 문헌은 그들이 제시하는 실천적 권고가 새로운 것이 아니라 구약 성경에서 이미 언급된 것들(Testimonia)이며, 주님과 사도들이 가르쳤던 내용(케리그마), 즉, 기록된 선포 내용과 구전된 내용에 따른 것임을 밝힌다. 말하자면, 사도 교부 문헌은 아직도 생생한 예수의 가르침에 대한 기억을 소환했다. 이러한 맥락에서 《디다케》나 클레멘스와 이냐티우스의 문헌이 기록된 말씀보다 구전에 더 의존한 이유를 이해할 수 있다.

사도 교부 문헌은 자연스러운 일상의 언어로 성경을 전한다. 특별한 표현이나 개념을 만들어 낼 필요 없이 계시된 말씀으로 충분하기에, 계시된 진리를 이성적으로 설명하거나 논리적으로 증명할 필요가 없었다. 그저 전해 받은 진리를 있는 그대로 신자들에게 전해 주면서 주님과 사도들의 가르침을 기억하고 실천하게 하려는 의도로 집필되었기 때문이다. 다시 말해 이 시기 그리스도교의 문헌은 (거대한 신학적 담론이 아니라) 요란하지 않은 묵상에서 출발하여 구체적인 생활 속에 실천하게 하는 것이 목적이었다. 사실 모든 이가 계시된 가르침을 기억하고 실천한다면 그 어떤 권고도 필요하지 않을 것이다. 이에 대해 이냐티우스는 《에페소 신자들에게 보낸 편지》에서 "말로만 주님, 주님하면서 그리스도인으로 생활하지 않는 것보다 말없이 그리스도인으로 있는 것이 더 훌륭합니다."(15,1 참조)라고 권고했다.

말이 실천으로 곧바로 연결되지 않을 경우, 그 진실성은 의심받는다. 당시에 있었던 거짓 스승들이 그러했다. 그들은 자신들의 가르침을 이용해 교회를 분열에 빠트렸다. 구약 성경과 주님과 사도들의 가르침을 대치시키거나, 순전히 인간적인 사고를 고집함으로써 전해 받은 신앙에서 벗어나기도 했다. 이러한 잘못된 오류를 바로잡는 기준이 바로 전해 받은 계시 진리다. 이 때문에 사도 교부 문헌에서는 주님의 말씀과 사도들의 가르침을 소환하여 계시에 온전히 순명할 것을 촉구한다.

사도 교부 문헌의 특징 중 하나는 예언자적인 영감과 은사가 충만하다는 것이다. 즉 성령께서 주님의 말씀인 신적 진리를 기억하는 신자들에게 여전히 활동하신다는 느낌을 받게 한다. 이 진리는 새로운 환경에 처한 교회가 따라갈 새로운 가르침이나 변화된 진리가 아니라, 주님과 사도들이 이미 말씀하신 것들이다. 이러한 가르침의 은사는 특히 '사도적 계승'(successio apostolica)에 따라 전달된 주교의 권위와 밀접하게 연결되었다. 따라서 이 권위에 따른 가르침은 성령의 감도를 받은 것으로 계시 진리의 권위와 동일 선상에서 취급되었다. 그렇다고 주교만 은사를 독점적으로 받는 것이 아니다. 사도 시대와 같이 평신도도 은사를 받을 수 있다. 사도 교부 시대에는 교계 제도에 포함되지 않은 예언자와 스승(didaskalos)들이 존재했다. 그들에게는 공동체를 가르칠 권한이 있었고, 공동체는 그들의 말에 귀를 기울여야 했다. 교회에 선물로 주어지는 성령의 은사는 신자들의 기도와 모든 이의 유익을 위해 공동체 안에서 드러난다. 그러나 예언자가 발설한 모든 말은 삶의 모범으로 증명되어야 한다. 그렇지 않으면 그는 거짓 예언자로 판명된다고 《디다케》와 《목자》에서는 강조한다.

 사도 교부 문헌은 당시 교회의 필요에 따라 돌려가며 읽도록 집필되었고, 그 주된 내용은 주님과 사도들의 가르침을 전하는 데 있다. 이러한 과거와 연결된 고리를 계속 이어 가려는 노력에 어떤 문헌은 그 기원을 사도들에게 직접 연유한다고 하고(《디다케》), 또 어떤 문헌은 사도의 이름을 거명하면서 그 권위를 드러내려 했다(위-바르나바의 《편지》). 헤르마스의 《목자》는 한걸음 더 나아가 예언적 계시를 통해 기술된 책으로까지 소개된다. 그리고 로마의 클레멘스의 편지는 바로 이러한 은사와 제도를 바탕으로 한 권위에 따라 쓰인 것이기에 교회에서 공적으로 봉독되었다.

제2장

성경과 관련된 문헌

1. 유다 문헌에 대한 그리스도교의 다시 읽기

1) 유다교의 경전과 구약 외경

성경과 관련된 학문에는 주석학, 성경학 등이 있다. 하지만 교부학에서도 성경과 관련된 여러 주제를 다룬다. 그중에서도 이른바 '정경화 작업'(canonizatio)은 교부학에서 중요한 위치를 차지한다. 성경은 여러 낱권의 책이 모인 전집을 말하는데, 어느 책이 '성경'에 속하는지 여부를 구분하는 작업을 '정경화 작업'이라고 한다. 이 과정은 교부 시대를 걸쳐 오랜 기간을 두고 이루어졌다. 1~2세기까지만 해도 '신약 성경'이라 불리는 정경(canon)으로서의 '성경 전집'(corpus) 27권이 존재하지 않았다. '구약 성경'도 마찬가지였다. 유다교의 경전인 '구약 성경'이 유다인에 의해 '정경'으로 확정된 것은 1세기 말이었으며(얌니아 회의), 초기 그리스도교에서는 히브리어 경전과 그 밖의 다른 유다계 문헌에 대한 명확한 입장이 정리되지 않은 상태였다.

그럼에도 그리스도인들은 '유다교의 경전'을 '성경'으로 불렀고, 교부들은 기원전 3세기에서 1세기 즈음 알렉산드리아에서 작성된 것으로 추정되는 '칠십인역'(LXX)이라는 그리스어 번역본을 사용했다.[140] 많은 교부들은 이 번역본을 성령의 감도에 의해 번역된 것으로 여겼을 뿐 아니라[141] 전례 거행에 사용했으며, 또 많은 라틴어 번역본이 칠십인역을 토대로 중역되었다. 따라서 그리스계-그리스도인들이 주를 이룬 동방에서는 한 번도 이 번역본에 대한 이의 없이 영감받은 '성경'으로 받아들여졌다. 칠십인역에 대한 재검토는 오히려 유다인들에 의해 이루어지는데, 히브리어에서 번역한 여러 종류의 그리스어 번역본('아퀼라', '심마쿠스', '테오도시우스' 번역본)이 2세기에 생겨났다.

서방 교회의 경우, 히에로니무스가 처음으로 칠십인역의 영감설에 대해 다시 검토했으며, 칠십인역에서 중역한 기존의 라틴어본 성경을 비판적으로 보면서 자신이 직접 히브리어에서 라

---

140 칠십인역 원본은 본래 기원전 270년경 알렉산드리아의 유다인에 의해 오경만 그리스어로 번역되었으며, 공식적인 성경으로서의 권위를 인정받았다. 그 후 예언서와 지혜서가 추가로 번역되었다.
141 칠십인역을 증언하는 문서 중에 가장 오래된 《아리스테아 서간》(Epistula Aristeae)은 칠십인역의 영감 여부에 대해서는 언급하지 않지만, 이스라엘의 열두 지파에서 각 6명의 번역가가 작업했다고 이야기한다. 필론은 칠십인역을 영감받은 책이라고 주장했으며, 교부들도 그렇게 알고 있었다.

틴어로 옮기는 작업을 실행했다. 그러나 히에로니무스의 이른바 '불가타본'이라 불리는 이 라틴어 번역 성경은 온전한 의미에서 완성본이 아니었다. 시편은 히브리어에서 번역된 것이 아니라 기존의 칠십인역에서 번역된 것이었기 때문이다. 어쨌든 일반적으로 교부들에게 '성경'은 칠십인역이었다. "그리스어로 번역된 구약(칠십인역)과 그리스어로 집필된 신약은 공의회, 신학, 전례, 영성 등 거의 모든 분야에 걸쳐 지대한 영향을 끼쳤다. 교부들이 성경들을 토대로 한 주해나 강론에 그들이 인용한 그리스어 성경 구절을 한데 모으면 거의 성경 원본 전체를 재구성할 수 있을 정도였다."[142]

교부들이 구약의 정경을 바라보는 관점은 크게 둘로 나뉜다. 첫째로, 히브리어로 집필된 성경만을 인정하는 부류와 좀 더 광범위하게 그리스어로 기술된 책까지 정경으로 채택하는 부류가 있다. 대다수의 교부들은 후자에 속했다. 즉 본래 히브리어로 쓰인 것과 함께 그리스어로 집필된 것까지 모두 '정경'으로 여기는 것을 선호했으며, 그리스어로 쓰인 성경들을 히브리어로 쓰인 '제1경전'(protocanon)과 구별하여 '제2경전'(deuterocanon)이라고 불렀다. 이에 해당하는 것으로는 유딧기, 토빗기, 마카베오기(상권과 하권), 지혜서, 집회서, 바룩서, 예레미야의 편지, 다니엘서의

---

[142] Cimosa, *Guida allo studio della Bibbia Greca*, 20. 칠십인역과는 별개로 히브리어에서 번역한 시리아어 구약 성경이 이미 2세기 말에 존재했으며, 이를 기본 골격으로 하여 후대에 페시타 시리아어역(Peshitta)이 등장한다.

그리스어 부록(수산나 이야기, 벨과 용) 그리고 에스테르기(단편들)가 있다.[143]

교부들은 앞서 언급한 '정경'뿐만 아니라 구약과 관련된 다수의 유다 문헌도 사용하면서 그리스도교적인 시각으로 '다시 읽기'를 시도했다. 그런데 이러한 재해석이 종종 '그리스도교적인 가필'로 이어지는 경우도 있었다. 이러한 문헌을 구약 정경과 구분하여 '외경'(apocrypha)이라고 불렀다.[144] 구약 외경의 저자들은 실제로 알 수 없으나, 단지 외경의 정당성과 권위를 얻기 위해 구약 정경에 등장하는 유명한 인물을 거명하기도 했다. 현대의 학자들은 이러한 종류의 외경을 세 종류로 분류하는데, 엄밀한 구분은 어렵지만 '유다교적인 것', '유다교적인 영향 아래 그리스도교적 시각이 첨가된 것', '그리스도교에 의해 창작된 것'으로 나눌 수 있다.

그중에 그리스도교에서 생성된 것이거나 그리스도교적 관점이 첨가된 문헌에는 《아브라함의 유언》, 《12성조의 유언》, 《솔로

---

143 프로테스탄트에서는 가톨릭의 '제2경전'을 '외경'이라 부르고, 가톨릭에서 '외경'이라 부르는 것을 '위경'이라 칭하면서 '구약 위경'(pseudepigrapha)과 '신약 위경'(antilegomena)으로 구분한다.

144 '외경'(apocripha)은 '정경' 이외의 모든 성경 작품을 지칭한다. '아포크리포스'(apokriphos)란 본래 '숨겨진', '알려지지 않은', '감추어진'이란 뜻으로 대중이 아닌 특수층만 읽을 수 있는 것을 지칭했다. 일반적으로 외경은 문헌의 정당성을 위해 사도들의 권위를 차용했다. 그러나 기록된 내용이 사실이 아니며 저자도 사도들이 아니라는 점이 밝혀지면서 '허위'라는 경멸조의 표현이 되었다.

몬의 계약》,《에녹서》(슬라브어),《이사야의 승천》,《에즈라의 묵시록》,《모세의 묵시록》,《엘리야의 묵시록》 등이 있다.¹⁴⁵

2) 구약 성경과 외경 이외의 중요한 유다계 문헌

성경 관련 문헌과는 별개로 쿰란 문서도 유다 전통의 독특한 세계를 알려 준다. 특별히 '유사-성경 문헌'(parabiblical text)이면서도 정경 속에 등장하는 인물과 줄거리를 이어 가면서 정경에 나오지 않는 부분에 대한 이해나 호기심을 충족시키는 내용을 담은 문헌이 있다. 예를 들어《위-창세기》,《희년의 책》,《위-에제키엘서》,《레위의 아람어 계약》 등이 있다.

이와 같은 문헌들은 모두 그리스도교와는 별개의 유다 전승에 해당된다. 그런데 이러한 문헌 중에 구약 외경처럼 정경을 모방한 작품이 아니면서 오늘날까지 전해지는 중요한 유다 문헌이 있다. 바로 알렉산드리아의 필론¹⁴⁶과 플라비우스 요세푸스가 집필한 것으로 교부 시대에도 잘 알려진 문헌이다. 플라비우스 요세푸스는 70년 예루살렘이 로마에 의해 함락되는 사건을 목격한 인물로, 베스파시아누스 황제에 의해 포로가 되었다가 티투스 황제에 의해 자유를 얻으면서 로마에서 저술가로서 활약했다.

---

145 유다 전통에서 유래한《시빌라의 신탁》(Oracula Sibyllina)도 그리스도교화되었다(특히 6~8권). 특이하게도 이 문헌은 본래 성경 이야기나 인물에 토대를 둔 것이 아니라 이교 여자 예언자 시빌라가 주인공이다.
146 필론에 대해서는 제6장 '알렉산드리아의 신학'에서 다룰 것이다.

그가 쓴 문헌들은 1세기 유다이즘을 알려 주는 귀중한 원천이다. 그중에서 《유다 고대사》(Antiquitates Iudaicae)에 이른바 '플라비우스의 증언'(Testimonium Flavianum)이라고 불리는 가장 유명한 대목이 있다(18,63-64 참조). 바로 그가 기억하는 '예수'라는 인물에 대한 정보다. 이 대목에 대해서는 500년 넘게 논쟁이 계속되고 있다. 과연 이 대목이 플라비우스가 직접 쓴 것일까? 친저성이 인정된다고 해도 어떤 그리스도인에 의해 가필되지는 않았는지 여부가 논쟁거리다. 다음이 그 문제의 대목이다.

"이 시기 예수가 살았는데, 굳이 그를 사람이라고 불러야 한다면, 그는 현인(賢人)이었다. 사실 그는 놀라운 일들을 벌였으며, 진리를 기쁘게 받아들이는 사람들의 스승이었다. 그리하여 예수는 많은 유다인뿐만 아니라 그리스인들을 추종자로 두었다. 그가 바로 그리스도였다. 우리 가운데 유력한 이들이 그를 고발함으로써 빌라도는 그를 십자가형에 처했다. 그럼에도 처음부터 그를 사랑하던 사람들은 사랑하는 것에서 그치지 않았다. 예수는 3일 만에 다시 살아나 자신을 사랑하던 이들에게 나타났는데, 이는 예언자들이 그에 관하여 미리 말한 대로 이루어진 것이며, 이 예언 이외에도 놀라운 일은 수없이 많다. 오늘날에도 그에게 유래한 그리스도인이라는 이름을 가진 사람들이 존재한다."(시모네티의 번역)

2. 그리스도교의 신약 정경과 외경[147]

1) 신약의 정경

신약 성경의 정경화 작업이 완료된 시기는 비교적 후대인 4세기다. 초기 교회는 일찍부터 삶과 신앙에서 기준이 되는 '영감받은 경전'(묵시 22,18-19 참조)을 인정했고, 이 '책'을 사도들의 증언이 기록된 '거룩한 책들'로 알고 있었다. 이 책들은 그리스도교 문헌사에서 가장 오래된 문헌이라고 할 수 있다.

'참된 성경'을 결정하는 기준인 '카논'(canon, 정경 또는 표준)이라는 개념은 180년경 이레네우스에 의해 처음 등장했다. 그는 이와 관련하여 다음과 같이 말했다. "성경의 온전성은 그 어떠한 첨가나 삭제 없이 완전히 유지, 보전되어야 하며, 기만이나 술수로 설명되어서도 안 된다. 아울러 성경에 포함된 책들 사이에 서로 부딪히지 않는 일치를 이루도록 적법하고 적당한 방법으로 해석됨으로써, 모든 위험과 신성 모독에서 자유로워진다."[148]

이러한 의미에서 성경의 온전성(integritas)은 보전되어야 하지만, 그렇다고 정경이라 여겨지는 책들을 검토하거나 조사해서는 안 된다는 것을 의미하지 않는다. 교회의 전통은 신앙 규범(regula

---

147 참조. F. Gork, "Gli apocrifi e i padri", in *Complementari interdisciplinari di patrologia*, Roma 1989, 223-272.
148 이레네우스, 《이단 반박》, 4,33,8.

fidei)을 토대로 정경의 후보가 되는 책을 계속 검토하고 비판해 왔다. 어떤 의미에서 이러한 불확실성은 정경화 작업을 계속하게 하는 이유이기도 했다. 정경화 작업에 중요한 의미를 지니는 《무라토리우스 단편》(Fragmentum muratorianum, 2세기 후반)은 정경에 속하는 것과 그렇지 않은 것을 명확히 구분한다. 그런데 정경에 포함되지 않는 문헌이라고 해서 의미가 없는 것은 아니다. 헤르마스의 《목자》와 같이 읽어서 유익한 것이 있는 반면, 영지주의 색체를 띤 문헌처럼 읽어서는 안 되는 금서 목록도 밝힌다.[149]

4세기 초, 카이사리아의 에우세비우스는 신약 성경의 정경화 과정에 대한 정보를 제공한다. 특히 이 시기에 아직도 요한 묵시록의 정경성에 대한 활발한 논의가 있었다는 사실을 전해 주며, 야고보 서간, 유다 서간, 베드로의 둘째 서간, 요한의 둘째 서간, 셋째 서간은 논쟁은 있으나 많은 이들이 정경으로 받아들이고 있다고 언급한다. 다음으로 《바오로 행전》, 《목자》, 《베드로 묵시록》, 위-바르나바의 《편지》, 《디다케》, 《히브리인들의 복음》이 정경이 아님을 밝혔지만, 읽으면 유익하다는 해설을 덧붙였다.

---

149 《Enchiridion Biblicum》 EDB, Bologna 1993, 2-7. 정전 목록 역사에서 매우 중요한 의미를 지니는 《무라토리우스 단편》은 1740년 무라토리(Ludovico Antonio Muratori)에 의해 발견되어 출판되었다. 이 사본은 정경의 목록을 단순히 열거하는 것이 아니라 그 사도적 기원을 언급하고 저자에 관해 특기할 사항들과 정경성에 관해 설명하고 있다. 특이한 점으로는, 지금의 신약 성경 중에서 히브리인들에게 보낸 서간과 야고보 서간, 베드로 서간이 빠진 반면, 베드로 묵시록이 들어 있으며 심지어 지혜서를 신약 성경에 포함시킨다.

반면 《베드로 복음》, 《토마스 복음》, 《마티아 복음》, 《안드레아 행전》, 《요한 행전》과 그 밖의 다른 사도들의 행전은 이단적인 것으로 읽어서는 안 되는 책으로 규정한다.[150]

정경이라는 개념에는 그 내용이 신앙과 교회의 삶에 기준이라는 의미가 있다. 따라서 교부 문헌이나 외경의 경우에 그 권위가 정경에 종속되는 것은 당연하다. 그러나 정경이 아닌 문헌이나 교부들의 문헌을 통해 교회의 살아 있는 전통을 엿볼 수 있으며, 이 전승 안에 존재하는 신앙의 규범(regula fidei)을 통해 성경을 올바로 해석할 수 있다.

2) 신약 성경의 외경

교회는 신약 성경의 네 가지 문학 양식(복음, 행전, 서간, 묵시록)을 띤 수많은 문헌 중에서 정경을 식별해야 했다. 이러한 문헌들은 정경들이 전하는 메시지를 자기들 입맛에 맞게 강조하려 하거나 정경에 들어 있지 않은 뒷이야기와 같은 호기심을 유발하는 부분을 첨가하고, 정경만으로는 완결되지 않은 이야기에 대한 후기를 삽입함으로써 보완하려는 의도로 집필되었다. 이와 같은 일종의 '모방 문학'이 지향하는 바탕에는 예수와 사도들의 권위에 기대어 신심을 고취하거나 교훈적인 가르침을 전하려는 노력이 있을 수 있고, 더 나아가 특정 주장이나 교리, 신앙의 실

---

150 에우세비우스, 《교회사》, 3,25.

천 등을 유포하려는 의도가 있을 수 있다.

실제로 신약 정경들이 예수의 모든 말씀과 행적을 담지 못하며, 이와 더불어 사도들의 이야기와 그들이 세운 신생 교회에 대한 모든 정보를 전하지 않는다. 바로 이러한 생략과 공백을 신약 외경으로 채우려 했던 것이다. 대표적인 예로 예수의 유년 시절, 예수의 어머니에 대한 정보(탄생, 성전에 봉헌된 것, 죽음과 승천 등), 예수의 수난(빌라도의 인물됨, 부활 전 3일 동안 벌어진 일 등), 예수의 부활에서 승천까지의 시간, 사도들이 아직 예루살렘에 모여 있었을 때를 배경으로 한 일화가 있다.

이 문헌들은 대개 교훈적이며 전례적인 성격을 띤다. 또한 비교적 후대에 생긴 교회의 관습이나 신심을 사도들의 권위로 정당화하는 데 그 근거를 마련하는 역할을 했다. 이러한 시도는 4세기까지 계속되며, 사도들의 권위를 등에 업고 편집되거나 집필된 대표적인 문헌이 탄생하는데, 《사도들의 편지》(Epistula Apostolorum), 《사도들의 교회 법규집》(Canones ecclesiastici apostolorum), 《사도 교훈》(Didascalia Syriaca/ Doctrina Catholica 12 Apostolorum), 《사도 헌장》(Constitutiones Apostolicae) 그리고 《주님의 유언》(Testamenta Domini)[151] 등이 있다.

---

151 제3부 제3장 '교회의 제반 법규와 전례에 관한 규정집'을 참조하라.

복음

'복음'이라는 문헌 형태는 일찍부터 '사복음서 정경'에 적용되었다. 이러한 문학 양식은 이전에는 존재하지 않았던 일종의 전기적인 이야기 형식이라고 말할 수 있다. 최초의 복음서가 65년경에 집필된 '마르코 복음'이라는 데에는 학자들 사이에 이견이 없다. 그런데 순전히 행적 위주의 이야기체로 쓰인 마르코 복음서와는 정반대의 외경 복음서가 등장하는데, 주님의 말씀만 전하는 《토마스 복음》이다. 이집트 낙-함마디 콥트어 필사본 사이에 발견된 이 복음서는 오직 114구절의 주님 말씀만을 수집하여 전해 준다. 이 복음 외경의 소재인 예수의 말씀은 공관 복음서와 Q 문헌과 일정 부분 일치하기도 한다.[152] 《토마스 복음》은 부활하신 예수께서 건네신 '비밀의 말씀'이라고 주장하지만, 영지주의적 색채가 강하게 드러나는 외경이다.

마리아의 부모, 마리아의 탄생과 유년 시절 그리고 예수를 잉태하는 사건을 전하는 《야고보 원복음》도 대표적인 복음서 외경 가운데 하나다. 이 문헌을 통해 마리아의 부모에 대한 정보와 마리아가 어린 나이에 예루살렘 성전에 스스로를 봉헌(자헌)한 사실을 알 수 있다. 아울러 요셉에 관해 알려지지 않은 사실도 전하는데, 그가 마리아와 약혼할 즈음 이미 홀아비로서 장성한

---

[152] 이러한 이유로 알란트(K. Aland)는 《사복음서 공관》(Synopsis quatturo Evangeliorum)에 《토마스 복음》을 첨부했다.

자식들이 있었다는 정보를 전한다. 이 외경은 후대에 그리스도교 예술과 전례에 큰 영향을 끼치게 된다.[153]

일종의 수난기에 속하는 《베드로 복음》은 예수의 수난과 죽음, 무덤에 묻히심에 대해 상세히 전할 뿐만 아니라, 주님께서 부활하신 다음 행하신 특별한 기적에 관한 이야기를 소개한다. 이 외경에는 가현설(도케티즘)의 흔적이 다분하다. 이 밖에도 단편으로만 전해지는 복음서 외경으로 《에비온파의 복음》, 《히브리인들의 복음》, 《이집트인들의 복음》 등이 있다.

사도들의 서간

바오로 사도의 서간 가운데 오래된 것인 테살로니카 신자들에게 보낸 첫째 서간, 갈라티아 신자들에게 보낸 서간, 로마 신자들에게 보낸 서간, 코린토 신자들에게 보낸 첫째와 둘째 서간, 필리피 신자들에게 보낸 서간, 필레몬에게 보낸 서간은 의심할 여지 없는 바오로 사도의 친서다. 그러나 에페소 신자들에게 보낸 서간, 콜로새 신자들에게 보낸 서간, 테살로니카 신자들에게 보낸 둘째 서간, 티모테오에게 보낸 서간은 위명의 서간들로 여겨지면서도, 변화하는 환경 속에서 바오로 사도의 유산을 보존하기 위해 기술된 것으로 '바오로계' 문헌으로 여겨진다. 이처럼

---

153 11월 21일 '복되신 동정 마리아의 자헌 기념일'의 기원이며, 튀르키예 이스탄불에 소재한 '거룩한 구세주' 성당의 12세기 벽화의 주제다.

신약의 정경에서도 다른 외경에 나타나듯이, 보완과 완성을 위해 '바오로'라는 이름으로 집필된 '위서'가 있다는 사실은 흥미롭다. 그러나 바오로 사도의 이름으로 쓰인 서간이 모두 정경에 편입된 것은 아니다. 예를 들어 《라오디케이아 서간》, 《알렉산드리아 서간》, 《제3코린토 서간》 등은 '바오로'라는 위명의 편지들이지만 외경에 속한다. 이 밖에 다른 사도들의 이름으로 쓰인 외경 서간이 다수로 존재하며, 앞서 살펴본 위-바르나바의 《편지》가 대표적이다.

행전

세 번째 복음서의 저자인 루카가 썼다고 전해지는 사도행전 이전에 이러한 문헌은 교회 내에 존재하지 않았다. 이후에 이 양식의 문헌이 쏟아져 나왔지만, 그 어느 것도 정경이 되지 못했다. 사도의 이름을 건 행전은 주로 대중적인 문체로 재미와 교화를 목적으로 집필되었다. 이 문헌 속에 등장하는 사도들은 초자연적인 이적과 신기한 능력을 보여 주는, 말 그대로 '하느님의 사람'으로 묘사되었다. 행전은 후대에 '성인전'이라는 새로운 형태로 발전하게 된다.

행전 가운데 《바오로와 테클라 행전》의 경우, 주인공인 테클라가 이코니움에서 바오로 사도의 설교를 듣고 회심한 뒤, 약혼을 파기하고 세례받기를 청했으며, 그 뒤 바오로 사도와 동행하면서 벌어지는 일을 수록한다. 이 외경은 생생하고 상세하게 테클라가 겪는 모험을 묘사하는데, 후대에 그리스도교 예술과 문학에 영향을 끼치게 된다. 그 외 주목할 만한 행전 외경으로는 《베드로 행전》, 《요한 행전》, 《토마스 행전》, 《안드레아 행전》 등이 있다.

묵시록

신약 정경에 포함된 요한 묵시록은 구약 성경의 상당수 구절을 직·간접으로 사용한다. 그러면서도 구약의 본래 의미와 문맥을 철저하게 그리스도교적 전망으로 풀이한다.

신약의 다른 외경과 마찬가지로, 요한 묵시록을 흉내 낸 다수의 묵시록 외경이 있다. 《베드로 묵시록》, 《바오로 묵시록》, 《토마스 묵시록》 등이 대표적이다. 이 문헌은 요한 묵시록을 모방하면서 구약 외경의 특성을 이어받는다. 저자가 황홀경이나 무아지경 속에 받은 환시를 주 내용으로 하는데, 예를 들어 이 세상의 범위를 벗어나 '천상'의 옥좌까지 들여 높여지거나, 땅속 깊은 지하 세계나 지옥과 같은 죄지은 사람들이 벌 받는 장소로 이끌린 체험을 기록했다.

3. 모방 문학으로서 외경의 기원

1) '유다계 그리스도교' 기원의 외경

'유다계-그리스도교'(jadaeo-Christianism)라는 개념은 매우 복잡하여 오늘날까지도 학자들 사이에서 의견 일치를 보지 못하는 초대 교회의 '현상'이다. 단적인 예로 일부 학자들은 '유다계-그리스도교'라는 표현 대신 '그리스도교적 유다교'(christiano-Judaism)라는 새로운 개념으로 대체하려고까지 한다. 할례를 포함한 모든 모세 율법의 극단적인 준수를 통해 구별되는 집단을 지칭하는 표현이다.[154] 그러나 이러한 주장은 율법의 준행 여부를 근거로 어떤 특정 그룹을 판단하는 경우에만 해당된다. 하지만 율법의 계율 준수만으로 어떤 '문헌'이 '유다계-그리스도교'에 기원을 두었는지를 판별하는 것은 적합하지 않다. 따라서 '유다계-그리스도교' 기원의 문헌을 이해하기 위해서는 여러 각도에서 바라보아야 한다. 다음은 세 가지로 요약되는 '유다계-그리스도교'에 대한 의미다.

- **역사:** '유다계-그리스도교'를 식별함에 있어서 할례를 포함한 모세 율법의 준행 여부를 따지기보다는, 나자렛 예수에 대한 믿음을 가진 유다인들에 의해 형성된 공동체에 기원하는지를 알

---

154 참조. G. Filoramo-C. Gianotto, *Verus Israel. Nuove prospettive sul giudeocristianesimo*, Brescia 2001.

아보아야 한다. 이러한 공동체의 대표적인 예는 예루살렘 '모(母)교회'다.

- **교의:** 모세 율법의 효력을 계속 인정할 뿐만 아니라 회개한 이방인에게까지 할례를 거행하려는 세력이다. 이들은 바오로 사도를 거칠게 비난한 집단으로, 일부는 예수의 신성을 부인하기도 한다. 대표적으로 '에비온파'가 있다.

- **문화:** 후기 유다이즘의 범주 안에서 그리스도교 문헌이 생산되는 경우다. 특히 유다교에서 기원한 묵시 문학에 강한 영향을 받은 문헌이 있다.[155]

여기서 살펴볼 것은 마지막 세 번째에 해당된다. 유다계 그리스도교 문헌의 원천을 탐구하기 위해서는 신약, 구약 성경의 여러 묵시록을 살펴보아야 한다. 묵시적 경향은 성경 모방 작품뿐만 아니라, 앞서 본 '사도 교부 문헌'에도 드러난다. 특히 클레멘스의 서간, 《디다케》, 헤르마스의 《목자》가 유다계 그리스도교적 경향을 띤다.

유다계 그리스도교에 영향을 받은 상징과 표현을 더 상세히 살피려면 많은 시간이 필요하다. 그리스도교 신비를 유다 사고의 범주로 표현하려는 여러 흔적을 찾아야 하기 때문이다. 많은 경우 본래 유다 묵시적 표현이나 개념이 헬레니즘의 강한 영향으로 시간의 흐름에 따라 모호해지거나 심지어 지워지기도 했기

---

155 참조. J. Daniélou, *La teologia del giudeo-cristianesimo*, Bologna 1984.

에 큰 수고를 들여야 한다. 이러한 점에 비추어, 이 분야에 가장 두드러진 연구 결과를 낸 다니엘루의 결론을 인용하고자 한다. 이 방대한 연구는 과연 '유다계 그리스도교 신학'이라는 것이 존재하며, 초기 교회에 얼마만큼의 영향을 미쳤을까 하는 물음에서 시작되었고, 이에 대한 최종적 결론은 다음과 같이 요약된다.

"유다계 그리스도교 신학이라 함은 말씀의 육화와 부활이라는 신적 사건을 구성하는 정보에서 출발하여 총체적인 신학적 전망을 제시하려는 시도다. …… 이러한 총체적인 신학 전망을 파악하기 위해서 좀 더 광범위하며 심도 있게 다가가야 했다. 연구가 진행되어 감에 따라 고대 문헌의 저자들이 창조와 종말 간에 어떤 고정된 병렬 관계의 중요성을 드러내고 있음을 알게 되었다. …… '아들'에 관한 명칭 중에서 '태초' 혹은 '원리'로 번역할 수 있는 '프린치피움'(Principium)이 가장 중요하다는 사실과 이 명칭이 창세기의 시작에서도 특별한 역할을 담당했다는 것을 지적했다. 아울러 '두 번째 창조'의 십자가의 역할이 '첫 번째 창조'에서 아들의 이름이 가지는 기능과 상응한다는 것을 발견했다. …… 교회가 '마지막 때'에 이르러 자신의 모습이 드러나기 전에 이미 '세기와 세대'(eon)에 앞서 '선재'(preesistente)했던 것과 같이, 세례성사의 성령께서 세상의 창조 이전에 이미 태초의 물 위에 감돌고 계셨다. 그리고 마지막으로 '시간의 끝'에 재건될 낙원이 결국은 태초 낙원의 회복이라는 주요 주제임을 확인했다. ……

유다계 그리스도교 신학의 근본적 관심사는 그리스도의 생애와 교회 안에서 발생한 사건이 모두 하느님의 영원한 계획의 실현이라는 점이다. 즉 하느님의 계획 안에 선재했던 모든 것이 종말론적 현실과 부합한다는 것이며, 묵시 문학은 바로 이 주제를 가장 선명하게 드러내는 문학 양식이었다. …… 창세기의 처음 몇 장을 주석하면서, 우리가 다룬 모든 신학적 주제가 이 묵시적인 전망에서 영감을 받았음을 연속적으로 밝혔다. ……

유다계 그리스도교 신학은 우주론적인 성격을 지닌 '역사 신학'이라고 말할 수 있을 것이다. …… 유다계 그리스도교 신학의 이러한 특성은 육화와 구속이라는 신학 주제를 '천사론'(angelologia)과 연결 지어 해석했다. '말씀'은 일곱 번째 하늘에서부터 지옥에 이르기까지 모든 영적인 공간에서 활동하시며, 모든 피조물과 연관을 맺는다. 이러한 말씀의 활약은 십자가라는 상징을 통해서 가장 잘 드러났다. …… 십자가는 우주의 전체 영역을 아우르는 말씀의 구원 활동을 드러내는 표시였다.

이제 처음에 우리가 출발한 질문에 대한 답에 거의 도달한 것 같다. 유다계 그리스도교 문헌으로 생각되는 다양한 작품을 비교해 본 결과, '유다계-그리스도교' 신학이 존재한다고 명확하게 답할 수 있다."[156]

---

156   위와 동일, 543-545.

2) 영지주의 기원의 외경

영지주의는 2~3세기에 걸쳐 그리스도교에 스며든 종교혼합주의 현상이다.[157] 많은 영지주의적 문헌은 '비밀스러운'(apòkryphoi)이라는 표현을 통해 대중이 아닌 특수층만 읽을 수 있는 것처럼 여겨졌다.[158] 이 문헌들은 극소수를 위해 예수 또는 사도들로부터 전달받은 은밀하고 감추어진 가르침이 주된 내용을 이룬다고 생각했다. 이 때문에 어떤 책에 '아포크리포스'라는 제목이 붙으면, 그 내용이 신비스러운 계시며 오직 소수의 엘리트에게만 한정된 가르침을 담은 책임을 의미했다.

영지주의 계통의 복음서로는 《이집트인 복음》, 《마티아 복음》, 《마리아(막달레나) 복음》, 《요한 복음》(외경), 《예수의 지혜》, 《토마스 복음》(콥트), 《베드로 복음》이 있다.

이러한 영지주의적 문헌은 대체로 자신들의 교의를 대놓고 표현하지는 않지만, 몇몇 주제들에 이단적 지향을 은근히 드러낸다. 이러한 이단에는 다음이 있다.

- 도케티즘 또는 가현설(dokéô, ~처럼 보이다, ~듯하다): 이 이단은 예수를 초월적인 존재로 여기면서 그 어떠한 육신에 기인한 고통이나 인간 정서가 있을 수 없는 순수 영적 존재로 생각한다.

---

157 제4장 '영지주의의 도전과 이레네우스'에서 다룰 것이다.
158 본래 '감추어진', '비밀스러운'이라는 뜻이 교회에서는 '정경이 아닌', '의심스러운', '이단적인'이라는 부정적인 의미로 사용되었다.

말하자면 예수는 보통의 인간처럼 배고프거나 목마르거나 힘들거나 고통을 당하시지 않는다는 것이다. 예수가 지닌 육체는 '그럴듯하게 보이는' 겉모습일 뿐이며, 예수의 외적인 모습은 그 자체로 그분을 규정하는 근본 요소가 아니라고 주장한다. 따라서 그분은 진짜로 고통을 당하신 것이 아니며, 죽음 역시 실제가 아니라고 이야기한다.

- **엔크라티즘**(enkràteia, 절제, 금욕): 육체에 대한 부정적인 견해로 말미암아 엄격한 금욕주의 경향을 띤 이단으로 동정을 절대화한다. 그들은 진정한 그리스도인이라면 의무적으로 동정을 지켜야 한다고 주장한다. 그러면서 결혼을 참된 그리스도교적 삶에 적합한 것이 아니라 단죄의 대상으로 본다.

3) 그리스도교 기원의 외경

앞서 살펴보았듯이, 교부들은 이단 기원의 외경들과 교회 안에서 집필된 외경을 구분했다. 즉 전자는 제거 대상이거나 금서지만, 후자의 경우 정경에 포함되지는 않지만 읽으면 유익하다고 이야기했다. 따라서 이러한 문헌은 대중적인 교화와 신심을 목적으로 집필된 것들이다. 대표적으로는 《야고보 원복음》과 《바오로와 테클라 행전》 등이 있다.

4. 신학적 반성: 그리스도교 신학은 언제 시작되었나?

이 질문에 답하기 위해서는 먼저 신학이 무엇이며 '신앙과 신학, 케리그마와 도그마, 계시와 신학'의 연관성을 정리할 필요가 있다.

혹자는 계시를 고정 불변의 '절대적 교조'(doctrinal monolitic)로 여기면서, 신학이 이러한 절대불변의 계시를 확고부동한 개념 체계와 논리로 구축하는 것이라고 생각할 수도 있다. 그러나 "계시는 계시 사건이 벌어지는 역사의 이해와 동떨어질 수 없다. 이러한 의미에서 단수로서 '신학'보다 '신학들'이 존재한다고 이야기하는 것이 더 타당하다. 복음서가 '하나'가 아닌 '네 개'인 것을 보더라도, 이 접근이 훨씬 설득력이 있다고 하겠다."[159] 예수를 만난 사람들이 접한 '기쁜 소식'은 다양하게 표현되었다. 이처럼 신학은 계시 진리가 구체적인 '삶의 자리'에 적용되는 것이기에 획일화될 수 없다. 아울러 "그리스도교 신학은 당연히 그리스도교로부터 탄생한 것이다. 그러나 이 말은 신학이 케리그마 즉, 신앙의 최초 선포와 신약 성경이 생겨난 다음에 순차적으로 생겨난 것이거나 신앙에 덧붙여진 것을 의미하지는 않는다."[160] 왜

---

159 G. Visonà, "La prima teologia cristiana: dal Nuovo Testamento ai Padri Apostolici", in E.Dal Covolo, *Storia della teologia*. 1. Dalle orinini a Bernardo di Chiaravalle, EDB, Bologna-Roma 1995, 25.
160 위와 동일, 26.

냐하면 "계시와 신학 사이에 그 어떠한 균열이나 단절이 없는 것처럼, 신학(도그마)은 케리그마에 부가적 설명이 아닌 케리그마를 그 본연의 내용으로 삼기 때문이다."[161]

따라서 계시와 신학, 신앙과 이성, 케리그마와 도그마의 내적 연관성이 조화를 잃으면 다양한 왜곡이 발생한다. 영지주의가 대표적인 예다. 계시라는 절대 기준이 이성적 논리에 지배당하는 경우다. 계시라는 명백한 원칙이 제거된 채, 단순한 이성적 접근을 통한 신학 작업의 결과물이 영지주의 이단이다. 이때 신학은 인간의 머릿속에 구축된 신화로 전락한다. 반면 이성을 도외시한 채 예언의 권위와 기적만을 증거 삼아 계시 진리에 대한 믿음을 고집하면 신학은 더 이상 '학문'이라 할 수 없는 '신앙절대주의'(fideism)에 머물 것이다. 계시에 대한 그 어떠한 이성적 접근을 근원적으로 차단하려는 태도에 매몰된 경우라고 할 수 있다. 이렇게 되면 참된 의미의 신학이라고 할 수 없다.

교부들은 이러한 위험을 본능적으로 간파했다. 물론 교부들에게도 신앙에 기반을 두지 않은 신학이란 있을 수 없었다. 그들은 가장 명백한 계시의 원천인 성경과 신앙 규범(regula fidei)이 교회를 통해 전승된다는 것을 대전제로 삼았고, 이것이 그들의 신학 작업에 기준이 되었다. 교부들은 인간이 철학의 영역에서처럼 오직 이성으로만 계시된 진리를 접하거나 다가설 수조차 없

---

161 위와 동일, 27.

다는 사실을 받아들였다. 하지만 교부들은 이처럼 계시에 대한 신앙의 대전제를 인정하는 한편, 계시 진리에 대한 충만하고 완전한 앎(vera gnosis)과 이성적 이해에 다가가려고 열망했다. 특히 이레네우스, 알렉산드리아의 클레멘스, 오리게네스 등 많은 교부들을 통해 이러한 열망이 얼마나 컸는지 알 수 있다.

그리스도교 초창기의 교부들은 자신들을 둘러싼 환경을 마주하면서, 그리스도교만이 지닌 고유한 특성을 유지하고 발전시켜야 했다. 사실 교부들도 자신들의 시대와 역사의 흐름에 던져진 존재들이었다. 하지만 이러한 삶의 자리와 역사 현실 속에서도 그리스도교의 핵심적 신앙과 계시가 보존되어야 하며, 동시에 그 문화 속에 침투되어야 했기에 이성적 설명을 할 필요가 있었다.

초기 교부 시대에 그리스도교는 대조되는 두 가지 '삶의 자리'에서 자신의 신학을 정립했다. 바로 유다이즘과 헬레니즘이다. 즉 초기 교회와 교부들은 "유다이즘으로부터 독립을 시도하면서도 일부 유다 전승을 유지하고 보전하려 했으며, 헬레니즘을 받아들이는 한편 그 안에 일부 요소를 거부해야 했다. 그러나 이 작업이 쉽지는 않았다. 첫 번째와 관련하여 '유다계-그리스도교'의 문제가 발생했으며, 두 번째 경우는 '그리스도교의 헬레니즘화'라는 위험을 극복해야 했다."[162] 다시 말해 초기 그리스도교는 유다이즘의 유산과 헬레니즘 사이에서 자신의 정체와 신앙의

---

162   위와 동일, 28.

진리를 풀어야만 했다.

초세기 종말론은 당시 교회의 피할 수 없었던 '환경'인 유다이즘과 헬레니즘이 어떻게 긴밀하게 어우러지면서 영향을 끼쳤는지를 잘 드러낸다. 신약 성경에 등장하는 종말론적 표상은 유다 묵시 문학적 요소를 많이 채용했다. 그러나 유다이즘의 유산인 '현재'와 '다가올 미래'의 묵시적 긴장이 종말의 지연에 따라 점차 시들어 가면서, 다른 차원의 긴장으로 그 시야가 변하는 것을 알 수 있다. 즉 종말에 대한 헬레니즘적인 영향 아래, 물질적이며 지상적인 종말이 영적이며 천상적인 차원의 긴장으로 차츰 변했으며, 우주적인 역사의 끝으로서의 종말보다는 개인적인 역사에 관심이 모아지는 경향을 띠게 되었다.

혹자는 이 현상을 성서적 사고와 헬레니즘의 충돌로 나타난 결과라고 설명하기도 한다. 하르낙의 가설이 그 대표적인 예다. 하르낙은 이러한 해석의 변화를 그리스도와 헬레니즘의 만남으로 촉발된 '그리스도교의 헬레니즘화'라고 단순화했다. 그의 눈에는 "초기 그리스도교의 케리그마가 왜곡되었는데, 이를 기점으로 헬레니즘적 요소가 도그마화되었고, 이어서 가톨릭화되는 일탈의 순환이 시작된 것이다. 이렇게 '가톨릭화된 그리스도교'와 '도그마화된 그리스도교'는 그리스의 산물일 뿐이며, 헬레니즘이 단지 그리스도교라는 겉옷을 입은 것이다."[163]라고 주장했다.

---

163 위와 동일, 31.

오늘날 이러한 견해는 더 이상 지지를 받지 못하는 시대착오적인 해석의 산물로 여겨진다. 초세기 그리스도교가 자신의 삶의 자리와 문화에 편입되어 들어간 사실을 비난할 수는 없다. 물론 이 과정에서 어떤 것은 폐기하고, 어떤 것은 받아들였을 것이다. 이러한 현상은 현대를 포함해 모든 시대에 벌어지며, 일반적인 현상이라고 할 수 있다. 문제는 자신의 정체를 규정하는 신앙의 근본적인 것과 우연적이고 문화적이며, 그렇기에 합법적으로 변화가 가능한 것을 정확하게 구별하고 식별하는 것이다.

그렇다면 그리스도교의 메시지가 결정적으로 드러나는 지점이며 여타의 문화적 요소와 구별되는 그리스도교적 특성은 무엇이며, 그리스도교 신학에 각인되어야 할 요소는 무엇일까? 그것은 유일신 사상도 아니며, 묵시적 사고도 아닌 그리스도론이라고 할 수 있다. "바로 그리스도가 관건이다. 정확히 말하자면, 그분이 하느님의 아들이라는 신앙이야말로 그리스도교의 고유한 특성이다. 바로 이 점이 유다이즘과 그리스 사상과 가장 첨예하게 부딪히는 요인이었으며, 그리스도교 신학이 끝까지 견지해야만 하는 요소다."[164] 실제로 그리스도의 신성에 대한 믿음에서 하느님의 유일성 문제가 대두될 것이며, 이 풀기 힘든 문제는 몇 세기 동안 치열한 신학적 논쟁을 거치면서 삼위일체 교리와 도그마로 결정되고 마침내 믿음의 신조로 선포될 것이다. 그러나

---

164 위와 동일, 35.

어떻게 유다인들에게 유일신 사상을 해치지 않고 삼위를 설명할 수 있을까? 또한 어떻게 그리스인들에게 말씀의 육화가 신화(神話)가 아니라는 사실을 납득시키며, 신플라톤주의의 '제2급 신'과 혼동되지 않게 설명할 수 있을까? 그리스도론적인 도그마가 완성되어 신앙 정식으로 선언되기 위해서는 수 세기가 필요할 것이다. 도그마는 이렇게 숙고와 토론의 시간을 통해 숙성된다. 물론 도그마는 계시와 신앙이라는 불가결한 요소와 늘 연결되어 있지만, 동시에 구체적인 상황과 시대적 여건이라는 총제적 전망 속에 발전하게 된다.

그리스도교 초창기에 대두된 "문제들은 단 한 번의 기술적인 해결책이나 몇 개의 용어와 개념의 도움을 받는 신학적 논술에 의해 해결되지 않았다. 그 대신 점차 그리스도에 관한 선포(케리그마)가 신앙 안에서, 신앙을 위한 방향으로 해결되었다."[165] 교회는 이 과정 가운데 살아 있는 유기체로서, 신앙의 근본적 요인을 침해할 수 있는 문화적 환경과의 만남에서 결코 편안한 해결책이나 신학적 타협을 허용하지 않았다. 이러한 유혹에 빠진 집단을 우리는 이단이라고 부른다. 예를 들어 '유일신주의'라는 유다이즘의 움직일 수 없는 요인과 타협한 에비온파와 입양론적 이단이 있다. 이들은 '하나의 하느님'을 고수하기 위해 그리스도의 신성을 제거하려고 했다. 그 외에 또 다른 '유일신주의'로, 성부

---

165 위와 동일, 36.

와 성자의 실제적인 구분을 부인하는 양태론적 이단도 있다. 반면 하느님의 초월성을 강조하는 헬레니즘에 타협하거나 이에 물든 이들 중에는 그리스도의 실제적 인성을 부인하는 가현론자, 성자를 성부에 종속된 중개자 내지 피조물로 격하하는 종속론자들이 있다.

이 문제에 대한 적절한 해결책은 점차 신학적 용어들이 확립됨으로써 신앙의 신비를 훼손하지 않으면서도 인간 이성이 따라갈 수 있는 길을 제시하면서 드러난다. 교부 시대 교회의 신학적 전망은 결코 '믿음만을 강조하는 신학'(theologia confessante)에 머물지 않고 '믿음을 지성으로 정의 내리는 신학'(theologia definiente)을 지향했다. 그리스도교 신학은 "해결하기 어려운 문제(aporia)라고 회피하지 않으면서 역설(paradox)까지 품어 안았다."[166]

---

166 위와 동일, 37.

제3장

2세기 호교 교부: 세상과 그리스도인

지금까지 살펴본 문헌은 전적으로 교회 공동체 구성원을 향한 글이었다. 그러나 아주 일찍부터 그리스도인들은 교회 밖에까지 진리를 나르는 존재임을 밝히고 있다. 복음은 보편적인 진리로서 누구에게나 전해져야 하고 또 모든 이가 받아들일 수 있는 특성이 있기 때문이다.

2세기에 접어들면서 그리스도교의 선포와 설교는 교회 밖을 향해 나아가고 세상과의 만남에 적극적으로 나서게 된다. 그러나 그리스도교에 대해 적대감이 팽배한 세상과 마주한 그리스도인들은 나름대로 자신을 방어하거나 변호(apologia)해야만 하는 상황에 처하게 된다.

그리하여 어떤 때는 논쟁적인 어조로 상대의 잘못을 꼬집기도 했지만, 어느 경우에는 담담하고 객관적으로 신앙의 진리를 설명하려 했으며, 반목적인 논쟁보다는 다양한 방법으로 대화를

시도하려고 했다.[167]

2세기 그리스도교가 상대해야 했던 세상은 정치적으로는 로마의 지배를 받았고, 문화적으로는 헬레니즘의 강력한 영향 아래 있었던 사회였다. 동방에 기원을 둔 철학적이며 종교적인 사조들이 넘치던 시기이기도 했다.

1. 종교

2세기 그리스·로마 세계는 불운을 거슬러 행운과 안전을 보장받고자 하는 다양한 종교적 목마름이 넘쳐나던 시대였다. 당시 일반적인 종교들은 세상에 만연한 악의 원인에 대한 답을 제시하고 또 악으로부터의 해방을 약속하며, 영혼의 정화에 대한 동경과 바람을 채워 주어 마침내 신적 존재와의 합일로 이끄는 길을 가르치는 역할을 담당했다. 그러나 공권력에 의해 제공되는 '공식적인 종교'는 인간의 실존적 갈증을 채우지 못한 채 순전히 형식적인 의례에 그치는 경우가 대부분이었다.[168]

이 때문에 많은 이들이 동방 기원의 종교, 특히 신비적 밀교에 귀의하게 되었다. 이 종교들은 대개 비밀스러운 입문 절차를

167　M. Rizzi, "Gli apologisti", in E. Dal Covolo, *storia della teologia*, I, 45-46.

168　참조. J.N.D. Kelly, *Il pensiero cristiano delle origini*, EDB, Bologna 1972.

밟은 이들로 구성된 극히 배타적이며 엄격히 제한된 밀교적(esoteric) 형태를 띠었다. 이들의 입교 예식은 입문자들로 하여금 강력한 신적 체험을 유도하는 동시에 구성원 간의 강한 결속력을 발휘했다.[169]

또한 이 당시의 종교는 '종교혼합주의'(syncretismus)적 성향이 강했다. 따라서 다신을 섬기는 고전적 의미의 밀교나 이른바 신흥 종교는 유일신 사상마저도 자신의 입장에서 모호하게 받아들이기까지 했다. 말하자면 다신들을 유일한 신적 실재의 여러 가지 차원에서 드러나는 '신현'(thophania)이라고 생각했던 것이다.[170]

이 밖에도 철학에 기반을 둔 종교도 있었는데, 이들의 신관은 대체로 절대 초월적 존재를 상정하는 것에서 출발했다. 이 절대 존재는 물질로 이루어진 현실 세계와는 전혀 다른 차원에 머물며, 인간적으로 파악하거나 이해할 수 있는 범위를 넘어선 존재로 여겼다. 이러한 종교가 가지는 일반적인 우주관에 따르면,

---

169 참조. 아프레이우스, *Metamorphoseon libri* XI. 대표적인 밀교로 이시스, 오시리스, 미트라, 키벨리스, 아티스 등이 있다. 이러한 밀교들이 행하는 예식이나 전례적 상징은 어느 정도 그리스도교와 비슷한 점이 있었다. 예를 들어 미트라 예식에 사용되는 밀 이삭과 피와 같은 상징이라든가, 오시리스의 부활 신화와 같은 것이다. 이교인들은 그리스도교와 밀교를 구별하기 어려워했다. 그렇기에 많은 교부들은 밀교의 용어를 차용하면서도 오해를 일으키는 모호함을 제거해야만 했다.

170 아프레이우스, 위와 동일, XI, 5. "이시스는 천상의 가장 위대한 존재로 다양한 신들과 여신들로 자신을 드러낸다. …… 온 세상은 그의 유일한 신성을 다양한 형태로 찬미하고, 다양한 예식과 여러 가지 이름으로 공경한다."

천사적 존재나 영적인 '힘'(daimon)이 신의 세계와 물질적 현실 세상 사이 중간 영역에 머물며, 이 두 세계를 매개하는 중개자의 역할을 하는 것이라고 여겼다.

2. 철학 사조

2세기 철학 사조 가운데 교회에 큰 영향력을 발휘한 것으로는 플라톤 계열의 철학과 스토아 철학이 있다. 이 두 사상은 초기 교회뿐만 아니라 종교혼합주의, 어떤 면에서는 당시 세계의 여러 사상과 사조에도 중요한 역할을 했다. 여기서는 두 사상적 조류가 교부들에게 영향을 끼친 몇 가지 측면만 언급하겠다.

1) 플라톤 철학

플라톤 철학은 '경험되는 세계'와 '이데아 세계'를 근본적으로 구분했다. 참으로 존재하는 것은 오직 '이데아 세계'로서, 현실 세계는 단지 이데아의 모사요, 그림자에 불과하며 이데아에 '참여'(participatio)하는 한에서 존재한다고 주장했다. 교부들은 이러한 사상적 구조에 지상과 천상, 시간과 영원 등 성경에 등장하는 이원론적 요소를 대입시키곤 했다.

플라톤 철학에 따르면 인간의 영혼은 본래 이데아 세계에 속해 있었으나, 신비스러운 과정을 통해 물질적 육체에 갇히게 된 것이다. 그렇기에 영혼은 본성상 자신의 고향을 그리워하며, 이데아계에 대한 열망은 모든 물질적이며 감각적인 것들에서 벗어나는 순차적인 정화의 과정을 거쳐 이루어진다. 이러한 사상적 체계는 영혼이 본성적으로 '불멸'할 뿐만 아니라 경험 세계의 육적인 삶 이전에 이데아계에 이미 존재했다는, 이른바 '영혼의 선재'를 상정했다. 따라서 영혼은 육신에 의해 흐릿해짐과 동시에 무거워진 것도 사실이지만, 여전히 이데아계에 속하는 본성을 유지하기에 이데아에 대한 '참된 인식', 즉 깨달음에 도달할 수 있다. 이러한 참된 깨달음은 감각적인 것을 뛰어넘는 본향에 대한 회상, 즉 이데아에 대한 '기억'(anàmnesis)의 체현이다. 플라톤주의자들은 참된 인식을 통한 영혼의 본래 상태로의 귀환을 '신과 닮음'이라는 구원의 최종 단계로 이해했다.

물론 교부들은 계시 진리와 상충되는 플라톤 철학의 영혼 선재설과 같은 것을 수용할 수 없었다. 영혼도 다른 피조물처럼 하느님에 의해 '무로부터 창조'(creatio ex nihilo)되었다고 생각했기 때문이다. 그럼에도 교부들은 플라톤의 인간학적 전망에 상당 부분 영향을 받았다.[171]

2) 스토아 철학

스토이시즘은 윤리적인 측면을 강조한 철학이다. 진리를 참

---

171 오리게네스는 영혼의 선재설을 성경의 계시와 연결했다.

으로 사랑하는 철학자라면 삶과 죽음, 고통과 즐거움 등에 초연할 줄 아는, 이른바 '파토스'(pàthos = passio)라고 불리는 모든 정념과 육에 의한 감정과 정서에 휘둘려서는 안 된다. 대개 모든 욕망과 격정들은 이성(logos)의 통제를 벗어나면서 빚어지는 결과다. 여기에 이 철학의 최고 덕목인 '아파테이아'(apàtheia), 즉 '파토스에서 자유로운 상태'인 '무격정' 내지 '무감동'으로 번역할 수 있는 개념이 등장한다. 스토아 철학에서 중요하게 여기는 '이성에 따른' 삶이 바로 '무격정'으로 표현되는 것이다. 여기서 '이성(Logos)'은 세계의 본성과 같은 것으로, 온 세상에 스며 있는 본질이다. 모든 것이 바로 이 '이성'의 섭리에 따라 움직이는 '운명'에 좌지우지되기에, 이를 거스르는 것은 유익하지 않을 뿐더러 참된 지혜란 바로 이 이성과 그 섭리에 의해 움직이는 운명에 순응하는 것이다. 이 사상에 뿌리박은 사람들에게 모든 인간은 본성상 동등하다. 사실 인간은 이성에 의해 움직이는 단일한 세상의 동료 시민이기 때문이다. 교부들은 바로 이러한 스토아의 윤리에서 자연법, 양심, 집단적·공동체적 의무 등과 같은 여러 가지 그리스도교 윤리의 토대를 착안하게 되었다.

스토이시즘의 또 다른 사상적 토대는 '물질적 일원론'(monismus materialis)이다. 신과 세상은 모든 것에서 서로 삼투한다. 그러나 신은 '능동적 원리'(principium activum)이고 세상은 '수동적 원리'로 구분된다. 즉 신은 세상에 '이성'(Logos, 명령하는 이성) 혹은 '영'(Pneuma, 편재하는 영)으로서 세상에 내재하는 원리다. 스토이

시즘은 이 신 개념을 '자연 혹은 본성'(Natura), '섭리'(provvidenza), '세상의 영혼'(anima mundi) 등 여러 이름으로 불렸다. 세상이 신적인 이성에 의해 움직이는 '거대한 생명'(mega zôon)이듯이 인간 또한 '작은 세상'(mikro-kosmos)이다. 몇몇 교부들은 스토아 철학의 '로고스-프네우마'(Logos-Pneuma) 사상이나 물질주의에 영향을 받기도 했다.

3) 신플라톤 철학

그리스도교에 영향을 미친 또 다른 사상이 있다. 3세기 플로티누스에 의해 플라톤 철학에 새로운 해석이 가해지는데, 바로 '신(新)플라톤 철학'이다. 플로티누스는 플라톤적인 사색에 종교적 성격을 강조했다. 그의 이러한 사상은 '일자(一者)'의 이데아에 기초한다. '일자'의 유출에 의해 '지성'과 '영혼'과 같은 실재의 위격(hypostasis)들이 유래하고, 이 두 위격에 의해 모든 지성적이며 감각적인 형상들이 단계적으로 유출되는데, 일자로부터 가장 먼 단계인 물질에까지 이른다. 이처럼 플로티누스에게서 영지주의가 주장하는 이원론이 아닌 일원론적 사상 체계를 볼 수 있다. 영혼은 정화를 거쳐 다수성으로부터 점점 더 '일자'에로 나아가며, 마침내 인식의 차원을 넘어 '일자'와 하나가 되는 체험의 단계에 이른다. 이러한 일치의 단계에 다다르면 주관과 객관의 구별이 사라지게 된다.

3. 초창기 그리스 호교 교부

그리스도교와 이교 세상의 첫 만남은 그리 평화롭지 못했다. 그리스·로마 사회는 그리스도교 신앙에 대해 박해로 응대하거나, 때로는 지적인 차원에서 그리스도교의 메시지를 혹독하게 비판했다.[172]

이교인들은 그리스도인들을 향하여 '무신론자나 종교심이 없는 이들'이라고 비난했다. 로마에 대한 충성은 제국을 보호하는 제신들이나 신에 대한 황제의 공적인 경신 예절을 통해 표현되었는데, 그리스도인들은 우상 숭배라는 이유로 이를 거부했기 때문이다. 이교인들은 그리스도인들의 이러한 처신을 무신론자로 치부하는 동시에 황제와 제국의 안녕을 해치는 이들로 여긴 것이다. 더 나아가 그리스도인들은 일반적으로 경신례가 이루어지는 특별한 장소가 없었고, 당시의 상식으로는 이해할 수 없는 그들만의 전례를 거행했는데, 이 또한 불온한 세력이라는 의심을 사기에 충분했다. 아울러 그리스도인들의 핵심 전례인 성찬

---

172 170년경 사모사타의 루키아누스는 《페레그리누스의 죽음》(De Morte Peregrini)이라는 소설을 통해 그리스도교의 어리석음을 드러내려 했다. 거의 비슷한 시기 유명한 철학자 켈수스도 《참된 가르침》(Alēthēs logos)으로 그리스도교를 비판했는데, 70년 후 오리게네스는 이 철학자가 비판한 구절을 인용하면서 조목조목 반박했다. 3세기 플로티누스의 제자 포르피리우스도 《그리스도인 반박》(Adversus Christianos)을 썼으며, 4세기 '배교자'라는 별명을 지닌 율리아누스 황제도 《갈릴래아 사람들에 대한 반박》(Contra Galilaeos)이라는 책을 썼다.

례는 인육을 먹는 괴상한 미신으로 보였으며, 자기들끼리 형제 자매로 부르며 나누는 사랑도 비도덕적이며 음탕한 짓으로 여겼다. 이러한 이교 사회의 비난과 오해에 그리스도인들은 순교로만 응답하지 않았다. 그들은 자신의 신앙과 교리를 이성적으로 납득할 수 있게 설명하게 되는데, 이러한 변론을 문헌으로 남긴 교부를 '호교 교부'(Patres apologetici)라고 부른다.

최초의 호교론은 125~130년 하드리아누스 황제가 소아시아와 아테네를 여행할 때 과드라투스가 그에게 전한 편지라고 할 수 있다. 카이사리아의 에우세비우스는 《교회사》에서 이 첫 호교 교부의 단편을 전해 주면서, 그를 잇는 다른 교부들의 정보도 전한다. 즉, 150년경 아테네의 아리스티데스가 안토니누스 피우스 황제를 거명하며 쓴 《호교론》(Apologia)이 있으며, 히에라폴리스의 아폴리나리우스도 마르쿠스 아우렐리우스 황제에게 호교론을 썼다.

이들의 뒤를 이어 아테나고라스는 《그리스도인을 위한 청원》(Supplicatio pro Christianis), 《죽은 이들의 부활》(De resurrectione mortuorum)이라는 호교론적 저서를 남겼고, 타티아누스는 《그리스인에 대한 연설》(Oratio ad Graecos)이라는 저술을 통해 그리스도교가 이방 민족들의 종교는 물론 여타의 철학보다도 우월함을 강조했다. 그리스 철학이 전혀 새로운 것이 아닌 히브리인들로부터 이어받은 것이라고 여겼기 때문이다. 타티아누스는 이러한 호교론적 저술뿐만 아니라 성서학적으로 매우 중요한 문헌을 남기는

데, 바로《디아테사론》(Diatessaron)이다.[173] 타티아누스는 이 문헌에서 복음서에 등장하는 여러 이야기와 말씀을 종합 정리하여 하나의 '예수전(傳)'을 편집했다. 이 문헌은 5세기까지도 시리아를 중심으로 한 동방 교회에서 사용되었다. 사르디스의 주교였던 멜리톤도 호교 교부 가운데 주목할 만한 인물이다. 그가 남긴 호교론은 4개의 단편으로만 전해지는데, 그중 하나에서 그는 교회와 국가의 관계를 같은 젖을 먹는 형제로 묘사한다. 당시 대부분의 호교론자들이 로마 제국을 적대시하거나 박해의 부당성만을 강조했던 것과는 달리, 그는 로마 제국을 하느님의 섭리 안에서 바라본 최초의 인물이었다. 아울러《파스카 설교》(De Pascha)를 저술했는데, 탈출기 12장을 중심으로 한 강론으로는 교회 역사에서 가장 오래된 것이다.[174]

이와 함께 '호교론의 보석'으로 여겨지는 익명의 저자가 쓴 《디오그네투스에게 보낸 편지》(Epistola ad Diognetum)가 있다(마지막 2장은 앞부분과 전혀 다른 출처의 단편으로 덧붙여진 것이다). 편지 형식으로 된 이 호교서는 2세기 교부들이 자주 접했던 질문, 즉 그리스도교의 신과 경신 예배, 세상에 대한 신자들의 무관심과 죽

---

173 '넷을 관통하여'(Diatessaron)라는 개념은 음악 이론에 유래하며, 네 개의 조화로운 음으로 구성된 조(租)를 가리킨다. 따라서《디아테사론》은 '사복음서들을 조화롭게 편집한《네 복음서 발췌 합본》'이다. 시리아 교회는 425년까지《디아테사론》을 표준 복음서로 여겼다.

174 참조. R. Cantalamessa, *I più antichi testi pasquali*, Roma 1972.

음에 임하는 태도, 다른 종교에 대한 거부, 그리스도인들의 형제애, 그리스도교가 늦게 나타난 이유 등을 설명한다. 저자는 그리스도교를 단순히 변호하는 것을 넘어 주요 교리를 상세하게 설명함으로써 진리를 찾는 이들의 관심을 유발하는 호교론적 교리서를 저술한 것이다.[175]

끝으로 2세기 호교 교부의 대표라고 할 수 있는 철학자이자 순교자인 유스티누스를 들 수 있다. 그는 100년경 사마리아 지방의 시켐이라 불렸던, 플라비아 네오폴리스(현재 나브루스)의 이교 가정에 태어났지만, 진리를 찾고자 여러 철학파를 돌아다니다가 마침내 그리스도교로 개종한다. 그 후 로마에서 그리스도교 '철학' 아카데미를 개설하여 그리스도교를 전파했다. 165년경 마르쿠스 아우렐리우스 황제 치하에서 고발되어 순교하게 되며, 이에 대한 '순교 행전'이 남아 있다. 유스티누스가 저술한 문헌 중에 두 권으로 나뉘는《호교론》(Apologia),《유다인 트리폰과의 대화》(Dialogus cum Tryphone Iudaeo)만 남아 있다. 안토니누스 피우스 황제에게 쓴《호교론》의 주된 내용은 그리스도교에 대한 변호와 박해의 부당성으로, 이 문헌은 전례사에서도 중요한 증언을 남겼다. 특히 초기 교회의 세례와 성찬례에 대해 상세히 설명한다(《제1호교론》, 61-67 참조). 유다교 랍비 트리폰과 에페소에서

---

175 참조. E. Cattaneo, "Odiati amano". *Il mistero paradossale dell'esistenza cristiana secondo l'Ad Diognetum*, in Id., *Evangelo, Chiesa e carità nei Padri*, AVE, Roma 1995, 73-83.

벌인 논쟁을 편집한 《유다인 트리폰과의 대화》는 역사상 처음으로 유다인을 향한 호교론으로 의미가 남다르다. 유스티누스는 이 책을 통해 구약 성경에 대한 유다교의 단순한 해석을 넘어 그리스도교적 시각을 새롭게 선보였다.

지금까지 언급한 교부들 이외에 수많은 호교 교부들과 그들이 남긴 문헌이 있는데, 주요 내용은 비슷하며 세 개의 논점으로 정리할 수 있다.

– 이교인들의 고발과 비난에 대한 방어: 호교 교부들이 변호했던 그리스도인의 정체는 다음과 같이 요약된다. 무신론자라는 비난에 대해 그리스도인들은 로고스를 통해 만물을 창조하신 유일한 하느님을 흠숭한다고 답했다. 하느님의 로고스이신 '보편적 이성'에 대해서는 일부 이교 철학자들도 동의하는 바였다. 그리스도인들은 그리스도라 불리는 예수를 흠숭하는데, 이분은 하느님의 로고스이시고, 하느님의 권능이며 지혜로서 여느 인간과 같지 않다. 사실상 그분은 성령에 의해 동정녀에게서 태어나셨는데, 이는 그리스·로마 신화와는 아무런 상관이 없다. 신화는 대체로 추잡하기에 하느님과 어울리지 않는다. 그러나 그리스도인들이 믿는 교리에는 어리석거나 불경건한 면을 발견할 수 없다. 또한 그리스도인들의 삶을 들여다보면, 그들은 로고스께서 예언자와 사도들을 통해 말씀하신 성경의 규범에 따라 살아간다. 이 규범들은 이방인들이 세운 법보다 우월하다. 물론 이교 세계의 입법자들이 정한 법규도 어느 정도 진리를 포함하고 있

지만 그리스도인들이 따르는 규정보다는 하위에 있다. 결론적으로, 그리스도인이라는 이름만으로 그들을 범죄자로 취급하는 것은 이성적이지 않은 처사다. 또한 그리스도인들이 공적인 예식에 참여하지 않는 것은 황제의 권위를 무시하는 것이 아니라 단지 우상 숭배를 하지 않기 위함이다. 실제로 그리스도인들은 항상 제국의 안녕을 위해 기도하는 충성스러운 시민이다.

  – 이교 사상과 종교들을 향한 공격: 호교 교부들은 그리스도교를 변호하는 데 그치지 않고 그리스·로마의 일반적인 종교가 지닌 모순을 부각하는 한편, 그 안에 내포된 미신적 요소와 신화들의 비도덕적인 면모를 꼬집었다. 아울러 철학자들도 호교론적 입장에서 재평가 대상이었다. 일반적으로 철학이 어느 정도 진리를 담고 있지만, 철학자들의 삶을 자세히 보면 언행이 불일치하는 것을 알 수 있다. 이교 세계의 공적 영역에 나타나는 도덕이나 사적인 삶 속에 윤리를 따져 보면, 많은 문제점을 내포한다는 것이다. 전쟁, 검투 경기, 자식들을 방치하거나 유아를 버리는 행위 등은 인간의 고귀함을 파괴하며, 부요한 자들이 자신들의 배만 채우려 드는 극단적 이기주의와 가난한 이들의 비참한 현실이 바로 이교 세계라고 비난했다.

  – 그리스도교의 가르침이 진리라는 증명: 호교론자들은 이성(logos)을 자신들의 독점물로 생각하는 철학자들을 향해 도전적인 의견을 피력했다. 그렇다고 그리스도교만 전적으로 로고스(Logos)를 소유했다고 주장하지 않았다. 사실 로고스는 그를 알려고

노력하는 사람들이 모두 다가설 수 있는 대상이다. 따라서 로고스는 세상을 창조한 주체로서 이 세상 모든 곳에 속속들이 현존하며, 특별히 이성을 부여받은 '인간'(logikòs)들은 그 로고스에 참여하는 존재로서 그들 안에 로고스는 항상 존재한다. 그러나 로고스는 이 모든 것보다 매우 특별한 방식으로 예수 그리스도 안에 현존한다. 사실 그분은 인간이 되신 로고스로서 이 세상 전체에 충만한 진리를 전하러 오신다. 따라서 그리스도교는 하느님의 계시를 믿는 사람들일 뿐만 아니라 로고스 자체이신 분을 주님으로 모시고 그분의 가르침을 따르기에 그 무엇보다 이성적이라고 말할 수 있다. 이러한 점에서 그리스도교는 '진정한 철학'인 것이다.

이러한 확신 속에 타티아누스와 같은 몇몇 호교 교부들은 이교 문화를 향한 문을 굳게 걸어 잠그기도 했다. 그러나 대다수의 호교 교부들은 이교 사상 안에도 '로고스의 씨앗'이 있기에 부분적이기는 하지만 진리에 다다를 수 있다고 인정했다. 물론 이러한 이교 철학에 대한 긍정적 평가는 부분적이며 제한적이다. 악마(daimon)가 이교 사상에 잘못과 오류라는 가라지 씨앗을 뿌렸기 때문이다. 어쨌든 이 부류의 호교론자들은 이교인들이 부분적이긴 하지만 진리에 이를 수 있는데, 서로 다른 두 종류의 길이 있다고 설명한다.[176]

---

[176] 참조. 유스티누스, 《제2호교론》 10. "철학자들과 법 제정가들은 정의로운 모든

첫 번째 길은 로고스에 의해 조명받은 이성의 길이다. 유스티누스는 이 도상에 있는 이교인들을 '그리스도인'이라고 부르기를 주저하지 않았다. "그리스도는 하느님의 맏아들이며 로고스이신데, 모든 인간은 그 로고스에 참여한다. 이것은 우리가 전해 받은 것이며 또 선포하는 내용이다. …… 그리스의 소크라테스나 헤라클레이토스, 그 밖에 이와 비슷한 다른 이들이 무신론자로 지냈다 하더라도 로고스에 따라 살았다면 그들도 그리스도인들이다. 또한 아브라함, 하나니아, 아자리아, 미사엘, 엘리야와 그 밖의 다른 히브리인들도 마찬가지로 그리스도인들이다. …… 그리고 그리스도께서 오시기 전에 태어났을지라도 로고스에 따라 살지 않았다면 그는 그리스도께 합당하지 않은 원수가 되며, 로고스에 따라 사는 사람의 사형 집행인이 될 것이다. 반대로 로고스에 따라 살았고, 또 그에 따라 사는 사람이면 그는 그리스도인이다."(《제1호교론》, 46,2-4)

두 번째 길은 이른바 '표절'의 길이다. 철학자들이 진리의 일정 부분을 설파했다면, 그것은 히브리인들의 성경을 읽었기 때문이다. 모세와 예언자들은 철학자들보다 훨씬 이전의 인물들로 철학자들은 그들에게서 영향을 받은 것이다. 그러나 히브리인들이 받은 진리는 로고스의 일부며, 또 그들에게서 전해 받은 그리

원칙을 발견하고 표현했는데, 그들은 로고스를 단지 부분적으로 발견하고 묵상하는 일들을 고되게 했다. 그렇지만 그들은 그리스도이신 로고스를 온전히 알지 못했기에 그들 사이에 서로 모순되는 면이 종종 드러난다."

스인들은 그것마저 왜곡했다. 많은 오류가 전해 받은 진리와 섞였기 때문이다. 하지만 그리스도인들은 유다인이나 그들에게 영향을 받은 그리스 철학자들보다 그 강도에 있어 비교할 수 없을 정도로 온전한 진리를 소유했다. 로고스로부터 직접 진리를 전해 받았기 때문이다.

4. 호교 문헌의 확산

라틴 교회에서도 이러한 호교적인 성격이 강한 문헌이 발견된다. 대표적으로 테르툴리아누스를 들 수 있는데, 그 역시 《호교론》(Apologeticum)이라는 저술을 남겼다. 라틴 교회의 호교론도 그리스 호교론자들이 주장했던 것과 비슷한 주제를 다루었다. 그러나 테르툴리아누스의 경우 특유의 필체와 호소력으로 더욱 효과적인 호교론을 펼쳤다.[177]

아프리카의 이교도 출신으로 로마에서 개종한 미누키우스 펠릭스는 《옥타비우스》(Octavius)라는 호교서를 저술했다. 그는 당시 유행하던 문학 형식인 '대화'로 자신의 호교론을 펼쳤는데, 이에 대하여 알타너는 "가히 예술이라 할 만한 매혹적인 문체와 호소력 짙은 설명으로 2~3세기 호교론들 가운데 가장 빼어났

---

177 테르툴리아누스에 대해서는 제5장 '카르타고와 로마'에서 다룰 것이다.

다."[178]라고 극찬했다. 미누키우스 펠릭스는 당시 유식한 이교인들을 겨냥한 호교론을 펼쳤기에, 직접 성경을 인용하거나 그리스도를 거명하지 않은 채 오직 이성적 논리로 호교론을 펼쳤다. 그의 문헌은 세 친구들 사이에 오간 대화를 바탕으로 저술되었는데, 미누키우스 펠릭스의 친구며 그리스도인이었던 옥타비우스가 사망한 뒤, 저자가 이교 사상에 물들었던 케킬리우스라는 친구와 나눈 그리스도교에 대한 이야기를 담고 있다. 당시 철학과 세간에 떠도는 그리스도교에 대한 비방을 바탕으로 한 케킬리우스의 도전적 질문에 옥타비우스와 저자의 반증을 대화 형식으로 풀면서, 이교도 케킬리우스의 개종으로 끝을 맺는다. 이 작품이 언제 쓰였는지는 알 수 없지만, 문체의 세련됨이나 내용이 197년에 저술된 테르툴리아누스의 《호교론》이나 《이교인들에게》(Ad nationes)와 깊은 연관이 있는 것으로 보아 대략 3세기 전반기에 집필되었다고 추정할 수 있다.

5. 신학적 반성: 신앙과 이성

그리스도교는 역사 안에 드러나는 하느님의 계시를 바탕으로 한 종교다. 2세기의 신학자들은 이 계시의 진리성이 예언의

---

178   B. Altaner, *Patrologia*, 148.

성취를 통해 증명되었으며, 그리스도인들의 구체적인 삶을 통해 드러난다고 밝혔다. 그러나 무엇보다도 호교 교부들은 계시의 필요성(《디오그네투스에게 보낸 편지》, 4,6)을 먼저 강조할 수밖에 없었다. 인간은 절대로 혼자서는 구원을 위한 충만한 진리에 도달할 수 없기 때문이다.

그런데 이 계시가 단순히 우상 숭배나 미신적 종교의 기반이 되지 않기 위해서는, 이성적인 이해와 설명이 뒤따라야만 한다. 호교 교부들은 이 점에 확신을 가지면서 그리스도교 계시가 역사 안에서 이루어진 사건으로 이성 자체이신 로고스 즉, '보편 이성'에 의해 주어졌다는 사실을 강조했다. 호교 교부들은 바로 이 지점에서 신앙과 철학이 만날 가능성을 이야기한다. 계시와 이성의 조화는 3세기 알렉산드리아의 클레멘스와 후대의 교부들에 의해 받아들여질 뿐만 아니라 더욱 발전하며, 마침내 철학이 복음을 위한 사전 예비 교육으로까지 여겨지게 될 것이다.

이와 같은 신앙과 이성, 철학과 복음을 연결한 호교 교부들의 시도는 높이 평가받아야 한다. 하지만 몇 가지 측면에서 아쉬운 한계를 드러내기도 한다. 무엇보다 계시와 이성 사이의 구별이 뚜렷하게 나타나지 않는다는 점이다. 호교 교부들은 철학적 개념으로 계시를 설명하려 했지만, 이러한 설명은 이성이 그 자체로 진리를 평가할 수도 있다는 사실을 전제한 것으로, 오히려 진리가 계시되었다는 초점이 흐려질 수도 있었다. 이러한 결과로 몇몇 호교 문헌들은 진리의 기준을 아예 이성적인 기초 위에 유일신 사상에만 두면서 역사적 구원 사건의 핵심인 그리스도에 대한 언급을 생략하거나 건너뛰는 경우를 초래하기도 했다. 예를 들어 아리스티데스나 타티아누스의 경우, 그들의 호교론에서 '그리스도'라는 이름을 거명하지 않았다. 물론 역사적 인물인 예수의 자리에 신적인 로고스가 대체되기는 했지만, 자칫 대문자 로고스(Logos)가 아닌 인간적인 로고스(logos)로 축소될 위험이 있었다. 안티오키아의 테오필루스도 마찬가지다. 그는 스토아 철학의 고유 개념에 착안하여 로고스(Logos)의 두 상태를 설명했다. 먼저 하느님과 거의 구별이 되지 않는 '내재적 로고스'(endiàthetos)가 있으며, 다음으로 '발설된 로고스'(prophorikòs) 혹은 '낳음받은 로고스'(gennétos)라 불리는 주체가 있는데, 이는 하느님과 구별되며 특히 창조를 위한 도구로 나타난다[《아우톨리쿠스에게》(Ad Autolycum libri), II, 10.22 참조]. 이처럼 말씀의 출생을 단지 세상 창조에만 결부함으로써 그리스도론이 종속론으로 기우는 경향을 보여 주는 약점을 지니고 있다.

이러한 모든 난제가 해결되기 위해서는 많은 시간이 필요하다. 무엇보다 계시 진리에 대한 신앙은 이성에 의해 해석되어야 하며, 이성 또한 신앙에 의해 조명받아야 한다는 이중적인 작업이 이루어져야 한다. 아우구스티누스의 말대로 "이성으로 이해하기 위해 믿어야 하며, 믿기 위해서는 이해해야 한다."(credo ut intelligam, intelligo ut credam)

신앙 규범에서 이성적 요인을 제거하거나 이성의 중개 없는 신앙만을 강조하는 시도는 늘 많은 문제를 일으켰다. 신앙과 상관없는 이성만을 근거로 한 신학적 시도는 '이성주의'의 위험에 노출되며, 이성을 무시한 채 신앙만을 강조하면 '신앙근본주의'에 빠질 수 있기 때문이다. 특히 이성이 강조된 신학 작업도 겉으로는 신앙의 본질과 연결되어 있으며 수많은 신학적 용어와 주제들을 거론하기는 한다. 그러나 구체적인 역사 안에 이루어진 계시를 소홀히 한 결과, 신학을 한다고는 하면서도 실제로는 신앙을 멀리한 채, 그 빈자리를 인간 이성의 논리적 축적물로 가득 채우는 '사이비-신학'으로 전락되는 경우가 생기기도 한다. 이러한 위험을 가장 극적으로 보여 주는 예가 바로 영지주의다.

제4장

영지주의의 도전과 이레네우스

1. 영지주의 이단

영지주의는 체계를 갖춘 학파나 사상이라기보다는 철학과 종교가 혼합된 일종의 사조로, 수많은 분파가 존재했기에 그 정체를 한마디로 정의 내리기는 어렵다. 영지주의적 경향을 띤 여러 집단은 저마다의 조직과 경신례를 포함한 예식과 가르침을 지녔기 때문이다.[179] 그런데 이러한 애매모호한 고대 정신 사조의 물결이 교회 안으로도 스며들면서 신앙의 근간을 흔드는 '영지주의적인 이단'이 발생했다. 게다가 이 이단은 스스로를 충실

---

179 현대의 학자들은 영지주의를 그 기원이 분명하지 않은 종교혼합주의의 산물이라고 규정하면서도, 세 가지 요소가 이 사조의 큰 흐름에 합쳐졌다고 이야기한다. 즉 플라톤 철학을 대표로 하는 헬레니즘, 조로아스터교와 같은 동방 종교들의 영향, 유다교적인 요소를 든다.

한 그리스도인으로서 교회 공동체의 일원이자[180] 참신앙인이라고 주장했다.[181] 실제로 그들도 그리스도교의 계시 사건을 언급할 뿐 아니라,[182] 가르침도 하느님과 인간의 관계를 규명하는 것이었고 그리스도 사건을 해석했다. 아울러 자신들의 왜곡된 주장을 뒷받침하기 위해, 신약 성경은 물론이고 구약 성경까지도 자주 사용했다.

바로 여기에 문제가 있다. 정통 교회가 겪는 어려움은 영지주의 이단의 주장이 교회와 현격하게 차이가 나는 데 있지 않다. 오히려 많은 경우 공통된 모양새를 띤 유사함에 있었다. 한마디로 한 몸에 살아가는 '기생충'처럼 적과 아군의 구분이 쉽지 않았던 것이다. 따라서 영지주의의 확산은 초창기 교회의 신앙에 분명한 도전으로, 많은 교부들은 하느님 신비에 대한 계시와 창조된 세상과 인간의 역사에 대한 그들의 오류를 지적하는 동시에 그들과 구별되는 올바른 정통 가르침을 표명해야만 했다.

---

180 이레네우스,《이단 반박》 3,15,2. "그들(영지주의 이단)은 우리에게 불평을 늘어놓는다. (그들은) 스스로를 우리와 같다고 생각하는데, 우리가 아무런 이유 없이 그들과 공통된 것이 없다면서 배척한다고 말한다." 참조. J. Moningt, *L'homme qui venait de Dieu*, Paris 1993, 98.

181 이레네우스는 요한의 첫째 서간 2장 18~19절을 인용하며 '마지막 때에 나타나는 그리스도의 적'과 같은 이단들이 "우리(교회)에게서 떨어져 나갔다고 하지만, 본래 우리에게 속한 자들이 아니었다."(《이단 반박》 3,16,5)라고 밝힌다. 하지만 오늘날까지 영지주의의 기원이 그리스도교에 뿌리를 두는지에 대한 논쟁은 계속된다.

182 참조. M.A., Donovan, *One Right Reading? A Guide to Irenaeus*, Collegeville(Minnesota) 1977, 37-39.

1) 영지주의적 사고의 기본 구조

영지주의 이단의 다양한 분파를 모두 상세하게 알아보기는 어렵다. 여기서는 가장 대표적인 분파인 '발렌티누스파'[183]를 중심으로 대부분의 영지주의에서 공통적으로 발견되는 사고의 틀을 살펴보겠다.

신의 세계

영지주의에서 최고신은 다양한 신적 속성을 띤 '위격'(hypostasis)들로 이루어진 복수의 조합처럼 생각되었다. 발렌티누스는 이를 30개의 '아이온'(aíon)으로 이루어진 '충만'(plèroma)이라고 했다. 또한 신적 존재의 표현 내지 위격인 '아이온'들은 저마다 남성과 여성으로 된 '짝'(쌍, coniugatio/syzygie)으로 구성되는데, 그 아이온들의 기원은 높은 단계의 아이온 '쌍'이 하위 단계의 아이온들을 유출함으로써 형성된다. 또한 이 아이온들은 제각기 고유한 이름을 가지는데, 각각의 명칭은 그리스어 남성과 여성 명사로 부름으로써 '암·수 짝'을 이루는 것처럼 설명했다. 학자들은 이러

---

183 이집트 출신인 발렌티누스는 140년경 로마에 학원을 설립했다. 이곳 출신의 제자들은 크게 둘로 분류된다. 먼저 이탈리아 반도에 영향을 끼친 헤라클레온, 톨로메우스, 플로리누스가 있으며, 동방에는 테오도투스, 마르쿠스가 있다. 발렌티누스파의 문서 중에 가장 중요한 것은 낙-함마디(Nag Hammadi)에서 발견된 《진리의 복음》과 《삼중 계약》(Tractatus tripartitus), 《필립보 복음》, 《부활에 관한 레기노스에게 보낸 편지》가 있다. 154년 에데사에서 태어난 바르데사네도 유명한 영지주의자다. 그는 음악가이자 점성가로서 시인이기도 했으며, 자신의 교리를 노래로 만들어 전파했다.

한 30개의 아이온으로 이루어진 '충만'을 영지주의적 신관을 대표하는 신화적 표현이라고 규정하면서 이 아이온의 이름들은 충만으로 나타나는 '신'의 다양한 위격적 속성이라고 이야기한다. 즉 다수의 아이온은 '충만'으로 표현되는 '복합적 단일체'의 각종 기능이라고 볼 수 있다.

신적 위격들의 계보

그러면 발렌티누스가 전하는 '플레로마'(pleroma)를 이루는 아이온들의 유출 과정은 무엇일까? 먼저 플레로마의 근원적 아이온은 만물의 원인이면서도 그 누구도 다가가거나 이해할 수 없는 '원-아버지'(Propator, Proarche)다. 이 아이온은 '절대 타자'로 머무는 불가해적인 특성 때문에 '원-아버지' 말고도 여러 이름으로 불리는데, 대표적으로 '심연'(Bythos, 深淵)이라 칭한다. 이 '아버지'는 자신의 유출 또는 자기 표현이라고 할 수 있는 다른 아이온들에게까지 접근이 차단된 '심연'과 같은 존재이기 때문이다. 그런데 이 '심연'과 공존하며 '짝'을 이루는 아이온의 이름이 흥미롭다. 바로 여성형 명사로 '생각'(Ennoia) 또는 '침묵'(Sige)이다. '침묵'은 '원-아버지'를 숨기는 장막과 같아, 그분에 대해 아무 말도 들을 수 없음을 의미한다. 침묵에 쌓인 아버지는 형언할 수 없는 분이다. 아니, 침묵은 아버지에 대한 그 어떠한 인식이 전달되는 것을 막는다.

그러던 어느 날 갑자기(subito) '원-아버지'는 (침묵을 깨고) 자기 자신과 '동일하고 유사한' 원리를 '생각'(Ennoia)함으로써,[184] 즉 자신의 짝인 '생각'을 통해 '지성'(Nous)이라는 아이온이 유출된다. 물론 이 유출도 쌍으로 이루어지는데, '지성'과 함께 그의 짝인 '진리'(Aletheia)도 유출된다. 이들은 이어서 '말씀(Logos)-생명(Zoae)'이라는 세 번째 쌍을 유출하고, 이들로부터 네 번째 쌍인 '인간(Anthopos/Homo)-교회(Ecclesia)'가 유출된다. 발렌티누스파는 이 4개의 쌍을 이루는 8개의 아이온을 모든 플레로마의 기초를 이루는 '옥토아다'(Octonatio/Ogdoada)라고 부른다. 더 나아가 '말씀-생명'으로부터 10개의 아이온이,[185] '인간-교회'로부터 12개의 아이온[186]이 유출됨으로써 30개로 이루어진 '충만'이 완성된다. 물론 나머지 아이온들도 남성·여성의 이름을 지닌 두 아이온이 결합하여 쌍을 이룬다(coisse secundum coniugationem). 이 모든 30개

---

184 최고신의 자유로운 원의로써 '침묵'이 깨지면서 '불가지적 존재'가 자신을 드러내는 경륜(oeconomia)이 시작된다. 이레네우스는 이러한 사건이 "프톨레메우스의 가장 현명한 추종자"에 의해 고안됐다고 언급한다(《이단 반박》 1,12,1). "원의(Theléma)가 '생각'(Ennoia)의 능력(virtus)이 되었다. '생각'은 계속 유출을 시도했으나 자기 홀로는 생각하는 것을 유출할 수 없었다. 그러나 '원의'의 '능력'이 생기면서 계속해서 생각하던 바를 유출하게 되었다."(《이단 반박》 1,12,1)

185 '말씀-생명'으로부터 유출된 쌍으로 다음이 있다. '심오함-혼돈'(Bythius-Mixis), '비퇴화성-일치'(Agerator-Henosis), '자존적 실존-기쁨'(Autophyes-Hedone), '고정됨-혼합'(Acinetos-Syncrasis), '독생자-행복'(Monogenes와-Macaria). 발렌티누스파의 신화에서 많은 아이온은 수많은 호칭으로 불리며, 어떤 때는 같은 이름을 다른 존재에게 사용하는 경우가 있기에 난해하다.

186 '인간-교회'로부터 유출된 쌍으로 다음이 있다. '파라클레토스-믿음'(Paracletos-Pistis), '부성-희망'(Patricos-Elpis), '모성-사랑'(Metricos-Agape), '영원-이해'(Aenos-Synesis), '교회성-행복'(Ecclesiasticos-Macariotes), '바람-지혜'(Theletos-Sophia).

의 아이온은 첫 번째 원리에서부터 유출된 것으로 차츰 자기들끼리 단계적으로 구별되면서도 "비가시적이고 영적인" 플레로마(pleroma)를 이룬다(《이단 반박》 1,1,3).

모든 아이온은 '원-아버지'의 영광을 드러내는 기능으로 유출되었음에도,[187] 특이하게도 오직 "아버지와 동일하고 유사하게" 유출된 '지성'만 "아버지의 위대함을 이해할 수 있다."(《이단 반박》 1,1,1) 그 밖의 다른 아이온들에게 아버지는 비가시적이면서 포착할 수 없는 존재다.[188]

이러한 아버지의 '접근 불가능성'은 존재론적 구조라고 말할 수 있다. 아버지는 원천적으로 자신의 위대함이 알려지기를 원치 않기 때문이다. 그러나 이것은 다른 아이온들이 가지는 자신의 원천과 근원에 대해 기우는 '경향', 즉 아버지를 알고 싶어 하는 열망까지 저지하거나 막을 수 없었다. 이러한 열망은 사실 모든 아이온의 본성에 가까운 경향이기 때문이다. 이러한 이룰 수 없는 열망이 플레로마 안에 불안, 동요, 무질서를 일으키는 원인이 되었다. 그런데 아이러니하게도 아버지는 결국 아이온들이 자신을 알게 할 것처럼 드러나기도 한다. 아버지의 짝인 '생각'은 '침묵'만이 아니라 '은총'(Charis)이라는 이름으로도 불린다. 이는 '근원'이 드러날 가능성을 의미한다. 모든 아이온은 자신들의 척

---

187 《이단 반박》 1,1,2.
188 《이단 반박》 1,2,1.

도(몫만큼)에 따라 아버지를 알 수 있다.[189]

세상의 기원

바로 이것이 발렌티누스가 바라본 '신학'이다. 좀 더 정확하게 표현하자면 '신의 계보' 또는 '신의 기원학'(Theogonia)이라고 할 수 있다. 영지주의자들은 이 플레로마의 세계에서 세상의 기원을 설명한다. 즉 '신-기원학'이 '우주의 기원학'(cosmogonia)으로 연결된 것이다.

세상의 기원은 30개 아이온 중에서 가장 마지막 아이온인 '지혜'(Sophia)가 아버지를 보고 싶어 하는 열망에서 시작된다.[190] 그러나 이 '바람'은 그 어떤 아이온들보다도 강력하여 '지혜'를 파괴할 만큼 위태롭게 된다. 따라서 플레로마의 '충만'을 위협하는 이

---

189 바로 이 점이 현대의 논리로 가장 이해하기 힘든 부분이다. 아버지의 원의로 플레로마의 '무지'가 불가항력적인 것 같지만, 또한 이 불가지가 어느 정도 해소되어야만 '앎의 대상'이 되기 때문이다. 시모네티(M. Simonetti)는 '은총'을 "다른 아이온들을 유출하도록 하는 충동이며, 그 아이온들로 하여금 위대함에 참여하도록" 하는 특성을 지닌 이름으로 설명한다(*Testi gnostici in lingua greca e latina*, cit., 456 nota 15).

190 아버지로부터 멀어질수록, 즉 하급 단계의 아이온일수록 아버지를 알고자 하는 열망이 더욱 커진다. 말하자면 멀리 떨어짐과 열망은 비례한다. 결국 이러한 열망은 비단 '지혜'만이 아니라 모든 아이온이 가지고 있다고 할 수 있다. "열망은 지성과 진리로부터 시작되었다."(《이단 반박》 1,2,2) 시모네티는 "소피아(지혜)의 열망은 전체 플레로마의 열망이다."라고 말했다(*Testi gnostici in lingua greca e latina*, cit., 483 nota 167).

러한 갈망은 플레로마를 통제하는 '힘'(Virtus)인 '한계'(Horos)'[191] 또는 '십자가'[192]에 의해 제한받는다. 이렇게 외적인 '힘'에 의해 '지혜' 안에 갈망을 일으키는 '경향'(Enthymesis)은[193] 제한을 받고 플레로마로부터 축출되며, 소피아(지혜)는 플레로마로 다시 복귀하게 되어 플레로마(충만)가 평화를 되찾는다.[194]

그러나 플레로마로부터 축출된 '엔티메시스'는 "영적 실체이기는 하지만, 아직 형체와 모습을 가지지 못한 미숙아"와도[195] 같은 상태였다. 이를 불쌍히 여긴 '천상의 구원자'(그리스도, 파라클레토스)는 '십자가'(한계)를 넘어서까지 자신을 확장시켜 아직 꼴을

---

191 호로스(horos): 오르베(A. Orbe)는 마수에(Massuet)의 의견에 따라 이집트 신 호루스에 기원을 둔다고 설명한다(*La Teologia del Espiritu santo*, in "Analecta Gregoriana" 158, Roma 1966, 599-600).

192 어원적으로 볼 때, '스타우로스'(stauros)는 "말뚝으로 분리하다"라는 의미다. F.W Gingrich, A Greek-English Lexikon of the New Testament and other Early Christian Literature, cit., 764-765; A. Rousseau, SC 263, 179. 다니엘루는 십자가에 대한 영지주의적 이미지의 기원이 플라톤의 《티메우스》(Timaeus)에 있다고 보았다. 여기에서 십자가는 지구와 성좌가 있는 하늘 사이의 제한 표시다 (*La teologia del giudeo-cristianesimo*, tr. it., Bologna 1874, 390-391).

193 발렌티누스파는 소피아(Sophia)와 구별하여 '엔티메시스'(Enthymesis)를 단순히 감정의 표현이 아닌 실체로 생각했다. 《이단 반박》 1,2,4: "엔티메시스(지향/경향)는 소피아(지혜) 아이온의 충동적 본질로서 '영적'인 본질이지만, 아직 형체와 모습이 없는 본질이다. 따라서 소피아는 이것에 관해 아무것도 알지 못했던 것이다. 바로 이 이유로 그들은 이 본질을 약하고 여성적인 열매라고 말한다."

194 이 축출된 '경향'이 피조 세상의 기원이 되며, 엔티메시스(Enthymesis)는 플레로마 밖에서 아키모트(Achamoth)로도 불린다. F.M. Sagnard, *La gnose valentinienne et le temoignage de S. Irénéé*, 262-264.

195 참조. 《이단 반박》 1,4,1. "imformis et sine specie quasi abortum."

갖추지 못한 '엔티메시스'에게 '본질과 영지에 따라' 세상 만물의 어머니인 '아카모트'(Achamoth)를 형성한다. 그리하여 타락한 제2의 소피아인 아카모트는 상위 세계로 향하는 회개로부터 '혼적 요소'(elementum psichicum)와 부정적인 열망들(passio)로부터 '물질적 요소'(substantia hilica)를 가지게 되고 바로 이 두 요소가 눈에 보이는 이 세상의 재료가 된다. 그런데 이 두 요소 이외에 물질 세상에 감추어진 세 번째 요소가 있는데, 이는 아카모트가 자신의 탄원에 구원자로 온 파라클레토스와 그의 '동행자'들을 '바라봄'(관상)으로써 품게 된 '영적인 요소'다.

이에 따라 창조된 세상은 "그 어떠한 비부패성의 숨도 받아들일 능력"이 없는 '물질적'[196]인 본질, 아카모트의 회개로부터 기인한 '혼적'(pschica) 본질, 마지막으로 플레로마와 동일 본질로 플레로마의 조명을 받은 '영적 요소'가 있다. 이에 따라 인간도 본질적으로 물질적, 혼적, 영적인 존재로 구분된다.

---

196 물질적 본질을 '일리코스'(hylikos) 혹은 '코이코스'(choïkos)로도 표현한다. 루소(A. Rousseau)는 '코이코스'를 '지상적'이라고 번역하면서도 원래의 뜻을 다 담지 못한다고 지적한다. '코이코스'는 바오로 사도가 코린토 신자들에게 보낸 첫째 서간 15장 47~49절 사이에 창세기 2장 7절을 언급하면서 사용한 표현이다. 이레네우스는 이 단어와 '일리코스'를 거의 동의어로 사용한다. 단지 차이가 있다면 '코이코스'는 성경에서 유래한 것이고, '일리코스'는 철학에서 기원한 단어다(SC 263, 200).

세상 창조자와 인간

세상 만물의 어머니 '아카모트'(Achamoth)는 먼저 '혼적' 본질로부터 데미우르고스(Demiourgos)를 창조한다.[197] 자신은 영적인 존재이기에 물질을 형성할 중간 매개가 필요했던 것이다. 영지주의자들은 이 존재를 구약의 하느님이라고 설명한다. 사실 구약의 하느님은 '성내고, 질투하고, 복수하고 벌하는 등' 정신적 면모로 묘사되는 경우가 많았다. 여기서 흥미로운 점은, 세상을 창조한 것이 데미우르고스 본인 스스로 결정한 것이 아니라, 뒤에서 몰래 아카모트가 자극함으로써 이루어졌다는 것이다. 따라서 데미우르고스가 세상을 창조했다고는 하지만 사실은 이미 기존에 있는 물적인 요소와 혼적인 요소를 재료로 사용했으며, 이 또한 아카모트의 치밀한 계획에 따른 것이다.

특별히 데미우르고스는 인간을 창조하면서 무슨 일을 하는지도 모른 채, 자신의 능력을 넘어서는 일에 관여하는 꼴이 되었다. 데미우르고스가 인간을 창조하면서 물질적인 인간과 자신의 혼(정신, anima)을 불어넣은 혼적인 인간만을 창조하는데, 혼적인

---

[197] '데미우르고스'라는 이름에 대해서는 다음을 참조하라. S. Pétrement, *Le Dieu séparé*, cit. 이 이름은 《티메우스》에서 플라톤이 우주의 신화적 창조자를 지칭한 것으로 유다인들이나 그리스도교에서는 사용하지 않았다. 칠십인역에서도 이 이름은 등장하지 않고 히브리들에게 보낸 서간 11장 10절에서만 단 한 번 등장한다. 그 후 교부 시대에는 로마의 클레멘스, 2세기의 호교 교부들에게서 점차 나타난다. 이 단어는 영지주의 신화에 자주 등장하며 주로 '참된 하느님'과 대조를 이루는 존재를 지칭한다.

인간을 만들 때 아카모트가 '영적 씨앗'을 함께 주입함으로써 영적인 인간이 탄생하게 된다.[198] 그러나 데미우르고스는 이러한 사실을 전혀 알지 못했기에, 영적 요소를 지닌 인물이 어떻게 생겼는지를 알 수 없었다. 구약에 등장하는 훌륭한 "예언자, 사제, 임금"이 바로 플레로마의 조각을 지닌 이들이었다.

이처럼 '영적 인간'(pneumatikòi)은 자신 안에 '신적인 섬광'(scintilla divina)을 지닌 이들로 이 세상에 살지만 사실은 그 기원이 플레로마 세계며, '영지'를 통해 물질적이며 혼적인 세상을 벗어나 본래의 고향인 플레로마로 돌아가는 것이 바로 구원인 것이다. 즉 물적, 혼적, 영적 인간으로 구분되는 것은 어찌 보면 숙명과 같아서, 영적 인간이 아닌 인간이라면 아무리 자유의지를 총동원해서 구원을 얻으려고 해도 무의미할 뿐이다. 이 세 종류의 인간 집단을 대표하는 인물이 바로 카인과 아벨과 셋으로, 저마다 자신에게 주어진 운명에 따라 고유한 여정을 밟는다. 물질적 인간은 필연적 소멸로, 영적 영지자는 플레로마로, 일반 그리스도인으로 여겨지는 혼적 인간은 '구원자'에게 어떻게 응답하는지에 따라 운명이 결정된다. 그러나 그들이 구원에 이르는 장소는 영적 인간들의 플레로마와는 달리 '중간 지역'(loco medietatis)에서 안식을 누리게 될 것이다.[199] 이렇게 영지주의의 인간관은 철저하

---

198 참조. 《이단 반박》 1,5,6.
199 《이단 반박》 1,7,1. '중간 지역'은 구원받은 혼적 존재가 머물 장소며, 종국에

게 운명론적 결정론과 이원론을 보인다.[200]

그리스도론

영지주의자들에게 그리스도는 플레로마의 세계에서 오직 아버지를 알 수 있는 아이온인 '지성'처럼, 이 세상에 '충만'의 세계에 관한 지식을 전달하는 존재로서, 물질과 혼으로 이루어진 인간이며 동시에 신적 속성을 지닌 존재다. 인간 '예수'는 본래 일반적인 인간처럼 데미우르고스에게서 기원했다.[201] 그러나 예수가 세례를 받을 때, '그리스도'가 그 위에 내림으로써 '영적인 인간'이 되었다가, 다시 수난의 순간에 그리스도가 예수를 떠나면서 본래의 인간이 되었다. 그리스도의 사명은 구원을 위한 진정한 깨달음(영지)을 가르치기 위해 플레로마로부터 파견되었다.

데미우르고스가 머물 장소이기도 하다.

200 시모네티는 테살로니카 신자들에게 보낸 첫째 서간 5장 23절을 근거로 발렌티누스파가 '영-혼-육'으로 인간을 구분하는 것이 원래 바오로 사도의 의도와는 달리 적용되었음을 지적한다. 바오로 사도에게 있어 살아 있으며 생각하는 모든 인간은 '혼적'이며 '육적'이다. 세례를 통해 다시 태어난 사람들의 경우에 성령의 선물을 받아 '혼적 인간'에서 '영적 인간'으로 변화한다("PSYCHE e PSYCHIKOS nella gnosi valentiniana", 162).

201 "구원자는 그가 구원해야 할 것들의 만물 모습을 취했다. 즉 아카모트로부터 영적인 요소를, 데미우르고스로부터 혼적 요소에 감싸인 혼적 그리스도를 받았으며, 경륜으로 인해 육으로도 휘감겼는데, 이 육은 정신적인 본질을 띠고 있다고는 하지만 형언할 수 없는 솜씨로 조성된 육이기에 보여지고 지각되며 느낄 수 있다. 반면 물질적 본질은 아무것도 취하지 않았다. 물질적 요소는 구원받을 수 없기 때문이다."(AH 1,6,1)

그러나 일부 제자(pneumatici)들에게만 그리스도의 가르침이 전달되었고, 나머지 군중들(illici, psichici)은 비유를 통해서만 알아들었을 뿐으로, '참가르침'을 받지 못했다. 그 때문에 그리스도가 가르친 구원의 지식은 은밀하고 비밀스러운 방법으로 영적 인간인 영지주의자들에게만 전달된 것이다. 반면 공적인 교회는 군중들(물질적이며 혼적인 인간)에게 선포된 진리의 일부만 전수받았기 때문에 완전한 구원의 지식을 소유하지 못한다.

2) 영지주의적 사고의 확산 배경

영지주의는 그 사고 체계가 대단히 복잡하고 혼란스럽다. 그럼에도 고대 사회에 상당한 반향을 일으켰다. 그 이유는 무엇일까? 영지주의는 무엇보다도 모든 인간이 가지는 실존적인 고민과 의문에 답을 제공했다.

예를 들어 '고통은 무엇이며, 악은 어디에서 나오는가?', '왜 인간 안에 모순이 존재하며, 그 사회에는 불편함과 부당함이 존재하는가?', '자유는 무엇인가?', '어떻게 구원에 이를 수 있는가?' 등 누구나 고민하는 영원한 문제에 영지주의는 강력한 이원론을 토대로 답을 제시한 것이다. 사실 이러한 질문은 인간의 운명과 연결된 문제였다. "태어나기 전에 우리는 어떤 존재였는가? 우리는 어디서 왔는가? 우리가 던져진 이 세상은 무엇인가? 우리가 달음질치는 마지막 목적지는 어디인가? 우리가 해방되어 가는 장소는 어디인가? 태어난다는 것은 무엇이며, '다시 태어남'은 무엇인가?"[202]

이러한 질문에 대해 영지주의는 이미 결정된, 거역할 수 없는 운명이라는 차원에서 영지를 이야기한다. 즉 깨달음을 통해 알게 된다는 것이다. 그러나 여기서 '앎' 또는 '깨달음'은 이성이 작용하여 얻어지는 철학적 사색의 결과와 상관없는, 직관과 운명적 계시에 따른 인식이다.

영지주의자들이 이야기하는 이 지식(앎)을 요약하자면, 인간들은 자신 안에 신적인 요소가 있지만 이를 깨닫지 못하고 잠을 자고 있다고 설명한다. 마치 진흙 속에 묻힌 금처럼 자신의 기원에 대해 망각하고 있다는 것이다. 따라서 영적 인간은 '깨달음'(영지)을 통해 다시 깨어남으로써 감옥에서 해방되어야 한다. 그런데 이 깨어남은 계시 즉, 위로부터의 부름을 깨달음으로써 이루어진다. 이때 인간은 비로소 자신이 누구인지 알게 되며, 그 깊은 내면에 감추어진 신적인 요소와 맞대면하게 된다.

《토마스 복음》에서 '진주의 찬미가'라 불리는 시는 이와 같은 생각을 잘 표현한다.

"내가 작은 아이였을 때, 나는 나의 왕국인 아버지의 집에서 거처했다. …… 나의 부모님은 나와 계약을 맺고 내 심장에 그것을 기록하여 나로 하여금 그것을 잊지 않도록 했다. …… 그러던 어느 날, 나는 해가 뜨는 곳을 떠나, 해가 지는 곳으로 내려감으

---

[202] 알렉산드리아의 클레멘스, 《테오도투스 작품 발췌집》(Excerpta e Theodoto) 78,2.

로서 혈혈단신 홀몸이 되어 가족을 등지게 되었다. …… 나는 내가 임금님의 아들이라는 것과 그들의 섬김을 받았다는 사실을 잊어버렸다. 진주를 기억하지 못하게 된 것이다. …… 깊은 잠에 빠져든 것이다. …… 그러다가 부모님이 나에게 편지를 보내면서 비로소 나의 부모님을 깨닫게 되었다. …… 네가 임금님의 아들이라는 사실을 기억하라! 네가 노예로 억눌려 있음을 생각하라. 진주를 기억하라."

영지주의에서 '참된 나'는 창조되지 않은 내 안에 갇힌 보석과 같다. 이 진정한 '나'는 신성(플레로마)의 한 부분이기에 진흙으로부터 빼내야 하는 금과 같이 물질 세계와는 아무런 연관이 없는 존재다. 영지주의는 악을 물질 세계 전반으로 간주하면서, 구원을 가시적 물질 세상으로부터 진정한 '나'의 해방이라고 생각했다. 이러한 사고로는 현실 세계와 연관된 그 어떠한 개인적 책임이 들어설 자리가 없게 된다.

영지주의는 신약 성경의 '새로움'을 강조함으로써 유다교와 구약 성경에 대한 반감을 드러낸다. 그리스도에 의해 계시된 하느님과 구약 성경에 등장하는 고약한 하느님이 같은 분이 아니라고 이야기하는 것이다.[203]

---

[203] 마르키온은 구약 성경을 인정하지 않을 뿐만 아니라 신약 성경 안에 있는 구약적 요소까지 제거한다. 마르키온은 정통 교회에서 이탈하여 자신만의 교계와 조직을 구성하는데, 당대에도 큰 반향을 일으켰을 뿐만 아니라 동방에서는 거의 중세에까지 이어져 내려왔다. 하르낙과 같은 몇몇 프로테스탄트 신학자들

물론 영지주의의 주장 가운데에는 신약 성경과 긴밀하게 연관된 것도 있다. 예를 들어 구원을 '앎'과 동일시한다든가, 그리스도를 아버지의 계시자로 소개하는 것이 대표적이다. "영원한 생명이란 홀로 참하느님이신 아버지를 알고 아버지께서 보내신 예수 그리스도를 아는 것이다."(요한 17,3) "아들 외에는, 그리고 그가 아버지를 드러내 보여 주려는 사람 외에는 아무도 아버지를 알지 못한다."(마태 11,27) 영지주의에 따르면 예수 이전에는 아무도 진정한 하느님을 알지 못했으며, 그를 통해 알게 된 사람들도 오직 영적인 사람뿐이다. 이는 코린토 신자들에게 보낸 첫째 서간 2장 14절에서 3장 3절을 통해 나타난 영적 인간, 혼적 인간, 육적 인간의 구분과 연관이 있으며, 특히 인간의 요소인 '영과 혼과 몸'은 테살로니카 신자들에게 보낸 첫째 서간 5장 23절에서 착안한 생각이었다.
　이처럼 영지주의가 사용하는 많은 용어와 개념이 그리스도교적이며 성경에 나오는 것이 많다는 사실은 당시 많은 사람을 혼란스럽게 만들기에 충분했다. 영지주의가 사용하거나 인용하는 주요 성경 구절은 자신들의 주장을 뒷받침하는 좋은 근거가 되었다. 이 맥락에서 보면 영지주의는 사이비 계시로 인간의 종교적 갈망을 충족하는 한편, 하느님과 그리스도, 구원과 회개와

은 마르키온이 바오로 사도의 사상을 새롭게 해석함으로써 그리스도교를 개혁한 인물이라는 과장된 의견을 내놓기도 한다.

같은 주요 교리를 왜곡하고, 더 나아가 살아가는 현실이며 구원의 장(場)인 창조의 실재로서 역사를 무시하는 신앙을 설파했다고 할 수 있다. 따라서 영지주의는 철학이라고 볼 수 없으며, 신앙의 실천이나 구체적인 회개와는 동떨어진 '영지'만을 주장하는 뜬구름 잡는 신앙의 위험 요소를 내포한다고 평가할 수 있다.

2. 리옹의 이레네우스

1) 생애

이레네우스는 130년경 스미르나에서 태어났으며, 그곳의 주교이자 요한 사도의 제자였던 폴리카르푸스를 알았다. 177년 갈리아 지방의 리옹-비엔 교회의 사제였던 이레네우스는 포티누스 주교의 순교로 그의 뒤를 이어 주교가 된다. 그가 언제 어떻게 죽었는지는 알 수 없지만, 교회 전승에서는 그를 순교자로 공경한다.

2) 주요 작품

이레네우스는 그리스어로 5권의 《이단 반박》(Adversus haereses)을 저술하는데, 원본은 5세기 이후 소실되어 단편으로만 남아 있다. 다행히도 《거짓 영지의 정체와 반박》이라는 제목 아래 라틴어 번역본이 전해지며, 4~6권은 아르메니아어 번역본으로도 전해진다. 또한 《사도적 가르침의 논증》(Epideixis)이라는 그리스도교 신앙에 대한 짧은 교리서를 집필했지만 원본은 전해지지 않고 아르메니아 번역본만 남아 있다. 아울러 이레네우스가 쓴 것이 거의 확실한 아시아와 프리기아 교회에 보낸 《리옹과 비엔 교회의 서간》(Epistula Ecclesiarum Lugdunensis et Viennensis)은 177년 리옹의 박해에 관한 정보를 제공한다. 그리스도인의 순교에 대한 이 아름다운 서간은 에우세비우스 《교회사》(5,1-3)를 통해 온전히 전해진다.

3) 신학적 기여

이레네우스는 그리스도교의 계시를 왜곡하는 영지주의적 사조에 대해 건전하고 정통적인 그리스도교를 설명함으로써 저항했다. 그의 가르침을 태동시킨 신학적 전망은 성경과 교회의 '신경'(Credo)을 근간으로 한다. 이러한 접근은 후대의 모든 신학적 논술의 원칙이 되었다. 성경과 전승을 신학의 기준으로 삼는 것이다.

사실 영지주의자들을 상대로 한 논증과 반박에 성경만을 그 근거로 삼는 것은 부족할 수도 있었다. 성경 구절이 종종 본래의 의미와는 전혀 다른 이단적 시각에 의해 왜곡되며 해석될 수 있기 때문이다. 실제로 영지주의자들은 자신들의 특수하고 '신비스러운' 전망으로 성경의 뜻을 왜곡했다. 이에 대해 신약 성경은 그것이 태어난 기반인 '전승'과 '사도적 가르침'과 분리되어 읽혀서는 안 된다고 이레네우스는 생각했다. 그는 성경이 교회의 생생한 전통 위에서만 올바로 해석된다는 확신에 차 있었다. 이레네우스는 영지주의를 대적하는 내내 사도로부터 이어오는 전통과 성경이 서로를 지탱하고 조명한다는 사실을 역설하는 동시에, 이 두 절대적 신학의 기준은 같은 기원과 내용을 담고 있다고 주장했다.

이레네우스는 영지주의자들이 주장하는 그들만의 비밀스러운 전승을 반박하기 위해, 전승이라 불리는 것이 각 분파에 따라 잡다할 뿐만 아니라 상호 모순적이라고 지적하면서, 진정한 교회의 전통인 '사도적 전통'(traditio apostolica)이 무엇을 의미하는지를 설명한다. 다음은 그의 주장에 대한 요약이다.

첫째, 사도적 전통은 사적이거나 감추어진 비밀이 아니라 '공적'인 특성이 있다. 교회가 가르치는 신앙은 바로 그리스도와 사도들로부터 받은 신앙이며, 이것 말고 비밀스럽거나 몇몇 엘리트에게만 국한된 신앙의 가르침은 없다.

둘째, 사도적 전통은 '하나'다. 신앙의 내용은 비록 다른 언어와 문화에서 표현된다고 하더라도 항상 동일하기 때문이다(《이단반박》 1,10,1-2).

셋째, 사도적 전통은 '성령'에 의해 전승된다. 즉 신앙의 내용은 능력 있거나 박식한 사람이 아니라 성령에 의해 전달된다는 것이다. 이 성령은 교회의 '생명'과 같아서, 다양하고 풍성한 열매를 맺는 '은사'(카리스마)를 통해 교회에 항상 활력과 젊음을 불어넣는다. 이레네우스에게 교회와 성령은 불가분의 관계다(《이단 반박》 3,24,1).

이레네우스는 신앙의 객관적 내용과 기준을 '진리의 규범' 혹은 '신앙 규범'(kanôn tês alêtheias o tês pisteôs/ Regula veritatis o fidei)이라고 불렀다. 이 규범의 원천은 그리스도의 가르침이고, 사도들이 주님께 전수받은 내용이며 그들이 교회에 전한 것들이다. "교회는 비록 온 세상에 퍼져 있지만 마치 한 집에서 사는 것처럼 심혈을 기울여 이것들을 지키고 있다. 또한 마치 하나의 마음과 생각을 지닌 것처럼 똑같은 방법으로 이를 믿고 있고, 하나의 입을 가진 것처럼 똑같은 목소리로 이를 설교하고 가르치고 전수한다." 따라서 이와 다른 그 어떤 것을 가르친다면 합당하다고 할 수 없다. 마치 "신앙이 하나며 항상 동일하기에 누가 달변으로 이를 설명한다고 더 커지거나 눌변으로 더 축소되지 않는 것과 마찬가지다."[204]

성령은 바로 이러한 신앙의 전승이 충실하다는 첫 번째 보증이다. 교회 안에 생활하시며 역사하시는 성령의 초자연적인 도움이 없이는 신앙의 충실한 전승은 불가능하다. 아울러 역사적인 측면에서 보자면, 사도들로부터 이어지는 주교들의 끊이지 않는 '계승'(successio)도 신앙 규범의 전승에 있어 중요한 요소다. 모든 주교는 자모이신 성교회와 일치하는 한, 계승을 통해 '진리

---

[204] 《이단 반박》 1,10,2.

에 대한 확실한 은사'를 이어받는다. 이레네우스는 이러한 맥락에서 로마 교회도 언급한다. 베드로와 바오로 사도의 설교 위에 세워진 로마 교회는 '사도 전통'에서 매우 중요한 자리를 차지한다는 것이다(《이단 반박》 3,3,2-3).

구체적인 교회의 삶에서 '신앙 규범'은 삼위일체에 대한 신앙고백을 토대로 한 '신경'(symboum fidei)의 전수, 특히 세례 준비를 위한 교리교육을 통해 전달된다. 이레네우스는 이 규범에 따른 것이라면 신앙에 대한 '앎'이나 '지식'(영지)을 언급하는 것이 정당하다고 생각했다. 오히려 "비유 형태로 언급된 모든 가르침을 면밀하게 검토한 뒤, 그것들을 신앙의 본질적인 내용과 연결"하는 원칙[205]에 의거해 체계적인 논술을 계획했다. 이러한 신앙에 대한 정확한 영지(앎)를 위해 다루어야 하는 주제를 이레네우스는 다음과 같이 열거했다.

첫째, 한 분이시며 동일하신 하느님께서 왜 세속적인 것과 영속하는 것을 만드셨으며, 천상적인 것과 지상적인 것을 함께 창조하셨는가?

둘째, 하느님께서는 왜 죄를 지은 천사들과 불순명하는 인간들에게까지 관대하신가?

셋째, 비가시적인 하느님께서 예언자들에게 나타내 보이셨는데, 왜 하나의 모습이 아니라 다양하게 당신을 드러내셨는가?

---

205 《이단 반박》 1,10,3.

넷째, 하느님께서는 왜 인간들과 여러 번 계약을 맺으셨으며, 그 계약들의 성격은 무엇인가?

다섯째, 하느님께서는 왜 모든 사람에게 자비를 베푸시려고 모든 사람을 불순종 안에 가두셨을까?(로마 11,32 참조)

여섯째, 하느님의 말씀(Logos)은 왜 육이 되시고 수난을 받으셨을까?

일곱째, 하느님의 아드님께서는 왜 마지막 때에 오셨을까? 달리 표현하여, 왜 처음부터 오시지 않고 최종 단계에 오셨을까?

여덟째, 하느님께서는 왜 처음에는 이방 민족을 거절하시다가 이제 와서 성도들과 공동 상속자로 삼으셨을 뿐만 아니라, 그들과 한 몸으로 여기시어 똑같은 약속에 참여하도록 하셨을까?

아홉째, "내 백성이 아닌 자들을 '내 백성'이라 부르고, 사랑받지 못한 여인을 '사랑받는 여인'이라 부른다."(로마 9,25)는 말씀은 무슨 의미며, "버림받은 여인의 자녀가 남편 가진 여인의 자녀보다 더 많다."(갈라 4,27)는 것은 무슨 뜻일까?

열째, 최종적인 미래의 일과 그 끝에 대한 성경의 모든 내용을 설명한다.

열한째, "이 썩는 몸이 썩지 않는 것을 입고 이 죽는 몸이 죽지 않을 것을 입는다."(1코린 15,54)는 말씀이 무슨 뜻인지를 설명한다.[206]

---

206 참조. 《이단 반박》 1,10,3.

이레네우스가 제시한 이러한 틀이 결국 구원 역사의 여정을 따라간다는 점이 다시금 와닿는다. 창조에서 시작하여 천사와 인간의 타락, 다양한 계약, 예언자들의 예언적 계시, 마침내 말씀의 육화를 거쳐 이방 민족들에 대한 구원 선포, 종말 사건과 그에 따른 육신의 부활을 중심 주제로 삼고 있는 것이다. 이레네우스의 이 직선적인 구원 역사관은 그의 모든 문헌에 공통적으로 드러난다.

4) 역사 안에 전개되는 구원

이레네우스에게 구원은 영지주의자들이 주장하는 것처럼 순전히 내적이며 영적인 차원에만 머무는 것이 아니었다. 구원은 철저하게 인간 삶 속에서, 구체적인 역사를 통해 이루어진다. 아니, 역사가 곧 구원의 장이다. 이레네우스는 '구원 역사'(Historia salutis)라는 개념에 늘 '하나의'라는 말을 덧붙인다. 하느님의 '구원 계획'(oikonomia)은 하나며, 아버지와 아들과 영의 공통 작업이다.[207] 이 구원 계획은 단계에 따라 점차 실현되는 하나의 '과정'

---

[207] '오이코노미아'(oikonomia)는 교부들의 전통에서, 그리스도 안에서 하느님께서 원하시는 '구원 계획 혹은 구원을 위한 설계'를 의미하며, 특별히 말씀의 육화를 통해 가장 잘 드러나는 개념이다. 따라서 자주 '육화'와 동의어로 사용되기도 한다. 한편 이레네우스가 사용하지 않은 '테올로기아'(theologia)라는 용어를 교부들은 삼위일체 신비에 대한 설명으로 사용했다. 이러한 맥락에서 요한 사도를 교부들은 '신학자'라고 칭하곤 했다. 이레네우스에게 '트리니타스'(trinitas)라는 단어는 발견되지 않으며, 이를 처음 사용한 사람은 그와 동시대에 살았던 안티오키아의 테오필루스다.

이다. 따라서 구원은 구약을 지나 신약으로 나아가야만 하는 것으로 비약은 있을 수 없다. 구원은 구약의 모든 약속이 그리스도 안에서 완성되는 것이며, 이 의미에서 그리스도는 구원의 연속성 안에서 진정한 '새로움'이라고 할 수 있다.

이레네우스가 바라본 구원 역사에서 창조는 중요한 주제다. 물론 하느님의 작업이라는 측면에서도 그렇지만, 무엇보다 하느님에 의해 빚어지고 창조된 인간이 구원되어야 한다는 선포이기 때문이다. 그렇기에 '신앙 규범'(Regula fidei)의 첫 조목이 한 분 하느님께서 '아버지이시며 창조자'라는 고백인 것이다. 이와는 반대로 영지주의는 하느님 아버지와 창조신, 즉, 데미우르고스를 구별했다.

이레네우스는 '구원 역사'라는 개념을 주된 수단으로 삼아 영지주의를 반박했다. 사실 영지주의는 구약과 신약의 철저한 단절을 주장하며, 이 두 계약은 서로 전적으로 다르고 심지어 대립적인 계시라고 이야기했다. 이레네우스는 구약 성경과 그 내용을 형성하는 구체적인 역사에 대한 영지주의의 극단적인 혐오에 대항하여 이른바 '예형론'(typologia)을 사용한다. 즉 성경에 나타나는 역사성을 토대로, 두 성경이 하나의 역사에 대한 2단계로 구분되는 과정으로 해석한 것이다. 이러한 관점에서 구약은 신약과 연결되며, 더 나아가 그리스도와 교회의 '예형'(typos)으로서 역할을 한다.

5) '레카피툴라티오' 사상

'구원 역사'라는 주제와 연관하여 '레카피툴라티오'(recapitulatio)라는 개념은 중요하다. 이 개념은 에페소 신자들에게 보낸 서간 1장 10절의 "만물이 그리스도 안에서 그분을 머리로 하여 한데 모임"(anakepalaiôsis)이라는 구절에 등장하는데, 이레네우스는 이 용어를 두 가지 의미로 사용한다.

먼저 인간을 창조하며 세우신 하느님의 계획을 처음부터 다시 복구하는 '총괄적 원상 회복'(instauratio)의 의미를 지닌다. 인간이 범죄로 인해 하느님의 본래 계획에 차질이 빚어졌다. 즉 인간이 하느님께 응답할 능력을 잃으면서 자신의 궁극적 목적에 다다를 수 없게 되었다. 이 때문에 '새로운 아담'이 필요하게 되었으며, 그리스도께서는 새 아담이 되시어 하느님 아버지의 계획을 다시 착수하실 뿐만 아니라 그 계획을 완성하셨다. 그리스도께서는 첫 번째 아담이 '순수한 흙'(terra virginis)으로부터 빚어진 것처럼, '동정'(Virgo) 여인으로부터 나신 '새 아담'이시며, 첫 번째 하와의 불순명에 의해 묶인 매듭이 '두 번째 하와'인 마리아의 순명으로 인해 풀리게 된 것이다.[208]

---

[208] 바오로 사도의 '아담-그리스도'라는 예형론적인 설명(1코린 15장 참조)에 견주어, '하와-마리아'라는 유스티누스의 도식을 이레네우스가 더 발전시켰다. 이레네우스는 구원 역사에서 마리아의 능동적인 역할을 특히 강조하여, 새 아담의 '레카피툴라티오'(recapitulatio)에 참여하면서 '하와의 변호자'로 설명한다. 어떤 면에서 이레네우스를 '마리아론'의 창시자라고 할 수 있다.

다음으로 '레카피툴라티오'는 모든 인류를 그리스도 안에 '소집'하는 의미를 지닌다. 즉, 아담부터 시작하여 세상 종말의 마지막 인간까지 모든 사람이 그리스도께 '수렴'된다는 뜻이다. 이러한 의미에서 그리스도를 통해 이루어진 구원 사건은 이전에 발생한 모든 사건과는 관계없는 '새로운 시작'이 아니다. 이 구원은 과거의 모든 사건과 인물에게까지 소급 적용되며, 미래에 있을 일도 포함하는 사건이다. 인간뿐만 아니라 창조된 모든 것은 전부 그리스도께서 성취하신 구원의 대상이 된다.

이러한 두 가지 의미를 지닌 '레카피툴라티오'는 왜 구원이 그 어떠한 방법도 아닌 '육화'를 통해 개시되었는지를 설명해 준다. 이러한 그리스도론과 구원론은 영지주의를 겨냥한 것이라고 할 수 있다. 영지주의자들에게 구원은 오직 영과 관련된 사건으로, '신적인 섬광'(scintilla divina)과 같은 영(spiritus)이 물질과 가시적 현실 세상으로부터 해방되는 것을 의미했다. 그러나 이레네우스의 구원관은 철저하게 육체와 연결되었다. 이레네우스에게 육은 인간의 특성이며 본질이라고까지 말할 수 있는 요소이지만, 영지주의자들은 이를 쓸모없는 포장이나 껍데기로 여겼다.[209]

---

[209] 이레네우스의 '레카피툴라티오'(recapitulatio) 가르침은 4세기부터 많은 교부들의 구원론에 핵심적인 역할을 한다. 대표적 예로 나지안주스의 그레고리우스가 "취함을 받은 것만이 구원의 대상이다."라고 한 말은 정확하게 이레네우스의 가르침과 같은 맥락이다. 이 원칙은 특히 그리스도의 육체성을 부인하는 가현론이나 아폴리나리우스와 같이 그리스도의 지성을 부인하는 이단을 상대로 한 정통 그리스도론의 핵심이 될 것이다.

6) 신앙의 성사인 성체성사

성체성사는 올바른 신앙의 척도를 확인하는 기준으로, 그리스도의 몸과 피와 일치를 이루는 성사다. 그렇다면 육의 구원이 없다고 하거나 육의 부활을 인정하지 않고 어떻게 이 성사와 친교와 일치를 이룰 수 있겠는가? 하느님의 말씀이 진정으로 육을 취하셨으며, 당신 피로 우리를 구원하신 만큼, 우리의 육신은 '썩지 않을 몸'으로 변화될 것이다.

이와 같이 성체성사는 육화와 구속과 부활에 대한 신앙을 전제로 한다. 빵과 포도주에서 이루어지는 이 성사는 또한 피조물이라는 본성으로부터 출발하는 성사라는 사실과 하느님께서 이 모든 것의 창조자라는 신앙을 전제로 한다.[210] 따라서 이레네우스에게 성체성사에 참여한다는 것은 온 인격을 통해 교회의 신앙을 고백한다는 것을 의미했다. 또한 올바른 신앙을 가지지 못한 이들은 교회의 성체성사에 참여할 수 없으며, 참여한다 해도 효과를 얻지 못한다.

7) 육의 비부패성과 영원한 생명

이레네우스에게 성체성사는 우리의 '육'이 비부패성에 참여하는 것을 전제로 한다. 마침내 이 '육'을 통해 우리는 '하느님을 보게' 될 것이며, 영원한 생명에 이르게 될 것이다. 사실 "살아 있

---

210 《이단 반박》 5,2,2-3.

는 인간은 하느님의 영광이며, 인간이 살아 있다는 것은 하느님을 보는 것이다."[211]

그러나 이 일은 구원 역사의 맨 마지막에 이루어질 것이며, 준비가 되지 않으면 인간은 이러한 상태에 다다르지 못한다. 이 점에서 첫 인간인 아담은 영적으로 볼 때 '아기'에 불과하기에 하느님을 직접 뵐 수 없었다. 즉, 아담을 포함한 모든 인간은 교육적인(paideia) 과정을 필요로 하며, 성령의 현존 속에 하느님을 직접 뵙고 다가가기 위해 점차 하느님을 보는 데 '익숙'(assuefacio)해지고 길들여져야 한다.

이레네우스에게 인간의 완성은 갑작스럽게 이루어지는 도약이 아니라, '질서'(ordo)[212]와 '리듬'(rythmos)[213]에 따라 수많은 요소가 여러 과정을 거치면서 조화(consonantia)를 이루는 '교향악'(symphonia)과 같다.[214] "구원받는 이들이 따를 질서와 리듬은 마치 계단과 같아, 이를 통해 그들은 진보하게 된다."[215]

---

211 《이단 반박》 4,20,7.
212 《이단 반박》 4,39,2: "ordinem custodire".
213 'rythmos'는 "운율 혹은 박자와 같은 일정한 리듬"으로 주로 음악, 무용, 산문 등에서 사용되었고, 때로는 '모습, 형상, 종류, 속성, 본질'과 같은 뜻을 지닌다. 이레네우스는 이 단어를 마치 음악의 박자와 같이 역사의 조화로운 모습으로 이야기할 때 주로 사용한다.
214 《이단 반박》 4,38,3. "인간은 이러한 질서와 리듬과 박자에 맞추어 창조되지 않으신 하느님의 모상과 유사함에로 창조되었고 빚어졌다."
215 《이단 반박》 5,36,2. "Hanc esse ad ordinationem et dispositionem eorum qui salvantur dicunt Presbyteri Apostolorum discipuli, et hujus modi gradus proficere."

즉, 구원의 제1단계는 성령께서 구약의 예언자를 통해 역사하심으로써, 인간들이 하느님 아버지와 친교의 삶을 사는 데 '익숙'하게 하셨다. 둘째 단계에 그리스도께서 몸소 인간에게 찾아오시어 당신의 영을 선사하심으로써, 인간이 '입양된 아들'이 되었으며, 그 은총으로 하느님을 보는 데 더욱 '익숙'하게 하셨다. 마지막 단계로, 아들은 인간들이 아버지를 직접 보게 함으로써 영원한 생명을 누리게 하셨다.[216]

3. 신학적 반성: 영지주의와 이레네우스의 신학적 역할

영지주의가 그리스도교 신학에 끼친 위험성은 무엇이며, 리옹의 이레네우스가 이러한 이단 사조에 모범적으로 대응하면서 어떤 기여를 했을까? 이 질문은 영지주의가 그리스도교에 끼친 영향이 막대했기에 중요하다. 사실 고대의 영지주의 현상은 종교의 형태로만 나타나는 것이 아니라 철학적 전망에도 자주 등장하는, 인간 안에 내재한 일종의 경향이라고 할 수 있다.[217]

---

216 2세기에 많은 영향을 끼친 이레네우스의 '천년 왕국설'은 요한 묵시록 20장의 해석이다. 이레네우스는 첫 번째 부활에 참여하는 순교자와 의인들이 천 년 동안 그리스도와 함께 지상 왕국을 다스린 다음, 최종적인 부활과 심판이 따른다고 가르쳤다. 이레네우스에게 이 기간은 하느님을 보기 위해 '익숙해지는' 중간 준비 단계를 의미했다.
217 독일의 관념론은 서양의 사고에 나타난 '영지'라고 할 수 있다.

영지주의의 특징은 다양한 존재가 산재한 이 세상에 대한 부정적 시각이다. 영지주의자들에게 '복수성'(pluralitas)은 존재의 완전함(충만)이 깨짐으로 발생하는 일종의 산란이나 흩어짐으로써 존재의 축소를 의미한다.

따라서 하느님은 이 세상을 창조했을 리 없다. 그렇다고 한다면 하느님이 이 세상의 불완전성과 모든 부정적인 것의 기원이 되기 때문이다. 물질적 세상은 하느님에 의해 창조된 긍정적인 어떤 것일 수 없으며, 단지 신적 세계가 타락한 결과 혹은 충만함이 깨져서 생성된 부정적인 영향의 산물인 것이다. 그러나 이 물질적인 세상 안에는 일종의 신적 세계의 조각이 있는데, 이는 앞서 말한 부정적인 사건을 통해 여러 복잡한 과정을 거치면서 물질 안에 유폐된 것이다. 이를 영지주의자들은 인간의 '영'이라고 말한다. 즉 인간의 '영'은 본래 신적 세계에 기원했으나, 타락의 결과로 물질 속에 '소외'(alienata)된 요소다.

구원은 바로 이러한 소외 상태로부터 탈출하는 것을 의미하며, 그 출발은 자신 안에 있는 신적 실체의 한 부분을 깨달아 인식함으로 시작된다. 이 진리에 무지한 이상, 신적인 '참된 나'(진아, 眞我)는 물질 세상에 계속 갇히게 된다. 그러나 '참으로 존재하는 것', 즉 신적인 섬광을 알게 되는 때에 비로소 자유와 구원을 얻는다. 이것이 바로 영지주의자들이 말하는 '회개'며, 이를 통해 다수성이라는 환상에서 벗어나 원래 자신의 자리인 '일자(一者)'와 결합하게 된다.

영지주의는 '학문'과 '신앙'의 어중간한 상태에 있는 일종의 밀교적 신비주의라고 말할 수 있다. 그들이 주장하는 '앎'(영지)은 '신앙에 대한 이성'의 산물과는 거리가 멀다. 영지주의에서 신앙은 단지 대중의 잘못된 의견과 다를 바 없다. '영지'란 오직 '영적 인간'만 포착할 수 있는 '진리'이기 때문이다.

이레네우스는 이러한 영지주의 이단의 주장에 대항하여 다음 사실을 명확히 한다. 첫째, 하느님의 역사하심으로 이루어진 모든 창조물은 근본적으로 긍정적이며 '선하다.' 둘째, 인간은 은총에 의해 '신화'(deificatio)에로 불림받은 존재다. 셋째, 인간은 자유의지를 선물로 받았다. 넷째, 진리는 신앙 안에 내재한다. 따라서 신앙과 본성적으로 결부된 진리는 인식될 수 있다.

이레네우스의 신학은 그 이전에는 발견할 수 없는 특성을 지니는데, 그의 신학은 다름 아닌 '신앙 규범'과 성경을 토대로 한 신학적 반성의 결과물이다. 사실 이레네우스는 자신의 선배, 특히 유스티누스나 안티오키아의 테오필루스와 같은 교부의 작품을 잘 알고 있을 뿐만 아니라 자신의 신학을 전개하는 데 사용하기도 했다. 그러나 인간적인 개념과 논리와는 견줄 수 없는 신앙 규범과 성경을 자신의 신학에서 첫 번째 축으로 삼았다는 점에서, 그의 신학이 빛을 발할 뿐만 아니라 후대에 길이 남을 위대한 공로를 남겼다고 할 수 있다.

특히 이레네우스가 성경을 대하는 자세는 영지주의와는 대조된다. 성경은 그 자체로 '물질적 말'로 이루어졌지만, 그 언어의 조합이 계시를 형성하며, 신앙 규범은 이 문자들의 통일된 해석 지평으로서 역할을 담당한다. 사실 성경의 글자만으로는 부족하며, 항상 문자가 내포한 '의미'를 파악하는 것이 중요하다. 이러한 차원에서 영지주의는 자신들의 주장에 정당성을 확보하기 위해 단지 성경의 '말'만 이용했을 뿐, 그 '의미'를 자기들의 방식으로 왜곡하곤 했다. 이처럼 성경의 '말'을 곡해하지 않으면서 올바로 해석하기 위해서는 그 '말'이 태어난 맥락에서 읽어야 하며, 그 맥락이 바로 교회의 '신앙 규범'이라고 이레네우스는 주장했다.

이레네우스는 철저하게 성경과 전통에 의지하면서, 새로운 용어나 개념을 만들지 않고도 자신의 신학 작업을 수행했다. 예를 들어 아버지와 아들과 성령에 대해 이야기하면서, 삼위를 구분하는 적절한 용어를 만들거나 하느님의 단일성을 표현하는 개념의 도움 없이 놀라운 설명을 했다. 그는 영지주의자들이 즐겨 사용한 '제네라티오'(generatio), '프로체시오'(processio), '휘포스타시스'(hypostasis)와 같은 용어는 물론, '트리니타스'(Trinitas)나 '테올로기아'(theologia)와 같은 신학 개념을 사용하지 않으면서 삼위일체론과 그리스도론을 전개했다.

이러한 용어를 혁신적으로 사용하는 것은 테르툴리아누스에게서 나타나며, 특히 클레멘스와 오리게네스로 대표되는 알렉산드리아 신학의 몫이 될 것이다. 알렉산드리아인들은 영지주의자들이 자주 언급한 용어를 자신들의 신학적 사색을 통해 새롭게 적용할 것이다. 무엇보다 교회의 신앙 안에 '앎'(영지)의 중요성을 인지하면서 '그리스도교 영지주의'를 구축하게 될 것이다.

제5장

카르타고와 로마

1. 카르타고와 아프리카 교회

1~3세기 교부 시대의 북부 아프리카는 로마 제국의 '아프리카 속주'(Africa Proconsularis)로서 카르타고를 기점으로 서쪽 누미디아와 마우리타니아에 이르는 지역을 의미한다. 현재의 리비아, 알제리, 튀니지에 해당된다. 이 지역에 그리스도교가 어떻게 전파되었는지는 정확히 알 수 없지만, 일반적으로 로마에서 선교사들이 유입되어 카르타고를 중심으로 형성되었다고 본다. 그러나 아프리카 교회가 초창기 로마 교회뿐만 아니라 서방 그리스도교에 기여한 공헌은 지대하다. 어떤 면에서 이 교회가 라틴 교회의 모체라고도 할 만큼, 로마 교회와의 깊은 관계 속에 전례와 신심, 신학 및 교회의 제반 규정을 결정하는 데 큰 역할을 수행했다.

1~2세기 이 지역은 아직도 그리스어가 라틴어와 함께 공용

어로 사용되었다. 이 현상은 전체 교회에서도 마찬가지였다. 물론 정치를 포함한 공적인 영역에서는 철저하게 로마의 영향 아래 있었기에 세월이 흐르면서 라틴어와 로마 문화가 대세를 이루게 된다. 그래서인지 교부 시대의 최초 라틴어 문헌인《쉴리움의 순교 행전》도 여기서 집필된다. 180년 7월 17일에 순교한 6명에 관한 이 순교 문헌에는 비록 부분적이기는 하지만 라틴어역 신약 성경이 인용되었다. 이를 통해 아프리카 교회가 로마보다 먼저 전례 거행에 라틴어를 사용했을 것이라고 추정할 수 있다. 물론 이 시대에 그리스어와 라틴어로 형성된 주류 언어와 문화 이외에 토속 언어인 베르베르어와 퓨닉어가 일반 대중이 이끄는 하층 문화에 남아 있었다는 점도 기억할 필요가 있다.

이 시기 로마의 주교에는 먼저 빅토르 교황이 있다. 아프리카 출신의 빅토르 교황은 당시에 아직 결정되지 않은 파스카 날짜 문제로 아시아 교회와 협의를 시도했지만, 이른바 '14일파'에 의해 무산되었다. 다음으로 제피리누스와 칼리스투스 교황이 뒤를 잇는다. 이들은 삼위일체 논쟁과 관련하여 '사벨리아니즘'[218]이라고 불리는 양태론적 이단과의 신학 논쟁에 개입했다.

한편, 아프리카 교회는 이전부터 국소적인 지역 박해를 받았지만, 3세기에 이르러 대대적인 공적 박해를 견디어 내야 했다.

---

218 사벨리우스는 칼리스투스 교황 재위 기간 로마에서 스미르나의 노에투스를 추종하는 이들의 지도자로 이른바 성부 수난설의 대표자였다. 그는 칼리스투스 교황에 의해 파문되었다.

막시미누스 트락스, 데키우스, 발레리아누스 황제의 박해가 대표적이다. 박해는 이른바 '랍시 논쟁'(lapsi)[219]이라는 새로운 문제를 교회에 일으킨다. 이 논쟁은 배교자들을 다시 교회 공동체에 받아들여야 하는지에 대한 문제를 두고 일어났다. 코르넬리우스 교황 때 로마의 사제였던 노바티아누스와 관련된 교회 분열도 결국은 랍시 논쟁이 그 단초였다. 이 문제는 '세례 논쟁'과도 결부되는데, 카르타고의 키프리아누스 주교와 스테파누스 교황 사이에 배교자가 행한 세례의 유효성과 재세례의 필요성에 관한 논쟁이 벌어진 것이다. 한편 이 시기에 기억할 만한 인물로는 발레리아누스 황제의 박해 때에 순교한 식스투스 2세 교황과 라우렌티우스 부제가 있다.

2. 테르툴리아누스

1) 생애

테르툴리아누스는 초기 3세기까지 라틴어 문헌을 집필한 교부 가운데 가장 탁월하고 중요한 인물이다. 160년경 카르타고에서 태어난 테르툴리아누스는 로마에서 변호사로서 명성이 자자

---

219 라틴어 '랍시'(lapsi)는 '넘어진 사람들'을 의미하며, 특별히 3세기 교회에서는 '이교'로 다시 돌아간 이들이나 박해를 견디지 못하고 배교한 사람들을 일컫는 말로 사용되었다.

했다고 전해진다. 193년경 그리스도교 순교자들의 용감한 모습에 자극을 받아 그리스도교로 귀의했으며, 뛰어난 글 솜씨로 신앙에 관한 수많은 저작물을 남겼다. 히에로니무스에 따르면 사제품을 받았다고 하지만, 정작 본인은 자신이 맡은 교회 직무에 관해 언급하지 않았다.

테르툴리아누스는 207년경부터 프리기아 지방의 몬타누스라는 사람에 의해 세워진 '몬타누스주의'에 물들기 시작했다. 이 이단은 이완된 그리스도교에 대항하여 생겨난 일종의 쇄신 운동으로 예언, 이상한 언어, 환시, 황홀경과 같은 은사를 중요시하면서, 이를 '파라클레토스'라는 이름으로 불리는 성령의 행위로 간주했다.[220] 이때부터 테르툴리아누스는 공적인 교회와 점차 멀어졌고, 생애 마지막에 이르러서는 엄격한 윤리의 강조와 함께 죄의 보속과 참회에 대한 교회의 냉담을 강력히 공격했다. 이러한 그의 열정과 윤리적 엄격주의는 몬타니즘에도 만족하지 못하면서 끝내는 자기 교단을 만들기까지 했다. 소위 '테르툴리아니즘'이라고 불리는 이 분파는 5세기 아우구스티누스 시대에 이르기까지 북부 아프리카에 존속했다. 이러한 오점에도 테르툴리아누스가 이룬 신학과 신학 용어 확립은 신학사에 중요한 공헌으

---

220 160년경에 등장한 몬타니즘은 아시아에서 개최된 다수의 교회 회의(Synodus)를 통해 단죄됐다. 이 이단은 매우 엄격한 윤리를 강조했으며, 주교직과 같은 교회의 권위에 대해서도 문제를 제기했다. 진정한 권위가 '파라클레토스', 즉 성령에 근거한다고 주장하면서, 몬타누스는 자신을 성령의 대변자로 자처했다.

로 평가받는다. 키프리아누스는 테르툴리아누스를 스승으로 여길 만큼 그의 수많은 저서를 읽고 인용하며 모방하기까지 했다. 220년 이후 테르툴리아누스에 대한 정보는 남아 있지 않다.

2) 주요 작품과 신학적 기여

테르툴리아누스는 다양한 주제에 관해 여러 문헌(31개 저서)을 남겼는데, 작품의 성격으로 구분하면 호교적 특성의 저술, 교의에 대한 논쟁적 문헌, 수덕적이며 윤리적인 것들이 있다. 또한 그의 작품은 생애를 통한 구분, 즉 가톨릭 시기와 몬타니즘에 물들었던 시기에 집필된 문헌으로 분류하기도 한다.

197년에 쓰인 《이교인들에게》(Ad nationes)와 《호교론》(Apologeticum)은 당시 이교인들이 제기하는 그리스도교에 대한 비난과 모함에 대한 변론서다. 테르툴리아누스는 《호교론》에서 그리스도인들이 비윤리적이라는 비난과 아무런 범법 행위가 없음에도 오직 '그리스도인이라는 이름'(nomen christianum) 때문에 처형하는 것의 부당함을 고발했고, 아울러 그리스도인들을 '무신론자'라고 고발하면서 정작 자신들은 허무맹랑한 경신례를 드리는 이교인들의 모순을 질타했다. 이러한 미신 행위를 거부하는 그리스도인들을 '대역 죄인'으로 취급하면서 박해를 가하더라도 "순교자의 피는 (그리스도교의) 씨앗"(semen est sanguis christianorum)이 되어 계속 번성할 참된 철학임을 밝혔다. 아울러 58장으로 이루어진 《영혼의 증언》(De testimonio animae)에서 테르툴리아누스는 플라톤의 영혼론을 비판하면서 그리스도교의 영혼관을 피력했다. 특히 영혼의 선재설과 상기설(anamnesis)을 내세우는 플라톤 계열의 주장과 스토아의 영혼 이전설을 반대하고, 영혼과 육체는 처음부터 함께 창조된다고 가르쳤다. 이 문헌에서 "영혼이야말로 본성적으로 그리스도교적이다."(anima naturaliter christiana)라는 유명한 말을 남겼다.[221]

대표적인 논쟁 작품으로는 207~208년 즈음에 쓰인 《이단자에 대한 항고》(De praescriptione haereticorum)가 있다. 제목이 암시하듯이 법률적인 재판 소송의 형태로 집필된 이단자들에 대한 논쟁 문헌이다. 테르툴리아누스는 '프레스크립티오'(praescriptio, 재판 전에 고소인과 피고소인 모두 재판의 정당성과 효력에 대한 자신들의 입장을 서면으로 통고하는 형식)를 통해 이단들은 이미 성경에 대한 어떠한 자격과 권리도 없다고 규정한다. 오직 교회만이 신앙의 규범(Regula fidei)을 가지고 있으며, 이는 전승의 정통성(Traditio orthodoxa)에 기반을 둔다고 주장했다. 비슷한 시기에 《세례론》(De baptismo)으로 '카인파'(Cainites)[222]라는 분파를 거슬러 세례성사의 의

---

221 영혼의 기원에 대한 세 가지 대표적인 가설은 다음과 같다. 락탄티우스는 수태 순간에 고유한 영혼이 창조된다는 '창조설'을 주장했다. 오리게네스는 첫 번째 창조로 이루어진 기존의 영혼(phyche)이 잉태되는 순간에 육신과 짝을 이룬다는 '이전설'을 말했다. 테르툴리아누스는 부모로부터 육신의 씨앗을 받는 것처럼 영혼의 씨앗을 받는 '배태설'을 이야기했다.

222 카인을 대표로 하는 구약의 부정적 인물인 에사우, 코라, 소돔과 고모라인들뿐만 아니라 신약의 유다까지 숭배했던 영지주의 이단의 한 분파다. 이들은 가짜

미와 효과를 집필했다. 또한 《마르키온 반박》(Adversus Marcionem)에서는 성경에 대한 마르키온의 잘못된 시각을 논박하고 구약의 창조주 하느님과 예수 그리스도의 아버지가 동일한 분이심을 역설했다.

교의의 역사에 중요한 신학 작품으로는 207~212년에 쓰인 《그리스도의 육신론》(De carne Christi)과 《죽은 이들의 부활》(De resurrectione mortuorum)이 있다. 아울러 삼위일체론에 대한 양태론적 이단인 프락세아스를 논박한 《프락세아스 반박》(Adversus Praxean)은 니케아 공의회 이전에 집필된 가장 훌륭한 라틴 교회의 삼위일체론이라고 할 수 있다.

수덕-윤리적 작품으로는 《기도론》(De oratione), 《동정녀의 베일》(De virginibus velandis), 《월계관》(De corona), 《정결 권면》(De exhortatione castitatis), 《부인에게》(Ad uxorem), 《여성의 복장》(De cultu feminarum) 등이 있는데, 이 작품들에는 몬타니즘의 영향을 받아 엄격한 윤리 실천을 강조하는 내용이 담겨 있다.

212~213년 이후 테르툴리아누스는 노골적으로 교회를 거슬러 몬타니즘에 합류한다. 이 시기에 쓴 책으로는 앞서 말한 《프락세아스 반박》과 같은 교의 관련 문헌도 있지만 대부분 윤리 실

신인 데미우르고스에 대적하면서, 데미우르고스 입장에서는 죄악에 빠진 이들이지만, 실제로는 구원받은 이들이라고 주장했다. 이 때문에 이레네우스는 그들을 '무도덕주의자들'(amoralismus)이라고 비난했다. 이 분파의 대표적인 외경은 《유다 복음》이다.

천에 관한 작품들로, 《영혼론》(De anima), 《박해에서 도피》(De fuga in persecutione), 《일부일처제》(De monogamia), 《정덕》(De pudicitia) 등이 있다.

테르툴리아누스의 신학은 영지주의의 오류를 반박하는 것에서 출발했다. 이레네우스의 충실한 제자로서의 면모를 보인 테르툴리아누스는 신구약 성경의 단일성을 강조했고(《마르키온 반박》), 성경의 올바른 해석을 위해 '신앙 규범'의 중요성을 역설했다(《이단자에 대한 항고》). 아울러 그리스도께서 참된 인간으로 탄생하셨음은 물론, 죽으시고 부활하셨기에 그분의 '육'은 가현론자들이 주장하듯이 단순한 상징이나 그럴듯한 둔갑이 아닌 실제임을 거듭 주장했다. 바로 이 대목에서 "육(caro)이야말로 구원의 토대(cardo)"라는 테르툴리아누스의 유명한 언급이 등장했다.

"그 어떠한 영혼도 역사 속에 육과 일치하는 신앙에 동의하지 않는다면 절대로 구원받지 못할 것이다. 육이야말로 구원의 토대며 주춧이기 때문이다(caro salutis est cardo). …… 육은 영혼이 더러움을 씻는 욕조를 가지고 있고, 육은 영혼이 축성되기 위한 도유를 받으며, 육은 영혼이 굳건해질 수 있는 (세례의) 인호를 수령하고, 육은 영혼이 성령에 의해 조명되도록 안수하는 손길을 접수하며, 육은 영혼이 하느님의 단맛을 음미하기 위해 그리스도의 몸과 피로 양육된다."[223]

---

223 《죽은 이들의 부활》, 8.

《이단자에 대한 항고》는 테르툴리아누스가 가톨릭 교회에 머물던 시기에 집필된 문헌으로 기초 신학적인 측면에서 매우 중요하다. 그는 이레네우스의 기본 신학 노선을 그대로 답습하면서, 성경의 몇몇 구절에 관하여 영지주의자들과 논쟁하는 것이 무익할 뿐만 아니라 이미 법률적 효력을 벗어난 것이라고 처음부터 못을 박는다. 교회를 벗어난 이단이라는 것 자체가 성경을 이용하거나 해석할 수 있는 자격과 권리가 박탈당한 것을 의미하기 때문이다.

테르툴리아누스의 이러한 이해 지평은 이레네우스와 같이 철저하게 교회의 신앙, 즉 신앙 규범에서 주어진 것이다. 영지주의자들은 이미 신앙 규범이라는 안전한 테두리를 벗어나 다양한 철학적 분파들에 물들었기에 성경을 제대로 볼 수 있는 안목을 잃었다.[224] 따라서 영지주의자들의 주장은 모두 성경과 신앙 규범에 통제를 받지 않은 자의적 해석의 결과며 진리의 왜곡일 뿐이다.[225]

이러한 관점에서 테르툴리아누스가 철학에 기반을 둔 사색과 신학적 탐구를 철저하게 구별했던 점도 주목할 만하다. 철학은 본성상 문제적이다. 사색에는 한계가 없기 때문이다. 반면에 신학은 그리스도의 가르침이라는 명확한 한계가 있기에 늘 '동

---

224 《이단자에 대한 항고》, 7,3.
225 위와 동일, 6,3.

일하며 확실'하다.²²⁶ 물론 신앙에 앞서 연구와 사색은 필요하며, 신학을 행함에 있어서도 이성적 도움은 유익할 수 있다. 그러나 이러한 탐구는 항상 자신의 한계를 넘어서지 않는 한 정당하며, 그렇지 않을 경우 이단으로 빠질 수 있는 호기심(curiositas)에 넘어지기 마련이다.²²⁷ 그렇게 되면 신앙의 근본 목적인 구원과는 전혀 다른 상황에 놓이게 된다.²²⁸

삼위일체와 그리스도론에서 테르툴리아누스는 이레네우스와 비교하여 훨씬 명확한 용어와 개념을 사용했다. 영지주의뿐만 아니라 사벨리아니즘 또는 성부 수난설이라고도 불리는 이단들을 논박하면서 그의 교의 신학은 정리되었다. 특히 양태론을

---

226 위와 동일, 7,5-6; 9,3.
227 위와 동일, 12,5.
228 위와 동일, 14,3-5. 참조.《이단자에 대한 항고》7,9-10은 신앙과 이성에 대한 테르툴리아누스의 태도를 단적으로 드러낸다. "아테네와 예루살렘이 무슨 상관이 있으며, (철학의) 아카데미가 어떻게 교회와 화합할 수 있겠는가? 이단자들과 그리스도인이 어떤 일치점을 갖는다는 말인가? 솔로몬 행각(성경)에서 받은 우리의 가르침은 순수한 마음으로 하느님을 찾아야 하는 가르침이다. 따라서 우리는 이단자들이 스토아적이고 플라톤적이며 수사학적인 그리스도교를 발명했다고 생각한다. 우리는 예수 그리스도께서 오신 다음에는 그 어떠한 호기심도 없으며, 복음서가 있기에 그 어떤 연구도 필요 없다." 아울러 테르툴리아누스는 "어리석기 때문에 나는 믿는다."(Credo quia absurdum)라고 함으로써 이성과 다른 차원의 신앙의 역설을 이야기했다. "하느님의 아들이 십자가에 못 박히셨다는 사실은 부끄러워해야 할 일이기 때문에 나는 그것을 부끄럽게 여기지 않는다. 하느님의 아들이 죽으셨다는 것은 어리석은 일이기에 믿을 만하다. 묻히신 분이 부활하셨다는 사실은 불가능하기 때문에 확실한 것이다."《그리스도의 육신론》5,4)

주장하는 이단은 테르툴리아누스가 겨냥한 삼위일체에 관한 이단으로, 프락세아스라는 인물을 통해 아시아에서 로마에 유입되었으며, 차츰 카르타고에도 퍼지게 되었다.[229] 프락세아스와 사벨리우스는 유일신 사상을 지키려는 의도에서 성부와 성자가 동일한 위격(Persona)이라고 주장했으며, 그 결과 구원을 위해 '성부께서 수난당하시고 죽으셨다'는 이른바 '성부 수난설'을 주장했다. 즉 삼위일체라는 것이 '하나의 주체'가 다양한 양상이나 양태(modus)로 표현되는 것이라고 주장했으며, 이러한 이유로 후대의 신학은 이 이단을 '양태론'(modalismus)이라고 명명하게 된다.

테르툴리아누스는 라틴 교회에서 삼위일체에 관하여 최초로 '삼위'(Trinitas)와 '위격'(persona/tres personae)이라는 용어를 사용했다. 이 신학 특수 용어를 통해 그는 하나인 '수브스탄티아'(substantia)로 삼위의 일체성을 드러내는가 하면, 성자를 '성부의 실체로부터'(de substantia Patris), 성령을 '성부로부터 성자를 통하여'(a Patre per Filium)라고 그 기원을 표현함으로써 위격 간의 구별을 시도했다.[230] 따라서 삼위는 "유일(唯一)한 하느님이 아닌 유일(有一)한 한 분 하느님의 위격들이다."(unum sunt, non unus)라고 규정했다.[231] 즉, 삼위는 '하나의 위격'이 아니라 '하나의 실재'(unum)로

---

229 《프락세아스 반박》, 1.
230 《정덕》, 2.
231 《프락세아스 반박》, 25.

서, 단순히 수적인 하나가 아니라 본질의 동일성을 공유한다.

그리스도론에서도 테르툴리아누스는 그리스도 안에 두 본성이 있음을 '한 위격' 안에 '두 본성'(duae naturae)으로 명확하게 표현했다. 그리스도 안에 있는 인성과 신성이라는 두 본성은 서로 혼합되지 않으며, 각 본성의 고유한 특성에 따른 역할로 구별된다고 가르쳤다.[232]

테르툴리아누스는 교회 안에서 이루어지는 참회에 관한 역사에서도 중요한 역할을 했다. 그는 《참회론》(De paenitentia)과 《정덕》을 통해 참회와 속죄에 관한 정확한 개념을 설명했다. 특히 그가 가톨릭 교회에 있을 때 저술한 《참회론》은 교회의 공적인 참회가 모든 죄인에게 열려 있으며 회개를 받아들이라는 취지의 권고를 담고 있다. 그러나 참회에 대한 그의 입장은 몬타니즘에 기울면서 급변했다. 몬타니즘에 빠진 뒤 집필한 《정덕》은 죄의 용서와 참회에 대한 완고한 태도를 드러냈다. 즉 '용서받을 수 없는 죄들'(peccata irremissibilia)과 '용서받을 수 있는 죄들'(peccata remissibilia)을 구분했고, 그중에 '비교적 가벼운 죄들'만 용서받을 수 있다고 했다. 반면에 결코 용서받지 못할 죄로는 간음, 살인, 배교를 예로 들었다. 아울러 죄를 용서해 줄 수 있는 권한은 주교가 아니라 '영적인 사람'(spiritalis homo) 즉, 주교라는 직분보다는 얼마나 '영적'인지가 관건이라고 말했다. 오직 영적인 사람만이 죄를

---

232 위와 동일, 27.

용서하시는 성령의 도구가 될 수 있다는 주장을 펼친 것이다.[233]

3. 카르타고의 키프리아누스

1) 생애

키프리아누스는 200년경 카르타고의 유복한 가정에서 태어났으며, 양질의 교육을 받은 뒤 수사학 교사 생활을 했다. 35세 즈음 "자신의 두 번째 이름으로 택할 만큼 케킬리우스라는 사제에게 강력한 영향을 받아 모든 재산을 가난한 사람들에게 나누어 준 뒤 그리스도인이 되었다."(히에로니무스, 《명인록》, 67) 사제품을 받고 이어 248~249년 즈음에 주교가 된 그의 첫 번째 사목 목표는 열성이 식고 신앙적으로 느슨해진 교회에 활력을 되찾는 것이었다. 그러나 곧이어 데키우스 황제의 박해가 시작되었으며 (250년) 로마의 파비아누스 주교를 비롯한 많은 교회의 지도자들이 순교했지만, 키프리아누스는 "그리스도인들을 위한 공동의 평화를 보전하기 위해"(서간 20) 카르타고 도성 밖으로 피신했다. 그 와중에도 서간을 통해 교회 공동체를 위한 사목 활동을 계속했다. 251년 봄에 박해가 끝난 후 키프리아누스는 박해로 초래된 심각한 후유증을 처리해야 했다. 박해의 여파로 수많은 사람

---

233 참조. 《정덕》, 11; 21.

이 배교(lapsi)를 했기 때문이다. 키프리아누스의 주교직에 반대한 펠리치시무스 부제와 노바투스를 중심으로 한 다섯 명은 배교자들이 일정한 참회의 절차를 거치지 않은 채 공동체에 다시 돌아올 수 있다는 입장을 내세웠다. 또한 박해에서 많은 고난을 받았지만 목숨을 유지한, 이른바 '증거자'(confessores)들은 박해 중에 키프리아누스의 도피에 대해 비난의 눈초리를 보냈다. 이러한 이중고는 박해가 종식된 카르타고 교회를 분열시키기에 충분했다. 혼란스러운 상황 속에서 키프리아누스는 두 통의 편지를 쓰는데, 하나는 배교자들의 처리에 관해서였고(《배교자》), 다른 하나는 교회의 분열에 대한 것이었다(《교회의 일치》). 251년 카르타고 지역공의회는 배교자에 관한 규정을 확정하는데, 먼저 로마 제국을 위한 기원 제사에 참여하여 직접 제물을 바친 사람들(sacrificati)과 분향한 사람들(thurificati)의 경우, 죽을 위험에 직면할 때만 교회와 화해의 절차를 밟을 수 있으며, 기원 제사를 바쳤다는 가짜 증명서를 발급받아 박해의 위기를 면한 사람들(libellatici)은 일정 기간의 참회를 거친 뒤에 교회에 받아들여진다는 결정을 내렸다.

하지만 255년경에 새로운 문제가 수면 위에 떠오른다. 이단자와 열교자들(schismatici)이 집전한 세례의 유효성에 관한 논쟁이다. 키프리아누스는 아프리카 교회의 전통에 따라 이단자와 열교자에 의한 세례가 무효임을 밝히는 동시에 재세례를 주장했다. 그러나 코르넬리우스 교황의 후임자 스테파누스 교황은 "전승된 것 이외에 아무것도 새롭게 해서는 안 된다."(Nihil innovetur nisi quod traditum est)는 원칙을 내세우고 재세례가 불필요하며 단지 참회 예식으로 충분하다고 강조했다. 당시 교회가 '이단적 세례'와 '이단자(혹은 열교자)가 베푼 세례'의 구별을 명확히 하지 않았기에 벌어진 일이었다. 이러한 의견 충돌은 자칫 로마 교회와 카르타고 교회를 분열시킬 수 있던 심각한 상황이었지만, 발레리아누스 황제의 박해로 인해 주교들이 순교하면서 일단락되었다. 스테파누스 교황은 257년 8월 30일, 키프리아누스는 258년 9월 14일에 순교했다.[234]

키프리아누스는 《겔라시우스 교령》에 나오는 교부들이 쓴 책 목록에 첫 번째로 나오는 교부로, 오늘날까지 많은 이들에게 추앙받고 있다. 그가 남긴 문헌들은 3세기 전반기 아프리카 교회의 구체적인 모습과 여러 문제를 반영한다. 교회에서는 키프리아누스를 코르넬리우스 교황과 함께 9월 16일에 전례적으로 기념한다.

2) 주요 작품과 신학적 기여

주교직에 오르기 전 집필된 작품으로, 《도나투스에게》(Ad Donatum)는 자신이 그리스도교에 입교하게 된 동기를 밝힌 일종의 '고백록'이다. 《퀴리누스에게》(Ad Quirinum)라는 작품은 '세 권의

---

[234] 키프리아누스의 순교는 다수의 순교록을 참조할 수 있으며, 그의 그리스도교 입문에 대해서는 다음을 참조하라. G. Ed Simone, "Storia di una vocazine alla fede cristiana: l'esperienza di Cipriano alla luce del suo scritto a Donato", in *Vivarium* 13 (2005) 277-292.

증언록'(Testimoniorum libri Ⅲ)이라는 부제로 된 문헌이다. 이 책은 주제에 맞는 성경을 인용한 금언 모음집으로 당시 라틴어 성경 번역을 이해하는 데 도움을 준다. 첫 번째 권은 히브리인들을 향한 호교론이고, 두 번째 권은 일종의 그리스도론적 개요이며, 마지막 권은 그리스도교 윤리 규범의 요약으로 참다운 그리스도인의 삶과 덕행 실천을 담은 지침서다.

주교직 초기에 집필된 작품으로는 《동정녀의 품행》(De habitu virginum)이 있고, 데키우스 황제의 박해 때 쓰인 작품으로는 《배교자》(De lapsis), 《교회의 일치》(De ecclesiae unitate), 《주님의 기도》(De dominica oratione), 《시기와 질투》(De zelo et livore) 등이 있다. 그중에 《교회의 일치》는 그의 교회론에서 중요한 문헌으로, 특히 4장 때문에 더 유명해졌다. 4장은 흔히 '베드로 사도의 수위권 본문'이라 불리는 것과, 이보다 다소 긴 주교들의 공동체성(collegialitas)을 강조하는 '공인된 본문'이라는 필사본 두 개가 있는데, 어느 것이 원문에 가까운지와 그 해석에 있어 학자들 간에 의견이 분분하다. 하지만 일반적인 의견은 다음과 같다. 키프리아누스는 처음에 로마 교황의 수위권을 강조했지만, 세례 문제로 인해 로마 교회와 원만하지 못한 관계에 이르자 원래 글을 수정하여 교황의 수위권에 대해 미온적인 입장으로 바꾸었다는 해석이다.

그 후 252년 흑사병이 북부 아프리카 전체에 불어 닥칠 때 집필한 작품들이 있는데, 《죽음》(De mortalitate), 《선행과 자선》(De opere et eleemosynis), 《데메트리아누스에게》(Ad Demetrianum)다. 《데메트리아누스에게》는 당시에 일어난 모든 재앙이 그리스도교 탓이라는 고발에 대한 변론서로, 키프리아누스는 세상에 벌어지는 모든 악이 이교인들의 범죄, 특히 그리스도인들을 향한 박해 때문이라고 반박했다.

그 밖에도 《인내의 유익》(De bono patientiae), 《포르투나투스에게 쓴 순교 권면》(Ad Fortunatum de exhortatione martyrii) 등이 있는데, 순교 권면은 257~258년에 발생한 발레리우스 황제의 박해와 연관된 문헌으로 키프리아누스의 마지막 작품으로 추정된다. 또한 키프리아누스가 남긴 서간들이 있는데, 이 편지들은 주교직을 수행하면서 쓴 것으로 본인에 대한 상세한 정보는 물론, 그와 연결된 문제와 논쟁을 이해하는 데 중요하다.

키프리아누스가 남긴 중요한 문헌은 주로 '교회론'과 연관된 작품으로, 교회와 관련된 세례성사, 참회, 성체성사(서간 63) 등 다양한 주제가 거론되었다. 키프리아누스에게 교회는 한마디로 "아버지와 아들과 성령의 일치에로 모인 백성"(plebs adunata de unitate Patris et Filii et Spiritus sancti)이다.[235] 따라서 "교회를 어머니로 받아들이지 않는 이는 하느님 아버지를 받아들일 수 없다."[236] 교회는 솔기 없이 통으로 짜인 그리스도의 겉옷[237]과 많은 밀알이 하

---

235 《주님의 기도》 23, 제2차 바티칸 공의회 문헌 〈교회 헌장〉 4항에 인용됨.
236 《교회의 일치》, 6.
237 위와 동일, 7.

나의 성체를 이루는 것과 같이 언제나 '하나'다.[238] 따라서 "교회 밖에는 구원이 없다."(extra ecclesiam nulla salus)[239] 누군가 의도적으로 교회에서 떠나면, 이는 중범죄로 사랑이 없는 것은 물론이요, 사랑을 거스르는 것이기에 구원에서 제외된다.

모든 주교는 사도들의 후계자[240]며, 온전하게 독자적으로 주교로서의 권한을 가진다.[241] 따라서 주교들은 자신의 교회에 독립적이며, 오직 하느님께만 셈을 치른다.[242] 하지만 키프리아누스는 다른 서간에서 로마 교회를 예찬하며 이단을 판단하는 기준이자 신앙과 일치의 상징이라고 언급하면서, 로마 교회가 '베드로좌'(cathedra Petri)를 가진 '으뜸 교회'(ecclesia principalis)로서 주교들의 일치(unitas sacerdotalis)의 기원이라고도 이야기한다.[243] 여기서 주교의 독자성과 교황의 수위권에 대한 키프리아누스의 언급이 일관되지 않는 점을 발견할 수 있다. 그러나 "키프리아누스는 이러한 서로 대립되는 문제를 해결하기 위해 자신의 생각을 신학적으로 종합하려 하지 않았다. 테르툴리아누스의 제자라고는 하지만 스승과는 달리 애매모호한 입장을 보이는데, 이것은 그가

---

238 서간 63,13.
239 서간 73.
240 서간 3,3.
241 《교회의 일치》, 5.
242 서간 72,3; 73,26.
243 참조.《교회의 일치》, 4.

'신학자'라기보다는 사도직에 충실한 실천적 주교이기 때문일 것이다."[244]

4. 로마

57~58년경 바오로 사도가 로마 교회에 편지를 보낸 것으로 보아, 그 이전에 로마에 이미 유다계와 이교도 출신으로 구성된 그리스도교 공동체가 존재했을 것으로 추측된다. 누구에 의해 이 공동체가 시작되었는지는 알 수 없지만, 이른 시기 베드로와 바오로 사도가 로마에 머물렀으며 또 그곳에서 순교했다는 사실(64년~67년경)에 미루어 사도적 기초 위에 세워진 교회인 것만은 확실하다.

그러나 로마 교회는 전체 교회 안에서 지니는 권위와 위상에 비해 학문적으로는 다른 교회에 그렇게 큰 영향을 미치지 못했다. 물론 클레멘스의 《코린토 신자들에게 보낸 편지》와 같이 공동체의 규율에 관한 서간은 있지만, 이러한 문헌이 그리스도교 사상에 있어 탁월하게 기여한 것이라고 보기는 어렵다. 그럼에도 히폴리투스와 노바티아누스와 같이 니케아 공의회 이전에 로마 교회가 배출한 저술가가 있다. 로마 신학을 대표하는 이 두

---

244 G. Bosio, *Iniziazione ai padri*, I, SEI, Torino 1964, 415.

교부는 모두 로마 주교에 대립했던 인물로 이른바 교회 최초의 '대립 교황들'(antipapi)이다.[245]

5. 히폴리투스

'히폴리투스의 수수께끼'라는 말이 있을 정도로 이 인물에 관해서는 확실하지 않은 것들이 많다. 특히 1551년 히폴리투스의 것으로 추정되는 무덤 속, 의자에 앉아 있는 어떤 인물의 대리석상이 발견됨으로써 문제는 더욱 복잡해졌다. 그 석상의 뒷면에 《파스카 규정》(De Pascha)과 함께 여러 권의 도서명이 새겨져 있었고, 그 책들의 대다수가 히폴리투스가 집필한 것과 동일했다.

여러 증거를 토대로 히폴리투스의 정체에 대한 학자들의 의견은 대략 세 가지로 구분된다.

첫째, 한 인물이라는 입장이다. 히폴리투스에 관한 여러 자료나 증거가 한 인물의 것이라는 의견으로, 될링거(I. Döllinger)가 이 입장을 표명한 대표적인 학자다. "(그는) 로마 교회의 영향력 있던 사제로서 칼리스투스 교황과 대립한 교회 분열의 주동자였다. 그러나 235년 폰티아누스 교황(칼리스투스 교황의 후계자)과 함

---

245   히폴리투스(†235년)는 그리스어로 저술했으나, 노바티아누스(†258년경)는 라틴어를 사용했다. 교황들이 라틴어로 글을 쓴 것은 250년경이지만, 전례 안에 그리스어 사용은 다마수스 교황(재위 366~384년)까지 이어진다.

께 사르데니아로 유배를 가게 됨으로써 교황과 화해하고 유배지에서 순교했다. 그 뒤 그의 유해는 로마로 옮겨져 공경의 대상이 되었다."[246] 아울러 오리게네스의 위서로 판명된 《모든 이단 반박》(Philosophoumena: Refutatio omnium haeresium)의 원저자일 가능성이 높다.

둘째, 각기 다른 세 명의 인물이라는 입장으로, 이 의견을 낸 대표적인 학자는 노탱(P. Nautin)이다. 제1히폴리투스는 로마 교회의 사제며 235년 폰티아누스 교황과 순교하여 교회 안에서 순교자로 공경받는 '히폴리투스'이고, 제2히폴리투스는 동방의 주교로 석상에 새겨진 도서 목록(corpus hippolitianum) 중에서 주로 성경에 관한 주해나 강해를 쓴 '히폴리투스'며, 제3히폴리투스는 본래 '조시푸스'(Josippus)라고 불리던 인물로 《모든 이단 반박》과 그 밖의 다른 작품의 저자이자 칼리스투스 교황을 반대한 대립교황이다.

셋째, 중간적 입장이다. 노탱의 의견이 학계에 발표되자 커다란 논란이 일어났다. 그러나 현재 그의 의견에 대한 비판이 조금은 누그러들었고 적어도 몇몇 의견에 대해서는 수긍하는 입장을 보이고 있다. 많은 학자들은 석상의 도서 목록이 두 그룹으로 나뉠 뿐만 아니라 각기 다른 저자라는 점에 동의한다. 성경과 관련된 작품(동방의 저자)과 교의적인 문제를 다룬 서적인 《모든 이

---

[246] E. Prinzivalli, "Ippolito (statua di)", in DPAC 2, 1799.

단 반박》,《노에투스 반박》(Contra Noetum) 등이 그것이다. 이 입장에 대한 연구는 아직도 진행되고 있다.

이처럼 '히폴리투스'라는 인물과 그의 저작들에 대한 불확실성으로 인해 그의 신학과 사상을 되짚어 보는 것은 쉽지 않다. 그럼에도 그의 작품으로 알려진 몇몇 교의에 관한 저작은 중요하다. 특히 양태론과 사벨리아니즘에 대한 역사와 참회의 절차에 대한 교회 규범의 발달 과정을 이해하기 위한 중요한 단서를 제공한다. 한편, 많은 학자들이 히폴리투스를《사도 전승》의 저자로 생각하기도 하지만, 반대 의견도 만만치 않다. 이에 대해서는 제3부 '교부학의 문헌 양식에 따른 주제'에서 살펴보겠다.

6. 노바티아누스

1) 생애

로마 출신의 노바티아누스는 파비아누스 교황에게 사제품을 받았지만, 중병으로 목숨이 위태로울 때 약식 세례를 받았기에 견진성사를 받지 않았다는 문제가 있었다. 이에 로마의 성직자들 일부는 그의 사제 수품을 반대했다. 251년 코르넬리우스 교황이 선출되자 그는 이탈리아 주교 세 명에게 주교품을 받아 대립 교황이 되었다. 그가 대립 교황이 된 주된 이유는 배교자들에 대한 코르넬리우스 교황의 관대한 입장을 반대했기 때문이다.

2) 주요 작품과 신학적 기여

몬타니즘에 빠진 테르툴리아누스와 마찬가지로 노바티아누스는 중죄를 지은 경우에 교회는 이를 용서해서는 안 되며, 해줄 수도 없다고 주장했다. 중죄를 지은 이는 그 누구도 교회로부터 영원히 받아들여질 수 없고, 진심으로 뉘우친다 해도 하느님만이 이를 판단하실 수 있다는 의견이었다. "노바티아누스의 교회 분열은 거룩한 교회의 순수성을 지키려는 발로였다. 그러나 노바티아누스가 주장한 교회의 이상적인 모습은 초기 그리스도교의 유산을 물려받은 것이 아니라, 그리스도교에 대한 스토아 철학의 엄격주의가 적용된 것이라고 볼 수 있다."[247]

《삼위일체론》(De Trinitate)은 산문시 형식으로 된 노바티아누스의 대표작으로, 로마에서 라틴어로 집필된 최초의 신학 작품이며, 노바티아누스 이전의 삼위일체론에 관한 집대성이라고 할 수 있다. 따라서 독창적인 작품이라기보다는 정확한 체계를 갖춘 종합적 작품으로 평가된다. 서명이 《삼위일체론》이라고는 하지만, 원래 '삼위일체론'이 제목은 아니었다. 노바티아누스는 자신의 논술집을 저술하면서 처음부터 삼위일체론을 다루려고 하지 않았고, 이 작품에 테르툴리아누스가 고안한 '삼위일체'(trinitas)라는 용어가 한 번도 언급되지 않았다. 이 작품은 네 부분으로 구분할 수 있는데, 첫 여덟 개의 장은 하느님의 본질과 그 속성

247　H.J. Vogt, "Novaziano", in DPAC 2, 2437.

을 논했으며, 9~28장에서는 그리스도론에 해당되는 내용을 다루었다. 29장에서는 성령에 대해 언급하는데, 성령을 '하느님'으로 언급하지 않았을 뿐만 아니라 삼위일체의 한 '위격'으로도 정의 내리지 않았다. 노바티아누스는 이미 테르툴리아누스가 언급한 '삼위일체'라는 개념을 자신의 작품에 사용하지는 않지만, '한 본체'(una substantia), '세 위격'(tres personae), '하느님의 실체로부터'(ex substantia Dei)와 같은 개념을 이어받았으며, 특히 "그리스도교 라틴어에서 처음으로 '육을 취하시다'(incarnari, 《삼위일체론》 138)와 '예정'(praedestinatio, 《삼위일체론》 94)을 사용했다. 특히 '예정론'은 그의 최고 관심사였던 그리스도론에서 사용되었다."[248] 끝으로 마지막 두 개의 장에서는 아들의 육화가 하느님의 단일성을 훼손하지 않음을 역설했다. 이 작품은 로마 교회의 뛰어난 신학 저서 가운데 하나로 후대에 많은 영향을 주었지만, 아직도 '독주적' 삼위일체론(monarchianismus) 경향이 짙게 드러난다고 평가할 수 있다.

그 밖의 작품으로는, 구약 성경의 음식 규정에 관해 알레고리적인 해석을 한 《유다인의 음식》(De cibis iudaicis), 부도덕하고 잔인한 공적인 경기에 그리스도인들이 참석하는 것이 부당하다고 경고하는 《경기 관람》(De spectaculis), 윤리를 강조하는 《정덕의 유익》(De bono pudicitiae) 그리고 서간들이 있다.

---

248   위와 동일, 2438.

7. 신학적 반성: 테르툴리아누스의 신학적 기여

라틴 교회에서 그리스도교의 신학적 담론은 테르툴리아누스와 함께 본격적으로 분출되었다. 테르툴리아누스의 천재적인 재능과 열정적인 기질은 그리스도교 신앙을 철학은 물론이고 로마의 법률과 비교하기를 주저하지 않았다(《호교론》). 반면에 그는 유다인들과 그 어떠한 대화의 물꼬나 실마리를 틀 기회를 근본적으로 차단했다. 그리스도교의 출범과 함께 유다교는 이미 원인 무효로 폐기되었다는 것이다. 그러면서도 자신은 예형론적인 해석으로 구약의 진정한 의미를 그리스도교와 연결했다(《유다인 반박》). 아울러 자신들의 주장을 뒷받침하기 위해 극히 밀교적인 태도로 성경에 자의적인 해석을 가한 영지주의자들과 마르키온파에 대해 테르툴리아누스는 신앙 규범과 전승의 정통성으로 맞대응했다(《발렌티누스파 반박》, 《헤르모게네스 반박》, 《마르키온 반박》). 또한 양태론이라는 가면으로 삼위일체에 대한 오류를 주장하던 이단에게도 특유의 섬세하고 체계적인 논리로 그 실체를 드러내고 또 반박했다(《프락세아스 반박》). 이를 위해 그는 그리스도교적인 신학 어휘를 성경이 아닌 철학의 개념에서 생산해내기도 했다[수브스탄티아(substantia), 그라두스(gradus), 페르소나(persona)].

이와 같은 테르툴리아누스의 신학적 기여에도 그가 극복하지 못한 한계도 엄연히 존재했다. 무엇보다 실재하는 것은 어떤 방식으로든 '육'과 결부되어 있어야 한다는 주장이 그렇다. 즉 육적인 것이 아니라면 그것은 실제로 존재하지 않는다는 것이다. 하느님도 이러한 스토아적인 개념에서 예외될 수 없다. "그 누가 하느님께서 육이라는 사실을 부인할 수 있단 말인가? 성령도 마찬가지다. 그러나 성령은 매우 특별한 '육'이라고 말할 수 있다." 《프락세아스 반박》7) 그런데 이러한 독특한 전망이 삼위일체론을 펴 나가는 데 사용되었다는 점은 특이하다. 그는 신적 존재를 물질적인 용어로 설명하려 했던 것이다. 이른바 테르툴리아누스의 '유기체적 유일신론'(monotheismus organicus)으로 불리는 삼위의 일체성이 대표적이다. "성부, 성자와 성령은 마치 유기체의 지체들처럼 물질적인 신적 실체의 부분이다."[249] 이러한 그의 생각은 결국 성자는 진정으로 하느님이라고 하면서도 성부의 실체의 '한 부분'(portio)이며 '존재하지 않았던 때'가 있었다는 주장으로 이어지며 커다란 모순에 빠질 수밖에 없었다. 이와 같이 육을 통해 체험되어야만 하는 인식론은 그의 삼위일체론이 '종속론'에서 자유롭지 못하게 된 원인이 되었다.

이러한 약점 때문에, 테르툴리아누스가 고안한 용어가 비슷한 시기에 다른 신학자들에게 큰 반향을 일으키지 못했다고 추측할 수 있다. 물론 당시 교회가 아직 그의 신학적 의견을 수용할 만한 정도에 이르지 못했을 수도 있다. 사실 히폴리투스와 키

---

249 GB. Sala, *Dogma e storia nella dichiarazione "Mysterium ecclesiae"*, EDB, Bologna 1976, 117.

프리아누스는 창조적인 개념이나 용어보다는 가능한 한 전통적인 용어를 사용했다. 즉 테르툴리아누스에 비해 훨씬 더 성경적인 개념이나 세례를 위한 교리 교수에서 사용되는 용어를 선호했다. 노바티아누스만 예외적으로 테르툴리아누스와 마찬가지로 진정한 의미의 '신학'적 담론을 펴기 위해 철학적인 용어와 개념을 차용했다. 그러나 그의 시도도 주목을 받지 못했다. 테르툴리아누스나 노바티아누스가 고안한 용어들이 모든 교회에 정착되기 위해서는 여러 신학적 고민과 논쟁을 거쳐야 했다. 이어지는 4~5세기에 개최된 공의회들에서는 이 용어들이 다시 신학의 전면에 부각되면서, 가톨릭 신학에 적합한 표현이 될 수 있도록 그 의미를 정화하고 수정을 가하게 된다.

제6장

알렉산드리아의 신학

알렉산드리아에서 어떻게 그리스도교가 기원했는지에 대한 정확한 정보는 없으며, 마르코 복음사가에 의해 복음이 전해졌다는 전승만 있다. 다만 알렉산드리아에 그리스도교가 상당히 부흥했고 활기찬 공동체를 형성했음은 알 수 있다. 2~3세기 지식이 충만한 그리스도인들에게 큰 영향을 끼친 영지주의의 몇몇 창시자들이 이곳 출신이었으며, 후대에 이른바 '학파'로 불리는 신학 작업이 판테누스와 클레멘스에 의해 시작되고 오리게네스에 의해 꽃을 피운 곳이 알렉산드리아다. 오리게네스는 주교의 강력한 후원에 힘입어 본연의 의미에서 교의와 신학을 연구하고 전수하는 '학교'(didaskaleion)를 번성시켰다. 이 학파의 스승들은 자신들의 도시에 존재하는 영지주의 이단에 강력히 대응하는 한편, 당시의 헬레니즘 문화와의 대화를 시도했다. 이와 같이 문화와 신앙의 다각적 교류를 보여 주는 대표적인 예로, 그리스 철학의 사고 체계와 학문적 방법론을 차용하여 다양한 성경 연구와 해석을 시도한 점을 들 수 있다. 즉 성경의 자구(字句)에만 매달리지 않고, 글자 뒤에 숨은 '영적인 의미'(알레고리아)를 찾아내려 했다.

1. 알렉산드리아의 필론

알렉산드리아는 헬레니즘이 주류 문화라고 할 수 있을 정도로 고도로 그리스화된 도시였다. 또한 유다인들의 공동체인 이른바 '디아스포라'(diaspora)가 지중해 연안의 그 어떤 도시보다 융성했던 곳이기도 했다. 이곳의 유다 공동체는 헬레니즘 세계에 자신의 고유한 신앙을 토착화하는 데 성과를 보였다. 그 대표적인 예로 기원전 2세기경 자신들의 히브리어 경전을 그리스어로 번역한 '칠십인역'[250]을 들 수 있다. 이러한 성경 번역 이외에도 이곳의 공동체는 그리스어로 된 경전, 예를 들어 '지혜서'를 집필하기까지 했다.

---

250 칠십인역에 대해 《아리스테아의 편지》(Epistula Aristeae)가 전하는 신화에 따르면, 72명이 성령의 감도를 받아 제각기 번역했음에도 모든 번역이 동일했다고 전한다. 대부분의 교부들은 칠십인역의 영감에 동조했으며, 실제로 고대 교회에 성경으로 사용되었다. 그러나 서방에서는 히브리어본에서 직접 번역한 히에로니무스의 불가타 성경이 사용되었다.

알렉산드리아 출신의 필론은 초기 그리스도교와 교부들에게 큰 영향을 끼친 인물이다. 그는 성경과 그리스 철학이 상반 관계가 아니라는 사실을 증명하려고 했을 뿐만 아니라, 하느님의 영감에 의해 기록된 토라(오경)야말로 진정한 철학이라고까지 역설했다. 그러나 이 철학의 진리는 율법과 역사적 사실이라는 베일 뒤에 숨어 있다고 설명했다. 플라톤과 스토아 철학에 심취한 필론은 성경을 '철학적'으로 접근하려 했다. 사실 헬레니즘 교육을 받은 독자가 자구적으로 성경에 접근할 때 적지 않은 어려움을 겪곤 했다. 무엇보다 성경에 자주 등장하는 하느님과 하느님에 관한 묘사들이 하느님에 걸맞지 않는 '신인 동형설'(antropomorphism)[251]로 보였기 때문이다. 이러한 어려움은 사실 이전에도 있었다. 일찍이 헬레니즘 세계에서 호메로스와 같이 고대 신화를 노래한 시인들도 플라톤 철학자들에게 강력한 비판의 대상이 되었다. 마찬가지로 신인 동형설이 문제였던 것이다. 그러나 스토아 철학자와 같은 이들은 신에 대한 시인들의 언급이 문자라는 베일에 쌓여 있지만 실제로는 그 이면에 '또 다른 어떤 것'(allegorein), 즉 신과 세상, 영혼에 관한 진리를 드러내고 있다고 주장하기도 했다. 필론은 바로 이러한 태도를 토라에 적용함으로써 올바른 성경 해석을 할 수 있다고 주장했다. 그는 성경 구절을 단순히 그 자체

---

251 그리스어 '인간'(안드로포스)과 '형태'(모르페)의 합성어다. 예를 들어, 그리스 신화에 등장하는 여러 신이 인간과 유사한 형태와 성격으로 표현되는 경우를 말한다.

로만 바라보지 않고, 역사적 사건과 법적인 규정이라는 외형적인 포장 뒤에 숨어 있는 철학적 가르침을 밝히려고 했다.[252] 이러한 필론의 해석학적 태도는 알렉산드리아 학파의 고유한 성경 해석인 '알레고리적인 성경 독서'의 길을 여는 토대가 되었다.

2. 알렉산드리아의 클레멘스

1) 생애

2~3세기경 인물인 클레멘스는 로마 태생이지만 헬레니즘 교육을 받은 인물로서 그리스도교에 입문한 뒤에도 자신을 양성한 그리스 문화에 긍정적인 태도를 보였다. 그리스 철학의 약점과 한계는 물론, 장점도 잘 알던 그는 그리스도교의 메시지가 당시의 식자층에게 어떻게 받아들여질 수 있는지에 대해 고민했다. 이러한 클레멘스의 생각이 알렉산드리아의 교리 학교에서 꽃을 피웠다. 클레멘스는 사제품을 받았지만 202~203년에 발발한 박해로 인해 자신의 도시를 떠나 카파도키아로 피신했고, 215년 그곳에서 사망했다.

---

[252] 예를 들어 야곱의 두 아내 레아와 라헬은 영혼의 두 가지 역할을 의미하며, 이집트에서의 탈출은 영혼이 악덕에서 덕행으로 건너가는 것이라고 해석했다.

2) 주요 작품

지금까지 전해 내려오는 클레멘스의 작품은 그 제목만으로도 집필 의도와 내용을 엿볼 수 있다. 먼저 그리스인을 독자로 하는 《이교인을 위한 권고》(Protrepticus - cohortatio ad gentes)는 그리스도교야말로 진정한 지혜의 보고임을 드러내면서 그들에게 입교를 권고하는 교훈적 연설을 담고 있다. 《교육자》(Paedagogus)는 그리스도를 인생의 인도자며, 참된 문명과 그에 걸맞은 시민으로서 올바르게 살도록 동반하면서 가르치는 '가정 교사'로 소개한다. 《양탄자》(Stromata)는 다양한 주제를 다루는 일종의 '잡록'(Miscellanea)으로 클레멘스의 신학적 탐구를 드러내며, 자신이 운영하는 학교에서 다루어지는 교의와 신앙에 대해 설명하는 저서다. 여기서 그리스도는 '가정 교사'보다 학적인 지혜를 전달하는 '교수'로 소개된다. 마지막으로 《어떤 부자가 구원받는가?》(Quis dives salvetur)[253]는 제목이 암시하듯이, 그리스도교가 바라보는 물질과 부에 대한 사회 교리적인 내용을 담고 있다.

3) 이성과 신앙

클레멘스는 이성과 철학이 이교인을 그리스도께로 인도하는

---

253 참조. G.De Simone, "Note sull'etica dei beni nel Quis dives salvetur? di Clemente Alessandrino", in Ist.Patr.Au., *L'etica cristiana nei secoli III e IV: eredità e confronti*, Roma 1996, 197-205.

데 훌륭한 역할을 할 수 있다고 평가했다.[254] 그러나 계시의 도움이 없이 이성과 철학만으로는 하느님을 충만하게 인식할 수 없다고 강조했다. 피타고라스, 플라톤, 아리스토텔레스와 같은 철학자들이 이성을 통해 하느님을 인식하고 신적인 것을 파악했다고는 하지만 그것은 어디까지나 '부분적'인 앎이었다. 반면 성령을 받은 그리스도인들은 은총에 의해 하느님에 대한 완전한 인식(vera gnosis, 영지)에 다다랐다는 데 근본적인 차이가 있다.[255] 또한 계시는 성경을 통해 드러나는 하느님에 대한 신비와 신적인 진리며, 하느님을 '알게' 하는 것이 목적이라고 설명했다. 이처럼 클레멘스는 이성에 대한 계시의 우위를 주장하면서도 신앙에 이성적 접근이 가능하다고 했다.

클레멘스에 따르면, 모든 인간은 본성적으로 하느님에 대한 '전(前)이해'를 어느 정도 지니고 있다. 그러나 하느님은 어디까지나 이성 자체만으로는 파악 불가능한 존재다. 또한 인간들이 하느님을 지칭하기 위해 사용하는 이름도 그분의 본질을 파악하게 하는 것이 아니라 단지 창조 이래 드러나는 하느님의 전능하심을 나타내는 것일 뿐이다.

하느님은 성자 안에 당신을 온전히 알게 하는 계시의 은총을

---

254 참조.《양탄자》I,5,28,3. 참조. G.De Simone, "Giustino e Clemente: teologi del dialogo", in *Vivarium* 5(1997) 209-223.
255 참조.《양탄자》V,13,87-88.

선사하셨다. "그리스도로부터 진리를 배워야 하며, 그럼으로써 구원에 이르게 된다. 그러니 헬레니즘의 철학에만 의지하는 것으로는 충분하지 않다."[256] 그리스도를 '로고스'로 이해하는 것은 클레멘스의 신학에서 핵심이다. 로고스는 구약에서 창조의 실행자로 나타나는데, 이는 일부 그리스 철학에서도 발견된다. 그러나 그 로고스가 육을 취하여 사람이 되시고, 그분을 통해 인간들이 아버지를 알게 되었다는 점이 바로 그리스도교의 핵심 메시지라는 것이다.

그리스도를 통해 드러난 계시를 받아들이고 마침내 온전히 깨닫기 위해서는 단순히 객관적인 인식을 습득하거나 지적인 학습을 하는 것과는 다른 과정을 거쳐야 한다. "오직 비슷한 것이 비슷한 것을 알 수 있다."라는 격언처럼, 하느님과 하느님에 관한 것은 한 영혼의 기나긴 영적 여정을 통해 점차 알 수 있게 된다. 먼저 모든 탐욕과 욕정(passio)을 끊고 영혼의 정화와 덕행을 수련하면서, 무엇보다 최종적으로는 사랑을 실천함으로써 '참된 앎'에 이르게 된다.

이러한 영적인 여정을 통해 성경의 내용인 계시의 상징적 표현을 올바로 깨닫게 된다. 확실히 하느님은 인간의 개념과 언어로 온전히 표현될 수 없다. 이 때문에 계시는 오직 성경의 글자 너머에까지 다가가려는 이들에게만 그 깊은 의미를 드러낸다.

---

256 위와 동일, V,13,87,1.

진정한 지혜는 감추어진 보물처럼 발견하기 쉽지 않다. 특히 육적인 인간이나 혼적인 인간은 이 진리를 영접할 수 없다(1코린 2,14 참조).

4) 참된 영지자

클레멘스는 대다수의 그리스도인들이 진정한 '앎(영지)'에 이르지 못한 '육적 인간'이나 '혼적 인간'에 머물고 있다고 생각했다. 그에 따르면, 참된 그리스도인은 '참된 영지자'로서 '영적 인간'과 같다. "참된 영지자에게는 세 가지 요소가 나타난다. 첫 번째는 '관상', 두 번째는 '계명의 준수', 세 번째는 '선한 사람들을 교육'하는 것이다. 어떤 사람에게서 이 세 가지 요소가 발견된다면, 그는 '완벽한 영지자'다."[257]

'관상'은 성경에 대한 영적인 이해를 통해 그리스도 안에 드러나는 하느님의 구원 계획을 총체적으로 바라보고 이해하는 것을 의미한다. '계명의 준수'는 올바른 관상이었는지를 판단하는 기준이며, 구체적인 역사 속에서 드러나는 관상의 열매다. 끝으로 '타인에 대한 가르침'은 앞의 두 요소의 결과물로, 영지자는 신앙 안에서 '아버지'와 같은 지혜의 전달자가 된다.

이레네우스와 마찬가지로 클레멘스도 성경을 통한 그리스도에 대한 관상이 '참된 앎'의 출발점이 되었다. 아울러 성경을 올

---

[257] 위와 동일, II,10,46.

바로 읽고 해석하기 위해서는 교회로부터 전승된 공동의 신앙에 기초해야 한다고 주장했다. 그런데 이 신앙은 바오로 사도의 가르침대로(1코린 3,1-2 참조) 일정한 단계를 거쳐야 한다. 즉 '아이'에게 걸맞은 '우유'와 같은 기초적인 단계를 거쳐야 마침내 '영적 인간'에게 합당한 '굳은 음식'을 섭취할 수 있는 것이다. "신앙에 의지한 진리에 대한 탐구는 늘 최상의 결과를 자아낸다. 신앙의 토대 위에 진리에 대한 위대한 앎(영지)이 찬란히 빛난다."[258]

신앙을 토대로 진리를 추구하는 영지자는 철학에 대해 주저하지 않으며, 오히려 철학을 진리를 연마하기 위한 일종의 예비 단계 학습처럼 이용할 줄 안다. 클레멘스는 영지의 궁극적인 모습은 사랑에 있다는 결론을 내린다. "사랑으로 녹아 내는 영지는 앎의 주체와 객체를 하나가 되게 한다. 마치 친한 친구 사이의 관계와 비슷하다. 이러한 사람은 이미 이 세상에서 천사들과 비슷하게 된 이라고 확신할 수 있다."[259] "그는 하느님을 끊임없이 사랑하며 온통 그분께 자신의 시선을 집중한다. 이 때문에 그는 하느님의 피조물 가운데 그 어떠한 것도 미워하지 않는다."[260]

---

[258] 위와 동일, V,1,5,2. '신앙'(pistis)과 '영지'(gnosis)에 대한 구분이 영지주의 이단과는 큰 차이가 있다. 영지주의 이단에서는 신앙과 영지의 내용이 서로 다르지만, 클레멘스에게는 모두 '교회의 신앙'이라는 점에서 동일하다. 물론 클레멘스도 '비밀의 가르침'이나 '신비적인 가르침'에 대해 이야기하지만 이러한 구분은 교육적인 과정에서만 구분될 뿐이다.

[259] 《양탄자》 VII,10,57,4-5.

[260] 《양탄자》 VI,9,71.

클레멘스는 이러한 영지의 가장 중요한 결과를 '무격정'(apatheia)으로 이해했다. 이 개념은 스토아 철학에서 유래했지만, 클레멘스에게 그 의미는 단순히 '격정'(pathos/passio)을 느끼지 못하는 무감동이나 무관심이 아니었다. 오히려 '자유'와 비슷한 뜻으로, "사랑하는 대상 안에 머무는 사랑" 때문에 사랑하는 대상 이외의 모든 것에서 자유롭게 해방됨을 의미했다.

"클레멘스는 길고 험난한 항해이지만 힘들이지 않고 인도하는 기술을 알고 있다. 그는 유쾌한 인문주의자로 어쩌면 말이 좀 많다고 생각될 정도로 잡다한 주제를 이야기했다. 따라서 클레멘스의 가르침은 하나의 주장에 골몰하거나 전문가적 관심을 가진 사람보다는, 호기심 많은 일반 대중을 사로잡았다. 그의 이러한 방식은 사람들이 느끼지도 못하는 사이에 불현듯 아득해 보이는 높은 경지의 영성으로 이끌곤 했다. 의문의 여지 없이 클레멘스의 작품 안에 녹아 있는 이상적인 영지자에 대한 설명은 후대에 이른바 '그리스도교 신비주의'의 초석이 되었고, 그리스도교의 영성 신학에 초석을 놓았다는 평가를 받는다."[261]

클레멘스의 신학은 늘 교회의 구체적인 상황을 염두에 두었다. 그렇다고 그의 신학에서 제1과제며 핵심적인 주제가 교회론이라는 말은 아니다. 이론적인 교회론이 아닌 현실 교회 안에서의 삶을 이야기하는 것이다. 즉 클레멘스의 첫 번째 관심사는 교

---

261 L. Bouyer, *La spiritualità dei padri*, EDB, Bologna 1968, 174.

회의 제도적인 주제보다는 교회의 내적인 생명이라고 할 수 있는, 그리스도교 영성과 진리에 대한 연구에 있었던 것이다.[262]

3. 오리게네스

1) 생애

오리게네스는 185년 알렉산드리아의 유복한 그리스도인 가정에서 태어났다. 202~203년경 셉티미우스 세베루스 황제의 박해 때 아버지 레오니데스가 순교하자 자신도 순교를 자원할 정도로 신심이 깊었다. 당시 데메트리우스 주교는 어린 나이에도 불구하고 오리게네스에게 예비 신자들을 위한 학교(Didaskaleion)의 책임을 맡겼다. 그 후 얼마 지나지 않아 연이어 일어난 박해(206~210년)로 주교와 교리 교사들이 도시를 떠나게 되었다. 이 와중에 오리게네스는 그들의 빈자리를 대신하여 남아 있는 예비 신자들이 그리스도교로 입문할 수 있도록 준비시키고 그들이 '예비 순교자'가 될 수 있도록 자신의 소명에 충실했다.

215년경 오리게네스는 자신에게 주어진 사도직을 효과적으로 수행하기 위해 세속 학문을 심화해야 한다는 사실을 깨닫게

---

262 클레멘스는 주교, 사제, 부제를 교계 제도라는 차원에서 설명하기보다는 천사의 등급과 천상의 질서에 대한 모방으로 영성적인 의미에서의 품위라고 해석했다.

되었다. 교리 학교의 책임을 맡으며 폐기했던 이교 철학서들이 교양 있는 예비 신자들을 지도하는 데 도움이 될 뿐만 아니라, 성경을 이해하고 설명하는 데 유익하다는 사실을 자각했던 것이다. 그리하여 그는 플로티누스의 스승이며 신플라톤주의의 창시자인 암모니우스 사카스의 강의를 들었다.[263]

백과사전적 지식과 불타는 신심을 바탕으로 10여 년의 교리 교수가 성공을 거두면서, 오리게네스의 명성만큼 학생 수가 증가했다. 두 단계의 교과 과정으로 구분해야 할 정도였다. 오리게네스는 초심자반을 보조 교사였던 헤라클라스에게 위임하고, 자신은 상급반을 지도했다.

230년경 45세의 오리게네스는 여행 중에 팔레스티나의 카이사리아에서 그 지역의 주교들에게 사제품을 받는데, 이것이 바로 '오리게네스의 법적 분쟁'(caso Origene)으로 로마에까지 상소되기에 이르렀다. 관할 주교의 동의 없이 서품된 오리게네스는 자신의 학교에서 수업할 수 없게 되었다. 그뿐만 아니라 데메트리우스 주교는 그가 알렉산드리아에 머무는 것을 허락하지 않았

---

[263] H.E., 6,19,1-9는 포르피리우스의 《그리스도인 반박》 3을 인용한다. 포르피리우스는 오리게네스와 암모니우스 사카스를 다음과 같이 비교했다. 암모니우스 사카스는 그리스도인으로 태어나 그리스도교 교육을 받았지만 철학으로 전향했으며, 오리게네스는 반대로 그리스 정신으로 교육받은 그리스인이었으나 '야만적 기획'에 빠져 들어 철학 법칙을 무시한 채 자신의 재능을 허비했다. 그런데 포르피리우스는 《플로티누스의 생애》 3,24ss와 14,21ss에서 오리게네스에 대해 이야기하는데, 하나는 그리스도인 오리게네스며 또 하나는 이교인 오리게네스로 읽힌다. 이에 대한 학자들의 의견은 분분하다.

고, 폰티아누스 교황은 이러한 주교의 결정을 확인해 주었다. 오리게네스의 서품에 관한 논쟁에 또 다른 빌미가 덧붙여지는데, 그가 마태오 복음서 19장 12절의 "하늘나라를 위해 스스로 고자가 된 이들"이라는 구절에 따라 서품받기 몇 해 전 거세를 했다는 것이다. 그러나 그에 관한 논쟁은 사제 서품에 대한 교리적이며 법적인 문제 이면에 교구장 주교의 복잡한 심리적 이유가 있을 것으로 추정된다.

어쨌든 오리게네스는 자신을 서품한 테오크티스투스 주교의 영접을 받고 팔레스티나의 카이사리아에 정착하면서(233년) 알렉산드리아와 같은 학교를 개설했고, 수많은 신학 작품과 성경 관련 문헌을 집필했다. 일찍이 알렉산드리아에서 알게 된 암브로시우스라는 부자 친구는 오리게네스에게 일곱 명의 속기사와 전문 필경사를 후원하여 엄청난 양의 작품을 남길 수 있도록 도와주었다. 오리게네스는 카이사리아에서 자신의 남은 생애를 후진 양성과 설교에 헌신했다. 그러던 중, 데키우스 황제의 박해(249~251년경) 때 붙잡혀 모진 고문을 받았고, 그 후유증으로 253년 세상을 떠났다.

2) 주요 작품

오리게네스는 그리스도교 및 이교를 포함한 고대 사회의 저술가 가운데 가장 광범위한 주제를 다루었으며, 그에 걸맞은 수많은 저서를 집필했다. 히에로니무스의 증언에 따르면[《루피누스 저서 반박 변론》(Apologia adversus libros Rufini) 2,22] 그의 저서가 2천 권에 이른다고 한다. 하지만 세월에 따른 파괴와 '오리게네스 논쟁'의 여파로 많은 작품이 소실되었다. 그나마 전해지는 문헌 가운데 그리스어 원본은 얼마 없으며, 라틴어 번역본과 후대 저술가들이 인용한 단편들이 전해진다.

성경 관련 문헌

먼저 《헥사플라》(Hexapla, 육중역본)는 성경 주석을 위한 기초 작업으로 히브리어 원본에 가까운 번역본을 찾기 위한 교회 최초의 성경 문헌 비평 시도다. 오리게네스의 성경 해설 작품은 세 개의 범주로 나뉜다.

- **주해**(commentarii): 성경에 대한 '학문적' 해설로, 본문의 거의 모든 구절에 대해 문헌학적으로 접근해 들어가는, 광범위하면서도 깊이 있는 연구 논문적 성격의 작품이다. 교의적 주제 및 문자, 우의, 신비적 의미를 탐색한 내용을 담고 있다.

- **강해**(Homilia): 주해에 견주어 좀 더 대중적이며 교화를 목적으로 한 설교다. 역사가 소크라테스에 따르면[《교회사》(Historia ecclesiastca) 5,22], 카이사리아의 사제 오리게네스는 매주 수요일과 금요일에 강론했다고 한다. 그가 남긴 강해 가운데 오늘날까지 보존된 것은 300여 편이고, 대부분 루피누스와 히에로니무스의 라틴어 번역이 남아 있으며 그리스어 원본은 소수만 전해진다.

- **성경 발췌 주해(Scholia)**[264]: 성경 본문에서 특별히 관심이 있거나 해석이 어려운 구절에 대한 짧은 주석이다. 온전하게 전해지는 것은 없고, 후대의 성경 선집인 '카테네'(Catenae)와 《필로칼리아》(Philocalia)에 수록되어 단편으로 전해진다.

교의 관련 문헌

《원리론》(De principiis)은 220년경 알렉산드리아에서 집필된 작품으로 루피누스의 번역본으로만 온전히 전해졌다. 그리스도교 역사에서 최초의 '신학 논고'로, 근본적이면서 기초적인 교의는 물론, 이와 관련된 주제를 보다 심도 있게 사색하고 다각적으로 이해하려는 일종의 신학적 시도다. 그의 신학적 탐구의 출발점은 케리그마를 지탱하는 '신앙 규범'과 성경이었지만 인간 이성도 중요한 몫을 차지했다. 이 작품에 나타나는 오리게네스의 신학은 탄탄한 논리를 바탕으로 한 '조직적' 신학보다는, 다양한 의견을 수렴하여 일치시키려는 '종합적' 신학으로 평가된다.

그 밖에 《헤라클리데스와의 논쟁》(Disputatio cum Heracleida)으로 삼위일체, 그리스도론, 영혼과 피의 관계, 영혼의 불사성을 다룬 작품이 있으며, 소실된 《부활》(De resurrectione libri II)과 단편으로만 전해지는 《양탄자》(Stromata) 등이 있다.

---

264 '스콜리아'(scholia)는 그리스어 'scholion'(복수 'scholia')을 음차한 것으로, 고대 필사본의 여백에 한 메모를 지칭하며, 작자를 '스콜리아스타'라고 부른다. 이 장르는 특히 중세에 유행했으며, 고대 문헌학에 큰 영향을 끼쳤다.

영성 관련 문헌

《기도론》(De oratione)은 그리스도교의 가장 오래된 영성 신학 서적으로, 기도에 대한 일반론과 '주님의 기도'를 설명한다. 기도에 필요한 마음가짐, 올바른 자세, 적합한 장소 및 기도의 종류를 풀이한다. 기도는 단순히 청하는 것을 넘어, 하느님의 신성 안으로 들어가는 것이며, 자신의 의도에 따라 주님의 계획을 바꾸는 것이 아니라 그분의 뜻에 자신의 뜻을 맞추는 것이다. 《순교 권면》(Exhortation ad martyrium)은 친구 암브로시우스와 트로톡테투스를 향한 권고다. 오리게네스의 순교에 대한 열망이 고스란히 나타나며, 그리스 원어로 남아 있다.

호교론적 문헌

《켈수스 반박》(Contra Celsum)은 그리스어로 쓰인 그리스도교 호교서 중에서 가장 뛰어난 작품이다. 중기 플라톤주의자였던 켈수스의 그리스도교 논박서 《참된 가르침》에 대해 거의 모든 구절을 조직적으로 재반박했다. 이 문헌은 호교 목적 이외에도, 믿음을 경험하지 못한 이와 믿음이 약한 이들을 위한 책이기도 했다. 논박과 설득으로 구성된 이 문헌은 그리스도교가 헬레니즘과 만나면서 일어나는 충돌과 융합을 보여 주는 호교론의 전형으로 높이 평가받는다.

편지

오리게네스는 수많은 편지를 썼지만, 그리스어 원본 편지 두 통과 라틴어 번역 편지 한 통만 완본으로 전해진다. 먼저 《필로칼리아》에 수록된 《기적가 그레고리우스에게 보낸 편지》(Epistula ad Gregorium Thaumaturgum)에서 오리게네스는 그리스 철학의 유용함과 역할을 역설한다. 이 편지를 통해 '기도하는 사람'으로서의 오리게네스를 발견할 수 있다.

다른 편지인 《율리우스 아프리카누스에게 보낸 편지》(Epistula ad Iulium Africanum)는 다니엘서의 '수산나 이야기'가 정경 목록에 포함되는지를 질문한 율리우스에게 보낸 답장이다. 이 편지는 성경의 본문 비평과 문헌학이라는 관점에서 고대 교회가 얼마나 수준 높은 토론을 벌였는지를 드러내는 중요한 사료다.

라틴어로 번역되어 전해지는 《알렉산드리아의 친구들에게 보낸 편지》(Epistula ad quosdam caros suos Alexandriam)에서 오리게네스는 자신의 저서가 적대자들에 의해 위조되었다는 사실을 증명하면서 자신의 학적인 정당성을 변론했다.

3) 신학적 기여

"오리게네스는 고대 그리스도교에서 가장 문제적 인물이었다."[보시오(G. Bosio)]

오리게네스는 "성인으로 추앙받은 적이 없는 성인이며, 순교자로 인정받지 못한 순교자이고, 교회 학자로 불린 적이 없는 교

회 학자"였다[트라페(A. Trapè)].²⁶⁵

오리게네스의 사후부터 지금까지 이어지는 이른바 '오리게네스에 대한 논쟁'은 그의 사상은 물론, 인물됨에 이르기까지 상반된 평가를 내리고 있다. 그중에 가장 유명했고 첨예했던 논쟁은 3세기 말과 4세기 말에 벌어진 '오리게네스 논쟁'(controversie origeniste)이다. 특히 4세기에 촉발된 논쟁은 두 명의 라틴 출신 수도승, 루피누스와 히에로니무스 사이에서 일어나는데, 친구 사이에서 적으로 바뀔 정도로 이 둘의 논쟁이 과열되었다. 루피누스는 오리게네스의 옹호자이자 번역가로 머물렀고, 히에로니무스의 경우 처음에는 성경 주석에서 오리게네스를 적극적으로 지지했지만 점차 그의 신학적 의견에 반대하는 것을 넘어 혐오스러워하기까지 했다. 6세기에도 오리게네스는 여전히 치열한 논쟁의 중심에 있었다. 543년 유스티니아누스 황제는 오리게네스의 이론을 추종하는 모든 이를 단죄했다. 그 핵심적인 인물이 바로 폰투스의 에바그리우스였다. 이 결정은 553년 제2차 콘스탄티노폴리스 공의회의 공식 문서에 수록되었다.²⁶⁶

---

265 오리게네스 연구에서 가장 중요한 참고 서적으로 다음이 있다. A. Monaci Castagno (a cura di), *Origene. Dizionario. La cultura, il pensiero, le opere*, Città Nuova, Roma 2000. 출판되고 있는 오리게네스의 'Opera Omnia'도 있다.

266 일반적으로 그리스도의 영혼을 포함한 영혼의 선재설과 악마를 포함한 모든 영혼의 최종적인 구원을 의미하는 '최종적인 복원'(apocatastasis)이 오리게네스의 가르침이라고 생각한다(참조. Dz-H 403-411). 그러나 이것은 그의 신학적 가설로, 오리게네스는 이를 교의로 단정하지는 않았다.

4) 성경 주석가

오리게네스는 교부 시대에 가장 위대한 성경 주석가였다. 그는 성경을 문헌학적으로 접근한 최초의 연구자로서 문헌 비판을 통한 성경 원문을 찾으려 노력했다. 이를 위해 《헥사플라》(육중역본)라는 엄청난 작업을 시도했는데, 일종의 구약 성경 '시놉시스'(synopsis)다. 즉 모든 성경의 동일 구절을 6개의 란으로 나누어 비교하고 분석했다. 이 6개의 란에는 먼저 히브리어 성경과 이에 대한 그리스어 음역본을 실었으며, 세 번째부터 여섯 번째 란은 동일한 성경 구절에 대한 네 개의 그리스어 번역본을 차례로 대조했다. 순서는 아퀼라 역, 심마쿠스 역, 칠십인역, 테오도시우스 역이다. 오리게네스는 거의 모든 성경에 대해 주석과 스콜리아(성경 발췌 주해)와 강론을 했으며, 그 가운데 창세기, 탈출기, 민수기, 레위기, 시편, 아가, 마태오와 요한 복음서가 대표적이다. 그러나 이러한 작품 대다수가 소실되었고, 몇몇 단편들과 4~5세기에 번역된 라틴어본만 전해 내려온다.[267]

오리게네스는 《원리론》 제4권에서 자신의 성경 주석에 대한 방법론을 설명하는데, 그 가운데 핵심은 '성경은 무엇보다 성경으로 해석되어야 한다'는 원칙이다. 성경은 그 자체로 하나의 유기체와 같이 '한 몸'으로 전체를 이룬다는 생각에서였다. 이러한

---

267 과거에는 오리게네스의 알레고리적 성경 주석에 대해 부정적인 평가가 많았다(루터, 사이먼, 데니스, 페이, 하르낙). 그러나 현대에는 긍정적으로 바뀌고 있다(뤼박, 다니엘루, 한손).

성경의 단일성은 그것이 동일한 신적 영감에 의해 쓰인 것이기 때문이다. 오리게네스가 주장한 성경에 대한 영감설은 알렉산드리아 학파의 주석을 이해하기 위한 대전제다. 성경 저자들은 모두 동일한 로고스에 이끌려 기록했으며, 하느님의 신비에 대한 같은 영적인 체험에 기초했다. 따라서 저자들은 '글자'라는 상징적 도구를 다양하게 사용했지만, 그 내용은 동일한 구원 신비에 대한 진술이다. 오리게네스에게 '글자'는 로고스에 의해 주도된 성경 저자들이 체험한 영적인 내용을 눈에 보이도록 표현한 상징이었다. 이와 같은 이유로 모든 성경의 자구는 늘 주의 깊게 그 영적인 차원까지 염두에 두고 바라보아야 하는 것이다.

이러한 의미에서 성경은 '문자적'이며 '영적'인 의미를 담고 있고, 더 나아가 '윤리적'인 의미도 포함하고 있다고 오리게네스는 생각했다. 그에게 세 차원의 접근은 성경에만 적용되는 것이 아니라 성경을 읽는 독자에게까지 적용된다. 즉 성경에 육(자구적 의미), 혼(윤리적 의미), 영(영적 의미)이 있듯이, 독자도 세 부류로 구분된다. 성경의 자구에만 매달리는 '단순한 이들'(simplici), 윤리적인 가르침을 따르는 '진보자'(progrediti), 신적 실재를 깨달은 '완전한 이들'(perfecti)이 있는 것이다.

"성경을 올바르게 읽고 그 의미를 연구하는 방법은 다음과 같다. 그 방법은 성경이 가르치는 대로 읽고 연구하는 것이다. 솔로몬의 잠언(22,20-21 참조. 칠십인역)은 이에 대한 신적인 규정을 언급한다. '너에게 묻는 이들에게 진리의 말로 대답할 수 있도록 이것을 의지와 지성 안에 삼중으로 기술하라.' 따라서 성경 글자들의 의미를 자신의 마음 안에 삼중으로 기술해야 할 것이다. 단순한 자들은 성경의 '육'이라 불리는 것 즉, 명백한 의미에 의해 교화된다. 한편 어느 정도 진보한 이들은 이른바 성경의 '혼'에 의해 매혹된다. 다음으로 완전한 이들은 바오로 사도가 말한 이들과 비슷한 사람들이다. '우리는 완전한 이들 사이에서 지혜로운 것을 말합니다.'(1코린 2,6-7 참조) 이 완전한 사람들은 앞으로 일어날 좋은 것들의 그림자를 포함한 영적 율법을 향유한다. 이처럼 인간이 육과 혼과 영이라는 세 부분으로 구성된 것처럼 하느님께서 인간 구원을 위해 주신 성경도 마찬가지다."[268]

이러한 성경 본문과 독자 혹은 청자 사이의 관계는 고정적인 것이 아닌 역동적인 것으로 이해되어야 한다. 즉 독자나 청자는 완전함을 향한 영혼의 여정에 단계적으로 변모되기 위해 하느님의 말씀에 자신을 온전히 내어 맡겨야 한다. 이를 위해 영혼은 죄를 멀리하면서 점차 깨달음이 깊어지고 마침내 완전한 사랑 안에서 로고스를 충만히 '알게 된다(gnosis).' 따라서 오리게네스는 어떠한 성경 본문이든지 그것을 마주하면서 근본적인 두 가지 질문을 던지라고 가르친다. 첫 질문은 '무엇이 로고스의 가르침인가? 다른 말로, '자구적인 의미를 통해 드러나는 성령의 의도는 무엇인가?'다. 다음 질문은 '어떻게 하면 오늘을 사는 나에게

---

[268] 《원리론》 4,11.

이 가르침이 적용되는가?'다. 오리게네스에게 모든 성경은 '항상' 영적인 의미를 담고 있지만, 자구적 의미가 모두 역사적 실제를 드러내는 것은 아니었다. 실제로 어떤 성경 구절은 그것이 담은 상징적 표현이 아닌 역사적 실제로 접근하면 문제가 발생하게 되는 것이 있다. 예를 들어, 창세기의 첫 장을 들 수 있다. 이를 자구적으로 이해하려 한다면 어떻게 되겠는가?[269]

오리게네스에게 '글자'는 그 자체만으로는 '죽이는' 것이고, '영'은 생명을 선사하는 것이다. 성경의 '영적인 독서'(lectio divina)는 구약뿐만 아니라 신약 성경도 마찬가지다. 신약도 '육적'으로 읽으면 '율법'이 되지만, '영적'으로 읽으면 구약을 포함한 모든 성경이 '복음'이 되기 때문이다.

오리게네스에게 성격 주석은 매우 실제적이면서도 영적이었다. 성경은 한 영혼을 죄에서 치유하고 완전함으로 진보시키며, 마침내 영과 생명을 가르치는 로고스와 일치하게 한다.

마지막으로 오리게네스의 성경 주석이 행해진 상황과 환경을 기억해 두어야 한다. 성경의 독자나 청자는 로고스로부터 추상적인 가르침을 받는 이들이 아니었다. 강의실에서 이루어지는 로고스의 철학 수업이 아니라 교회 안에서 이루어지는 로고스의

---

[269] 오리게네스는 몇몇 성경 구절이 문자적으로 도저히 이해할 수 없다는 점을 지적하면서, 이것이 바로 숨겨진 영적인 의미를 역으로 드러내는 것이라고 주장했다. 그런데 문제는 오리게네스가 이러한 원리를 '몇몇 구절'만이 아니라 모든 성경 구절과 단어, 심지어 한 획까지 알레고리적으로 적용하는 데 있다.

생생한 가르침으로 교회의 성사와 전승을 통해 행해지는 가르침이었던 것이다. 바로 이러한 조건 속에서 성경 해석은 영지주의 이단이나 마르키온 이단처럼 분파적이며 왜곡된 자의적 해석에 빠지지 않을 수 있다.

"저는 교회의 사람이 되기를 바라고, 어떤 이단의 창시자가 아니라 세상에서 축복받는 그리스도의 이름으로 불리며, 이 이름을 지니길 바랍니다. 그리스도인이라고 불리는 것은 영에 따른 것이기보다는 행위에 따른 제 열망입니다. 그대(교회)의 오른손처럼 보이고, 사제의 명칭을 지닌 채 하느님의 말씀을 선포해야 하는 제가 교회의 가르침과 복음의 규칙을 혹시 위반하여, 그대, 곧 교회를 불쾌하게 했다면, 온 교회가 만장일치로 결정하여 저, 곧 그대의 오른손을 잘라 버리고 떨쳐 버리기 바랍니다."[270]

5) 신학자

《원리론》은 오리게네스의 신학을 가장 잘 알 수 있는 문헌으로, 앞서 언급한 논쟁에서 뜨거운 격론의 빌미가 되었다. 이 저서는 다양한 주제에 대한 오리게네스 신학을 종합하는 것이기는 하지만 체계적인 구조로 짜인 것은 아니다. 서언에서 오리게네스는 자신의 신학적 방법론을 개진하고, 1~3권은 하느님 성부와 성자와 성령에 관하여 언급할 것이며, 4권에서는 성경에 대한

---

270 《루카 복음 강해》(In Lucam homiliae), 16.

영감설과 주석의 원칙을 밝힌다고 언급했다. 그러나 아쉽게도 그리스어 원본은 조금밖에 남아 있지 않으며, 대부분 간접적인 전승으로 전해진다.[271] 《원리론》 전체가 오늘까지 통권으로 전해진 것은 루피누스가 라틴어로 번역한 것뿐이다.[272]

오리게네스의 작품을 읽을 때 주의할 점이 있다. 그의 작품이 체계적이며 조직적이지 않다는 것이다. 그는 체계적인 것을 중요시하는 논리가보다는 신비가에 더 어울리는 인물이었다. 그에게 하느님은 "불가해한 실재로서 당신을 다양한 방법으로 드러내신다. 이 때문에 어느 때에는 서로 상반되는 모습으로까지 보이기도 한다."[273] 이러한 점에 비추어 부활에 대한 오리게네스의 입장(육체의 부활 혹은 비육체적 부활?)이나 '아포카타스타시스'(apocatastasis)와 같은 신학적 의견을 피력할 때 나타나는 그의 애매모호한 입장을 조심스럽게 바라볼 필요가 있다.

6) 신학적 연구의 기준

오리게네스는 《원리론》의 서언에서 모든 신학적 담론이 올바르게 이루어지기 위한 기준을 제시했다. 학문으로서 신학의 제

---

[271] 바실리우스와 나지안주스의 그레고리우스의 《필로칼리아》(아름다움에 대한 사랑)는 그리스어 단편을 전해 준다.
[272] 그리스어 원본 그대로 전해지는 문헌은 다음과 같다. 수덕 신비 작품으로 《기도론》과 《순교 권면》, 호교론 《켈수스 반박》이 있다.
[273] H. Crouzel, Origene, Borla, Roma 1986, 241.

1원천은 "그리스도의 말씀과 그분의 가르침"인 성경이라고 밝힌다. 그런데 이 말씀은 육을 취하신 다음에 언급했던 복음서가 전하는 예수의 말씀뿐만이 아니라 그 이전에 그분이 행하신 모든 말씀을 포함한다.

또 다른 신학의 원천에 대해서도 오리게네스는 이야기한다. "예수 그리스도에 대한 믿음을 고백하는 이들 가운데 아주 작고 사소한 문제들뿐만 아니라 매우 크고 중요한 문제에 관해서 의견의 일치를 이루지 못하고 있다. 예를 들어, 하느님이나 우리 주 예수 그리스도나 성령에 관한 문제뿐만 아니라 다른 사안에 관한 것들이다." 이처럼 신앙에 관련된 "올바른 생각을 가지고 있다고 주장하는 사람들이 많지만 그들 가운데 몇몇은 이전 시대의 그리스도인들과 의견이 어긋난다." 먼저 "이러한 모든 문제에 대해 믿을 만하고 정확한 신앙 규범을 세우는 것이 필요하다." 이를 위해 "합법적인 서품에 의해 사도로부터 계승되어온 교회의 가르침(kerygma)이 오늘의 교회에까지 보존되어야만 한다. 따라서 교회 전통과 사도 전통에 한 치의 어긋남도 없는 신앙의 조목만을 받아들여야 할 것이다."

여기서 오리게네스는 신앙의 대상과 신학의 대상을 구분한다. 즉 세례성사 때 고백하는 믿음의 항목과 같은 사도적 '선포의 내용', 이러한 신앙의 내용에 대한 여러 의견 또는 깊이 있는 설명을 시도하는 '신학적 내용'은 구분되어야 한다는 것이다. 그는 성령에 대해 비슷한 예로 설명한다. 우선 성령께서는 "영예와 존엄에 있어서 성부와 성자와 일치하신다"는 사도적 전통에 따른 불변의 신앙 내용을 확인한 다음, 이어서 성령과 관련된 '신학적' 질문을 제기한다. "성령께서는 나셨는지 나시지 않으셨는지, 그분을 하느님의 아들로 여겨야 하는지 말아야 하는지"는 명확하게 드러나지 않았다는 것이다. 따라서 "이러한 문제들은 가능한 한 성경을 바탕으로 면밀하게 검토하여 해결되어야 한다."라고 이야기한다.

오리게네스는 이와 유사한 신학적 논의의 대상을 열거한다. 개인의 종말, 자유의지, 영혼의 기원, 악마의 존재 여부와 그 본성, 세상 창조 이전과 이 세상이 소멸된 이후의 문제, 성경의 영감설과 영적인 의미, 하느님의 비육체성에 관한 문제, 천사의 창조와 그 본성, 해·달·별의 영혼 유무 등이 있다.

오리게네스는 이러한 의문에 대한 대답이 어쩔 수 없이 신학적 가설임을 인정했다. 이러한 답이 움직일 수 없는 해답일 수 없으며, 성경을 통해 좀 더 나은 해석이나 합리적 설명이 나오게 되면 언제든지 수정할 여지가 있다는 것이다.

얼핏 보면 오리게네스의 신학적 제안은 매우 대담하거나 혁신적일 수 있다. 그러나 실제로 그의 신학은 교회의 신앙에 깊이 뿌리를 내리고 있다. 이러한 오리게네스의 상충된 모습은 어쩌면 다음과 같은 자기 인식에 바탕을 둔 것이라고 할 수 있다. 먼저 그는 그리스도교가 무식한 이들의 종교라고 비난하는 이교 식자층과 영지주의자들의 공격을 방어하는 것을 자신의 의무로 여기면서 그리스도교의 가르침을 이성적으로 설명하려 했다. 그러나 한편으로는 신학자로서의 자신의 임무가 어느 정도 제한되어 있음을 인정했다. 신학적 상상의 날개를 무한히 펼 수는 없다는 것이다. "우리가 비록 서투르기는 해도 예수 그리스도를 믿으며, 그분의 제자가 되었음을 영광으로 여기기 때문에 감히 다음과 같이 말할 수는 없다. '우리에게 거룩한 책들 안에 수록된 내용이 전해졌는데, 이 모든 것을 그 어떠한 모호함 없이 우리는 모두 알고 있다.' …… 이러한 이유 때문에 우리는 사도들이 선포한 것처럼 확신에 차서 확언할 수 없다. 우리의 한계를 넘어서는 이러한 엄청난 실제들에 관해 무지하다는 사실을 모르지 않기 때문이다."[274]

비록 지금의 시대와는 상당히 다른 신학과 성경 주석일지라도 오리게네스는 오늘날에도 큰 의미로 다가온다. 그가 남긴 작품을 읽으면, 예수에 대한 인격적인 애정과 그리스도교의 스승으로서의 무거운 책무에서 비롯된 교부의 고뇌를 느낄 수 있다. 인간 지성에 대한 겸손하면서도 열정에 넘치는 오리게네스의 모습은 오늘을 살아가는 모든 이에게 훌륭한 귀감이 된다.

---

[274] 《창세기 주해》(Commentarii in Genesim), PG 17,544 BC.

4. 신학적 반성: 알렉산드리아와 아시아 신학의 비교

알렉산드리아에서 시작된 성경에 대한 신학적 접근을 이해하기 위해서는 '아시아 신학'으로 불리는 기존의 전통적 신학과 비교할 필요가 있다. 여기서 아시아 신학은 소아시아와 안티오키아를 중심으로 퍼져 나간 신학으로서 이레네우스, 테르툴리아누스, 히폴리투스 같은 저술가를 통해 드러난 신학적 경향이다.

1) 성경 주석의 차이

아시아 신학은 성경에 드러난 계시를 스토아 철학의 영향 아래 문자적이며 실재론적으로 해석했다. 반면 알렉산드리아 학파는 플라톤 철학의 영향 아래 계시된 메시지를 추상적이며 영적으로 해석했다. 따라서 아시아 신학은 '구원 역사'(historia salutis)의 문맥에서 성경을 주석했으며, 성경에 대한 이 입장은 '문자적이며 역사적'인 접근과 함께 그리스도와 교회에 대한 '예형론적'(typologica)인 주석으로 나타났다. 성경에 대한 아시아 신학의 예형론적 주석은 '우의론적'(allegorica)인 해석으로도 발전하는데, 아시아 신학에서 우의론은 알렉산드리아 학파와 차이를 보인다. 오리게네스를 통해 보았듯이, 알렉산드리아 학파에게 성경은 '늘' 영적인 의미를 담고 있기에 모든 구절을 '우의적'으로 해석해야 했지만, 아시아 신학에게 우의적 해석은 예외적인 구절에 국한되었다.

성경에 대한 이 해석 차이에서 가장 극명히 드러나는 신학적 주제는 종말론에서 나타났다. 아시아 신학은 결정적 세상 종말에 앞서 죽은 이들의 부활이 '실재적인 사건'이 될 것이라고 주장했다. 즉 그리스도의 재림과 함께 부활한 의인들은 '이 세상'에서 천 년을 다스린 후, 최종적 종말이 벌어진다고 했다. 이 입장은 요한 묵시록과 예언서를 철저하게 '문자적'으로 해석한 결과였다. 반면에 알렉산드리아 학파에게 부활은 '영적인 사건'으로, 그들은 종말론에 관련된 모든 주제를 영적으로 해석했기에 아시아 신학의 천년 왕국설(millenarismus/chiliasmus)을 받아들일 수 없었다.

2) 삼위일체론과 용어의 차이

아시아 신학은 삼위일체 신앙을 표현하는 데 철학적인 용어나 개념보다는 '신앙 규범'에 근거했다. 유일한 예외는 '로고스'(Logos)인데, 이 개념도 성경에 있는 표현이었다. 이러한 이유로 아시아 신학은 삼위일체에 대한 올바른 신학적 언표를 하는 데 어려움을 겪었고, 그 바탕에는 유일신 신앙에 흠집을 낼 수 있다는 우려가 있었다. 앞서 보았듯이, 테르툴리아누스는 이 약점을 보완하려 했지만, 그의 신학 용어는 스토아 철학이 지닌 한계를 넘지 못했다. 대표적 예로 '페르소나'(persona)라는 개념은 삼위일체 신학에 중요하게 적용되었지만, 테르툴리아누스에게 이 용어는 '인격/위격'이라는 의미보다 '품성/품격'(personaggio)의 수준이었다. 즉 삼위의 주체적 실존을 드러내는 '위격'이라는 의미보다는 단일한 신적 존재의 구분되는 속성 정도로 그 의미가 삼위의 구별을 명백히 드러내지 못했다. 반면 알렉산드리아의 삼위일체론에서 사용되는 '휘포스타시스'(hypostasis)는 본래 영지주의에서 파생된 용어로, 라틴어는 이 단어를 '수브-스탄티아'(sub-stantia)로 번역할 정도로 삼위의 구체적인 구별을 강하게 표현했다. 삼위일체론에서 중요한 용어인 휘포스타시스는 하느님의 '일체성'보다는 '구별성'을 강조하는 알렉산드리아 신학의 대표적인 용어가 되었다. 그러나 이와 같은 알렉산드리아의 삼위일체에 대한 전망은 '종속론'에 빠질 위험성을 내포하기도 했다.

3) 그리스도론과 관련된 차이

아시아 신학은 그리스도를 '중개자'로서 바라보며, 그분의 수난과 부활 같은 인간적 실재에 초점을 맞추었다. 결과적으로 이러한 그리스도론은 성사, 특히 성체성사의 실재성을 강조하며 교회의 중개적 역할을 부각했다. 이러한 경향과 정반대의 입장이 알렉산드리아 학파에서 발견된다. 알렉산드리아의 신학은 가시적인 영역보다는 비가시적 영역에 비중을 두었다. 그리스도의 인간성보다는 그리스도의 신성 즉, '그리스도-로고스'에 초점을 맞추었으며, 교회론의 경우에도 교회의 제도적이며 성사적인 모습보다는 신비적인 측면을 강조했다.

4) 인간학적 차이

아시아 신학에서 인간은 '하느님의 모상'으로 하느님에 의해

'영혼과 육신'으로 '빚어진' 존재다. 따라서 이들은 창세기 1장 27절("하느님께서 인간을 당신의 모상과 유사함으로 창조하셨다.")과 창세기 2장 7절("하느님께서 흙으로 인간을 빚으셨다.")을 따로 떼어 보지 않았다. 반면 알렉산드리아 학파는 인간의 '이중 창조'를 주장한다. 먼저 하느님께서는 인간을 '모상'대로 창조하셨는데(창세 1,27 참조), 이는 인간의 영적인 측면과 연관된 것으로 인간의 '로고스'(logos)에 해당하는 부분이다. 그다음 흙으로 인간이 빚어졌는데(창세 2,7 참조), 이는 인간의 육과 연관된 것으로 인간이 동물들과 가지는 공통적인 부분이다. '빚어진' 육은 비이성적인 특징으로 비육체적 본성을 지닌 하느님의 '모상'에 속하는 것이 아니라는 입장이다.

알렉산드리아 학파의 신학은 4세기에 접어들면서 카파도키아의 교부들에 의해 수정되고 보완된다. 아울러 이러한 플라톤적 신학 경향은 아우구스티누스를 통해 다시금 정교하게 다듬어진다. 반면에 아시아 신학은 "안티오키아에서 성경 주석과 그리스도론 영역에 생명력을 지니고 계속될 것이다. 특히 4세기 말과 5세기 초 안티오키아 학파를 통해 '흙으로 빚어진 인간성'(humus)이 지니는 신학적 의미가 성경 주석은 물론, 그리스도론 안에서 더욱 깊어질 것이다."[275]

---

275 참조. M. Simonetti, "Asiatica (cultura)", in DPAC I, 414-416.

제7장

콘스탄티누스의 제국과 교회: 니케아 공의회와 아리우스 이단

4세기 초반은 교회와 신학의 역사에서 가장 중요한 변곡점이었다. 디오클레티아누스 황제의 마지막 박해(302~311년)가 끝나고 콘스탄티누스 황제의 밀라노 칙령(313년)이 반포되면서 교회에 평화가 도래했다. 4세기 말에 가서는 테오도시우스 황제에 의해 그리스도교가 로마의 국교가 된다(380년). '법적으로 승인된 종교'(religio licita)를 넘어 황제의 보호를 받는 종교가 된 것이다.[276] 박해받던 신자들은 교회의 승리를 체감하면서 이 땅 위에 그리스도의 왕국이 현실화될 것이라고 여겼다.

물론 아직까지 그리스-로마 철학과 종교에 매달리던 이들의 저항이 있었으며, 이에 대한 강력한 호교론이 필요했다. 그러나

---

276 콘스탄티누스 황제는 교회를 후원하면서도 정작 자신은 죽을 때가 되어서야 (337년) 세례를 받았다.

이미 명실상부한 사회의 중심 제도로 자리매김한 그리스도교는 두드러지게 성장했으며, 그리스도교의 영향력은 로마 제국의 주변부까지 확산되었다.

한편 그리스도교의 외형적 성장이라는 긍정적인 변화만큼 부정적인 측면도 나타난다. 수많은 이들의 입교로 그리스도인들이 늘어난 반면, 교회 구성원의 영적인 수준이 저하된 것이다. 그리스도교에 입문하는 이들 가운데 새롭게 변화된 환경에서 세속적 이득을 위해 찾아온 사람들도 있었다. 또한 몇몇 교회 지도자들 중에는 출세지향주의에 빠져 좀 더 중요한 직무를 맡기를 바라거나 분파주의에 물들기도 했다.

4세기의 신학은 치열한 교의 논쟁을 거치면서 교회 전반에 걸쳐 큰 영향을 미쳤다. 동방 교회에서 신학 논쟁을 야기한 대표적인 예로 아리우스 이단이 있으며, 서방에는 도나투스파 열교와 펠라기우스 이단 등이 있다. 또한 아리우스 이단의 연장선상에서 360~380년 사이에 벌어진 성령에 관한 신학 논쟁도 빼놓을 수 없는 중요한 사건이다. 370년 라오디케이아의 아폴리나리우스에 의해 제기된 그리스도론 논쟁은 5세기에 벌어질 네스토리우스와 에우티케스 이단 논쟁의 예고편이 되었다.

이처럼 4세기는 그동안에 수면 아래 있던 신학과 교회 생활과 관련된 주요 문제가 화제로 떠올랐으며, 이에 대한 수많은 의견이 충돌하면서 오류가 밝혀지는 동시에 정리되는 시기이기도 했다. 많은 이단이 생긴 만큼 이를 바로 잡던 위대한 신앙의 스승과 주교들이 등장한 교부학의 황금기였다. 이 무렵에 열린 '공의회'는 의견 충돌과 불목을 고르는 중요한 역할을 했다. 이 시기에 개최된 4대 보편 공의회, 즉 325년 니케아, 381년 콘스탄티노폴리스 공의회에서는 삼위일체론이 주요 의제였으며, 431년 에페소, 451년 칼케돈 공의회는 그리스도론을 다루었다.

한편, 교회에 복음 정신을 각성시키는 자극제로서 일어난 수도 생활 운동도 이 시기에 주목해야 할 사건이다. 수도 생활의 자발적 현상은 초기에는 미미한 평신도 운동으로 시작되었지만, 점차 전 교회에 큰 영향을 끼치게 되었다. 아울러 수도자 중에 많은 주교와 학자들이 배출되면서 수도 신학뿐만 아니라 그리스도교 영성에 지대한 발전을 가져오게 된다.[277]

1. 4세기의 호교론

1) 아르노비우스

아프리카 태생의 아르노비우스는 수사학 학자이자 교사였지만 295~296년경 그리스도교로 귀의했다. 세례를 통한 인생의 극적인 전환은 일곱 권으로 된 저서 《이교인 반박》(Adversus nationes)에 자세히 묘사되어 있다. 호교론적이면서도 논쟁적인 이 작

---

[277] 이에 대해서는 제3부 제2장 '수도 생활에 관한 문헌'에서 다룰 것이다.

품을 통해, 아르노비우스는 이교인들이 그리스도인들을 향해 제기한 고발에 대해 변론하면서 이교인들의 종교에 나타나는 오류와 모순을 비판했다. 그런데 그는 호교론을 펼치면서 그 근거를 성경이나 그리스도교의 교의에 두지 않고 인간의 합리적 사고에 두었다. 이러한 이유로 아르노비우스의 작품은 그리스도교 교의에 대한 문제점을 일부 안고 있다. 예를 들어, 영혼에 육체성이 깃들어 있다고 하거나, 인간 영혼은 본래 사멸하지만 선한 삶을 산 사람들만 하느님의 특별한 은총으로 불멸하게 된다고 설명했다. 아울러 그리스도에 관한 가르침에도 약간의 문제를 내포하고 있다. 즉, 그리스도를 하느님보다 하위의 존재처럼 묘사하는, 일종의 종속론적 성향을 보여 주었다. 이러한 점에 비추어 볼 때, 4세기 초까지도 그리스도교의 기본 교의가 교회 안에서조차 명확하게 정리되지 않았음을 알 수 있다. 아르노비우스는 327년경 사망했다.

2) 락탄티우스

히에로니무스에 따르면 락탄티우스는 아르노비우스의 제자로서 아프리카의 이교 가정에서 250년경에 태어났다. 디오클레티아누스 황제는 로마의 새로운 수도인 니코메디아의 수사학 학교 교수로 락탄티우스를 발탁했지만, 305~306년 대박해가 발발할 즈음 세례를 받음으로써 락탄티우스는 세속의 직분을 내려놓았다. 그러나 313년 밀라노 칙령이 반포된 이후, 317년 콘스탄티누스 황제는 그를 다시 궁정의 교사로 임명했고 이전에 제자였던 황제의 아들 크리스푸스의 스승이 되었다.

락탄티우스는 '그리스도교의 키케로'라 불릴 정도로 이교 인문주의자들에게 인정받은 대단한 지성의 소유자이며 문장가였다. 《하느님의 작품》(De opificio Dei)은 인간 완성을 하느님 섭리의 열매로 소개했고, 일곱 권으로 구성된 대표작 《거룩한 가르침》(Divinae Institutiones)은 이교인들의 허황된 비방에 맞서 그리스도교 신앙이 합리적이라는 근거를 깊이 있게 조명했다. 이 작품에서 특별히 강조된 주제에는 하느님의 유일성, 악마론, 육화, 구원, 하느님께 대한 올바른 경신례, 종말 이후의 삶 등이 있다. 락탄티우스는 이러한 주제를 엮음으로써 그리스도교에 대한 체계적이며 종합적인 설명을 할 계획이었지만, 후대의 평가는 그리 후하지 못했다. 이 작품은 신학적으로 독창적이거나 예리함이 없는 일반 대중을 상대로 한 윤리적 접근이었으며, 덕을 찬양하지만 이것을 얻는 데 있어 하느님의 은총을 소홀히 다룬 측면이 있다. 즉 자연적 덕행과 은총의 관계에 관한 설명이 부족했으며, 신앙을 강조하면서도 그리스도의 구속 행위에 대한 신학적 의미를 충분하게 설명하지 못했다. 아마도 그리스도교 진리의 가치를 적극적으로 설명하는 것보다 이교인들의 공박을 변호해야만 했기 때문일 수도 있다. 이 작품의 주제는 나중에 《거룩한 가르침 개요》(Epitome Divinarum Institutionum)에 등장하는데, 이 문헌은 단순한 '요약'이 아니라 거의 새로운 작품이라고 할 만큼 수정되고 보완된 것이었다. 그 밖의 다른 저서로는 《하느님의 진노》(De ira Dei), 《박해자들의 죽음》(De mortibus persecutorum)이 있는데, 여기서 그는 교회를 박해했던 이들의 참혹한 죽음이 이 세상에서 하느님의 정의가 실현되는 것이라고 설명했다. 락탄티우스는 아시아 신학의 특징인 '천년 왕국설'을 주장했으며, 그의 그리스도론은 종속론적 경향을 띠었다.

락탄티우스는 스승 아르노비우스와 마찬가지로 해박한 철학 지식과 문장력에 비해 신학적으로는 커다란 족적을 남길 만큼의 깊이는 없었다. 아직 그리스도교 교의가 정립되지 않았다는 반증을 4세기 초의 호교론자들이 보여 주는 것으로 생각할 수 있다. 히에로니무스의 말은 당시 호교론의 신학적 약점을 고스란히 전해 준다. "상대방을 논박하는 그 논리만큼 우리 고유의 것을 분명하게 밝혔더라면 얼마나 좋았겠는가!"

2. 카이사리아의 에우세비우스

1) 생애

263년경 팔레스티나에서 태어난 에우세비우스는 주로 카이사리아에서 인문학적 소양과 신학을 연마했다. 카이사리아에는 오리게네스가 세운 도서관이 있었고, 그의 제자 팜필루스가 스승의 뒤를 이어 학문의 요람을 지켰다. 에우세비우스는 이러한 환경 속에서 학문적 이론과 신학을 수학했다. 303~310년에 불어닥친 디오클레티아누스 황제의 박해는 그에게 큰 영향을 끼쳤는데, 그의 스승이 광풍의 희생물이 되었던 것이다. 313년 에우세비우스가 카이사리아의 주교로 선출되던 해는 콘스탄티누스 황제의 밀라노 칙령이 반포된 해이기도 했다. 그는 이 모든 것이 하느님의 섭리에 의한 것이라는 강한 믿음을 가지고 있었다. 325년 니케아 공의회에 참석한 에우세비우스는 마지못해 공의회의 신경에 서명하기는 했지만, 머지않아 아타나시우스를 필두로 한 니케아 신경을 지지하는 세력과 대척하게 된다. 교회적, 정치적으로 매우 혼란한 시기에 에우세비우스는 탁월한 정치적 수완으로 황실에 드나들면서 콘스탄티누스 황제의 공식적인 대중 연설가로 활약하다가 339년 사망했다.

2) 주요 작품과 신학적 기여

에우세비우스가 남긴 작품을 보면 그의 폭넓은 문화적 소양과 식견을 추정할 수 있다. 특히 《복음의 준비》(Praeparatio evangelica)나 《복음의 논증》(Demonstratio evangelica)과 같은 호교론서는 물론이고 《교회사》(Historia ecclesiastica), 《팔레스티나 순교자들》(De martyribus Palaestinae)과 같은 역사서에도 다방면에 걸친 그의 지식이 드러난다. 에우세비우스가 남긴 여러 작품은 한계와 약점을 지니고 있음에도 초세기 교회의 역사, 문화 및 여러 저술가에 대한 정보를 제공한다는 점에서 중요한 가치를 지닌다.

에우세비우스의 삼위일체론은 오리게네스의 신학적 면모를 물씬 풍기면서도 극히 헬레니즘적인 요소로 단순화되었다고 볼 수 있다. 그에게 성부는 최고신으로 '창조되지 않은 존재'인 반면, 성자는 성부의 로고스로서 '제2의 하느님'처럼 보이며, 마찬가지로 성령은 '창조된 은총'으로 여겼다. 에우세비우스는 극단적인 아리아니즘을 배격하기는 했지만, 니케아의 '동일 본질'(homoousios)에 대해서는 사벨리아니즘의 위험이 도사리고 있다고 생각하여 받아들이기를 주저했다. 즉 안키라의 마르켈루스와 같이 동일 본질 개념을 양태론적으로 해석하기를 꺼려한 것이다. 에우세비우스의 이러한 생각은 《마르켈루스 반박》(Contra Marcellum)과 《교회 신학》(De ecclesiastica theologia)을 통해 피력되었다. 마르켈루스의 작품들은 단편으로만 전해지지만, 이 부분적인 정보만으로도 삼위일체에 대한 그의 생각이 사벨리아니즘에 기울었음을 쉽게 알 수 있다.

그리스도론에 대해 에우세비우스는 육화한 로고스를 진리의 스승으로 여기는 한편, 그리스도의 인간적 본성에 대해서는 모호한 입장에 서 있었다. 또한 이콘과 성화상 공경에 대해서도 부정적인 입장을 취한 것처럼 보이는데, 이에 대해서는 《콘스탄티아 황후에게 보낸 편지》(Epistula ad Constantiam Augustam)에서 확인할 수 있다.

3. 알렉산드리아의 아타나시우스

1) 생애

295년경 태어난 아타나시우스는 325년 알렉산데르 주교를 보좌하는 부제로서 니케아 공의회에 참석했고, 328년에는 알렉산드리아의 주교가 되었다. 주교좌 착좌와 함께 황실을 등에 업은 아리우스주의자들에 의해 유배를 떠났던 그는 45년간 교구장 재임 중 다섯 차례의 유배(약 17년)를 가게 된다. 첫 번째 유배지는 트리어였고, 두 번째는 로마였다. 나머지 세 차례는 이집트 사막이었고 그곳에서 수도승들의 도움을 받았다. 아타나시우스는 니케아의 결정을 따르는 이들에게는 적극적으로 지지를 받았지만, 황실과 밀접한 관계에 있었던 반(反)니케아파에게는 '반대받는 표징'이었다. 굽히지 않는 확신으로 아리우스 이단을 막는 데 혼신을 다한 대가는 혹독했다. 타협을 모르는 아타나시우스의 모습은 아리우스 이단이 그리스도교 신앙의 본질을 위협한다는 판단 때문에 나타난 것이다. 한편 아타나시우스를 고발한 부류의 지적이 그 자체로는 옳다고 할 수 없지만, 터무니없는 것은 아니었다. 예를 들어 아타나시우스는 안키라의 마르켈루스에 의해 주도된 사벨리아니즘의 위험을 민감하게 받아들이지 않았고, 아폴리나리우스의 그리스도론에 관한 견해에도 강력하게 반대하지 않았다. 그의 유일한 주적은 아리우스 이단뿐이었던 것이다. 373년 5월 2일 그는 자신의 교구에서 천상 탄일을 맞이했다.

2) 주요 작품과 신학적 기여

전례와 관련된 《축일 서간집》(Epistulae festales)은 알렉산드리아의 주교가 통상적으로 당해 연도 파스카 날짜를 공지하는 문서로, 그중에 367년에 쓴 '39번째 서간'은 27권 신약 정경 목록을 처음으로 기록한 교부 문헌으로 유명하다.

성경과 직접적으로 연관이 있는 문헌은 비교적 드물지만, 《마르켈리누스에게 보낸 편지》(Epistula ad Marcellinum)는 시편에 대한 해석을 다루고 《시편 해설》(Expositiones in psalmos)은 단편으로 전해진다.

《이교인 반박 연설》(Oratio contra gentes)과 《말씀의 육화에 관한 연설》(Oratio de incarnatione Verbi)은 아타나시우스의 청년기 혹은 주교 서품 직후에 쓰인 것으로 보이며, 이 시기에 아타나시우스는 교의적 논쟁에 휩싸이지 않으려 했던 것으로 추정된다. 이 두 작품 외 대부분의 작품은 반(反)아리아니즘 성향의 논쟁적 저술로 《아리우스파 반박 변론》(Apologia contra Arianos), 《니케아 공의회 교령》(De decretis Nicaenae synodi), 《아리우스파 이야기》(Historia Arianorum), 《이탈리아의 리미니와 이사우리아의 셀레우키아 교회 회의에 관한 편지》(Epistula de synodis Arimini in Italia et Seleucia in lsauria celebratis) 등이 있으며, 이 밖에 자신의 신학적 지향과 태도를 변호하기 위한 '호교적' 문헌들이 있다.

성령의 신성에 대한 작품으로는 《세라피온에게 보낸 편지》(Epistula ad Serapionem)가 있는데, 360년경에 쓰인 이 문헌은 삼위의 세 번째 위격인 성령에 관한 여러 가지 오류를 지적하면서 자신의 성령론을 피력한다.

한편,《안토니우스의 생애》(Vita Antonii)는 후대의 수도 신학과 영성에 지대한 영향을 끼쳤다. 이 문헌은 안토니우스의 삶을 통해 수도승의 이상적인 모습을 제시하려는 의도로 집필되었다.

알렉산드리아의 신학 전통과 연관하여 아타나시우스를 평가하자면, 그를 열정적인 '오리게네스주의자'라고 할 수는 없다. 그의 신학 작품은 사색의 결과물이라기보다는 사목적인 측면이 매우 강하고, 목자로서 신앙을 올바르게 전수해야 한다는 사명에서 비롯된 교리교육적 시각에서 집필된 것이다.

3) 아리우스 이단과 성삼위

아타나시우스의 삼위일체에 대한 신학적 의견은 철저하게 아리아니즘을 논박하는 것과 연관되어 있다. 그러나 오늘날에는 아리우스의 삼위일체에 대한 주장을 정확하게 알 수 없다. 아리우스의 거의 모든 저서가 소실되었기 때문이다. 그럼에도 간접적으로 전해지는 문헌의 정보를 종합하여 하느님에 대한 아리우스의 생각을 한마디로 표현하면, 하느님은 세상 만물을 창조하신 유일한 원리로서 오직 '한 분'이어야 한다는 것이다. 세상 만물이라 함은 세상뿐만 아니라 성자와 성령도 포함한다. 물론 아주 특별한 방법으로 창조되었다고는 하지만 이 두 위격 역시 '피조물'이라는 것이다. 아리우스에 따르면 '제네라티오'(generatio, 낳음 받음)라는 말이 하느님께는 적용될 수 없다. 그에게 '제네라티오'는 곧 '크레아티오'(creatio, 창조됨)와 동의어이기 때문이다. 따라서 두 번째 위격인 로고스(말씀)는 하느님에 의해 직접 피조된 첫 번째 존재로서, 하느님 아버지는 그를 마치 도구처럼 사용하여 세상을 창조하신 것이라고 주장했다. 그렇기에 로고스는 '무로부터(ex nihilo) 창조된' 피조물로, 성부에 종속되는 하위적 존재라는 결론에 다다른다. 물론 로고스는 다른 피조물과는 비교할 수 없는 '신적' 존재인 것은 확실하다. 그러나 두 번째 위격은 성부에 대한 충실한 순명으로 인해 '하느님'이라는 존엄을 가지기는 하지만, 어디까지나 '본성'에 의한 하느님의 아들이 아닌 '입양된' 아들로 '참하느님'(alethinos Theos)이 아니다. 그는 성부처럼 '영원'한 존재가 아니라 '없었던 때가 있었기 때문이다.'

아리우스와 아리우스 이단의 주장은 그리스 철학의 로고스에 대한 이해와 관련이 깊다. 그리스적 사고 안에 로고스는 철저하게 우주론적인 의미만 있을 뿐이다. 즉 세상을 창조하고 조정하는 편재 원리로서의 로고스 개념인 것이다. 여기서 로고스는 자신이 창조한 피조물과는 구별되는 '신적' 존재이지만, 어디까지나 우주의 유일한 근본 원리인 성부와 피조된 세상 사이의 매개자로서 '두 번째 하느님'일 뿐이다.

아리우스의 이 주장은 일찍이 아타나시우스의 전임 주교였던 알렉산데르 주교와 니케아 공의회에 의해 단죄받는다. 니케아 공의회는 아리우스와 그의 추종자들을 겨냥하여 그들이 결코 받아들일 수 없는 신앙 고백문을 작성하는 동시에 다양한 신학적 입장에는 공감을 얻어야 했다. 여기서 삼위일체론에 관련된 두 신학적 입장이 있는데, 먼저 삼위의 구분에 중점을 둔 알렉산드리아 학파의 신학적 경향이 있다. 이 신학적 전통은 삼위의 실재적 구별을 강조하는 단어인 '휘포스타시스'(hypostasis)를 주로 사용했는데, 이러한 태도는 '종속론'에 빠질 위험을 안고 있었다. 다음으로 주로 아시아와 서방 교회에 나타나는 하느님의 유일성을 강조하는 신학적 경향이다. 이 태도 역시 위험성을 내포하는데, 바로 삼위의 구별이 없는 일체성만 강조함으로써 '양태론'에 기울어질 수 있었다. 니케아는 이 두 입장을 모두 납득시키는 동시에 아리우스를 단죄하는 데 꼭 들어맞는 결정을 내려야 했다.

4) 니케아의 '호모우시오스'에 대한 해석

공의회는 성자를 "창조되지 않고 나시어 성부와 동일 본질"(homoousios)로 규정하는 신앙 고백문을 채택했다. 즉 성자는 성부와 '우시아'(ousis, 본질/본성)가 '같다'는 것인데, 문제는 파문문에 '우시아'와 '휘포스타시스'를 거의 동의어로 여겼다는 점이다. 그런데 이러한 결정을 세 휘포스타시스의 구별을 강조하는 입장에서 보면, 니케아 신경은 성자와 성부 사이에 위격적 구별을 하지 않는 '동일한 휘포스타시스(위격)'라는 뜻으로 비칠 수 있었다. 이와 같은 차원에서 니케아 공의회는 '우시아'와 '휘포스타시스'의 정확한 신학적 의미를 구별하지 못했다고 할 수 있다.

바로 이 이유로 이 고백문은 그 누구에게도 환영받을 수 없는 신경이 되었다. 아리우스 이단은 물론, 알렉산드리아의 신학적 전통을 고수하는 이들에게 이 고백문은 '양태론'이나 '사벨리아니즘'의 주장과 다르지 않았다. '유일한 휘포스타시스 = 유일한 우시아'의 논리로 보면 세 휘포스타시스의 구별이 사라져 버리기 때문이다. 니케아 신경은 결국 아리우스만을 파문했을 뿐, 새롭고 복잡한 논쟁의 시작을 알리는 신호탄이 되고 말았다.

5) 아타나시우스의 해법

아타나시우스는 이러한 상황을 파악하고 있었기에, 이를 해결하기 위해 삼위일체 신비를 설명함에 있어서 철학적이며 기술적인 개념을 차용하지 않고, 가능한 한 성경을 근거로 삼으려 했다. 따라서 그는 '휘포스타시스'라는 용어를 한 번도 사용하지 않았으며, 심지어 '호모우시오스'라는 니케아의 핵심 개념도 오랫동안 피했다. 그럼에도 그에게 '호모우시오스'는 정통 신학을 가리는 표지와도 같았기에, 이 개념을 지키기 위해 노력하는 동시에 올바른 해석을 시도했다. 이 개념은 말 그대로 '동일한 본질/본체'를 의미했지만 여러 가지 해석이 가능했다. 먼저 영지주의 이단에서 등장하는 아이온들의 '유출'(emanatio)처럼 동일한 본질로부터 차등적으로 분리 구별된다는 뜻이 될 수 있으며, 반면에 테르툴리아누스적인 시각에서는 태양과 그 광채처럼 구체적인 구별이 어려운 동일한 실재 내지 동일 본체로 여겨질 수도 있다.

아타나시우스는 이러한 해석을 염두에 두면서도 성경 말씀을 토대로 논지를 펼쳤다. 즉 성자는 성부와 동일 본질인데 그 이유를 다음과 같이 말했다. "성경에서 아버지에 대해 언급되는 모든 말을 성자에게도 그대로 적용할 수 있다. 그러나 이름만은 예외다."(《아리우스파 반박 변론》, 3,4,4) 따라서 성부께서 영원하시다면 성자 또한 영원하시고, 성부께서 전능하시다면 성자 역시 전능하시다고 할 수 있다. 이처럼 그는 성부에 관한 모든 신적 속성이 성자에게 동일하게 적용된다는 '속성 교환'(communicatio idiomatum) 이론을 펼쳤다.

6) 성령의 신성

아타나시우스는 《세라피온에게 보낸 편지》에서, 니케아 신경의 핵심 고백인 성부와 성자의 동일 본질을 받아들이기는 하지만, 세 번째 위격인 성령에 대해서 다른 입장을 가진 사람들(성령의 신성을 부정했던 '트로피코이')을 공박한다. 이들은 몇몇 성경 구절을 근시안적으로 해석하면서 성령을 '창조된 은총'일 뿐이라고 여겼다. 이에 대해 아타나시우스는 성경 해석의 올바른 기준을 제시하면서 강력한 반대를 표명했다. 즉 성경에 그 어느 구절도 성령이 피조물이라고 한 적이 없으며, 오히려 성령은 "성부와 성자의 영"으로 삼위의 신성과 다르다고 할 수 없다. 하느님의 신성은 쪼개지거나 나뉠 수 없는 유일한 본성이듯이, 은총과 역사하심과 성화하심은 동일하며 유일한 것이기에, 구원과 성화는 성부로부터 기원하며 성자를 통해 성령 안에서 완성된다. "따라서 성화의 주관자는 결코 성화의 대상이 될 수 없다. 우리가 성령에 의해 신성에 참여한다면, 성령께서는 결코 피조물에 속하지 않으며, 하느님의 본성에 속하는 존재임이 명백하다."(《세라피온에게 보낸 편지》, 1,23)

7) 구원론적 원칙

수많은 논쟁 작품 속에 나타나는 아타나시우스의 신학적 근거이자 관심은 '구원'이다. 《말씀의 육화에 관한 연설》에서 언급했듯이 아타나시우스에게 구원은 하느님의 본성에 참여하는 '신화'며, 이 주체는 하느님께서 직접 이루시는 역사이어야만 한다. 그런 의미에서 육화는 "하느님께서 인간이 되심으로써 인간이 하느님이 되도록 한 것이다."(Deus homo factus est ut homo divinificetur) 그런데 아리우스주의자들이나 '반성령론자'(pneumatomachi)들은 성자나 성령을 피조물로 격하하고 피조물인 인간과 비슷한 존재로 여기면서 인간과 더욱 가깝게 된다고 생각하는데, 이는 인간과 하느님을 더욱 멀어지게 할 뿐이다. 성자나 성령이 피조물이라면 그리스도의 구원 사업과 성령의 성화 작업은 결국 피조물의 행위일 뿐이고, 따라서 이 두 위격의 역할로는 인간이 구원될 수 없다는 결론에 이르게 된다.

인간의 '신화'라는 구원론적 주제는 아타나시우스 신학의 주축을 이룬다. 삼위일체에 대한 그의 가르침은 추상적인 영역일 수 없는 구원을 위한 하느님의 자기 계시에 근거한다. 이러한 자기 계시의 목적은 단지 하느님 앞에 선 인간의 윤리적인 태도나 올바른 경배만을 위한 것이 아니라 하느님의 내적인 생명, 곧 삼위일체적 삶에 참여하게 하는 데 있다.

4. 신학적 반성: 니케아의 '호모우시오스'와 신학[278]

니케아 공의회의 신앙 고백문에 나타나는 '호모우시오스'(homoousios, 동일 본질/본체/본성)라는 핵심 용어의 진정한 의미는 무엇일까? 이 단어는 성경에 나오지 않는 철학 용어가 아닌가? 고대 교회의 케리그마에 대한 첫 번째 공식적인 해설(도그마)이 헬레니즘이라는 문화에 지나치게 매몰되어 내려진 정의는 아닐까? 그렇다면 도그마는 단순히 그 시대의 문화적 소산이며, 결과적으로 상대적 가치만 지니는 것은 아닐까?

근현대 신학자들은 호모우시오스에 대한 다양한 의견을 내며 그 가치를 평가했다. 19세기 프로테스탄트 자유주의 신학은 삼위일체론과 그리스도론에 관한 도그마의 형성을 '복음 선포의 근본 내용'(kerygma)이 문화로부터 오염되어 나타난 '복음의 왜곡'

---

278 G.B. Salla, Dogma e storia nella dichiarazione "Mysterium Ecclesiae", EDB, Bologna 1976, 120-123.

이라고 평가했다. 즉 니케아의 핵심 용어인 호모우시오스는 헬레니즘에 의한 그리스도교 신앙이 변질된 것으로, 복음 선포의 알맹이가 그리스식 정의로 대체된 것이라고 평가한 것이다.

물론 초세기에 개최된 공의회들의 삼위일체론과 그리스도론에 대한 결정에 당시 그리스 문화가 영향을 끼친 것은 사실이다. 일찍이 니케아 공의회가 열렸던 것도 당시의 철학과 개념 체계의 다양한 입장을 토대로 한 여러 신학적 입장이 충돌함으로써 빚어졌다. 하지만 이것은 그리스도교의 메시지가 초창기에는 히브리 문화를 관통하며 전파되었듯이, 시대의 흐름 속에 만나는 다양한 문화에 토착화되는 과정 중 하나라고 평가하는 것이 옳다.

그러나 여기에 간과해서는 안 되는 점이 있다. 그리스도교의 핵심 메시지가 그리스적인 사고와 문화와 용어에 안착되기 위해서는 혁명적이라고도 할 수 있는 새로운 의식의 변화가 필요하다는 것이다. 바로 이 때문에 '호모우시오스'라는 그리스 용어가 그리스도교에 온전히 녹아들기까지는 오랜 숙성 기간이 필요했다. 새 포도주라는 내용물을 온전히 담을 부대가 준비되어야만 했던 것이다. 공의회는 교회의 신앙을 적합하게 표현하는 데 있어 기존에 있던 그리스 개념을 채택했지만, 그 용어가 지니는 일반적인 의미를 뛰어넘어 신앙을 올바르게 담을 새로운 의미 해석을 가해야 했다. 사실상 니케아 공의회가 끝날 때까지 이 단어는 "동일한 재료로 구성된 것"으로 여겨졌다. 마치 같은 흙을 재료로 하여 구워진 도자기와 같이 '종(種)의 동일성'(identitas generis)

을 표현한 것으로 취급되었다. 하지만 공의회의 교부들은 이 용어가 성부와 성자 사이의 존재론적인 동일성 즉, '종으로서 하나'가 아닌 '숫자적인 단일성'을 드러내는 본성적 일치를 표현하기를 바라는 동시에, 두 위격 간의 실질적 구별을 부인하는 구실이 되지 않기를 바랐다. 그렇기에 그들은 그 어떠한 물질적인 동일성이라는 당시의 일반적인 의미와는 상당히 다른 시각으로 이 단어를 바라보고 또 풀이하려고 고심했다.

또한 공의회는 영지주의자들이 생각했듯이 '플레로마에서 각 아이온들이 동일 본질로부터 유출(emanatio)되는 것'을 의도하지 않았다. 즉 성부와 성자에 대한 감각적이며 질료적인 동일성이 아니라 존재론적인 동등함을 나타내려는 것이었다. 따라서 두 위격은 상호 관계를 드러내는 '성부'와 '성자'라는 각기 다른 칭호로 불릴 뿐, 나머지 모든 술어는 동등하고 동일하게 두 위격에 적용된다.

호모우시오스에 대한 이러한 의도는 확실히 기존의 그리스 철학 개념과는 그 결을 달리 할 뿐만 아니라 그리스 사고와도 전면 대치된다. 예를 들어 소크라테스는 누군가 무엇에 대해 잘 알고 있다는 확신을 가진다고 해서 쉽게 정의 내릴 수는 없다고 밝힌 바 있는데, 이는 '호모우시오스'에는 들어맞지 않는다. 또한 아리스토텔레스는 먼저 개념에 대한 정의를 파악하기 전에는 그 어떠한 주장을 해서도 안 된다고 말했다. 즉 개념이 정리되어 정의를 내리기 전에 행한 주장은 대개가 상식을 벗어난다고 하는

데, 이러한 충고가 '호모우시오스'에는 해당되지 않았다. 니케아 신경은 먼저 정의를 내리고 이어서 수많은 신학적 논쟁과 숙고를 거치면서 올바른 이해와 해석에 도달한 것이기 때문이다.

이러한 점에서 볼 때, 그리스도교 신학과 그리스 철학은 진리를 추구하는 과정에서 다르다는 것을 알 수 있다. 사실 스토이시즘의 경험적 감각주의나 아카데미 학파의 관념론은 그 자체로 그리스도교 메시지를 온전히 담는 데에 한계가 있다. 그리스도교 신학의 진정한 토대와 근거는 하느님의 말씀 자체에 있으며, 모든 도그마의 참된 원천이자 기원은 계시에 있기 때문이다. 이러한 의미에서 니케아의 도그마가 그리스 철학에 의해 오염됐다고 생각하기보다는 그들의 철학을 받아들여 '그리스도교화'한 토착화의 승리라고 보는 편이 정당하다. 그리스의 전통적 사고에서 이성적 정의를 차용했다고는 하지만, 그것만으로는 신앙의 신비에 대한 인식과 실재를 올바르게 표현할 수 없었다.

따라서 하느님의 말씀이 모든 신자가 처음부터 견지해야 할 근본 원리며, 그들이 접하게 되는 모든 이교 사상과 신화를 가늠하는 기준점이라고 할 수 있다. 그렇다고 오직 하느님의 말씀만으로 구원자 하느님의 실재에 도달하는 것은 아니다. 시대의 사상과 철학 개념을 차용할 수 있는 것이다. 그러나 계시 진리와 그에 대한 신앙의 동의를 기준점으로 해야 스토아의 개념이나 플라톤의 이데아, 아리스토텔레스의 실재주의에 매몰되지 않는 도그마가 될 수 있다.

제8장

카파도키아 교부:
니케아의 재해석과 수덕 신비 사상

350년부터 360년 사이는 가장 격동적이면서 극적인 10년이라고 할 수 있다. 니케아의 '호모우시오스'에 대한 다양한 신학적 입장이 저마다 전선을 구축하던 시기였던 것이다. 먼저 니케아 공의회에서 단죄받은 아리우스 이단이 콘스탄티우스 황제의 지원을 받아 다시금 일어났다. 특히 아에티우스, 에우노미우스와 같은 인물들에 의해 주도된 '아노메이파'(비유사파)가 대표적이다. 이들은 극단적인 아리우스 이단의 신봉자로 '아노메이',[279] 즉 성자는 근본적으로 성부와 '다르다'고 주장하는 신학적 입장을 취함으로써 '호모우시오스'를 고집하는 '동일 본질파'(호모우시아니)와 대치했다. 다음으로는, 안키라의 바실리우스와 같은 비교적 온건하면서 중도적인 입장이 있었다. 이들은 니케아의 호모우시

---

279 an-hòmoios = '동일하지 않다', 즉 '다르다'라는 뜻을 지닌다.

오스를 전적으로 수용하지는 않았지만 아리우스파의 오류에 동조하지는 않았다. 따라서 그들은 '호모+우시오스'(homo+ousios) 대신 '호모이오+우시오스(homoio+ousios)라는 용어를 사용함으로써 성자는 성부와 '본성에 있어서 비슷하다'는 주장을 펼쳤다. 이러한 개념 선택으로 그들은 '호메우시아니'(유사 본질파)로 불린다. 끝으로 '호메이'(유사파)로 불리는 이들은 신학적인 주장보다는 정치적인 이유에 의해 집결한 부류였다. 호메이파의 관심은 정치적인 타협이었기에 다양한 해석을 유발하는 '우시아'(ousia)라는 용어를 없애고 단순히 모호한 의미에서의 '호모이오스'(homoios, 비슷하다)를 자신들의 용어로 선호했다. 이러한 타협주의는 황제의 적극적인 지지를 얻었다.[280]

이렇게 니케아 공의회가 끝난 뒤 '호모우시오스'를 놓고 다양한 신학적 주장이 여러 신학 분파로 나뉘었고, 정치 권력마저 편승하면서 혼란은 가중되었다. 교회 정치적인 역학 관계가 변화하면서 수많은 교회 회의가 개최되었고 또 그에 따른 각종 '신앙 고백문'이 작성되었다. 그러나 정작 신앙 고백문 안에 주요 개념은 저마다의 신학적 입장에 따라 제각각 이해되고 풀이되었다. 이와 같은 개념의 오해 또는 선입견은 동방과 서방 교회 전체로 확산되었다. 지금까지 니케아 공의회 전후의 신학 논쟁에 비교적 무풍지대였던 라틴 교회도 이 시기에는 진흙탕 싸움에 뛰어

---

[280] M. Simonetti, *La crisi ariana del IV secolo*, Ist. Patr. Augustinianum, Roma 1974.

들게 되었다. 특히 삼위일체에 관한 신학을 정식화함에 있어 동방과 서방 교회는 용어에서 극명한 차이를 보였다. 예를 들어 동방에서 '세(3) 휘포스타시스'를 이야기하면, 서방에서는 이를 '세(3) 본질'로 이해하게 됨으로써 '삼신론(三神論)'적인 주장으로 오해할 여지가 있었다. 반대로 라틴 사람들이 '세(3) 페르소나'를 언급하면, 그리스 사람의 입장에서는 '세(3) 양상' 또는 '세(3) 양태'로 받아들여 양태론자들의 주장으로 생각할 수 있었다. 이러한 혼란 속에 세 명의 위대한 카파도키아 교부가 등장하는데, 바로 카이사리아의 바실리우스, 나지안주스의 그레고리우스, 니사의 그레고리우스다.

1. 카이사리아의 바실리우스

1) 생애

바실리우스는 330년경 카파도키아의 카이사리아에서 모범적인 그리스도인 가정의 장남으로 태어났다. 그의 집안은 일찍이 오리게네스의 제자로서 그의 사상을 카파도키아에 전파한 기적의 그레고리우스와 친분이 있던 순교자의 후손이었다. 바실리우스 이외에 성인(聖人)으로는 할머니인 대(大)마크리나와 큰 누나 마크리나, 두 남동생인 그레고리우스와 베드로가 있다.

바실리우스는 콘스탄티노폴리스와 아테네에서 인문학적 교

육을 받았다. 그는 성인이 되어서 세례를 받았는데, 이 '회개'[281]는 고향 카이사리아를 중심으로 서서히 시작되던 '금욕적 수덕 생활'에 대해 강력한 인상을 받으면서 비롯되었다. 바실리우스는 수도 생활이 꽃을 피우던 이집트와 팔레스티나, 시리아를 찾아가 이상적 그리스도인의 삶에 대한 다양한 모습을 목격했다. 그 뒤 바실리우스는 당시에 유행하던 '은수'(vita eremitica)나 '독수'(vita anachoretica) 생활이 아닌 '공주'(公住, vita coenobitica) 수도 생활을 채택했다. 그러나 그가 지향한 수도 공동체는 파코미우스가 창안한 거대 집단화한 수도원이 아니라, 인격적 친교가 가능한 소규모 형제적 공동체였다. 바실리우스는 수도 생활에 대한 이상을 《규칙서》를 통해 정리했고, 이를 토대로 많은 수도원이 세워졌다. 이 수도회는 '세상으로부터 도피'나 '봉쇄'가 아니라 전염병과 기근에 의해 고통받는 이들과 연대하는 개방된 성격을 지녔다.

364년경 카이사리아의 에우세비우스에 의해 서품을 받은 바실리우스는 370년 주교품에 오르고, 379년 새해 첫날에 선종하기까지 주교 직분을 충실히 수행했다. 교회는 바실리우스를 교회 학자로 공경할 뿐만 아니라 '대(大, Magnus)'라는 칭호를 부여했다. 서방 교회는 바실리우스를 그의 평생 동료였던 나지안주스의 그레고리우스와 함께 1월 2일에 전례적으로 기념한다.

---

281 《서간집》, 223,2.

2) 주요 작품

바실리우스의 작품 중에 특별한 의미를 지니는 것으로는 다음이 있다.

《에우노미우스 반박》(Adversus Eunomium libri)은 3권으로 된 작품으로, 극단적 아리우스주의자였던 키지쿠스의 주교인 에우노미우스를 반박한 내용을 담고 있다. 에우노미우스는 하느님의 본질이 '태어나지 않음'에 있다고 전제한 후, 성자를 '낳음 받은' 존재라고 규정하면서, 결과적으로 성자는 성부와 동일 본질일 수 없다는 논리를 펼쳤다. 성자는 성부와 같은 신적 본성을 지녔다고 할 수 없다는 것이다. 바실리우스는 이러한 견해가 지닌 모순을 지적하면서 삼위일체 신학에서 중요한 개념과 단어의 본의미를 정리했는데, 바로 스케시스(schesis), 페리코레시스(perichoresis), 호모티미아(homotimia) 등이 있다.

《성령론》(De Spiritu sancto)은 성령에 관한 단일 작품으로는 신학사에서 가장 오래된 논문이다. 그때까지만 해도 성령론은 다른 교의에 비해 덜 숙고된 주제였다. 바실리우스는 성부와 성자와 '같은 영광과 흠숭'(homotimia)을 받으시는 성령의 존재론적 신성을 이야기하는 동시에 성령의 '성화'하는 역할(sanctificatrix)을 강조했다. 그러나 그는 의도적으로 성령께 '하느님'(Theòs)이라는 이름을 적용하지 않았다. 아직까지도 이 단어는 오직 '성부'께만 국한하려는 일반적인 정서를 감안해서였다. 사실 테오스(Theòs)는 어떤 면에서 '호모우시오스'보다 더 큰 논란을 일으킬 수 있는 용어였다. 그의 이러한 신학적 신중함을 바실리우스의 '경륜'(oikonomia)이라고 한다.

《세례론》(De baptismo)에서 바실리우스는 교리 교수를 위한 목적으로 그리스도교 윤리를 설명했다. 그 밖에도 여러 강론이 있으며, 특히 시편에 대한 해설과 창조의 6일에 대한 해설인《육일창조에 관한 강해》(Homiliae in hexaemeron)는 주목할 만한 작품이다.《이사야서 강해》(Enarratio in prophetam Isaiam)의 경우는 오리게네스와 카이사리아의 에우세비우스의 영향을 받은 미완성 작품으로, 친저성이 의심된다.《서간집》(Epistulae)은 당시의 교회 상황과 교의 논쟁에 대한 중요한 정보를 담고 있다.[282]

3) 삼위일체론

바실리우스는 삼위일체론에서 그때까지 혼란스럽게 사용하고 또 오해를 일으키는 용어를 정리했다. 예를 들어 니케아 공의회에서 거의 동의어로 사용된 우시아(ousia)와 휘포스타시스(hypòstasis)를 명확하게 구별했다. 우시아의 경우 라틴어의 '에센티아'(essentia)와 같은 의미로 성부와 성자와 성령께 모두 통용되는

---

[282] 《청년들에게》(ad adolescentes/De legendis gentilium libris ad adolescentes, quomodo possint es gentilium libris fructum capere)는 이교 헬레니즘의 작품들로 유익한 것을 얻는 방법을 설명한다. 바실리우스는 그리스도교의 진리가 그리스 사람들이 경탄하는 '아름다움'을 보여 주기 위해서라도 그리스 고전 문화 연구가 필요하다고 역설한다.

'공통의 본성'을 지칭했다. 즉 하나며 분리될 수 없는 신적 본성을 의미했다. 반면 휘포스타시스는 라틴어의 '수브스탄티아'(substantia)에 해당되며, 각각의 위격들의 고유한 특성을 가리켰다. 즉 성부와 성자와 성령은 제각기 타 위격들과 구별되는 고유한 위격에 걸맞게 실재한다.[283] 물론 바실리우스도 '페르소나'(persona)라는 용어를 알고 있었지만 다른 동방의 교부들처럼 이 개념이 삼위일체론에 적합하다고 생각하지 않았다. "세(3) 위격들의 차이점을 열거하는 것으로만 충분하지 않다. 위격들이 진정한 휘포스타시스로 실재하는 것을 깨달을 필요가 있다."[284] 이처럼 바실리우스는 사벨리아니즘과 같은 양태론의 오류와 함께 삼신론적인 위험에 빠지는 것을 염려했다. 이러한 그의 생각은 "하나의 본성과 세 위격들"(mia ousia, treis hypostàseis)이라는 정식을 통해 드러났다. 이 표현은 후대의 모든 동방 신학의 삼위일체론에 모범이 되는 동시에 니케아 공의회가 언급한 호모우시오스를 모든 교회가 보편적으로 받아들일 수 있는 토대가 되었다. 실제로 니케아의 이 개념은 비성경적 단어였기에 모든 이가 일치된 의견으로 받아들이기 힘들었다.[285] 물론 '하나의 우시아와 세 휘포스

---

283 《서간집》, 214. 이러한 구별은 교부 시대 후기까지 이어지며 모든 '플로릴레지아'에서 찾아볼 수 있는 고전적 정의가 된다.

284 《서간집》 210,5.

285 바실리우스와 다른 카파도키아 교부들의 신학은 일반적으로 '신니케아주의'라고 정의한다. 이들의 신학은 니케아의 핵심 단어인 '호모우시오스'를 받아들이면서도, 모두가 수긍할 수 있게 이해시키려 했기 때문이다.

타시스'를 통해 삼위일체의 신비가 언어적 차원에서는 어느 정도 정리가 되었다고는 하지만, 인간 이해의 영역을 뛰어넘는 표현 불가능한 신비인 것만은 변함이 없다. 바실리우스는 이러한 한계를 전례 안에서 '대영광송'이나 흠숭의 표현을 통해 드러내려 했다. 예를 들어 전례에 사용되던 기도문, 즉 "성령 안에서 성자를 통하여 성부께 영광"이라는 표현 대신에 새로운 영광송을 사용했다. "성부와 성자와 성령께 영광"이라는 표현을 통해 성삼위에게 모두 같은 흠숭과 찬미와 영광을 드림으로써 삼위의 동등함을 전례 안에서 고백하려 한 것이다.[286]

4) 성령론

바실리우스는 성령에 대한 신학적 숙고에서도 중요한 공헌을 했다. 360년경 마케도니우스로 대표되는, 이른바 성령의 신성을 반대하는 '프네우마토마키'가 등장하는데, 이 '반성령론자들'은 성경에 성령이 단 한 번도 '하느님'으로 언급되지 않았다는 것을 근거로 성령을 흠숭의 대상으로 삼을 수 없다고 주장했다. 성령을 '신적'이라고까지 여길 수 있을지라도, 성부와 성자와 함께 동등하게 취급(connumeratio)해서는 안 된다는 것이다. 그러나 바실리우스는 이미 아타나시우스가 삼위의 동등함에 대해 주장한 바대로 성령이 다른 두 위격과 동등함을 역설했다. 사실 성경

---

286 《성령론》, 1.

에서도 성령은 성부와 성자와 함께 창조뿐만 아니라 성화를 이끄는 데에도 함께하셨음이 나타나며, 무엇보다 세례 정식에 그 이름이 성부와 성자와 함께 나란히 언급되었다는 사실을 볼 때, 삼위는 한 영혼의 출산, 성장, 성화에 있어 동등한 역할을 함께 하신다고 이야기했다. 더 나아가 성령은 성부의 영이시며 그리스도의 영이시기에 본성상 거룩하고 선하시다고 할 수 있을 뿐만 아니라, 인간의 언어로 정의를 내리거나 이해할 수 있는 존재가 아니다. 성령은 죄의 용서를 통해 인간을 새롭게 하고 거룩하게 하며 생활하게 하면서 마침내 신화(deificatio)시키신다. 이러한 이유로 성령은 성부와 성자와 함께 동시에 찬미와 영광을 받으신다.[287]

5) 전례

바실리우스는 전례에 있어서도 족적을 남겼다. 그가 집필한 《성령론》은 "기도하는 내용이 믿는 내용을 규정한다."(Lex orandi statuat legem credendi)는 경구의 대표적인 예라고 할 수 있다. 그의 《성령론》은 전례와 연관된 적대자들의 고발에 대한 답변서였기 때문이다. 앞서 언급했듯이 바실리우스가 기존의 전례에 사용하던 대영광송을 자신의 신학적 입장에 따라 변조했다는 이의 제기를 신학적으로 해명한 것이다. 아울러 《서간집》도 자신이 만

---

[287] 참조.《성령론》, 16; 18-19; 22;《에우노미우스 반박》V, 2,4.

든 새로운 찬미가에 대한 신학적 해설이었다. 이러한 이유에서 현재까지도 동방 교회에 이른바 '바실리우스 전례'가 존속한다. 특히 비잔티움 교회에서는 이 아름답고 웅장한 전례를 사순 시기 주일 전례와 성목요일, 부활 전야 미사, 공현 전야 미사 그리고 1월 1일 바실리우스 축일에 거행한다. 그 밖의 다른 날은 바실리우스 전례에 비해 비교적 짧은 '요한 크리소스토무스 전례'를 거행한다.

2. 나지안주스의 그레고리우스

1) 생애

330년경 그리스도교 집안에서 태어난 그레고리우스는 아테네에서 바실리우스를 만나면서 그와 깊은 우정을 나눴다. 아테네 수학 이후 고향에 돌아온 그는 세례를 받고 바실리우스가 카파도키아에서 시작한 은수, 금욕 생활에 동참했다. 362년 자신의 원의와는 달리 나지안주스의 주교였던 아버지에 의해 서품을 받는데, 이는 아버지의 집요한 요청과 권유 때문이었다. 372년 그레고리우스는 사시마라는 작은 교구의 주교로 서품된다. 그러나 그곳은 이미 아리우스파가 점령당하다시피 했기에 그는 나지안주스에 머물 수밖에 없었고, 아버지의 사망 이후 그 뒤를 이어 나지안주스에서 활동했다. 379년 아리우스파에 압도당하여 소수로 전락한 콘스탄티노폴리스의 가톨릭 신자들은 나지안주스의 그레고리우스를 자신의 주교로 앉혔다. 사실 그 당시 콘스탄티노폴리스의 교회 대부분은 아리우스파의 손아귀에 들어가 있었다. 이러한 상황 속에 그레고리우스는 변변한 성당 건물도 없이 일반 가정집을 교회로 바꾸어야 할 형편에 처해 있었다. 그러나 380년 가톨릭을 옹호하는 테오도시우스 황제의 등장과 함께 모든 상황이 역전되었다. 그레고리우스는 자신의 교구에서 아리우스 이단자를 몰아내는 한편 마침내 381년 콘스탄티노폴리스에서 개최된 두 번째 보편 공의회의 의장이 되었다. 공의회는 니케아의 결정을 확인하는 동시에 성령의 신성을 공포하면서 삼위일체론 교의를 일단락 맺었다.

하지만 황제의 도시인 콘스탄티노폴리스의 주교라는 직분은 그레고리우스에게 걸림돌이 되었다. 적대자들은 그가 이미 사시마의 주교로 서품되었다는 사실을 빌미로, 한 주교가 다른 주교좌에 앉을 수 없다는 당시 관례를 들어 그를 배척했다. 이러한 비난에 직면한 그레고리우스는 콘스탄티노폴리스를 떠나 나지안주스로 돌아가야 했고 새로운 주교 에우랄리우스가 세워질 때까지 그곳에서 머물렀다. 그 후 그는 나지안주스 인근의 아리안주스의 사택에서 고독 가운데 은거하다가 390년 선종했다. 서방 교회는 나지안주스의 그레고리우스를 교회 학자로 공경하며 바실리우스와 함께 1월 2일에 전례적으로 기념한다.

2) 주요 작품과 신학적 기여

그레고리우스는 교부 시대의 위대한 신학자며 시인으로 평가받지만,[288] 단 한 권의 성경 주해나 교의적 논문을 남기지 않았다. 그의 작품 대부분은 교부 시대를 대표할 만한 《연설》(oratio)이며, 그 외에 서간,[289] 자전적이거나 교의적인 내용과 수덕 신비적인 시가가 전해 내려온다.

그가 남긴 《연설》 중에 가장 유명한 것은 380년 콘스탄티노폴리스에서 행한 '5개의 신학적 연설'(27번부터 31번까지)이다. 여기서 다루는 주제는 말 그대로 '신학'(theos+logos)이다. 즉 성부와 성자와 성령이라는 성삼위와 일체를 이루는 하느님에 대한 신학 연설이다.

5개의 연설 중에 첫 번째 27번 《연설》

그레고리우스는 에우노미우스 추종자들을 염두에 두고 '신학', 즉 '하느님에 관한 언급'을 할 때 지켜야 할 중요한 몇 가지 전제를 열거한다. 먼저 에우노미우스의 지지자들은 하느님에 대해 이야기한다고 하면서 마치 통속적이며 일상적인 것을 다루듯이 한다고 지적한다. 다시 말해 '하느님에 대한 이야기'라는 의미

---

288 제3부 제4장 '그리스도교 시문학과 작가'에서 다룰 것이다.

289 많은 편지 가운데 '3개의 그리스도론적 서간'은 중요하다. 101-102는 클레도니우스가 수신인이고, 103은 콘스탄티노폴리스의 주교 넥타리우스에게 보낸 편지로 아폴리나리우스주의에 관해 다룬다.

의 '신학'보다는 신성을 모독하는 잡담과 같다고 일갈한다. 그레고리우스에게 하느님에 대한 언급은 그 자체로 어렵고 두려운 것이기에 충만한 흠숭의 자세에서 출발해야 한다. 따라서 누구든지 '신학'을 하려거든 먼저 여러 정욕과 정념을 정화해야 한다. 예를 들어 분노, 교만, 어리석은 고뇌, 저속한 쾌락, 천박한 유희, 절제 없는 호기심, 무례한 염탐, 수다와 같은 것을 제거해야 한다.[290] 또한 '신학'이 이루어지는 배경과 내용은 형제적 사랑이나 부부간의 신의, 동정과 정결, 가난한 이들에 대한 관심이 되어야 한다. 이와 더불어 '신학'은 시편과 같이 찬미 찬송으로 표현되어야 하며, 밤샘 기도나 참회, 눈물, 단식, 기도가 동반되어야 한다.[291]

두 번째 28번 《연설》

그레고리우스는 신학을 수행하는 올바른 태도를 계속 언급한다. 신학의 대상인 하느님을 피조물처럼 다루거나 세속적 주제를 언급하는 것처럼 해서는 안 된다는 것이다. 하느님은 그 자체로 비물질적이시기에 육적이거나 물질적으로 접근할 수 없다. 인간이 세상과 피조물을 대상으로 인식할 때 감각에 의존할 수밖에 없는 것은 사실이다. 따라서 감각의 영역을 뛰어넘는 하느

---

290 《연설》, 27.7.
291 위와 동일.

님을 인식하고 이야기한다는 것이 얼마나 어려운지를 먼저 자각해야 한다. 실제로 인간은 하느님께서 존재하심을 인지할 뿐, 그분의 본성에 대해 확언할 수 없다. 하느님의 본질은 모든 인간의 개념과 언어를 넘어서기 때문이다. 하느님에 대해 이야기한다는 것은 마치 모세가 시나이산에서 했듯이 뿌연 구름에 들어가는 것과 같다. 이처럼 성경도 하느님에 대해 감각적인 표상과 상징을 통해 표현했다면, 인간의 신학도 이러한 한계를 온전히 극복할 수 없음을 인정해야 한다.

세 번째 29번 《연설》

그레고리우스는 하느님의 '(태어)나심'(generatio)이라는 민감한 문제를 다룬다. 개념과 논리에 매몰된 에우노미우스파에게 신비의 영역은 그 어떤 가치도 없다. 그들은 극히 인간적인 논리에 의거해 질문하기 때문이다. "성자가 어떻게 낳음을 받았는가? 또 언제 그런 일이 일어났는가? 이러한 '낳음'이 있기 전에 하느님은 무엇을 하셨는가? 하느님의 본성이 '낳음을 받지 않음'(ingeneratio)에 있고, 성자의 '낳음 받음'(generatio)이 그 본질이라고 한다면 성부와 성자는 근본적으로 동일한 본성이라고 할 수 없지 않은가!" 이에 대해 그레고리우스는 다음과 같이 답했다. "하느님의 '낳음'은 오직 침묵으로만 흠숭할 수 있다!"[292] 하느님의 낳으심은

---

292 《연설》, 29,8.

인간 이해를 뛰어넘는 신비임을 밝힌 그레고리우스는 이어서 다음과 같이 말한다. "'성부'라는 이름은 본성이나 역할을 정의하는 것이 아니라 단지 '관계'(schesis)의 표현일 뿐이다. 즉 성부는 성자와의 '관계' 안에 드러나는 실존이며, 성자는 성부와의 '관계'에서 나타나는 이름이다."[293] 따라서 '아버지와 아들'의 관계라는 측면에서 보면 성자가 성부께 본성적으로 종속된다는 것을 의미하는 것이라 할 수 없다. 그렇다면 성경에 나타나는 성자의 하위성으로 보일 수 있는 표현, 즉 '종', '순명', '기도드리다', '청원하다', '탄원하다', '피곤'한 성자의 모습과 같은 묘사는 인간적인 본성에 토대를 둔 것이지 하느님의 본성에 대한 것이 아니다. 실제로 성자는 "이전에 당신의 본성(신성)을 유지하신 채로 그전에는 없었던 것(인성)을 취하신 것이다."[294] 결론적으로 그레고리우스는 신앙과 이성 사이의 관계를 확립함으로써 에우노미우스파를 논박한다. 인간 이성의 한계를 무시하며 이성을 과대평가하는 이들은 신앙을 파괴하기에 이른다. 그렇기에 그들은 "인간 이성의 허약함을 마치 그리스도교 신비의 허약함으로 취급하면서 입에 발린 소리로 십자가의 신비를 제거했다." 인간의 이성은 유용한 도구이지만 약함을 동반하기에 항상 신앙에 의지해야 한다. 그레고리우스는 이성의 약함이 신앙을 통해 채워지고 완성될 수

---

293 《연설》, 29,16.
294 《연설》, 29,19.

있다고 주장했다.[295]

네 번째 30번 《연설》

그레고리우스는 계속해서 성자에 대해 언급한다. 먼저 성자가 성부께 종속한다는 아리우스 이단의 주장을 뒷받침하는 것처럼 사용된 성경 구절을 설명한다. 이어서 성경이 성자를 표현하는 '명칭' 즉, 그리스도론적인 칭호를 검토한다.

다섯 번째 31번 《연설》

그레고리우스는 이 연설에서 성령론을 펼치는데, "성령에 대해 이야기하는 것은 확실히 어려움이 있다."라고 밝힌다.[296] 실제로 성경에 따르면 성령이 '하느님의 영'이라고 불리기는 하지만 그 신성에 대해서 명확하게 언급하지 않으며, 마치 '신적인 힘'(energia) 정도로 생각할 만한 표현이 있을 뿐이다. 아울러 그때까지 성령을 주제로 심도 깊은 신학적 숙고가 부족했으며 신학 논설도 그리 많지 않다는 사실을 시인한 그레고리우스는 신학적 개념보다는 성경의 표현을 통해 성령을 언급하려고 했다. 하지만 그는 이성의 명목론적 개념주의뿐만 아니라 성경의 편협한 문자주의를 뛰어넘어 성령의 충만한 신성을 확언하는 동시에 성

---

295 《연설》, 29,21.
296 《연설》, 31,2.

령께서 성부와 성자와 '동일 본질'(homoousia)임을 천명했다. 그러나 '성령의 기원이 무엇인가?'라는 질문에 그는 답을 해야만 했다. 성자가 성부로부터 '낳음 받은 분'(generato)이라면 성령은 성부로부터 어떻게 기원하느냐가 문제였다. 이에 대해 그레고리우스는 요한 복음서 15장 26절의 표현에 따라 성령은 "성부로부터 발출하는 분"(processio/ekporèuetai)이라고 설명했다. 이어서 '그 발출은 무엇인가?'라는 질문에는 다음과 같이 답했다. "성부의 특성이 '낳음을 받지 않으셨다'는 것이 무엇인지를 먼저 설명하시오. 그렇다면 나도 성자가 낳음을 받으시고 성령이 발출되시는 것이 무엇인지를 설명하겠소."[297]

그레고리우스는 이미 아타나시우스가 언급한 것과 같은 맥락에서 구원론적인 입장으로 성령에 대해 설명한다. 만약 성령이 창조된 힘(energia)에 불과하다면, "어떻게 나를 신화시킬 수 있으며, 하느님의 신성에로 나를 이끌 수 있겠는가?" 또한 "어떻게 세례를 통해 나를 하느님의 자녀로 태어나게 하며 신성을 지니게 할 수 있단 말인가?"[298]

그레고리우스는 그리스도론에 대해서도 언급하는데, 주로 라오디케이아의 아폴리나리우스를 반박하는 과정에서 나타난다. 이 새로운 이단은 그리스도 안에 인간의 이성이 없다고 주장

---

297 《연설》, 31,8.
298 《연설》, 31,4와 31,28.

했다. 이에 대해 그레고리우스는 후대에 모든 그리스도론의 자명한 공리로 받아들여질 유명한 언급을 한다. "취함을 받지 않은 것은 구원될 수 없다."(Quod enim assumptum non est sanari nequit. Nam quod assumptum non est, curationonis est expers,《클레도니우스에게 보낸 서간》 PG 37,181)

3. 니사의 그레고리우스

1) 생애

니사의 그레고리우스는 바실리우스의 동생으로 335년에 태어났다. 그는 독서직을 받았지만 수사학자의 길을 가기로 마음먹으면서 결혼을 택했다(《동정》 3 참조). 그러나 형 바실리우스와 나지안주스의 그레고리우스의 독려 속에 수도 생활을 하게 되었다. 그러던 중 371년 형 바실리우스가 그를 카이사리아의 위성 도시인 니사의 주교로 서품했다. 그러나 수도 생활에 대한 미련 때문인지 사목 생활에 열성을 다하지 않았다. 그는 376년 아리우스파에 의해 주도된 교회 회의를 통해 강제로 주교좌에서 쫓겨났지만, 378년 다시 니사를 되찾는다. 381년 콘스탄티노폴리스 공의회에 적극적으로 참여했던 그레고리우스는 384년 선종했다.

2) 주요 작품

강론과 성경 주해로는 구약과 관련하여 《시편의 제목》(In iscriptiones psalmum), 《코헬렛 강해》(In Ecclesiasten homiliae VIII), 《아가 강해》(In Canticum canticorum homiliae XV) 등이 있고, 신약으로는 《주님의 기도》(De oratione dominica V), 《행복에 관한 연설》(Orationes VIII de beatitudinibus) 등이 있다.

교의 신학적 작품으로는 《에우노미우스 반박》(Contra Eunomium), 《아폴리나리우스 반박》(Antirrheticus adversus Apollinarium), 《성령론에 관한 마케도니우스파 반박》(Adversus Macedonianos de Spiritu sancto)이 있다. 그레고리우스는 자신의 시대에 벌어진 교의적 논쟁에 깊숙이 관여했다. 특히 아리우스파에 대해서는 형 바실리우스와 같은 입장을 펼쳤다. 또한 바실리우스 생전에는 주목을 끌지 못했던 그리스도론과 관련된 새로운 이단인 라오디케이아의 아폴리나리우스와 그의 추종자들을 끈질기게 반박했다.

《대(大)교리교육》(Oratio catechetica magna)은 4세기 카파도키아 신학의 종합과 같은 문헌으로 교리 교사들을 위한 책이었다. 이 문헌은 크게 세 부분으로 나눌 수 있다. 첫 번째 부분은 한 분 하느님과 삼위에 대한 교의로서, 성부와 성자의 '동일 본질'과 성령의 하느님성을 다룬다. 두 번째 부분은 그리스도론이라 할 수 있다. 즉 구원자로서의 그리스도의 사명을 설명한다. 세 번째 부분은 은총, 세례, 성체성사, 신앙, 종말 등을 다룬다. 《인간의 창조에 관한 첫째 설교》(De creatio hominis sermo primus)에서는 그리스도교의 인간론을 다룬다. 그레고리우스는 오리게네스의 신학적 입장인 '인간의 이중 창조'를 받아들인다. 즉 "하느님의 모상과 유사함에 따른"(창세 1,27) 첫 번째 창조는 성(性)의 구별과는 무관한 모든 인간의 온전하고 완전한 모습이며 그 영적인 측면이 드러난다. 반면 "먼지로 빚어진"(창세 2,7) 인간의 두 번째 창조는 구체적인 역사 안에 실존하는 인간의 모습이라고 풀이한다. 이 인간의 모습은 혼이 깃든 육체로 특징지어지기에 남성과 여성이 구별되는 창조다. 《영혼과 부활에 대한 대화》(Dialogus de anima et resurrectione)에서는 종말론적인 시각에서 그리스도교적 인간관을 서술한다.

수덕, 신비적 작품으로 《동정》(De virginitate)에서는 그리스도교적인 동정의 의미를 신학적으로 규명한다.[299] 《마크리나의 생애》(Vita sanctae Macrinae)는 그리스도교 역사상 최초로 여성 수도자의 모델을 제시한 문헌으로 그리스도교적 완덕의 의미를 설명한다. 《모세의 생애》(De vita Moysis)는 일종의 신비 신학적 논설로, 예언자 모세의 생애를 조명한다. 이외에 다수의 전례에서 거행된 강론과 편지를 남겼다.

---

299 하늘나라를 위한 동정에 대해서는 아타나시우스, 암브로시우스, 히에로니무스, 요한 크리소스토무스도 작품을 남겼다.

3) 신학적 기여

니사의 그레고리우스는 카파도키아 교부들 가운데 가장 사색적이라는 평가를 받는다. 그리스도교 계시 진리를 탐구하기 위해 인간의 이성과 개념을 도구로 사용했기에 사변적 신학자라고 불린다. 이러한 이유로 종종 그의 신학은 그리스도교로 채색된 플라톤주의라는 잘못된 질타를 받기도 했다. 그러나 이는 오해의 소산일 뿐이다. 그는 신앙에 대한 이성의 관계를 철저히 도구적으로 이해했기 때문이다.

그레고리우스는 바실리우스와 나지안주스의 그레고리우스가 이룬 삼위일체론을 더욱 보강했다. 성령과 성자와의 관계를 신학적으로 명쾌하게 설명했던 것이다. 아울러 아폴리나리우스 이단을 반박하면서 그리스도론에서도 크게 공헌했다.

그레고리우스의 종말론은 어떤 면에서 플라톤적인 영향을 과도하게 받았다는 인상을 주기도 한다. 그에게 악은 제한되고 한계가 있는 반면 오직 선만 무제한적이며 끝이 없는 영원의 차원으로 생각되었다. 그는 오리게네스의 종말론의 주요 개념인 '우주적 회복'(apocatàstasis)을 극대화하여 해석했다. 즉 우주적 회복은 모든 '악'이 소멸하면서 이루어지는데, 이 결정적인 순간은 아주 긴 정화 기간을 거쳐 하느님께서 "모든 이에게 모든 것"(1코린 15,28 참조)이 되심으로써 도래한다고 주장했다.

그레고리우스의 신학적 기여 가운데 가장 큰 것은, 후대에 '그리스도교 신비주의'라고 불릴 하느님께로 향한 영혼의 여정에 관한 신학적 숙고에 있다. 즉 영혼의 정화와 하느님에 대한 '앎/인식'(gnosis)에 대한 탐구다. '따라 나아감'(epéktasis)은 그의 신비 신학에 중요한 '열쇠 말'이다. 모든 정욕에서 해방된 영혼은 하느님께로 향한 영혼의 상승을 통해 행복에로 끊임없이 '전진'한다. 이 말은 필리피 신자들에게 보낸 서간 3장 13절에서 "앞에 있는 것만 바라보면서"라는 구절의 그리스어(epekteinomai)에서 착안한 용어로, 하느님께로 향한 인간 영혼의 끝없는 여정을 의미한다. 이러한 신비 신학은 인간을 철저하게 하느님의 모상으로 본 인간론의 토대 위에 세워졌다. 인간은 모든 피조물 가운데 가장 뛰어난 존재로 '작은 우주'와 같다. 인간 안에 존재하는 질서와 조화가 대우주에서도 그대로 나타나기 때문이다. 그러나 인간의 위대함은 무엇보다 창조주의 모상에 의해 창조되었다는 사실에 기인한다. 특히 인간의 영혼은 자신을 만드신 분을 가장 잘 드러내며, 이 영혼을 통해 인간은 은총이라는 신적 선물을 받고 마침내 완전함에 이르게 된다. 이러한 하느님의 '모상성'은 단순히 인간의 이성적 측면이나 영혼의 자유의지에만 드러나는 것이 아니라 덕 안에서 작동한다. 즉 인간은 윤리적인 노력을 통해 얻는 덕으로 말미암아 영혼이 깨끗이 정화되며, 이때 영혼은 마치 '거울'처럼 (희미하지만) 하느님을 보게 하며 마침내 하느님을 닮게(similitudo) 한다.

4. 신학적 반성: '학문'으로서 신학

카파도키아 교부들은 여러 신학적 주제를 심화하여 진정한 의미에서 '신학'(theologia)이 되도록 성숙시킨 이들이다.

카파도키아 교부들은 그리스도를 통해 계시된 하느님을 이야기하는 신학이 제대로 발전하기 위해 신학 용어의 사용이 얼마나 중요한지 드러냈다. 올바르고 적합한 개념과 용어를 사용함으로써 소모적인 오해와 장황한 설명이 필요 없게 된다. 사실 많은 설명을 요하는 단어의 사용은 늘 애매모호한 입장과 태도로 흐를 수 있는 위험을 내포한다. 이러한 맥락에서 바실리우스는 '우시아'(ousia/essentia, substantia, natura)라는 용어를 하느님의 단일성을 드러내는 것으로 정리했고, 세 위격에 대해서는 '휘포스타시스'라는 개념으로 표현했으며, 마침내 유명한 '하나의 본성과 세 위격들'(mìa ousìa trèis hypòstaseis)이라는 정식을 도출했다. 바실리우스의 용어 정리를 토대로 나지안주스의 그레고리우스는 니케아 공의회의 핵심 개념으로 성자에게 적용되던 '동일 본질'(homoousios)을 성령에게까지 적용시킬 뿐만 아니라 '하느님'(Theòs)이라는 용어까지도 성령께 사용했다. 이러한 이유로 카파도키아 교부들의 신학을 '신(新)니케아주의'라고 부르기도 한다.

두 그레고리우스는 그리스도의 인간적 이성을 부인한 아폴리나리우스파라는 그리스도론적 이단에 맞섰다. 특히 나지안주스의 그레고리우스가 말한 그리스도론 정식은 후대에 지대한 영향을 미친다. "취함을 받지 않은 것은 구원될 수 없다."(Quod non est assumptum, non est sanatum) 즉, 그리스도가 온전한 인간이 되지 않았다면 인간도 온전히 구원받지 못한다는 공리에 따라 구원자인 그리스도는 모든 인간의 본성적 특성, 육신, 혼, 영, 지성을 취하셔야 한다. 그리스도의 온전한 인성에 대한 강조는 앞으로 벌어지는 그리스도론 논쟁에서 중요한 요소가 된다.

카파도키아 교부들의 신학적 공로는 삼위일체론과 그리스도론에만 국한되지 않는다. 그들에 의해 그리스도교 신비주의와 영성이 학문으로 정착되었다. 무엇보다 교회 내에 새로운 그리스도인의 생활 양식인 수도 생활을 소개하고 발전시켰으며(바실리우스), 더 나아가 한 영혼이 그리스도와의 신비적 일치에 이르는 여정을 신학적 언어와 개념으로 풀이했다(니사의 그레고리우스). 그들은 성경을 바탕으로 그리스도교 영성의 체계를 설명하려 했을 뿐만 아니라(바실리우스), 구체적인 삶 안에 드러나는 그리스도교만의 윤리적 실천을 신학화했다(니사의 그레고리우스). 카파도키아 교부들의 가르침은 어떤 의미에서 복음적 근본주의라고 칭할 수도 있다. 완덕에 대한 복음의 메시지는 몇몇 수도자에게만 국한된 요구가 아니라 세례받은 모든 사람이 추구해야 할 그리스도의 제자의 길이라는 것이다. 모든 신자는 정욕과 악덕에서 해방되기 위해 지속적으로 노력해야 하며, 덕을 향한 끊임없는 진보로 나아가야 한다고 그들은 가르친다.

스토아-플라토니즘적인 철학적 사고가 카파도키아 교부들

에게도 어느 정도 영향을 끼쳤다. 교부들은 선과 덕에 대한 탐구가 인간 본성에 내재해 있다는 당시의 철학 사조에 공감했다. 그러나 그들은 자신들이 속한 세상의 철학과 문화에 동조하면서도, 그리스도교의 근본적인 메시지를 보여 주려고 노력했다. 특히 인간의 영적인 요소로 말미암아 완덕에 이르는 토대가 바로 그리스도의 육화에 의한 것이라는 점을 강조했다. 카파도키아 교부들은 로고스의 육화라는 근본적인 신앙의 핵심 메시지를 통해 인간의 '신화'에 대한 근거를 찾았고 모든 인간의 온전한 부분 즉, 육체와 혼과 영으로 구성된 전인으로서의 신화를 말했다(니사의 그레고리우스). 바로 이 지점이 카파도키아 교부들의 낙관론적인 종말론의 근거가 된다. 그들은 하느님께서 "모든 이에게 모든 것"(1코린 15,28 참조)이 되실 것이라는 바오로 사도의 말을 확신을 가지고 받아들인 것이다.

제9장

황금기를 이끈 서방 교회의 위대한 교부

　서방 교회는 오랫동안 아리우스 이단의 무풍지대와 같았다. 실제로 이 이단 문제로 소집된 니케아 공의회(325년)에 200명이 넘는 주교들이 참석했던 동방 교회에 비해 서방 교회에서는 소수만이 대표 자격으로 참석했을 뿐이다. 그러나 콘스탄티누스 황제의 죽음(337년) 이후 서방 교회도 아리우스 이단의 소용돌이에 휩싸이게 된다. 특히 니케아파의 수장인 아타나시우스가 로마에 두 번째로 유배됨에 따라 로마의 율리우스, 리베리우스, 다마수스 교황이 동방에서 벌어진 이단 논쟁에 점차 개입하게 된다. 이렇게 된 데에는 정치적인 변화가 한몫을 했다. 콘스탄티누스 황제의 사망으로 로마 제국은 동과 서로 나뉘어 아들들에게 권력이 이양되었으나, 서방의 콘스탄스 황제가 전사하고 콘스탄티우스가 유일한 황제로 등극하면서 교회 정세가 급변했다. 콘스탄티우스 황제는 친아리우스파로 반아리우스파 진영의 대표인 아타나시우스를 유배 보내는 동시에 서방 주교 임명에서 친아리우스 경향의 인물을 내세우려 했기 때문이다. 이러한 정치적 압력에 서방 교회의 많은 주교들이 반발했고 그 대가로 주교좌를 빼앗기거나 유배를 떠나야 했다. 이들 주교 가운데 힐라리우스가 그 대표적인 인물이다.

1. 푸아티에의 힐라리우스

1) 생애

힐라리우스의 생애에 대한 정보는 매우 단편적으로, 그나마 우리가 아는 대개의 내용은 아리우스 이단과 벌인 논쟁에 결부된 것들이다. 그럼에도 여러 정보를 모아 그의 생애를 추정해 보면 다음과 같이 이야기할 수 있다.

힐라리우스는 4세기 초 갈리아 아퀴타니아 지방 푸아티에의 이교 귀족 가문에서 태어났고, 성인이 되어 세례를 받은 것으로 보인다. 그는 세례를 받을 당시 이미 결혼한 상태로 아브라(Abra)라는 이름의 딸을 두고 있었다. 350년경 힐라리우스는 자신의 고향인 푸아티에의 주교로 서품되었고, 이 시기를 기점으로 아리우스파와의 기나긴 전쟁을 시작하게 되었다.

356년 아리우스파인 콘스탄티우스 황제에 의해 소집된 베지에(비테라이) 교회 회의를 통해 그는 단죄를 받고 소(小)아시아의 프리기아로 유배를 떠난다. 그때 처음 접하게 된 동방 교회는 그의 신학적 깊이를 더하는 계기가 되었다. 황량할 것만 같은 유배지에서 힐라리우스는 오리게네스의 성경 주석을 접했고, 이를 통해 동방 교회의 신학적 특성을 이해하게 된다. 그에게 유배는 동방의 다양한 신학적 입장이 어떻게 발생했고 또 발전했는지를 깨닫는 결정적인 사건이 되었다. 그러면서도 힐라리우스의 시선은 유배의 원인이었던 아리우스 이단을 주시했다. 이와 같은 인생 여정을 통해, 그가 왜 서방과 동방 교회 사이의 신앙의 일치를 위한 중개자인지를 알 수 있다. 360년 힐라리우스는 갈리아로 돌아와 자신의 주교좌를 되찾을 뿐만 아니라 서방에서 니케아 신앙의 결정적 승리에 공헌한다. 그는 367년 선종했다. 교회는 힐라리우스를 교회 학자로 공경하며 1월 13일에 전례적으로 기념한다.

2) 주요 작품과 신학적 기여

성경 관련 작품으로는 《마태오 복음 주해》(Commentarius in Evangelium Matthaei)가 있다. 유배를 가기 이전에 저술한 이 책은 라틴어로 된 첫 번째 복음 성경 주해며 이른바 '렉시오 콘티누아'(lectio continua)의 정수를 보여 준다. 즉 복음의 구절과 단락을 나누거나 떼어서 읽는 것이 아니라, 복음을 마치 사슬처럼 엮여 있는 유기체로 바라보면서 통째로 읽는 독서법이다. 개별 본문들은 그 자체로도 의미가 있으나 총체적인 계시의 맥락 안에서 다른 본문들과 함께 바라볼 때 역사적인 관점은 물론, 영적인 의미에서도 풍요로운 해석이 가능하다는 점이 '연독(連讀)'의 장점이다. 또한 힐라리우스는 신약과 구약의 관계도 하나의 본문으로 생각하면서 '신앙과 율법', '이스라엘과 교회'의 연관성 아래 하나의 구원 역사로 해석했다. 《시편 주해》(Tractatus super psalmos)는 유배를 다녀온 후 집필된 것으로 부분적으로만 전해지며, 오리게네스적인 성경 주해에서 착안했다. 《신비론》(Tractatus mysteriorum)은 그리스도론과 교회론에 관련된 전통적인 '예형론'(typologia)을 통해 구약 성경을 다시 읽기 한 작품이다.

교의 신학적 작품으로는 《삼위일체론》(De trinitate, 12권)이 있다. 유배 중에 쓰인 작품으로 아리우스 이단은 물론, 당시 사벨리아니즘까지 겨냥하면서, 성자의 신성과 영원성을 확인하고 삼위일체 신앙을 설명했다. 《교회 회의》(De synodis)는 359년에 집필된 문헌으로, '동방 교회의 신앙에 대하여'라는 부제에서 알 수 있듯이 반아리우스적 입장을 취하는 서방 교회의 신학과 '호모이우시오스'를 주창하는 동방 신학을 비교하며 본질적으로는 정통 신앙을 견지하려는 데에 동일한 취지가 담겨 있음을 증명하려 했다.

논쟁적 작품으로는 《콘스탄티우스 황제 반박》(Liber contra Constantium Imperatorem)이 있는데, 361년에 힐라리우스는 황제가 아리우스파 지지자임을 단죄했다. 《아욱센티우스 반박》(Cotra Auxentium)은 밀라노의 주교 아욱센티우스가 아리우스 이단임을 밝힌 작품이다. 《역사서 단편》(Fragmenta ex opere historico)은 4세기 아리우스 이단과 더불어 발생한 논쟁의 역사적 정보를 제공하는 중요한 1차 사료다.[300]

'서방 교회의 아타나시우스'라고 불릴 만큼 아리우스 이단에 대항하여 각고의 노력을 한 힐라리우스는 아우구스티누스 이전 서방 교회에 가장 중요한 신학자라고 할 수 있다. 소아시아에서 보낸 4년간의 유배 생활은 그에게 동방 교회의 문화와 교리적 특성을 이해하는 기회가 되었다. 그는 이 시기를 통해 자신의 신학에 깊이를 더하게 되었으며, 동방과 서방 교회 사이에서 '연결고리'로서 양 교회가 신앙 안에 '하나'임을 드러냈다.

교의적인 차원에서 《삼위일체론》은 가장 중요한 책으로 라틴어로 된 삼위일체에 관한 첫 번째 대작이라고 할 수 있다. 이 작품은 아리우스 이단을 겨냥하면서도 성부와 성자의 본성상 일치와 위격 사이의 구별을 가톨릭의 시각에서 잘 드러냈다.

학자들은 힐라리우스가 성령의 신성을 노골적으로 확언하고는 있지만, 성령을 '위격'이라는 차원보다 '선물'로 묘사하기를 즐겼던 점을 들어 그의 성령론이 약간은 모호하게 흘렀다는 평가를 내린다. 또한 힐라리우스는 그리스도의 온전한 인간성, 즉 혼(anima)을 포함한 모든 인간 본성을 인정했지만, 그리스도의 육체에 있어서만큼은 천상적 육체라는 독특한 개념으로 인해 육체

---

300 제3부 제4장 '그리스도교 시문학과 작가'에서 '찬미가' 부분을 참조하라.

의 실제적인 의미가 약간은 훼손될 수 있으며, 가현설의 의심까지 받을 여지가 있다고 지적하고 있다. 그러나 힐라리우스의 사고를 면밀히 바라보면, 그의 신학은 "시작할 때에는 생각하지도 않던 것들이 발전하는 과정을 거쳐 어느덧 종합"[301]을 이루는 것을 볼 수 있다. 힐라리우스는 이레네우스와 테르툴리아누스를 거치면서 형성된 이른바 아시아 신학의 전통에서 발견되는 '현실주의'와 알렉산드리아적인 '영성주의'를 융합한 신학자다.

2. 밀라노의 암브로시우스

1) 생애

암브로시우스는 339년(혹은 337년) 게르마니아의 트리어에서 로마 귀족 가문이면서 그리스도교 신앙을 가진 가정에 태어났다. 수사학 공부를 마친 그는 곧바로 정계에 진출했고 이탈리아 북쪽에 위치한 리구리아-에밀리아 지방의 주장관으로서 밀라노에서 근무했다. 당시 암브로시우스는 아직 세례를 받지 않은 예비 신자 신분이었지만, 아리우스주의자였던 아욱센티우스 주교의 사망 이후 후임 주교 임명으로 인한 가톨릭파와 아리우스파의 분쟁에 개입하던 중에 갑작스럽게 주교품을 받게 되었다. 그

---

301 A. Orazzo, *La salvezza in Ilario di Poitiers*, D'Auria, Napoli 1986, 24.

가 주교품을 받은 날은 374년 12월 7일이었는데, 이는 세례받은 지 불과 일주일이 지난 뒤였다. 암브로시우스는 성직을 수행하기 위해 필요한 양성 과정을 밟지 않은 탓에 자신의 부족한 역량을 채우려고 성경 공부에 매진하는 동시에 교부들의 문헌을 연구하는 데 혼신을 다했다. 특히 그리스 교부들 중 오리게네스와 바실리우스의 문헌을 집중적으로 탐구했으며, 알렉산드리아의 필론에게서도 영감을 받았다. 암브로시우스의 학문적 노력과 사목적 열성이 드러나는 설교는 밀라노에 머물던 아우구스티누스의 회심과 세례에 영향을 미칠 정도였다.

주교가 된 암브로시우스에게 가장 큰 골칫거리는 아리우스 이단에 대한 대처였다. 황제들의 입장에 따라 수시로 바뀌는 아리우스파의 정치, 종교적 영향력에 대응해야 했던 암브로시우스는 세속 정치의 압력에서 '신앙의 자유'(libertas fidei)를 견지하는 일관된 태도를 보였다. 이러한 그의 모습은 오직 '가톨릭 교회'만이 법적 정통성을 지닌다는 확신에서 출발했다. 이와 같은 암브로시우스의 단호함은 384년 로마 원로원에 승리의 여신상을 세우려는 계획을 저지하고, 386년에는 밀라노에 아리우스파가 어떤 성당도 소유할 수 없도록 백성들과 함께 점거 농성을 할 정도로 단단했다(이때 그 유명한 '암브로시우스의 찬미가'가 불렸다). 이러한 그의 종교, 정치적 영향력은 서방에만 미친 것이 아니었다. 예를 들어 동방 지역에 방화로 소실된 칼리니쿰(Callinicum)의 유다교 회당을 그리스도교가 책임을 지고 복구하라는 황제의 지시에 그는 저항했다(388년). 이처럼 강직한 '하느님의 주장관'에게 황제도 예외일 수 없었다. 390년경 테살로니카에 폭동이 일어나면서 성난 군중이 일리리쿰의 사령관을 살해할 정도로 심각한 사태가 벌어지자, 테오도시우스 황제는 폭동을 진압하기 위해 수많은 사람을 죽이도록 지시하거나 적어도 승인하는 태도를 취했다. 이 사실을 알게 된 암브로시우스는 '황제'에게 공적인 참회와 벌을 내리고, 황제가 이를 받아들이는 사건이 벌어졌다. 이 일화를 두고 어떤 이들은 국가에 대한 교회의 승리로 여기기도 한다. 아무리 황제라도 세례받은 신자일 뿐, 구원에 있어서 황제를 위한 지름길은 없다는 것이다. 불과 얼마 전까지 교회를 박해하던 공권력의 상징이 교회에 의해 벌을 받는 형국이 된 것이다.

사목자로서 암브로시우스는 순교자들에 대한 공경과 순교 신심 고양에 심혈을 기울였다. 아울러 수도 생활에도 적극적인 관심을 가졌던 그는 자신의 교구에 남녀 수도원을 세웠다. 그의 여동생 마르켈리나도 이 생활을 선택했다. 397년 선종한 암브로시우스를 교회는 교회 학자로 공경하며 그의 주교 서품 날짜, 곧 12월 7일을 축일로 기념한다.

2) 주요 작품과 신학적 기여

성경 관련 작품으로는 《루카 복음 해설》(Expositio evangelii secundum Lucam)을 제외하고 대부분 구약 성경에 관련된 작품을 저술했다. 그의 성경 해석은 알렉산드리아 신학에서 많은 영향을 받앉는데, 우의적이고 윤리적인 성경 해석을 토대로 신비 영역까지 확장하는 경향을 보인다. 오리게네스처럼 암브로시우스는 성경을 통해 영혼이 악습에서 해방되어 덕을 쟁취해 나가며 마침내 그리스도와 완전한 일치에까지 이르는 영혼의 여정을 설명하려 했다. 시편 중에 가장 긴 118(119)편 해설이 그 대표적인 예다.

교의 신학적 작품으로는 삼위일체와 그리스도론에 관련된 문헌을 집필하기는 했지만, 무엇보다 전례와 성사론과 연관된 작품을 주목할 필요가 있다. 《신비론》(De mysteriis)과 《성사론》(De sacramentis)은 세례 입문자들을 위한 전례 해설서로서 '신비 교육'에 사용되었다.

윤리와 수덕에 관련된 문헌으로는 '동정'에 관한 다수의 문헌을 통해 수도 생활을 다루었을 뿐만 아니라 성직자들을 위한 지침서인 《성직자의 직무》(De officiis ministrorum)를 저술하기도 했다.

암브로시우스의 교의 신학은 세 편의 작품을 통해 잘 드러난다. 먼저 신앙이 무엇을 의미하는지를 밝힌 《신앙론》(De fide, 4권)과 《성령론》(De Spiritu sancto), 그리스도 육화의 구원 의미를 서술한 《육화론》(De incarnatione)이다. 이 작품들은 모두 철저하게 성경에 토대를 두었으며 니케아 신학을 기반으로 했다.[302] 그의 신학은 오리게네스, 아타나시우스, 바실리우스로 대표되는 동방의

---

302 J. Liébaert-M. Spanneut-A. Zani, *Introduzione generale allo studio dei Padri della Chiesa*, Brescia 1998, 328.

신학적 사고와 테르툴리아누스, 힐라리우스 등 서방의 선배 교부들을 연결시켰다고 볼 수 있다. "암브로시우스의 삼위일체에 관한 가르침은 본성의 일치성과 함께 위격들의 구별을 강조했다. …… 성부는 성자의 '샘'(fons)이며 뿌리(radix)'이고 성자는 성령의 '샘'(fons)이다. 그의 그리스도론은 가현론과 아폴리나리우스 이단과의 논쟁에서 비롯되었다고 볼 수 있는데, 한결같이 위격의 일치를 손상하지 않으면서도 그리스도 안에 두 본성과 두 의지가 구별된다는 의견을 견지했다."[303] 암브로시우스의 교의 신학적 가르침 가운데 '마리아론'도 눈길을 끈다. 특히 암브로시우스는 마리아에게 '하느님의 어머니'(Dei Genitrix)라는 호칭을 주저하지 않고 사용했다. 이 호칭은 《루카 복음 해설》에서 가장 잘 드러나며 '동정'에 관한 작품 안에도 비교적 여러 번 다루어진다. 그는 이 호칭을 통해 구원 경륜에 있어 마리아에게 부여된 특별한 역할을 표현하려 했다. 암브로시우스는 출산 후에도 마리아의 동정성이 유지되었다고 주장하는 교부 중 한 명이었다. 하지만 '원죄에 물들지 않았다'고는 명확하게 밝히지 않았다."[304]

암브로시우스의 작품 대부분은 주로 사목과 관련되었거나 설교를 위한 용도로, 추후에 책으로 엮인 것들이 많다. 즉 처음부터 계획된 신학적 사색을 통한 논문이라고 할 수는 없다. 황제

---

303 M.G. Mara, "Ambrogio di Milano", in DPAC I, 152.
304 위와 동일.

의 주장관 출신인 암브로시우스는 그만큼 실용적인 로마인을 대표했다. 그렇기에 그가 상대해야 하는 신학적 오류에 대한 대처법은 무엇보다 신앙에 대한 교회의 전통이 우선되었고, 그중에 니케아 공의회의 '신앙 고백'이 중요한 역할을 했다. 이러한 이유로 암브로시우스는 교의에 관한 심각한 사변을 요하는 논쟁을 가급적 회피하는 경향을 보였다.

성경과 그에 대한 해석과 관련하여 암브로시우스의 일차적 관심은 구약 성경의 가치와 그 메시지에 있었다. 성경에 대한 그의 근본적인 시각의 단초는 신구약 성경의 조화와 일치에 있었으며, 신구약 성경 모두 그리스도의 실재에 대한 것을 이야기한다는 점에서 동일하다고 생각했다. 이러한 성경에 대한 전망 안에서 암브로시우스는 구원 역사를 '그림자, 모상, 진리'(umbra, imago, veritas)로 구분되는 세 단계로 설명했다.[305] 학자들은 암브로시우스의 성경 해석에 우의적 주석 방법이 근간을 이룬다는 사실에 동의한다. 그의 주석이 윤리적인 측면과 신비적인 측면에 주안점이 있는 것은 사실이다. 그렇다고 문자를 멀리한 주석만 고집하지 않았다. 물론 오리게네스에게서 영향받는 '알레고리'가 암브로시우스가 양성받은 플라톤주의와 만나 그의 주된 사고 틀을 형성하기는 했다. 하지만 그는 이 틀을 경험적이고 이상적인

---

305 L.F. Pizzolato, *La dottrina esegetica di Sant'Ambrogio*, Vita e Pensiero, Milano 1978.

차원에 대입하려 했다. 한마디로 문자와 우의적 측면을 항상 고려했던 것이다.

암브로시우스는 무엇보다 사목자로서 자신에게 맡겨진 백성들에게 시선을 집중했다. 이러한 의미에서 그가 집필한 많은 저서는 사목 수행의 일환이자 도구였다. 따라서 그의 작품에는 구체적인 그리스도인 생활과 윤리를 북돋으려는 취지가 들어 있으며, 특히 당시 사회로서는 획기적이라 할 수 있는 사회 정의를 강조했다. "목자인 암브로시우스는 몇몇 성경 구절을 당시 권력자와 부자들의 무자비한 이기주의로부터 착취당하는 약자들을 보호하고 변호하기 위한 가르침으로 적극 사용했다."[306] 이에 대한 대표적인 예가 바로 열왕기 상권 21장에 나오는 유명한 일화를 해석한 《나봇 이야기》(De Nabuthae historia)다.[307]

---

306 A. Bonato, *Invito alla lettura di Ambrogio*, Cinisello Balsamo 2001,19.

307 참조. 암브로시우스, 《나봇 이야기》, 최원오 역주, 교부 문헌 총서 20. G. De Simone, *La miseria del ricco. Esegesi biblica e pensiero sociale nella storia di Naboth di Ambrogio*, Ursini, Catanzaro 2003.

3. 히에로니무스

1) 생애

347년 달마티아 지방의 스트리돈의 그리스도인 가정에서 태어난 히에로니무스는 로마에서 수학했고 그곳에서 세례를 받았다. 그 후 트리어에서 수도 생활을 알게 된 그는 루피누스와 크로마티우스 등 '아퀼레이아 동아리'로 불리는 친구들과 함께 열정적으로 금욕 생활과 학문 연구에 매진했다. 그러나 이 동아리는 얼마 되지 않아 해산되었다. 이에 히에로니무스는 안티오키아에 머물면서 광야의 은수 생활을 체험하는 동시에 그리스어와 히브리어를 공부했으며, 파올리누스에 의해 사제품을 받았다. 381년 그는 콘스탄티노폴리스를 거쳐 로마에 머무는데, 당시 교황이었던 다마수스 교황의 비서로 활약하게 되었다. 로마 체류 시, 그는 오리게네스에게서 영향을 받은 수덕 신비 영성을 몇몇 귀부인들에게 가르치게 되었고 이를 계기로 그의 지도를 받는 여성 금욕 공동체가 생겼다. 이 상류 사회의 귀부인들 가운데 몇 명은 그가 베들레헴으로 갈 때에 함께 따라나섰다.

384년 다마수스 교황의 선종 후 히에로니무스는 로마를 떠나 베들레헴으로 자신의 거처를 옮겼다. 이른바 '오리게네스 논쟁'이 발발하면서 그는 친오리게네스파로 분류되는 루피누스와 예루살렘의 요한과는 정반대의 입장에 서면서 논쟁에 더욱 불을 지피게 된다. 처음에는 오리게네스 추종자로 자처했던 사람이 알렉산드리아의 테오필로스와 살라미스의 에피파니우스와 함께 극렬한 반오리게네스주의자가 된 것이다. 그는 419년 선종했다. 교회는 히에로니무스를 교회 학자로 공경하며 9월 30일에 전례적으로 기념한다.

2) 주요 작품과 신학적 기여

히에로니무스의 대표적인 업적은 히브리어 원본을 대조하여 기존의 라틴어 성경(Vetus Latina)을 개정한 작업이다. 칠십인역에서 번역되어 사용하던 기존 라틴어본 성경의 '매끄럽지 못한' 면이 오래전부터 지적되어 오던 차에, 다마수스 교황은 이 번역본의 개정을 히에로니무스에게 위탁했다. 당시 교회에서 가장 많이 사용되던 복음서와 시편은 비교적 양호했지만, 이와는 달리 구약 성경의 많은 부분이 개정될 필요가 있다고 여겼던 것이다. 이에 히에로니무스는 일반 대중이 쉽게 읽을 수 있도록 히브리어본에서 직접 대중판(vulgata)을 번역하는데, 구약 성경의 특성에 따라 다른 기준으로 번역했다. 즉 일반적으로 잘 알려지지 않았거나 읽히지 않는 역사서나 예언서는 비교적 쉽게 번역했고, 반대로 전례에 자주 사용되는 성경은 매우 엄격한 잣대로 번역했다. 결과적으로 히에로니무스의 불가타 라틴어 번역에서, 신약 성경과 시편은 그리스어를 번역한 고대 라틴어본의 개정판이고, 구약 성경은 모두 히브리어에서 번역한 것이라고 할 수 있다.

히에로니무스는 성경 번역 작업과 더불어 다양한 성경을 주해했다. 비록 오리게네스에 대해서 교의적으로는 적대적인 입장을 취했지만, 성경 해석에 관해서만큼은 그에게서 많은 영감을 받았다.

히에로니무스는 유명한 저술가와 그들의 작품을 소개하거나 성경에 등장하는 이름을 사전처럼 목록화하는 동시에 그 이름이 가지는 어원과 역사 그리고 그리스도교 문학에 관한 다양한 연구 성과를 기록으로 남겼다[《명인록》(De viris illustribus)].

수도 생활 관련 문헌으로 아타나시우스의 《안토니우스의 생애》를 모범 삼아 훌륭한 성덕을 보여 준 수도자들의 전기를 썼는데,《말쿠스의 생애》,《성 힐라리온의 생애》,《성 파울루스의 생애》가 있다.

논쟁 작품으로는 수도 생활을 폄훼하는 이들을 논박하는 《마리아의 영원한 동정에 관해 헬비디우스 반박》(Adversus Helvidium de Mariae virginitate perpetua)과 오리게네스를 지지하는 이들을 향한 반오리게네스적 작품이 있다. 그 외 서간이 150여 편 남아 있다.

히에로니무스의 성경 번역 작업과 주해는 그가 이룬 혁혁한 공로다. 그의 언어 능력과 어원학에 대한 박식함은 히브리어나 그리스어 원전을 직접 대할 수 있고 또 번역과 해석을 가능하게 했다. 그의 이러한 능력은 고전 문학과 문화에 대한 탄탄한 기본기가 있었기에 가능했다. 또한 수사학 등 여러 학문을 잘 아는 동시에 그의 열정적 기질도 성경 연구에 큰 도움이 되었다.

"성경을 대하는 히에로니무스의 자세는 아우구스티누스와

비교할 때 더 잘 드러난다. 아우구스티누스가 보다 넓은 시각과 큰 그림에서 성경을 보았다면, 히에로니무스는 아주 세세한 부분까지 세밀하게 분석했다. 그는 성경 연구를 위해 유다교적인 원천을 참조할 줄 알았으며, 더 나아가 안티오키아와 알렉산드리아에서 유래하는 다양한 방법론까지도 차용하여 아주 치밀하고 섬세한 연구와 해석을 시도했다고 평가할 수 있다."[308]

히에로니무스의 성경 주석은 언제나 역사-문자적인 차원에서 시작하여 영적인 의미로 전이했다. 즉 성경 주석의 출발점은 항상 구절에 담긴 문자였다. 따라서 먼저 히브리어 원문에서 출발하지만 동시에 그 구절에 대한 다양한 그리스어본을 염두에 두었다. 이와 더불어 주어진 구절을 그와 비슷하거나 아니면 상반된 다른 구절들과 비교하면서 본 구절의 단어나 표현의 진정한 의미를 찾으려고 노력했다. 그렇다고 구절 자체에 충실한 그의 성경 연구가 문자의 덫에 매몰되었다는 의미는 아니다. "문자는 사람을 죽이고 성령은 사람을 살립니다."(2코린 3,6)라는 말처럼, 히에로니무스는 말 그대로 '글자의 취약성'(vilitas litterae)을 너무나 잘 알고 있었기에 그 문자 뒤에 숨겨진 영적인 의미를 밝히려 했다.

"이론적으로 히에로니무스는 오리게네스의 주석 방법처럼 성경 텍스트의 '삼중의 의미'를 찾으려 했다. 그러나 실제로 두

---

[308] B. De Margerie, *Introduzione alla storia dell'esegesi*, II, Borla, Roma 1984, 163.

차원, 즉 문자적 의미와 영적의 의미를 구분하기만 했다."[309] 또한 영적인 의미를 '알레고리적 의미', '윤리적 의미', '신비-상징적(anagogico) 의미', '신비적(mystico) 의미'와 같이 부르기도 했다. 그의 눈에 성경은 "그윽한 신비의 심연이었다. 심지어 누구나 쉽게 피상적인 연구만으로도 풍요로운 해석이 가능하다고 여기는 쉬운 구절까지도 그에게는 언제나 깊은 바다와 같았다."[310]

히에로니무스는 성경의 문자적 의미와 영적인 의미에 대한 적절하고도 균형 잡힌 태도를 보였다. 그렇기에 그의 주석은 "당시에 난립했던 여러 다양한 주석 중에서 참되면서도 새로운 성경 해석의 모범이 되었던 것이다."[311] 히에로니무스의 성경에 대한 엄청난 사랑에서 바로 그 유명한 경구가 나왔다. "성경을 모르는 것은 그리스도를 모르는 것이다."(Ignoratio Scripturarum ignoratio Christi est)[312]

4. 히포의 아우구스티누스

"교부들 중에 가장 위대한 인물이요, 인류가 낳은 가장 뛰어

---

309 위와 동일, 164.
310 위와 동일, 166.
311 M. Simonetti, *Lettera e/o allegoria*, Roma 1985, 337.
312 히에로니무스, 《이사야서 주해 서문》(CCL 73,1).

난 천재"(트라페)인 아우구스티누스를 몇 쪽 안 되는 분량으로 소개한다는 것은 어불성설이다. 아우구스티누스에 대한 알타너의 평가를 통해 그 이유를 짐작할 수 있다. "위대한 주교 아우구스티누스는 테르툴리아누스의 창조적 정열, 오리게네스의 영적 풍부함, 키프리아누스의 교회 의식, 아리스토텔레스의 예리한 논리를 플라톤의 높은 이상주의와 사변에 결합시켰다. 그리고 라틴인의 실용적 감각을 그리스인의 영적 유연성에 일치시켰다. 그는 교부 시대의 가장 위대한 철학가이며, 모든 교회의 가장 중요하고 영향력 있는 신학자다. 그의 저서들은 동시대뿐만 아니라 오늘날까지 계속해서 독자들에게 열광적으로 읽히고 있다."

1) 생애

아우구스티누스는 354년 북부 아프리카 타가스테에서 이교인 아버지 파트리키우스와 그리스도인 어머니 모니카 사이에서 태어났다. 그는 어머니를 통해 그리스도에 대한 사랑을 배우면서 유년기를 보내다가, 고향에서 초등 교육을 마치고 인근 도시 마다우라에서 중등 교육을 받았다. 그러나 경제적인 어려움으로 진학을 포기한 채 고향에서 허송세월을 보내던 중, 지역 유지 로마니아누스의 도움으로 카르타고로 유학을 떠난다. 이때 그의 나이는 17세였으며, 그는 부친의 사망과 함께 한 여인을 만나 동거를 하게 되었고, 이듬해 아들 아데오다투스를 얻었다. 이 시기 아우구스티누스는 우연히 키케로의 《호르텐시우스》(Hortensius)를 읽게 되면서, 진리를 찾아 나서는 기나긴 모험을 시작한다. 그는 먼저 진리를 찾기 위해 하느님의 말씀이라는 성경을 보았지만, 그 문학 유형과 하느님을 의인화하는 방식에 실망하고 '유치한 책장'을 덮으며, 마니교라는 새로운 돌파구를 찾아냈다.

3년간의 유학을 마친 아우구스티누스는 고향으로 돌아가 문법 교사가 되었지만, 그동안의 사정으로 인해 본가가 아닌 로마니아누스의 집에 머물게 되었다. 당시 21세였던 아우구스티누스에게 충격을 안기는 일이 그때 벌어지는데, 바로 친한 친구가 죽은 것이다. '친구 없는 삶이란 죽은 것과 같다'고 생각하던 그에게 고향은 쓰라린 아픔의 장소가 되었고, 그는 다시 카르타고로 돌아갔다. 어머니와 고향으로부터 도망쳤지만, 그는 나름 수사학 교사로 이름을 떨치며 사회적 명성을 쌓아 가고 있었다. 이 시기 아우구스티누스는 차츰 마니교에 염증을 느끼게 된다. 마니교는 비상한 천재의 모든 의문에 답을 제시하지 못했고, 이에 실망한 그는 점차 회의주의에 물들게 되었다. 그즈음 마니교의 주선으로 아우구스티누스는 로마(383년)에서 수사학 교사 자리를 얻었다. 그리고 로마에서 채 1년이 되지 않아 그의 명성이 더욱 유명해질 때, 새로운 제안이 들어왔다. 로마 행정관 심마쿠스가 밀라노에 있는 황실 수사학 학교 교사를 맡아 달라고 한 것이다.

30세에 밀라노에 도착한 아우구스티누스는 황실 수사학 교사가 되어 세속적 명성을 쌓던 중 매우 중요한 인물을 만나게 된다. 바로 밀라노의 주교 암브로시우스를 알게 된 것이다. 아우구스티누스는 그의 강론을 통해 성경 해석의 다른 차원을 접하게 되었다. 385년에는 아프리카에 있어야 할 가족들이 어머니 모니카와 함께 밀라노에 도착했다. 또한 이 무렵 아우구스티누스는 이전에 '플라톤주의자들의 몇몇 저작들'을 통해 어렴풋이 알던 바를 사제 심플리키아누스의 도움으로 이해하면서, 이제까지 모든 지적인 의문의 뿌리인 '악'의 문제를 해결했다. 즉, 악은 실체가 아닌 선의 '결핍'이라는 사실을 이성적으로 이해하는 동시에, 복음과 바오로 사도의 서간을 바라보는 새로운 안목이 생긴 것이다. 바야흐로 회심의 때가 점점 다가온 것이다.

아우구스티누스의 회심에 대해서는 학자들 간에 의견이 분분하다. 하지만 일반적으로 오랜 기간 다양한 요소가 복합적으로 작용한 결과라는 데는 의견이 모아진다. 우선 '이성적 차원에서의 회심'이 있었다. 신플라톤주의와의 만남은 이러한 회심에 영향을 준 것으로 보인다. 다음은 암브로시우스와의 만남을 통한 가톨릭 신앙에 대한 새로운 시각을 가지게 된 '종교적 회심'이며, 끝으로 '윤리적 회심'을 들 수 있다. 끝까지 그를 힘들게 했던 윤리적 회심은 하느님의 '은총'에 대한 체험을 통해 이루어졌다. 회심 이전에 아우구스티누스는 결혼을 할 것인지, 독신으로 살 것인지를 선택해야 했다. 그러나 자신의 연약함을 누구보다 잘 알고 있던 아우구스티누스에게 금욕과 독신은 너무나 큰 장애였다. 육체적 욕정에서 헤어나지 못하는 자신을 바라보면서 행복하지 못한 삶을 한탄하던 차에 알게 된 수도승들의 삶과《안토니우스의 생애》는 그에게 영감과 용기를 불어넣었다. 그러던 차에 아우구스티누스는 그 유명한 정원의 신비 체험을 하게 된다. 그는 로마서 13장 12~14절을 읽고 섬광처럼 비치는 은총과 함께 해방을 맛보게 된다. 이를 기점으로 아우구스티누스는 결혼을 포기하고 수덕과 금욕 생활을 결심하면서 마침내 387년 부활절을 기해 아들과 친구 알리피우스와 함께 암브로시우스에게 세례를 받음으로써 새로운 삶을 시작하게 되었다.

세례 후 고향으로 가기 위해 오스티아에 도착한 아우구스티누스는 그곳에서 어머니 모니카의 죽음을 맞이했다. 이듬해 고향 타가스테로 돌아간 후, 초보적인 수도 공동체 생활을 했다. 이 공동체는 친교, 기도, 노동, 성경 공부를 생활의 주축으로 삼았다. 391년 37세의 아우구스티누스는 잠시 히포에 들르게 되는데, 그의 의사와는 상관없이 (폭력에 의해) 발레리우스 주교에게 사제품을 받게 된다. 그는 수도 생활을 계속할 수 있도록 해 달라는 수품 조건을 내세우고 이에 대해 허락을 받았다. 395~396년경 주교 서품을 받은 아우구스티누스는 다양한 사목 활동을 통해 주교 직무를 수행해 나갔다. 때로는 백성을 향한 설교로, 때로는 필요한 저서를 집필하고, 때로는 교회를 혼란하게 하는 여러 문제를 해결하기 위해 열리는 다양한 회의에 참석함으로써 목자의 직무를 다했다. 자신의 도시 히포가 반달족에 포위된 절체절명의 위기 속에서 430년 에페소 공의회를 목전에 두고, 아우구스티누스는 달릴 길을 다 달려 하느님 품에 영면하게 된다. 교회는 위대한 주교 아우구스티누스를 교회 학자로 공경하며 8월 28일에 전례적으로 기념한다.

2) 주요 작품

아우구스티누스는 일일이 열거할 수 없을 만큼 다수의 작품을 저술했기에, 중요성을 감안하여 다음과 같이 분류해 본다.

철학적 작품

대개 '대화' 형식으로 저술되었으며, 세례를 받은 전후의 시점부터 사제 서품 전(386~391년)에 쓰인 것들이 많다. 회의주의를 논박한 《아카데미아학파 반박》(Contra Academicos), 하느님을 아는 것이 참된 행복임을 설명하는 《행복한 삶》(De beata vita), 이외에 《질서》(De Ordine), 《독백》(Soliloquia), 《영혼 불멸》(De immortalitate animae), 《영혼의 위대함》(De quantitatae animae), 《자유의지론》(De libero arbitrio), 《음악》(De musica), 《교사》(De magistro) 등이 있다. 이 작품들은 진리, 행복, 영혼, 하느님의 현존, 악, 양심 등 철학의 중요 주제를 다루었다.

성경 관련 작품

성경 주석의 일반론과 더불어 강론의 원칙과 모범에 대한 《그리스도교 교양》(De doctrina chistiana)이 있다.

창세기 첫 장들에 지대한 관심을 지녔던 아우구스티누스는 다음 5편의 저서에서 문자적 의미와 우의적 설명을 번갈아 가며 풀이했다. 《마니교도 반박 창세기 해설》(De Genesi adversus Manichaeos), 《창세기 문자적 해설 미완성 작품》(De Genesi ad litteram imperfectus liber), 《고백록》(Confessiones) 12권-13권, 《창세기 문자적 해설》(De Genesi ad litteram), 《신국론》(De civitate Dei) 11권이 있다. 또한 아우구스티누스는 시편 150편 전체를 해설하는데 그 작품이 그의 영성이 녹아 있는 방대한 《시편 상해》(Enarratines in Psalmos)다. 아울러 그의 독특한 영성을 드러내는 《요한 복음 강해》(Tractatus in Evangelium Ioannis), 《요한 서간 강해》(In epistulam Ioannis ad Parthos tractatus)가 있으며, 복음사가들 사이의 모순과 일치하지 않는 견해가 있음을 지적하는 이들을 상대로 《복음사가들의 일치》(De consensu evangelistarum)를 저술했다. 바오로 사도의 서간에 대한 해설서로는 《로마서 미완성 해설》(Epistulae ad Romanos inchoata expositio)과 《갈라티아서 해설》(Expositio epistulae ad Galatas)이 있다.

교의 신학 작품

15권으로 구성된 《삼위일체론》(De Trinitate)이 대표적인 문헌이다. 이 작품은 "아우구스티누스의 걸작 중에 하나로 서방 교회의 삼위일체 신학에 결정적인 영향을 끼쳤다."(트라페) 다음으로 7권으로 된 《세례론》(De baptismo)은 도나투스 이단을 반박하는 많은 작품 가운데 가장 중요한 책이며, 트라페는 다음과 같이 이야기했다. "이단자들에 의해 거행된 세례성사의 유효성에 대해 설명하면서, 기존에 북부 아프리카의 전통으로 여긴 키프리아누스의 견해를 수정했다." 그 밖의 작품들로는 《신앙과 신경》(De fide et symbolo), 《심플리키아누스에게 보낸 여러 질문》(De diversis quaestionibus ad Simplicianum), 《신앙과 실천》(De fide et operibus), 《하느님 관상》(De videndo Deo)과 신망애 삼덕에 따른 신학 요약인 《라우렌티우스에게 보낸 길잡이/믿음 희망 사랑》(Enchiridion ad Laurentium, seu de fide, spe et caritate) 등이 있다.

논쟁 작품

펠라기우스 이단 반박 작품으로는 《죄벌과 용서 그리고 유아 세례》(De peccatorum meritis et remissione et de baptismo parvulorum), 《영과 문자》(De spiritu et littera), 《본성과 은총》(De natura et gratia), 《그리스도의 은총과 원죄》(De gratia Christi et de peccato originali), 《펠라기우스파 두 서간 반박》(Contra duas epistulas Pelagianorum), 《율리아누스 반박》(Contra Iulianum), 《은총과 자유의지》(De gratia et libero arbitrio), 《훈계와 은총》(De correptione et gratia)이 있다.

마니교 반박 작품으로는 《가톨릭 교회의 관습과 마니교도의 관습》(De moribus ecclesiae catholicae et de moribus Manichaeorum), 《마니교도 파우스투스 반박》(Contra Faustum Manichaeum), 《마니교도 포르투나투스 반박》(Contra Fortunatum Manichaeum)이 있다.

도나투스 이단 반박 작품으로는 《도나투스 반박 시편》(Psalmus contra partem Donati), 《페틸리아누스 서간 반박》(Contra litteras

Petiliani), 《도나투스파 계도》(De correctione Donatistarum), 《도나투스파 주교 에메리투스와의 논쟁》(Gesta cum Emerito Donatistarum episcopo)이 있다.

사목 작품

그리스도교의 윤리와 사목적인 주제를 다룬 작품으로는 《거짓말》(De mendacio)과 《그리스도인의 투쟁》(De agone christiano), 세례 입문자들을 위한 교리 교수법을 설명한 《예비 신자를 위한 신경 해설》(De symbolo ad catechumenos)이 있다. 그 밖에도 사목적 필요에 의해 쓰인 《혼인의 유익》(De bono coniugali), 《거룩한 동정》(De sancta virginitate), 《절제》(De continentia), 《인내》(De patientia) 등이 있으며, 서방 교회의 최초 수도 생활 《규칙서》(Regula)가 있다.

특별히 따로 언급해야 할 작품

《고백록》(Confessiones)은 자서전이지만 많은 신학적, 철학적 주제를 포함하는 작품이다. 이 저서에 대해 아우구스티누스는 세 가지 고백이 들어 있다고 말했다. '신앙 고백'(confessio fidei), '죄의 고백'(confessio peccatorum), '찬양 고백'(confessio laudis), 즉 그는 자신의 삶과 그 안에 산재한 죄들을 열거하면서 하느님에 대한 신앙을 고백하는 동시에 자신 안에 이루신 하느님의 놀라운 은총의 보살핌을 찬미하는 고백을 하는 것이다.

《재론고》(Retractationes)도 마찬가지로 자전적인 작품으로, 지금까지 자신이 집필한 저작들을 꼼꼼하게 되짚어 보면서 해설하거나 보충 설명을 추가하는 등, 고대에는 보기 드문 양식의 문헌이다.

《신국론》(De civitate Dei)은 "아우구스티누스의 걸작 중에 단연 으뜸으로 평가되는 저술로, 그의 철학 사상과 신학과 정치적 견해를 총망라하는 대작이다. 이 22권의 저작은 그리스도교 문학사는 물론이고 인류사에서도 가장 의미심장한 유산 중 하나일 것이다. …… 이 문헌은 역사 속에 수많은 독자를 가졌으며, 특히 중세에 엄청난 영향을 끼쳤다."(트라페)

세례 즈음부터 생애의 마지막 기간(386~430년) 사이 아우구스티누스가 남긴 수많은 편지도 중요한 문건이다. 독자들은 40여 년간의 편지를 읽으면서 아우구스티누스의 신학과 영성에 배경이 되는 사건들과 구체적인 삶의 모습을 생생하게 접할 수 있다. 그의 성격과 태도는 물론이고 사도직에 대한 열정이 고스란히 담겨 있기 때문이다.

또한 아우구스티누스가 남긴 설교와 강론도 아주 많다. 그 주제 또한 성경에 대한 해석, 전례에 대한 풀이, 교리에 대한 설명 등으로 다양하다.

3) 신학

아우구스티누스가 신학에 기여한 바는 정말로 크지만, 일단 다음과 같이 그 내용을 정리해 볼 수 있다.

신앙과 이성

아우구스티누스의 모든 사상은 '신앙과 이성'의 관계 정립을 토대로 구축되었다고 해도 과언이 아니다. 인간이 진리에 이르는 길은 믿음과 이성이라는 두 가지 길을 통해서 이루어진다. 믿음은 '권위'라는 매개를 통해 성숙되며, 이성은 '증명'을 통해 진보한다. 그런데 인간이 진리, 특별히 '계시된 진리'를 깨닫기 위해서는 이 두 가지 길의 상호 보완 작용이 필요하다. 물론 인간 이성이 하느님의 말씀에 순명해야 한다는 것은 첫 번째 원칙임이 분명하다. 하지만 이것이 이성 자체를 도외시하라는 것은 아니다. 이성이 하느님의 신비를 깨닫는 데 전혀 필요 없다거나 역량이 되지 않는다고 판단하는 것은 옳지 않다. 오히려 신앙은 이성의 도움을 통해 성숙하고 발전할 수 있다. 이성은 하느님께서 인간에게 주신 고유한 능력으로 이성적 사고 없이는 올바로 믿을 수 없다. 사실 "믿어야 할지 먼저 생각하지 않고서 그냥 믿는 사람은 아무도 없다."[《성도들의 예정》(De praedestinatione sanctorum) 2,5] 아우구스티누스는 이처럼 '무모한 신앙주의'의 덫을 피하기 위해 "믿기 위해 이해하라."(intellege ut credas)라고 말한다. 이성과 무관한 신앙은 무모한 열광주의나 광신주의로 매몰될 수 있기 때문이다. 이와 같은 의미에서 아우구스티누스는 자주 "지성을 매우 사랑하라."(intellectum valde ama)라고 했다. 그렇다고 그가 '이성만능주의'(rationalism)를 주장한 것은 아니다. 진리에 도달하기 위해 이성이 필요하지만 동시에 "이해하기 위해 믿어라."(crede ut intelligas)라는 말을 덧붙인다. 즉, 믿음이 이성적 깨달음을 위한 전제가 된다는 뜻이다. 왜냐하면 깨닫는 것은 믿음의 대가로 얻어지게 되기 때문이다.

실제로 인간은 초월적이고 보편적인 진리를 소유한 것이 아니라, 단지 그 진리 자체의 비추임을 통해 깨닫게 된다. 마치 눈으로 사물을 볼 때, 시력 외에 조명해 주는 빛이 필요하듯이, 지성이나 이성이 정신 내부에 있는 지성적 대상을 주시할 때에도 '빛'이 필요하다. 아우구스티누스에게 이 '빛'은 진리 자체로서, 사람 안에 내주하시는 영원한 지혜이신 그리스도다. 이러한 의미에서, 무엇인가를 깨닫는다는 것은 믿음의 상급이며, 이성만으로 진리의 인식에 이를 수 없다. 이러한 그의 원칙을 설명하기 위한 저서가 《믿음의 유익》(De utilitate credendi)이다. 믿음은 '치유의 약'이며(《고백록》 6,4,6), 방어하는 보루이고(서간 118,32), 진리를 신속하고 쉽게 깨닫게 하는 '지름길'(서간 102,28)이라고 설명한다.

삼위일체이신 '사랑'의 하느님

아우구스티누스의 신학과 사상을 이해하는 데 매우 중요한 개념이 '사랑'(caritas, dilectio, amor)이다. 아우구스티누스에게 은총은 "성령을 통하여 하느님의 사랑이 우리 마음에 부어진"(로마 5,5) 것이다. 신약과 구약의 가장 두드러진 구분점이 바로 이 '사랑'이 있는지 없는지에 달려 있다. 누군가 '종의 두려움' 속에 살아간다면 그는 구약에 머무는 사람이며, 반대로 비록 구약의 시대에 살았다 하더라도 '자녀로서의 사랑' 안에 살아간다면 그는 이미 신약 안에 자유를 만끽하는 사람이다. 구약 성경의 성조들과 예언자들이 그렇다. 아우구스티누스는 사랑이야말로 성경의 목표이며 종합이기에 《예비 신자를 위한 신경 해설》의 제1목적도 사랑이 되어야 한다고 가르쳤다.

사랑은 그의 삼위일체론에서도 중요한 개념이다. 성자의 나심(generatio)이 성부의 생각의 행위라고 한다면, 성령은 다름 아닌 성부와 성자의 공통된 사랑으로 '발'(發, processio)하시는 것이다. 아우구스티누스에게 있어 성삼위의 구별은 하느님의 내적 삶 안에서 이루어지는 '관계'의 결과다. 이러한 토대 위에 그가 설파한 삼위일체론은 과거 동방과 서방 교회 신학과 비교할 때 엄청난 발전을 가져왔다. 거룩한 삼위의 고유한 위격적 구별에도 불구하고 외부로 향한(ad extra) 하느님의 모든 경륜, 예를 들어 창조나 인간에게 발현하심과 같은 것들은 삼위 모두의 공동 역사라고 이야기한다. "성삼위의 각 위격은 다른 위격에 관련된 관계들 외에는 모든 것을 지니고 계신다. 사실 성부께서 성자를 지니고 계시지만, 성부께서 성자가 아니라는 것은 의심의 여지가 없다." (《신국론》, 11,10,1) 따라서 사랑이신 하느님의 각 위격들 사이에는 그 어떠한 차별과 종속이 있을 수 없다. "신성이라는 측면에서 성부는 성자보다 더 크지 않을 뿐만 아니라, 성부와 성자 둘 모두를 합쳐도 성령보다 더 크지 않고, 삼위의 그 어떤 위격도 삼위일체 자신보다 덜하지 않다."(《삼위일체론》, 8,1)

삼위일체를 반사하는 인간

아우구스티누스의 삼위일체론을 흔히 '심리적 삼위일체론'이라고 부른다. 하느님과 인간 사이의 유사함에 근거해서 성삼위의 절대적인 일치성과 실재적인 구별이라는 신비를 설명했기 때문이다. 아우구스티누스에게 인간은 하느님을 수용할 수 있는 존재이며 동시에 하느님을 필요로 하는 존재(indigens Deo)로서 '그 윽한 심연'이다. 이러한 인간의 '엄청난 수수께끼'는 그가 '하느님의 모상'(imago Dei)이기 때문이다. 따라서 세상 모든 피조물보다도 인간은 하느님의 '흔적'을 가장 잘 나타내기에, 그를 통해 하느님의 모습을 합당하게 생각할 수 있다. 아우구스티누스는 인간의 탐구로부터 하느님의 신비를 유추해 냈다.

아우구스티누스는 먼저 인간의 인식 작용을 통해 성삼위를 설명한다. 인간의 인식 과정에는 서로 구별되는 세 요소가 작용하는데, 이는 성삼위의 구별성과 일체성을 잘 드러낸다. 인식을 위해 먼저 외부에 '보이는 어떤 것'(res quam videmus)이 있어야 하며, 다음으로 '인간 정신 안에 각인된 감각적 표상'(visio), 끝으로 '정신으로 하여금 인식을 촉발시키는 의지의 지향'(intentio voluntatis)이 있다. 여기에서 첫 번째 요소는 감각 속에 두 번째 요소를 낳고, 세 번째 요소는 나머지 두 요소를 결합시킨다. 이 삼중의 인식 과정은 성삼위의 관계와 닮은 꼴이라는 것이다. 이와 비슷하게 아우구스티누스는 사랑이라는 개념에서 성삼위를 설명하기도 했다. 즉 '사랑하는 이'(amans), '사랑의 대상'(quod amatur), 이 둘을 하나로 묶는 '사랑'(amor)이 그것이다.

아우구스티누스는 사랑의 유비와 내적 인간 모습을 연결시키면서 하느님의 삼위일체성을 발전시킨다. 인간의 내면은 '정신'(mens)과 자기 '인식'(notitia)과 '사랑'(amor)이라는 삼중으로 구별되는 요소가 활동에 있어서 하나를 이루는 것이 삼위일체와 비슷하다. 즉, 인간 정신이 자신을 사랑할 경우, 정신과 사랑만 있는 것 같지만, 무엇을 사랑함은 인식을 전제로 한다. 따라서 정신과 정신의 자기 인식과 자기 사랑은 셋이면서도 하나라고 할 수 있다. 아우구스티누스는 이 삼중 구조를 더욱 개선하여 '기억'(memoria), '이해'(intellegentia), '의지'(voluntas)를 제안하면서, 이는 동일하고 하나인 실재의 작용이라 말한다. 즉, 인간은 스스로 생각하는 주체가 되는 동시에 자신을 생각의 대상이 되게 할 수 있으며, 이것을 지속시키는 의식을 지닌다. 말하자면 인간 안에는 인식하는 자신, 인식의 대상이 되는 자신, 의식하는 자신이 있다. 그런데 여기서 인식하는 자신은 곧 이해와 의지를 보증하는 자신의 존재를 의미하며, 인식의 대상이 되는 자신은 인식의 주체가 무언가를 인식할 때 산출되는 자신에 대한 앎의 내용을 뜻한다. 끝으로 인식 과정을 위해서는 자신의 의지가 필요하기에 결국 이를 통해 인식하는 자신과 인식의 대상이 되는 자신이 하나가 되는 것이다. 이 세 가지 특성은 존재론적 차원에서 '존재', '앎', '의지'(esse, nosse, velle)로 나타나며, 이와 같은 삼중의 양상이 인간 안에 새겨진 삼위일체 하느님의 모상이라는 것이다. 이러한 인간 이해에서 내려진 삼위일체의 신비는 다음과 같이 설명된다. 성부는 '존재의 원천'이시며, 성자는 성부의 '말씀'이자 성부에 대한 '인식'(앎)이고, 성령은 성부와 성자의 공통된 '사랑'이다(《삼위일체론》 15,3,5 ss).

기억

《고백록》 10권에서 아우구스티누스는 '기억'(memoria)에 관해 다룬다. 일반적으로 '기억'은 감각을 통해 얻은 과거에 대한 회상이다. 그러나 아우구스티누스에게 기억은 단순히 정신(mens)의 한 부분이 아니라 이성적 영혼(animus) 혹은 정신 그 자체를 의미한다. 아우구스티누스는 기억을 그 대상에 따라 감각적 기억(memoria sensibilis), 지성적 기억(memoria intellectualis), 감정의 기억(memoria affectionis)으로 구분하여 고찰했다.

먼저 감각적 기억은 신체 감관(感官)을 통해 정신에 새겨진 표상으로, 사물 그 자체가 아니라 지각된 사물들의 이미지가 그 사물들을 상기(想起)해 내는 사유에 현전(現前)하는 것이다. 다음으로 지성적 기억은 이미지의 도움 없이 수(數)나 추상적 개념을 저장해 놓는다. 즉, 지성적 기억의 대상은 이미지가 없으며 이미 기억 내부에 있는 것을, 기억이 발견하고 모아서 정리한다. 여기서 지성의 기억을 통한 인식의 타당성은 신체 감관이 알지 못하는 내면의 관조를 통해 이루어진다. 즉, 정신은 '자기 내면에 거처하는 신적인 빛에 문의'하여 진위와 확실성을 판단하고 수긍한다.

마지막으로 감정의 기억을 설명하기에 앞서, 아우구스티누스는 감정의 기억과 감정을 구분한다. 예를 들어 현재 마음은 기뻐하고 있는데, 이와 동시에 기억은 과거의 슬펐을 때를 기억할 수 있다. 이렇게 마음에는 기쁨이 있고 기억에는 슬픔이 있을 때, 어찌하여 마음은 자기 안에 있는 기쁨 때문에 즐거워해도 기억은 자기 안에 있는 슬픔 때문에 슬퍼하지 않는 것일까? 아우구스티누스는 위장의 예로 설명한다. 기쁘고 슬픈 경험이 기억 안으로 한번 들어가면, 위장에 들어가 있는 음식이 그 맛을 느낄 수 없듯이, 그냥 하나의 관념으로서 간직될 뿐이다. 다시 말해 감정은 현재 마음(cor)의 상태에 영향을 주지만, 감정의 기억은 현재 마음의 상태에 영향을 미치지 않으면서도 정신(mens)으로서의 기억에 현전할 수 있다.

아우구스티누스는 기억에서 하느님께로 향한 여정의 실마리를 찾았다. 기억 개념을 통해 인간 정신 내면에 하느님과의 관계가 내재되어 있고, 그것이 단초가 되어 자기 자신을 인식하고 종국에는 하느님을 사랑하고 인식할 수 있다는 확신을 보여 주려 한 것이다. 아우구스티누스에 따르면, 행복에 대한 보편적 욕망의 근거가 인류의 기억 속에 타락 이전에 아담이 누렸던 행복의 흔적 때문이라고 한다. 타락으로 인해 그 행복을 망각하기는 했지만, 망각은 불완전한 기억이라는 점에서 행복은 인간의 기억 안에 보편적으로 남아 있다.

그렇다면 최고의 행복인 하느님 역시 기억 속에서 찾을 수 있을까? 하느님은 인간의 기억 속에 처음 알려진 순간부터 인간의 기억 속에 계신다. 하지만 하느님은 하느님 자신 안에서만, 그리고 인간의 영혼을 초월해서 알려지실 뿐이므로 인간의 기억을 뛰어넘으신다. 인간의 기억을 초월하시는 하느님은 '그럼에도 불구하고' 인간의 기억 안에 현존하신다. 그리하여 아우구스티누스에게 인간의 기억은 하느님의 신비를 포착하기에 역부족이지만, 하느님을 의식하고 접촉할 수 있는 통로이자 접촉점이 된다.

"늦게야 님을 사랑했습니다. 이렇듯 오랜 이렇듯 새로운 아름다움이시여! 늦게야 당신을 사랑했습니다. 내 안에 님이 계시거늘 나는 밖에서, 나 밖에서 님을 찾아 당신의 아리따운 피조물 속으로 더러운 몸을 쑤셔 넣었사오니! 님은 나와 같이 계시건만 나는 님과 같이 아니 있었나이다. 당신 안에 있지 않으면 존재조차 없을 것들이 이 몸을 붙들고 님한테서 멀리했나이다."(《고백록》 10, 27, 38).

아우구스티누스는 '자신에 대한 기억'(memoria sui)으로부터 '하느님에 대한 기억'(memoria Dei)으로 나아갔다. 여기서 하나 덧붙이자면, 기억을 통해 대상이 현재화되는 것은 필연적으로 그렇게 되는 것이 아니라, 그것을 다시 수면 위로 올라오게 하려는 나름의 '원의'(의지, voluntas)가 필요하다는 점이다. "당신은 제 기억 안에 머물러 계시고, 당신을 기억하거나 사랑할 때마다 거기서 당신을 발견합니다."(《고백록》 10,24,35)

시간

아우구스티누스는 《고백록》 11권에서 인간의 '하느님과 유사함'(similitudo Dei)이라는 성경 말씀을 '시간'과 연결하여 사색한다. 먼저 그는 아리스토텔레스 이래로 물체의 운동을 시간으로 측정하는 사실에 의문을 제기한다. 해와 달이 차고 기우는 것이 시간의 기준이라면, 별자리가 멈춰 설 경우, 시간이 사라지는가? 이에 아우구스티누스는 물체의 운동이 시간이 아니며 운동이 시간 속에 일어나고 있다고 언급한 다음, 이를 관찰하면서 사람들은 운동의 지속을 시간으로 측정한다고 설명한다. 따라서 시간은 운동의 '지속'과 연관되지 '운동 자체'와 연관된 것은 아니라는 것이다. 그렇다면 과거, 현재, 미래라고 시간을 측정하고 또 부르는 것은 무엇일까? 과거는 지나간 것이고, 미래는 아직 오지 않았으니 이 둘은 존재하지 않으며, 현재 또한 연장이 없는 흐름인 한 존재할 수 없다. 만약 현재가 연장을 가진다면, 현재의 한 부분은 그 이후의 한 부분보다 더 앞선 것이 된다. 그렇다면 그때 변화는 사실상 현재에서 일어나는 것이고, 현재에서 전이된 후 이동하는 것이 된다. 따라서 엄밀한 의미의 과거, 현재, 미래라는 시간은 '없는 것'이라고 밝히면서도, 아우구스티누스는 시간을 '모종의 흐름'이라고 말한다. 시간이 흐름이라고 할 때, 이 흐름은 외부 사물의 흐름보다는 그 사실을 간파하는 우리 '영혼의 흐름'으로, 영혼이 과거와 미래로 확장하는 것이라고 설명했다. 즉, 아우구스티누스는 실존하는 개인의 의식에서 시간을 고찰하면서 시간을 '영혼의 확장'(tempus quam distentionem animi)이라 정의했고, 영혼의 '기억'을 통해 시간이 파악되고 복원되며 측정되는 현상을 관찰하면서 시간을 영혼이 통찰하는 개념으로 설명한 것이다. 이에 대한 아우구스티누스의 유명한 말이 있다. "미래와 과거가 존재한다. 단 인간의 기억에!"(《고백록》, 11,18,23-19,25) 흘러간 과거, 예를 들어 어린 시절은 더 이상 존재하지 않지만 기억에 환기(喚起)되고, 다가올 미래도 아직 존재하지 않지만 기억에서 예기(豫期)된다. 그리고 기억은 항상 현재이므로, 엄밀한 의미에서 시간을 '과거의 현재', '현재의 현재', '미래의 현재'라고 하는 편이 적절하다. 이 셋은 영혼 속에 존재하는 무엇이고 다른 곳에서는 존재하지 않는다. 다만 영혼 속에서 '과거에 대한 현재'는 기억(memoria)이고, '현재에 대한 현재'는 주시(注視, attentio/contuitus)며, '미래에 대한 현재'는 기대(expectatio)다.

교회와 성사

도나투스파 이단과 얽힌 고통스러운 문제를 해결하기 위해 아우구스티누스는 교회론과 관련된 다수의 심도 있는 저서를 집필했다. 아우구스티누스가 바라본 교회는 '거룩'하면서도 '죄인들'에 의해 구성된 공동체로서 '하나로 일치를 이루고, 보편되며, 거룩하고, 사도로부터 이어오는 교회'다. 특히 교회의 일치는 '신앙과 성사들과 사랑의 친교'를 기초로 하기에, 누군가 일치를 깨트린다면, 그것은 '삼중의 친교'를 거부하는 이단과 열교에 빠지게 되는 것이다. 아우구스티누스에게 교회는 근본적으로 '혼성의 유기체'(corpus permixtum)로서 의인과 죄인들이 혼재하지만, 악인들에 의해 의인들의 덕이 오염되거나 교회의 거룩함이 전적으로 상실되지 않는다. '그리스도께서 전부'(Christus totus)이시기 때문이다. 그리스도는 당신의 몸인 교회에 '머리'로서 항상 현존하시며 역사하시기 때문에 교회는 거룩함을 잃지 않는다는 것이다. 또한 그리스도의 몸인 교회에 성령은 '신비체의 혼'이다. 따라서 "가톨릭 교회만이 그리스도의 몸이며, 이 몸 밖에는 아무도 성령에 의해 생명을 얻지 못한다."(서간 185,11,50) 아우구스티누스에게 성령은 모든 교회 안에 일치의 샘이며 사랑의 원천이다.

아우구스티누스는 이와 같은 교회에 대한 신학적 반성과 결부하여 성사론을 발전시켰다. 성사의 은총과 효력이 집전자에 달려 있다는 도나투스파의 주장에 대해 그는 성사 집전자의 '도구성'에 주목하면서 그리스도야말로 성사의 효력을 보장하는 진정한 집전자임을 강조한다. 이것이 바로 그 유명한 성사의 '사효성'(ex opere operato)에 관한 문제다. 즉 성사의 유효성은 성사를 거행하는 사람의 은총 지위(dignitas)와 상관없다는 설명이다. 따라서 "세례성사는 그것을 세우신 분으로 말미암아 항상 거룩하고 참되다."(《크레스코니우스 반박》 4,16,19) 그리스도야말로 성사의 원집전자이시며(《요한 복음 강해》 6,7), 인호를 새기시는 분이다(앞의 책, 6,15-16). 아우구스티누스의 성사론은 많은 논쟁과 다양한 해석을 낳았다. 그럼에도 확실한 것은 세례의 필요성을 역설하면서도 세례받으려는 원의의 효력을 배제하지 않았다. 이른바 화세(火洗)의 유효성을 폐기하지는 않았던 것이다. 아우구스티누스는 성체성사의 교회론적인 상징을 설파하면서도 빵과 포도주의 형상 안에 그리스도의 몸과 피의 실재적 현존을 명확히 하면서 미사의 '제사적' 성격을 역설했다. 마찬가지로 공적인 참회를 언급하면서도 사적인 참회와 사적인 견책(correptio secreta)도 배제하지는 않았다.

은총

411년부터 아우구스티누스는 펠라기우스에 의해 야기된 은총에 관한 논쟁에 뛰어들게 된다. 브리타니아섬 출신의 수도자인 펠라기우스가 로마에 도착하면서 문제가 시작되었다. 그는 죄를 극복하고 영적인 성숙 과정에 있어서 인간의 의지를 지나치게 신뢰했다. 그에 따르면 하느님께서는 인간에게 자유의지라는 귀중한 선물을 주셨으며, 그것을 통해 인간은 성경에 제시된 길을 따라갈 수 있다는 과장된 낙관론을 펼쳤다. 그러나 아우구스티누스는 그의 생각을 그대로 받아들일 수 없었다. 성경에 나타나는 명백한 가르침이나 교회의 전통은 물론이고 자신의 특별한 체험을 통해 볼 때, 이를 용납할 수 없었던 것이다. 인간의 의지는 원죄로 말미암아 상처받고 병들었기 때문에, 비록 선을 깨닫고 그것을 원할지라도 자신의 의지만으로 선을 행할 수는 없다는 것이 아우구스티누스의 생각이었다. 아울러 하느님의 역사하심을 단순한 외적인 도움 정도로 국한할 경우, 그것은 신약의 새로움을 아직 접하지 못한 것을 의미한다. 신약은 성령의 선물에 의한 '마음'의 쇄신과 회개가 이루어지는 때이기 때문이다. 따라서 아우구스티누스는 하느님께 마음을 온전히 돌이키는 '회개의 개시'(initium fidei)에 있어 은총의 절대적 무상성과 필요성을 강조했다. 그런데 바로 이 지점에 이해하기 어려운 신비한 문제가 떠오르게 된다. 인간의 자유의지와 하느님의 은총이 어떻게 양립할 수 있느냐는 것이다. 물론 하느님의 은총은 인간의 자유의지를 파괴하지 않고, 오히려 치유하여 회복시킨다. 그런데 어째서 인간은 빈번하게 이 은총의 효과를 보지 못한 채 실패와 좌절을 맛보는가? 하느님께서는 당신의 은총을 왜 모든 이에게 선사하시지 않는가? 모든 인간 사이에 벌어지는 일들이 기계적으로 분석될 수 없듯이, 하느님과 인간의 관계는 그보다 더욱 복잡하고 신비롭다. 그러나 확실한 것은, 하느님께서는 불의하실 수 없으며, 인간은 은총 없이는 선을 행할 수 없을 뿐만 아니라 믿음에로의 부르심에 응답할 수도 없다. 아우구스티누스는 그 누구보다 이 사실을 자신의 회심 체험을 통해 절절히 체험했다. 카시키아쿰에서의 겪은 모든 과정이 자신의 결단에 의한 것이기도 하지만, 이 모든 역사가 바로 은총에 기인한 것임을 뼈저리게 느꼈기 때문이다. 따라서 아우구스티누스는 은총이 없다면 자신의 결단도 없다는 사실을 고백했던 것이다. 이러한 은총에 대한 절대성은 그의 생애 마지막에 여실히 나타난다. 아우구스티누스가 세상에서 한 마지막 말은 신학적 개념이나 논설이 아닌 참회와 기도 그리고 감사와 찬미(confessio laudis)였다.

구원

아우구스티누스는 은총론과 함께 구원론에서도 신학적 업적을 이루었다. 무엇보다 그의 구원론은 인간이시며 하느님이신 그리스도의 중재에 초점이 맞추어졌다. 그리스도가 "신성이 없다면 인간의 중재자일 수 없으며, 인성이 배제되었다면 하느님의 중재자가 될 수 없다. …… 그러나 신성과 인성 사이에 그리스도의 인간적 신성과 신적 인간성이 중재되었다."[《설교집》(Sermones) 47,12,21] 그리스도는 하느님이시며 동시에 인간이시기 때문에 하느님과 인간 사이의 중재자(mediator)로서 연결시켜야 할 양편 모두에 서 계신다. 다시 말해 그분은 의롭고 불멸하시는 하느님과 사멸할 인간 사이에서 하느님처럼 의로우면서도 보통의 인간처럼 죽어야 하는 분이신 것이다. 바로 이 때문에 그리스도께서는 인간 구원을 위해 육화하신 것이다.

또한 그리스도는 인간과 하느님의 중재자로서 인간의 죗값을 대신하는 구속자(redemptor)이시다. 아우구스티누스는 이 지점에서 그리스도께서 구속자가 되시는 세 가지 요소를 설명한다. 첫째, 필요성이다. 그리스도만이 구속자이시다. 모든 인간은 그분의 속죄를 통해서만 구원받을 수 있다. 둘째, 목적성이다. 그리스도께서는 단순히 당신을 본받기 위한 모범만 보여 주신 것이 아니라 하느님과의 화해를 목적으로 육화하시고 수난당하시어 구속자가 되셨다. 셋째, 보편성이다. 그리스도가 죽으신 것은 그 누구도 예외 없이 모든 이의 '몸값을 치르기' 위한 것이다.

이처럼 그리스도께서는 하느님과 인간의 중재자로서 인간을 구속하신 분이시며, '사제'이고 '제물'이시기도 하다. 그분은 아버지께 희생 제물을 드리는 사제이시며, 십자가 제단 위에서 모든 이를 위해 당신 자신을 바치는 속죄 제물이 되셨다.

원죄와 의화

아우구스티누스의 원죄론과 의화론은 그의 구원론과 구속론에서 기인한 사색의 결과다. 특히 그는 원죄를 성경과 전례[신경의 '죄를 씻는 유일한 세례'(in remissionem peccatorum)에 의거한 유아 세례]와 교부 전통뿐만 아니라 이성적 논거를 총동원해 증명하려 했다. 실제로 역사 안에 실존하는 악은 원죄라는 열쇠 없이는 풀기 어려운 숙제다. 그럼에도 그는 원죄의 본질이 신비스러운 문제로 남아 있다고 고백한다. 어쨌든 아우구스티누스에 따르면 원죄는 어떤 모범을 보고 학습함으로 전달되는 것(imitatio)이 아니라 부모에게서 '전수'(propagatio)된다. 이것을 아우구스티누스는 '육신의 정욕'(concupiscientia)이라고 정의 내리면서, 인간 영혼이 영원한 것보다는 한시적이며 세상적인 것에 기우는 일종의 경향성이라고 설명한다. 바로 이 때문에 인간은 하느님과 적대적인 관계에 머물게 되고 하느님과의 은총 충만한 삶을 박탈당하게 된 것이다. 로마 신자들에게 보낸 서간 5장 12절의 내용대로 아담 이래 모든 인간은 원죄의 지배(massa perditionis et damnata)에 놓이게 되었기에, 그리스도를 통해 '의화'되어야만 했다. 그리스도를 통한 의화는 죄 용서와 내적인 회개를 가져오며, 이는 이미 이 땅에서 시작되었지만 부활 이후에 완전한 의로움에 다다르게 될 것이다. 그 때 비로소 모든 죄와 죽음, 질병이 사라질 것이다. 이러한 의화는 오직 하느님의 은총에 의해서만 완성된다.

예정

예정론은 아우구스티누스의 가르침 가운데 가장 많은 논란을 일으킨 주제다. 반(反)펠라기아누스주의 논쟁으로 일컬어지는 마르세유의 수도자들에 의한 소요에서부터 오늘날까지 수많은 의견이 분분한 영역이다. 이 주제는 아우구스티누스가 은총의 무상성을 강조했던 것과 연결된다. 처음부터 그에게 구원은 전적으로 무상으로 주어지는 것이었다. 그런데 문제는 모든 인간을 향한 하느님의 사랑과 몇몇 소수에 그치는 선택받은 이들을 향한 하느님의 '편애'가 어떻게 양립될 수 있는지였다. 아우구스티누스는 이 어려운 질문에 대해 '구원은 구원하시는 분의 선물이지만, 단죄는 로구원받지 못하는 사람들의 전적인 탓'이라고 설명했다. 동시에 그는 '예지'(praescientia)와 '예정'(paedestinatio)을 구분한다. 즉, 죄는 하느님이 미리 내다보시는 예지의 대상이지만, 미리 정하신 예정의 대상이 아니라고 주장한다. 따라서 하느님은 불의한 이들을 벌하시지만, 이러한 죄의 원인이 되실 수 없다. 또한 하느님은 정의로우시기에 죄 없는 이를 벌하시지 않는다. 더 나아가 그리스도의 죽음은 장차 구원받지 못할 이들까지도 포함한 모든 사람을 위한 구속 행위였다. 결과적으로 하느님은 모든 이에게 은총을 베푸시지만, 그들이 그것을 받아들이거나 거부할 수 있는 자유를 허락하셨다. 그리고 어떤 사람도 당신의 은총이 모자라지 않게 하시는 동시에 죄짓지 않은 그 누구도 단죄하시지 않는다. 그럼에도 이해 저편에 머무는 신비로움이 남아 있다. 티모테오에게 보낸 첫째 서간 2장 4절처럼 "하느님은 모든 사람이 구원을 받고 진리를 깨닫게 되기를 원하시지만" 어찌하여 어떤 이들의 비구원을 허락하시는가? 아우구스티누스는 이 질문의 답을 알지 못한다고 고백하면서 다음과 같이 말한다. "은총이 불의한 것일 수 없듯이 그분의 정의도 가혹한 것일 수 없다."《신국론》 12, 28). 따라서 선물로 부여받은 은총이 부당하지 않는다면 자기의 죄벌로 정의가 내려져도 가혹하다고 불평할 수 없다.

종말론

《신국론》의 마지막 네 권은 종말에 대해 다룬다. 아우구스티누스는 요한 묵시록 20장 1절에서 6절을 우의적인 의미로 설명하면서 천년 왕국설의 주장을 '기괴한 이야기'라고 평가한다. 아우구스티누스에 따르면 지상에서의 천년 왕국은 실제 햇수가 아닌 종말론적인 의미로 해석되어야 한다. 말하자면, 악의 세력에 저항하는 교회의 역사적인 투쟁의 여정이라는 것이다. 아우구스티누스는 또한 플라톤의 영향을 받은 종말 사상에도 동의할 수 없었다. 그는 그리스 철학과는 달리 육신의 부활을 강조했기 때문이다. 아우구스티누스는 성경에 자주 등장하며 특히 바오로 사도에게 강조되는 육신의 부활을 강력하게 주장했다. 부활한 육체는 영원히 자신의 성적(性的) 정체성을 포함한 육적인 성질을 유지하면서도 부패되지는 않은 것이라고 한다. 아울러 영원한 형벌을 인정함으로써 오리게네스의 '아포카타스타시스'(apokatastasis)를 인정하지 않았다. 또한 천상 행복이 어떠할지에 대한 생각도 하는데, 부활한 의인들은 하느님을 직접 뵈면서 최고의 행복을 향유할 것이라 설명했다. 끝으로 그는 연옥(purgatorium)을 인정하는데, 이는 교부들이 전해 주었으며 보편 교회가 고수하는 가르침이라고 설명했다. 연옥에 있는 영혼들은 지상에 있는 신자들의 희생과 공로의 도움을 받을 수 있다고도 이야기했다.

5. 신학적 반성: '세기를 관통하는'[313] 사상가 아우구스티누스

아우구스티누스가 이룩한 신학적 성과를 종합하는 것은 물론이고 그가 다룬 주요 주제만 모은다 하더라도 엄청난 작업이

---

313 아우구스티누스 사전의 서명이다. "Augustine through the Ages".

될 만큼, 아우구스티누스가 그리스도교 신학에 끼친 영향은 지대하다. 그의 사상 안에는 이전에 있었던 신학적 시도와 결과들이 보다 완성된 모습으로 종합되어 나타난다. 테르툴리아누스에서 키프리아누스에 이르기까지, 노바티아누스에서 힐라리우스에 이르는 신학적 노정이 모두 들어 있는가 하면, 그 이전 초창기 그리스도교에서 유유히 흐르는 신학 전통인 알렉산드리아와 안티오키아를 포함한 아시아 신학 등이 어우러진다. 교리 교수, 전례와 영성을 비롯한 사목적 관심사를 망라한 생생한 전통이 되살아난 것이다.

무엇보다 니케아와 콘스탄티노폴리스 공의회는 아우구스티누스의 모든 신학 작업의 시금석과 같았다. 예를 들어 아폴리나리우스주의에 대한 공의회의 단죄는 그에게 올바른 그리스도론이 나아가야 할 방향을 가리켰으며, 삼위일체론과 성령론은 그의 신학의 토대가 되었다. 아우구스티누스는 신앙에 대해 내려진 교회의 결정이라는 신학적 안전장치를 곁에 두고 자신의 신학적 숙고를 심화하고 발전시켰다. 아울러 하느님이 예수 그리스도 안에 온전히 계시되었다는 사실도 그의 모든 사색의 출발점이면서 도착점이었다. 이러한 그의 신앙은 단순히 사색의 차원에만 머문 것이 아니라 자신이 직접 체험한 회개의 과정에서 비롯된 것이기도 했다. 즉, 아우구스티누스에게 신학은 단지 추상적인 관념 놀음이 아닌 한 영혼이 내적으로 변화되는 실존적인 여정의 기록이었다. 그는 신학을 함에 있어서 머리와 심장,

의지와 주저함과 행복에 대한 추구뿐만 아니라 심지어 자신이 저지른 죄악마저도 동력으로 삼았다.

철학은 아우구스티누스의 신학에 또 다른 영향을 끼친 것 가운데 하나다. 이를 통해 그는 '실재'와 '육적인 것'의 진정한 차이를 깨닫게 되었다. 한때 아우구스티누스는 하느님이 계시다면 이 세상 너머 '영묘한 덩어리'(massa aetherea)로 존재할 것이라 생각한 적이 있다. 그러나 신플라톤주의는 그로 하여금 '실재는 참되게 존재하는 것'임을 깨닫게 해 주었다. 즉, '참으로 있는 것'이 진리라는 사실을 알게 한 것이다. 그렇다면 인간의 정신 안에 진리는 무엇이란 말인가? '빛', '확실함', '절대'와 같은 것들은 진리로 말미암지 않고는 그 자체로 존재할 수 없으며, 이는 곧 하느님에게서가 아니라면 존재할 수 없다. 바로 하느님이 진리이시기 때문이다.[314]

하지만 하느님이 진리라는 사실만으로는 인간을 끌어당길

---

314 신적 조명설(divina illuminatio): 사물을 보는 것이 시력과 빛에 의해 가능하듯이, 인간이 지식을 얻는 모든 활동은 그것이 감각적 대상에 대한 것이든, 정신적 대상에 대한 것이든, 신적 조명의 도움을 필요로 한다. 특별히 필연적이고 불변하는 대상에 대한 인식은 그러한 대상을 비추는 지성적인 빛의 활동을 통해서 얻을 수 있다. 아우구스티누스는 경험적 사실에 관한 앎을 '지식(scientia)', 영원불변한 진리에 관한 앎을 '지혜(sapienzia)'라고 분류하면서, 지혜는 인간 내면에 이미 갖추고 있다고 한다. 이는 플라톤의 사상과 비슷하다. 그러나 플라톤은 선험적 기억을 회상한다고 본 것에 반해, 아우구스티누스는 영혼의 선재를 부정하고 그 대신 하느님이 은총으로 빛을 비추어 인간 내면에 있는 진리를 기억해 내게 한다고 생각했다.

수 없으며 행복에 대한 인간의 갈망을 채울 수 없다. 바로 여기에 지금까지 들어보지 못한 새로움인 그리스도교의 계시가 등장해야 했다. 바로 '하느님은 사랑'이라는 사실이다. 여기서 '사랑'은 '에로스'가 아닌 '아가페'다. 결핍(indigentia)이 아닌 충만한 선물인 것이다. 그렇다면 우리는 그것을 어떻게 알 수 있는가? 말씀(Logos)이 육을 취함으로써 알게 되었다. '무한'이 '작음' 안으로 들어오심으로써, 영원이 시간이 되심으로써, 절대적인 호의가 십자가 위에서 드러나게 됨으로써 계시되었다.

이러한 놀라운 신적 계시 앞에 인간의 오만과 교만은 강력히 저항했다. 이 낮춤을 용납하지 않고 에로스의 소유를 포기하지 않는 한, 인간은 진정으로 자기 자신을 만날 수 없다. 아우구스티누스는 은총 체험을 통해 비로소 자신이 누구인지를 깨닫게 된다. 인간에게 하느님이 얼마나 필요한 존재인지를 절절히 느꼈던 것이다. 그가 모든 신학과 신앙의 기초인 겸손은 바로 '자신을 아는 것'(cognosce te ipsum)이라고 한 이유가 여기에 있다.

바로 이 지점이 아우구스티누스의 사상이 지닌 특별함이라고 할 수 있다. 그의 가르침은 플라톤주의에 물든 그리스도교도 아니고 그리스도교화된 플라톤주의도 아니었다. "아우구스티누스는 이성과 신앙이 어떻게 훌륭하게 조화를 이루는지를 보여주는 모범으로 그의 사상은 역동적이면서도 풍요롭다."[315] 다른

---

315 G. Reale, Amore assoluto e "terza navigazione", Rusconi, Milano 1994, 8.

말로 표현하자면, "신앙은 이성 요구에 부응함으로써 이성이 진리를 탐구하는 데 도움을 준다. 반대로 신앙도 이성을 필요로 하는데, 이성이 신앙에 확실한 이성적 버팀목을 제공하기 때문이며, 또한 이성은 신앙을 도와 신앙이 자신을 설명하고 개념화하는 것을 도와주기 때문이다."[316]

모든 위대한 신학자들은 자신의 사상에 열쇠가 되는 고유한 개념을 가지고 있다. 아우구스티누스의 경우는 바로 '사랑'(agàpe, caritas, amor, dilectio)이다. 그에게 이 개념은 하느님의 본성에 해당되며 삼위의 존재 양식이다. 하느님이자 인간이신 예수 그리스도는 당신을 드러내면서 인간에게 모든 것 위에 하느님만을 사랑하는 능력(은총)을 주셨으며, 이는 비단 능력의 의미를 뛰어넘는 인간의 정체로서 '하느님을 담는 그릇'(capax Dei)이기도 하다. 이 때문에 인간은 개인적인 차원이나 공동체의 차원에서 사랑을 통해 자기 자신을 만날 수 있으며, 그 안에 계신 하느님을 발견하게 된다.

아우구스티누스에게 사랑은 전체 성경의 의미며 가시적 성사의 목적이고 현세와 영원에 이르기까지 교회를 이루는 친교(communio)의 원천이다. 그러나 모든 사람이 사랑을 받아들이는 것은 아니다. 오히려 거부하는 이들도 있다. 인간에게 허락된 자유의 어두움 때문이다. 이것은 물질적인 것에 이끌리는 일종의

---

316 위와 동일.

제약으로, 인간은 이것으로 인해 참행복에 다다를 수 없게 되는 것이다. 하느님에 대한 이러한 반항은 '원죄'에 뿌리를 두고 있으며, 이에 정복당한 이들은 보편적 구원의 부르심을 받았음에도 구원에서 제외된다. 여기에 아우구스티누스의 예정론이 지닌 신비스러운 당혹함이 나타난다. 즉 하느님의 무한한 자비(misericordia)와 인간의 비참함(miser)이 만나는 신비다.

신학은 완결될 수 없는 이야기며, 구조적으로 풀이될 수 없는 이야기다. 모두 설명할 수 없는 것을 주제로 삼는 것이 신학의 본성 때문이다. 바로 이러한 이유로 아우구스티누스 이래로 신학은 계속 진행되고 있다. 비록 아우구스티누스의 영향 아래 있다고는 하지만, 오늘도 그에게 영감을 주신 하느님에 의해 신학적 탐구는 계속되고 있다.

제10장

안티오키아와 인근 지역의 교부

사도행전은 시리아의 안티오키아에서 시작된 초창기 그리스도교 공동체의 모습을 생생하게 전해 준다. 이 공동체를 통해 이방인들에 대한 선교가 교회 차원에서 최초로 이루어졌고, 처음으로 '그리스도인'이라는 칭호를 받을 정도로 신생 교회의 중심지가 되었다(사도 11,19-26 참조). 안티오키아에서 바오로 사도는 이방인의 사도로서 전교 여행을 떠났고 베드로 사도도 이곳에 머무른 바 있다(갈라 2,11 참조). 이러한 전통 위에 교부 시대에도 안티오키아는 총대주교좌로서 보편 교회에서 상당한 권위를 가진 공동체였다. 일찍이 사도 교부 중에 이냐티우스가 이곳 출신이었고, 호교 교부 시대에 테오필루스가 대표적인 교부였다.

4세기에 안티오키아는 로마의 동방 관문으로 인구 50만에 이르는 정치, 행정의 중요한 도시였다. 이 시기 안티오키아는 물론, 그 인근에도 많은 그리스도인들이 분포했으며, 특히 새롭게

시작되는 수도 생활이 이곳에서 다양한 형태로 번창했다.[317]

337년 아리우스 이단에 의해 에우스타티우스 주교가 자리에서 물러난 뒤로 교회는 혹독하면서도 고통스러운 분열을 맛보아야 했다. 파올리누스를 수장으로 니케아 공의회의 결정을 따르는 그리스도인들이 있었는데, 이들은 아타나시우스와 로마로부터 지지를 받고 있었다(동일 본질파). 반면 멜레티우스를 중심으로 한 이들이 있었는데(유사 본질파), 이들은 반아리우스를 주창하면서도 니케아의 결정을 있는 그대로 받아들이지 않았다. 바실리우스와 많은 동방 주교들이 이들을 지지했다. 반아리우스적 경향의 이 두 부류와 더불어 에우조이우스 주교를 중심으로 하는 노골적인 아리우스주의자들 집단이 있었고(비유사파), 비탈리스 주교를 필두로 한 아폴리나리우스 이단도 있었다.

다양한 신학적 입장이 충돌하고 정치권력이 여기에 편승하는 가운데 4세기 후반과 5세기 초반, 혼란스러운 안티오키아를 거점으로 하는 위대한 신학자들이 등장했다. 이들을 흔히 '안티오키아 학파'라고 부른다. 대표적인 인물로는 타르수스의 디오도루스, 몹수에스티아의 테오도루스, '황금 입'으로 불리는 요한 크리소스토무스 등이 있다.

이른바 교부학에서 '시로-안티오키아 지역'이라고 하면 넓게는 라오디케이아와 예루살렘까지 포함되기도 한다. 안티오키아

---

317 이에 대해서는 제3부 제2장 '수도 생활에 관한 문헌'에서 다룰 것이다.

와 비교적 가까운 라오디케이아에는 재기 넘치던 성경 학자 아폴리나리우스가 있는데, 그는 알렉산드리아 신학에 지나친 영향을 받고 잘못된 그리스도론을 주장하여 이단에 빠졌다. 그는 그리스도 안에 인성과 신성이 결합되어 하나의 본성을 이룬다는 주장을 펼쳤다. 한편 예루살렘에서는 키릴루스라는 인물과 요한이라는 이름의 주교가 이 시기에 활약했다.

시리아의 동쪽 지역은 비교적 헬레니즘의 영향을 덜 받았다. 이 지역의 공동체는 자신들의 언어인 시리아어로 된 성경을 가지고 있었고 많은 저술을 남기기도 했다. 대표적인 저술가로는 아프라테스와 에프렘이 있다.

1. 예루살렘의 키릴루스

1) 생애

키릴루스는 348년 예루살렘의 주교로 서품되는데, 이는 아리우스 이단에 기운 카이사리아의 주교 아카키우스가 자신의 지지 세력을 넓히려는 목적에서였다. 하지만 처음부터 키릴루스의 초기 신학적 경향은 유사파와는 결이 다른 '호메우시아파'(유사본질파)였고, 그는 차츰 니케아 공의회의 결정을 따르는 '호모우시오스파'(동일 본질파)로 입장을 바꾼다. 이러한 키릴루스의 태도 변화를 단순히 신학적 견해의 돌변이라고만 해석해서는 안 된다.[318] 그가 입장 변화를 보인 것은 신학적 노선이 바뀐 이유도 있지만, 무엇보다 자신이 직무를 수행하는 예루살렘을 아카키우스가 있는 카이사리아와 교회 정치적 차원에서 독립시키려는 의도에서였다. 이러한 키릴루스를 탐탁하게 생각하지 않았던 아카키우스는 그가 교회의 재산을 불법적으로 매각했다고 고발했고 이에 따라 357~358년에 그는 주교좌에서 물러나야 했다.[319] 그러나 셀레우키아 교회 회의(359년)가 성자는 성부와 "성경의 말씀에 따라 유사하다"라는 '유사파' 정식을 주장한 아카키우스를 면직함으로써 교구에 복귀할 수 있었다. 하지만 면직과 복직은 불행하게도 정권이 바뀔 때 계속되었다. 아리우스파를 지지하던 콘스탄티우스 황제에 의해 다시 면직되었던 키릴루스는 정권이 율리아누스 황제로 넘어가면서 예루살렘에 귀환했지만, 이 또한 발렌스 황제의 등극과 함께 끝나고 그는 다시 추방되어 15년의 세월을 타향에서 보내야 했다. 그러나 발렌스 황제의 사망과 자신이 참석한 콘스탄티노폴리스 공의회를 통한 니케아파의 승리로 그는 죽을 때까지(387년) 예루살렘의 주교직을 수행했다. 교회는 예루살렘의 키릴루스를 교회 학자로 공경하며 5월 18일에 전례적으로 기념한다.

---

318 힐라리우스도 360~361년 파리 교회 회의를 기점으로 호모우시아니와 호메우시아니의 신학적 타협(절충)이 가능하다고 생각했다. 참조. H.R. Drobner, *Patrologia*, 400.
319 위와 동일, 401.

2) 주요 작품과 신학적 기여

키릴루스는 예루살렘의 '주님의 무덤 대성당'에서 348년(혹은 350년)에 행한 교리를 모아 24권의 《교리교육》(Catecheses)을 남겼다. 먼저 《교리교육 서론》(Procatechesis)을 통해 교리를 받고자 하는 사람들의 기본 자세와 알아야 할 바를 가르친 뒤, 18권에 달하는 '조명받는 사람들'(photizòmenoi), 곧 세례받을 사람들을 위해 사순 시기 동안 이루어진 교리교육을 담았다. 이 교리 강론의 처음 다섯 권은 세례를 준비하는 데 필요한 주제로, 죄에 대한 설명과 함께 참회와 신앙에 대해 설파한다. 이 당시에 세례를 받으려는 사람들의 지향이 박해 시대와는 현저한 차이를 보이면서 세속화되었기에, 이를 정화할 필요가 있었다. 그리고 제6권부터 18권까지는 세례 예식 때 고백해야 하는 신조(symbolum)를 설명하는 본연의 교리 수업이다. 이어서 세례를 마친 뒤에 행해지는 교리 강좌를 묶은 다섯 권은 비교적 그 분량이 적지만 매우 중요하다. 이 부분은 이른바 《신비 교리교육》(mystagogia)이라고 불리는데, 세례, 견진, 미사 등 성사의 신비스러운 의미를 해설하기 때문이다. 이 교리 교수는 막 세례를 받은 '새 영세자'를 위해 부활 첫 주간에 거행된 것이다.[320] 이 밖에도 요한 복음서 5장을 바탕으로 성령을 설명한 《성령 강림절에 관한 강해》(Homilia in Pen-

---

[320] 몇몇 학자들은 《신비 교리교육》이 키릴루스의 작품이 아니라 그의 후계자 요한이 쓴 것이라고 생각한다.

tecosten)와 예루살렘에서 일어난 십자가의 기적적인 발현에 대해 담은 《콘스탄티우스 황제에게 보낸 편지》(Episula ad Constantium imperatorem)가 있다.

키릴루스는 비록 니케아 신앙 고백문의 용어인 '호모우시오스'에 전적으로 동의하지는 않았지만, 그리스도의 완전한 신성을 인정했다.[321] 그는 이전의 그 어떤 교부보다도 명확하게 주님의 몸과 피가 빵과 포도주의 형상으로부터 변화한다는, 성체 안에 그리스도의 실재적 현존을 설명했다. 그뿐만 아니라 전례의 역사에서도 중요한 언급을 했다. 예를 들어 '성령 청원 기도'나 죽은 이들을 전례적으로 기념하는 당시의 관습을 전해 준다.[322] 이처럼 키릴루스가 남긴 문헌은 4세기 전례와 성사 거행이 어떻게 거행되었는지를 알려 주며, 예루살렘 교회 공동체의 생생한 모습을 전해 준다. 전례 거행 장소와 시기 및 날짜, 구체적인 예절과 그것이 상징하는 의미 등, 교회 관습 전반에 걸쳐 성사론을 이해하는 데 중요한 정보를 제공한다.[323]

---

321 참조. 《교리교육》, 11,14-18.
322 참조. 《교리교육》, 22,2,39; 23,7,9s.
323 참조. J. Liebaért-M. Spnneut-A. Zani, *Introduzione generale allo studio dei Padri della Chiesa*, Brescia 1998, 299.

2. 타르수스의 디오도루스

1) 생애

안티오키아 학파의 전성기는 타르수스 출신의 디오도루스에게서 시작되었다. 아테네에서 세속 학문과 신학을 풍부하게 연마한 그는 오랜 세월 교편 생활을 했다. 그 뒤 그는 안티오키아에서 어느 수도 공동체의 수장이 되었고, 이때 성경 주석 연구에 매진했다. 디오도루스의 성경 해석은 안티오키아의 유명한 '아스케테리온'(askétérion)를 이루는 데 중요한 요소가 되었다. 그를 스승으로 모신 제자 가운데 요한 크리소스토무스, 몹수에스티아의 테오도루스가 있다. 디오도루스는 발렌스 황제 치하에 유배를 갔지만, 황제의 사망과 함께 378년 타르수스의 주교가 되었다. 생전에 디오도루스는 니케아의 정통 신앙을 수호하는 인물로 존경을 받았지만, 사후에는 499년 콘스탄티노폴리스 교회 회의를 통해 단죄되었다. 알렉산드리아의 키릴루스는 그를 '네스토리우스 이단의 아버지'라고 고발했고, 이에 따라 그의 작품들은 파괴되었다. 디오도루스는 394년에 사망했다.

2) 주요 작품과 신학적 기여

디오도루스가 저술한 작품은 대략 60여 종에 달하지만, 오늘날까지 전해 오는 것은 단편에 불과하다. 그가 쓴 작품에는 세상의 기원과 자연 현상과 같은 세속 학문에 깊은 조예를 드러내는 다수의 교의를 다루는 논문이 있었다. 유다교와 다양한 이단과 마니교를 논박하는 작품과 그리스도교를 반박하는 글을 쓴 포르피리우스를 대항하여 집필한 호교적인 작품도 있다.

그의 저서 가운데 주목해야 할 것은 성경 주석들로서, 그의 성경 해석은 알렉산드리아의 알레고리아와 비교할 수 있는 성경 접근법이었다. 그는 자신이 배운 세속 문헌학과 해석학을 성경에도 적용하며 성경 본문의 역사와 자구의 문법적 탐구를 중요시하는 태도를 보였고, 이러한 방법을 '테오리아'(theoria)라고 불렀다.

그 밖에 주목할 작품으로 《운명 반박 단편》(Fragmenta e libro contra fatum), 카테나에 보존되어 내려오는 '구약 8경'(Octateuchos)에 대한 주석이 있다. 《로마서 주해》(Commentarii in epistulam ad Romanos), 아타나시우스 3세라는 가명으로 전해지는 《시편 주해》(Commentarii in Psalmos)도 디오도루스의 중요한 작품이다.

3. 요한 크리소스토무스

1) 생애

350년경 안티오키아의 유복한 가정에서 태어난 요한 크리소스토무스는 어린 나이에 아버지를 잃고 자상한 어머니 안투사의의 보살핌 가운데 성장했다. 당시 최고의 수사학자인 리바니우스에게서 세속 학문을 배운 뒤, 세례를 받고 성경 연구와 수덕 생활에 전념하면서 디오도루스의 '아스케테리온'과 인연을 맺는다. 그러던 중 독서직을 받았지만 완덕에 대한 이상을 품고 도시를 떠나 광야에서 은수 생활을 했다. 이 시기 요한 크리소스토무스는 성경을 거의 대부분 암기할 정도로 공부에 매진했다. 그러나 건강상의 문제로 안티오키아로 돌아오는데, 멜레티우스 주교는 381년 그에게 부제품을 수여했고, 386년에는 플라비아누스에게 사제품을 받는다. 이후 12년간 요한 크리소스토무스의 열정적이면서도 우아한 설교가 많은 사람에게 감동을 주면서 그는 '황금 입'(금구, 크리소스토무스)이라는 별명을 얻었다. 398년 그는 콘스탄티노폴리스의 총대주교 넥타리우스의 후임으로 그곳의 주교가 되었다. 요한 크리소스토무스는 복음적 근본주의와 비타협적인 완강함으로 권력자들의 비리에 주저 없이 질책을 가했고, 이로 인해 많은 이들이 그를 적대하게 되었다. 특히 에우독시아 황후의 미움을 받으면서 아르카디우스 황제는 404년 그를 아르메니아의 쿠쿠수스로 유배를 보냈다. 그러나 권력자들은 요한 크리소스토무스의 영향력이 계속 미치는 것을 두려워하여 좀 더 외딴 흑해 동쪽 해안인 피티우스로 그를 추방했다. 험난한 유배 길에 탈진한 그는 407년 폰투스의 코마나에서 선종했다. 교회는 요한 크리소스토무스를 교회 학자로 공경하며 9월 13일에 전례적으로 기념한다.

2) 주요 작품과 신학적 기여

성경 관련 작품으로는 구약 성경의 창세기, 시편, 이사야에 대한 설교가 있으며 신약 성경의 요한 복음서, 로마 신자들에게 보낸 서간, 티모테오에게 보낸 서간, 티토에게 보낸 서간, 에페소 신자들에게 보낸 서간, 사도행전에 대한 주해가 있다. 이 모든 작품은 요한 크리소스토무스의 주석 방법을 이해하는 데 도움을 준다. 그는 성경 구절을 안티오키아 학파의 방법론에 따라 먼저 문자의 의미를 새기고 이어서 윤리적 영적 의미를 밝히려 했다.

《하느님의 이해할 수 없는 본성에 관한 강해》(De incomprehensibili Dei natura homiliae)는 '비유사파/아노메이파'를 겨냥하여, 하느님에 관한 신비를 인간의 개념으로 파악하려는 이단적 시도에 대해 하느님 본성의 불가해한 측면을 강조했다.

그는 《동정》(De virginitate), 《수도 생활 반대자들에 대한 반박》(Adversus oppugnatores vitae monasticae), 《타락한 테오도루스에게 권고》(Paranaeses ad Theodorum lapsum) 등 수도 생활과 관련된 작품도 남겼으며, 과부와 결혼 생활, 어린이 교육 등 구체적인 사목 현장에서 만나는 현실적 문제를 다룬 작품도 남겼다. 요한 크리소스토무스는 특히 축성된 사람이 여성과 동거(Syneisaktoi)하는 것을 강하게 질타했다. 《사제직》(De sacerdotio) 또한 중요하고 유명한 작품으로 사제직의 본질과 중요성을 잘 드러내며, 후대의 사제 영성에 지대한 영향을 미쳤다.

요한 크리소스토무스의 작품은 신학적 사변이나 독창적인 교의 개념을 담고 있지 않다. 그렇다고 그의 작품이 신학적 가치가 낮다고 보아서는 안 된다. 오히려 "신학이 교회 안에서 어떻게 녹아 들어가고 적용되어야 하는지를 보여 준다."고 평가해야 한다.[324] 이러한 차원에서 요한 크리소스토무스는 그리스도교 삶의 다양한 모습, 즉 가족의 의미와 그리스도인의 사회적 의무, 동정녀와 과부들 그리고 사제직에 이르는 여러 사목적 관심사를 신학적으로 풀어낸 '그리스도교 삶의 신학자'라고 할 수 있다. 그가 살던 시대는 '그리스도교 사회'가 되었지만 복음적 철저함과 가치는 고사하고 십계명 준수도 버거워하는 그리스도인들이 대부분이었다. 이 현상은 성직자들도 예외가 아니었기에 더 심각했다. 날로 세속화되는 교회를 바로잡기 위한 요한 크리소스토무스의 사목적 노력은 성경에 바탕을 둔 설교에 집중되었다. 그러나 그의 설교는 박학함을 드러내기보다는 "마음의 회심을 일깨우고 윤리 의식을 고취하며 진정한 사랑의 의미와 신실한 삶"을 살도록 이끄는 데 그 의의가 있었다.[325] 그는 단지 말뿐이 아닌 삶의 모범을 통해 '설교학'의 기본 원칙을 제시했다. 온 정열을 쏟아부은 사목적 노력은 요한 크리소스토무스의 설교가 단순히 웅변 기술의 탁월함을 보여 주려는 것이 아님을 드러냈다. 그

324　H. von Campenhausen, *I Padri greci*, cit., 192.
325　위와 동일, 177.

의 '황금 입'에서 분출하는 "설교는 우리의 귀에 그리스도의 목소리를 반향하게 하고 주님의 사도들을 기억하게 함으로써 하느님의 사랑을 계시하는 것이다. 즉 당신의 아드님을 보내 주셨으며 마침내 십자가에 돌아가심을 허락하신 하느님 아버지의 자비로운 사랑을 드러냄으로써, 듣는 이에게 선을 행하고 하느님 사랑에 맞갖은 응답을 불러일으키며 그리스도를 닮아 새로운 삶을 시작하게 했다."[326]

성체성사는 요한 크리소스토무스가 특별히 선호한 신학 주제였다. 이러한 이유로 그를 '성체성사 영성'의 대가라고 말할 수 있다. 그는 특별히 바오로 사도의 서간에 심취했는데, 그것은 복음 선포라는 사도직 수행의 모범으로 바오로 사도를 삼고 싶은 그의 열망에서 우러나온 것이었다. 결론적으로 "요한 크리소스토무스의 작품 안에 나타나는 수려한 웅변술과 수사가 현대인들에게는 조금 어색할 수 있으며, 방대한 그의 작품에 주눅들 수도 있다. 그러나 요한 크리소스토무스가 남긴 작품과 삶 안에 녹아 있는 영성은 세기를 이어 교회에 그 가치와 의미가 간직되어 전해 내려온다."[327]

---

326 위와 동일.
327 A.-M. Malingrey, "Giovanni Crisostomo", in DPAC II, 1557-1558.

4. 몹수에스티아의 테오도루스

1) 생애

테오도루스는 350년경 안티오키아에서 태어났으며, 요한 크리소스토무스와 함께 디오도루스의 아스케테리온에서 수학했다. 이 두 사람은 모두 이교도 수사학자 리바니우스의 제자였다. 테오도루스는 얼마 동안 안티오키아 인근에서 수도 생활에 전념하다가 법률 공부를 위해 그 생활을 떠났다. 그러나 시간이 흐른 후 다시금 수도 생활로 돌아왔다. 그는 안티오키아에서 사제품을 받은 뒤, 392년 킬리키아 지방의 몹수에스티아의 주교가 되었고 428년 사망할 때까지 그곳에 머물렀다.

2) 주요 작품과 신학적 기여

안티오키아 학파에서 가장 중요한 성경 주석가인 테오도루스는 스승 디오도루스를 본받아 거의 모든 성경을 주석했다. 네스토리우스파 교회는 그를 '최고의 성경 주석가'로 평가했다. 그는 구약 성경을 읽으면서 관행처럼 그리스도와 교회에 대한 언급으로 생각하는 것을 배제한 채 철저하게 구절의 문자적 의미를 주석하려 했다. 그는 원죄에 대해 아우구스티누스와는 다른 신학적 경향을 가진 펠라기우스파의 주교 에클라눔의 율리아누스와도 친분을 맺었다.

테오도루스는 자신의 스승 디오도루스와 마찬가지로 삶에

있어서는 흠잡을 데 없는 공경의 대상이었지만, 사후에 네스토리우스파의 선구자라는 낙인과 함께 단죄를 받았다. 그러나 최근의 연구에 따르면 그의 신학적 노선은 아폴리나리우스의 오류에 대항하여 그리스도에 의해 취함을 받은 인성의 온전함을 변호하기 위한 것이었음이 밝혀졌다. 아폴리나리우스에 의해 발발한 그리스도론 논쟁은 그리스도의 두 본성이 어떻게 일치되는지에 초점이 맞추어졌지만, 그 시대에는 이 문제에 대한 적절한 해법이 존재하지 않았다.[328] 그리스도 안의 두 본성(신성과 인성)에 대한 테오도루스의 가르침은 장차 칼케돈 공의회를 통해 보다 정교하게 다듬어진다. 그러나 테오도루스는 553년 '세 주교 파문 논쟁'(Tria capitula, 삼장 논쟁)으로 에데사의 이바스, 키루스의 테오도레투스와 함께 단죄받는데, 학자들은 제2차 콘스탄티노폴리스 공의회가 그를 단죄하는 데 사용한 발췌문이 상당한 왜곡되어 있었다고 말한다.

테오도루스의 수많은 작품은 대부분 소실되었고, 단편마저도 없어졌다. 그러나 《시편 1-81 해설》(Expositio in psalmos)은 엑클라눔의 율리아누스에 의해 라틴어로 번역되어 전해진다. 《열두 소예언서 주해》(Commentarius in XII prophetas minores)만 그리스어 원본으로 전해지고, 시리아어본으로 《요한 복음 주해》(Commentarii in Ioannem)가 있으며, 그리스어 단편들은 다양한 성경 주석서 선집

---

328 참조. H.R. Drobner, *Patrologia*, cit., 429-430.

을 통해 전해진다. 《바오로 짧은 서간 주해》(Commentarii in epistulas Pauli minores)는 5세기 라틴어 번역본으로 다른 주석들과 함께 전해진다. 교의 신학에 관련된 작품으로 시리아어 수사본 《육화론》(De incarnatione)이 있는데, 이마저도 제2차 세계 대전으로 인해 소실되었다. 16편의 《교리교육에 관한 강해》(Homiliae catecheticae)는 전례의 역사에서 중요한 작품으로 그의 신학을 이해하는 데에 귀중한 정보를 제공한다. 예루살렘의 키릴루스, 요한 크리소스토무스의 《교리교육》과 함께 기억될 가치가 있다.

5. 시리아의 에프렘

1) 생애

306년 에프렘은 시리아의 동쪽 니시비스의 그리스도인 가정에서 태어났다. 세례를 받은 뒤 그는 '계약의 아들들'이라는 금욕 단체에 합류했다. 그 후 부제품을 받은 채 평생을 살면서 니시비스에 신학교를 세웠고 교사로서 교회 내에서 봉사했다. 363년 요비니아누스 황제가 니시비스를 사산조 페르시아에 넘기면서 그는 로마의 영토에 속해 있던 에데사로 옮겨 간다. '성령의 수금(竪琴)'이라고도 불린 에프렘은 373년 선종했고, 교회는 그를 6월 9일에 전례적으로 기념한다.

2) 주요 작품과 신학적 기여

에프렘은 시리아어로 창세기, 탈출기, 《타티아누스의 네 복음서 발췌 합본 주해》(Evangelii concordantis exposition/in Tatiani Diatessaron), 바오로 사도 서간 등 수많은 성경 관련 작품을 산문시 형식(prosa)으로 썼고, 그 밖에도 운문 형식(metrica)의 강론과 신학적인 찬가와 전례적인 찬가로 명성을 얻었다.

"끝없는 가사로 연결된 호칭 기도(litania)처럼 에프렘의 찬가와 시와 산문시들은 아르메니아와 메소포타미아 지역의 그리스도교 신학과 영성을 반영해 준다. 그의 작품들은 서구 현대인들이 다가가기에는 바실리우스나 니사의 그레고리우스보다도 더욱 난해한 화석과 같은 문제로 쓰였다. 그럼에도 이 니시비스의 학자는 페르시아의 초기 교회의 전통을 가장 잘 드러내는 증인이다. 당시 그가 살던 지역은 그리스 문화의 최극단 변방에 있었고, 그 때문에 에프렘은 그리스어를 알지 못했을 뿐만 아니라 그리스인들의 개념과 추론을 앞세운 이성주의를 거부했다. 사실 그리스적 '이성'은 바르데사네, 마르키온, 마니와 같은 이단이 공통적으로 가지는 특성이기에, 그는 이러한 이성적 '호기심'과 끊임없이 투쟁해야 했다. 유다인들도 에프렘의 혹독한 논쟁 상대이기는 했지만, 에프렘은 유다 전통과 유다-그리스도교, 니케아 이전의 아시아 신학에 좀 더 가까웠다. (에데사 학파와 안티오키아 학파는 사실상 아시아 신학의 유산을 이어받았다고 할 수 있다.) …… 천재적인 시인으로서의 모습은 종종 에프렘를 계승하는 시리아 사람들에 의해 왜곡되기도 했지만, 오늘날까지 동방 교회 전례에 애용되고 있다. 특히 동방 교회 가운데 비잔티움 교회들은 6세기 성가 작가인 가인(歌人, Melodus) 로마누스에 의해 발전한 '콘타키온'(kontakion, 전례 시기에 따른 일종의 찬양시 형식의 설교)을 통해 그 유산을 이어 가고 있다."[329]

6. 신학적 반성: '안티오키아 학파'의 특성

4세기 안티오키아의 문화 저변에는 아리스토텔레스 철학과 그의 변증법에 기초한 전통이 피어오르고 있었다. 이러한 이유로 안티오키아의 신학적 전망은 다른 신학적 조류와 차이를 보였고 특히 플라톤주의에 기반을 둔 알렉산드리아 학파와는 커다란 간극이 있었다. 예를 들어 일찍이 니케아 공의회가 선언한 삼위일체론에 대한 입장만 보더라도, 카파도키아 교부들에 의해 다듬어진 삼위일체론이 거의 모든 동방 교회에 수용된 반면, 안티오키아 출신의 교부들은 상당히 다른 해석과 의견을 가졌다.

1) 성경 주석

타르수스의 디오도루스, 몹수에스티아의 테오도루스, 요한

---

329 F. Rilliet, "Efrem Siro", in DPAC I, 1104-1105.

크리소스토무스와 같은 안티오키아의 대표 교부들은 알렉산드리아의 성경 주석이 지나친 자의적 알레고리아라고 비판했다. 그들은 모든 성경 구절이 먼저 자구와 역사적인 의미로 검토되어야 하며, 단지 몇몇 구절의 경우 예외적으로 알레고리적 해석이 가능하다고 여겼다. 예를 들어, 시편을 해석할 때 이미 각 시편의 첫머리에 다윗 임금이나 그 밖의 다른 인물이 노래한 출처를 밝히기에, 그 인물들과 연관된 일화에서 출발한 해석이 옳다는 것이다. 따라서 모든 시편을 그리스도와 교회에 대한 예언으로 볼 것이 아니라 소수의 시편만 메시아적인 의미로 해석하는 것이 옳다고 주장했다. 안티오키아의 학자들은 이와 같은 성경 해석 방법을 고수하면서 나름의 신학적 토대와 전통을 이어 하나의 '학파'로 자리매김했다. 그러나 그들도 교회에서 성경을 봉독하고 설명할 때, 어쩔 수 없이 이전의 모든 교부들이 그랬듯이 '예형론'적으로 성경을 보았을 뿐만 아니라, 청자들의 현실 삶과 연결된 윤리·도덕적이며 영성적인 의미로 해석하곤 했다.

2) 그리스도론

안티오키아 학파는 그리스도론에서도 알렉산드리아 학파와는 달랐다. 알렉산드리아의 신학적 경향을 극단적으로 보여 준 아폴리나리우스 이단은 그리스도의 지성적 영혼을 로고스로 대체시킨 반면, 안티오키아의 그리스도론은 그리스도의 육신은 물론, 지적 영혼을 갖춘 온전한 인간성을 강조했다. 사실 4세기 알렉산드리아의 신학은 오리게네스 사상에 깊이 물들어 있었다. 영혼의 선재설을 주장한 오리게네스에 따르면, 그리스도의 선재한 영혼이 그분의 육신과 신성을 결합시키는 연결고리였다. 이 가르침에 의거한 그리스도론은 로고스(말씀)의 역할을 강조함으로써 그리스도의 인간적 영혼이 간과될 위험이 있었다(위로부터의 그리스도론). 이러한 신학적 입장은 모든 단성론적 그리스도론에 공통된 태도였다. 육화한 로고스는 '오직 하나의 본성'(mia physis)으로 인간성이 그분의 신성에 흡수되었다는 주장이다.

이에 반해 안티오키아의 그리스도론은 '아래로부터의 그리스도론'으로 그 출발점부터 달랐다. 그리스도는 육신과 지적 영혼을 모두 지닌 '온전한 인간'으로 로고스(말씀)와 일치한 인간이라는 것이다. 그러나 이러한 그리스도론적 경향에도 위험이 있는데, 어떻게 그리스도 안에 인성과 신성이 온전히 일치될 수 있는지를 설명하기가 어렵다는 것이다. 로고스와 인성이 일치하는 것이 단지 윤리적인 일치나 영적인 일치 정도로 여겨질 수 있었다. 바로 이러한 위험성에서 '두 아들 이론'(하느님의 아들과 마리아의 아들)을 주장하는 이단에 빠질 수 있었던 것이다. 이들의 주장이 잘 드러난 것이 바로 마리아가 '하느님의 어머니'(Theotòkos)로 불려서는 안 된다는 것이었다. 이러한 신학적 견지라면 그리스도와 예언자와 성인들 사이의 차이를 구분하기 어려워진다. 이 때문에 431년 에페소 공의회는 이러한 주장을 네스토리우스 이단으로 단죄하게 된다.

제11장

5세기 그리스도론 논쟁과 그 주역: 에페소에서 칼케돈까지

5세기는 그리스도론에 관한 신학적 논쟁으로 점철되는데, 단순히 신학적 논쟁을 넘어 교회 정치적인 여러 문제가 얽혀 더욱 복잡한 양상으로 전개되었다. 알렉산드리아의 총대주교로서 강력한 권한을 행사하려는 키릴루스와 안티오키아 수도승 출신으로 콘스탄티노폴리스의 총대주교가 된 네스토리우스와의 충돌은 5세기 전반에 걸친 신학 논쟁의 핵심이었다. 이 기나긴 분쟁의 빌미(causa belli)를 제공한 사람은 네스토리우스였다. 그는 전통적인 마리아의 칭호였던 '하느님을 낳으신 분'(Theotòkos)에 대해 이의를 제기하고, 안티오키아의 신학적 전망에 비추어 마리아에 대해 '하느님을 받아들이신 분'(Theodokos), '그리스도를 낳으신 분'(Christotòkos)이라는 타협적인 칭호를 제안했다. 이러한 그의 생각은 그리스도 안에 두 본성의 온전성을 담보하려는 이른바 '로고스-안트로포스'(말씀-인간) 그리스도론에 입각한 것이었다.

이 신학적 입장은 '로고스-사륵스'(말씀-살) 그리스도론을 표방하면서 두 본성의 일치를 강조하는 알렉산드리아의 거센 반박을 받았고, 마침내 431년 에페소에서 개최된 세 번째 보편 공의회에서는 네스토리우스를 단죄했다.

키릴루스는 433년 안티오키아의 요한을 필두로 한 시리아 지역 교회와 화합하기 위한 '일치의 정식'을 통해 논쟁의 결말을 도모했다. 그러나 키릴루스의 사망(444년) 이후 논쟁의 불씨가 재점화되었다. 안티오키아 학파에 속한 키루스의 테오도레투스는 콘스탄티노폴리스의 수도승 에우티케스의 설교에서 극단적인 '단성론'을 발견하고 이에 강력히 반박했다. 이에 따라 에우티케스는 콘스탄티노폴리스의 총대주교 플라비아누스에 의해 단죄를 받았으나, 449년 에페소에서 개최된 이른바 '강도 교회 회의'(Latrocinium)에서 다시 복권될 뿐만 아니라 플라비아누스가 오히려 단죄를 받음으로써 단성론이 승리하는 것처럼 보였다. 그러나 로마의 지지를 받던 반단성론 주창자들은 새로운 공의회가 열리기를 희망했고, 마침내 451년 칼케돈에서 네 번째 보편 공의회가 개최된다. 공의회는 다시 한번 에우티케스의 단죄를 확인하고 새로운 교의 정식을 확정했다. 그리스도께서는 "두 본성 안에서 혼합되지 않으시고, 변화하지 않으시고, 분리되지 않으시고, 나누어지지 않으시고 인식할 수 있으며 어디에도 일치 때문에 본성들의 구별이 없어지지 않으시고, 오히려 두 본성 각각의 특성이 보존되시며 하나의 프로소폰과 하나의 휘포스타시스로 결합되시고, 두 위격으로 나뉘거나 분리되지 않으신다." 이러한 결정문이 나오기까지 대(大)레오 교황의 역할이 두드러졌다.

이 시기는 수많은 인물이 얽히고설켜 엮어 낸 드라마와 같다. 여기서는 신학적 논쟁에 큰 의미를 띠는 인물로 국한하여 살펴보겠다.

1. 알렉산드리아의 키릴루스

1) 생애

키릴루스는 378년경 이집트에서 태어났다. 그는 알렉산드리아의 총대주교 테오필루스의 조카로 412년 삼촌의 후임자가 되었다. 많은 역사가는 그의 행적에 호의적인 평가를 내리지 않는다. 키릴루스의 정치적 수완과 야망은 반대자들(유다인, 이교인, 이단)에게 가혹할 만큼 적대적이었기 때문이다.[330] 그의 주교직 수행 대부분은 콘스탄티노폴리스의 총대주교인 네스토리우스와의 그리스도론 논쟁으로 점철되었다고 해도 과언이 아니다. 그러나 이러한 교의적 논쟁의 이면에는 두 총대주교좌 사이의 정치적인 주도권 다툼이 있었다. 콘스탄티노폴리스 공의회에서 알렉산드

---

330 키릴루스가 주교로 있던 415년, 과격한 그리스도인들(파라볼라노이)이 키레네의 신네시우스의 친구이자 신플라톤 학파의 여성 철학자이며 수학자인 히파티아를 살해하는 끔찍한 일이 벌어졌다.

리아가 두 번째 총대주교좌에서 로마와 콘스탄티노폴리스 다음 서열로 조정되었기 때문이다. 431년에 개최된 에페소 공의회는 마침내 네스토리우스를 주교직에서 쫓아냈으며, 반면 키릴루스는 적대자를 물리치고 승리감에 취해 자신의 교구로 돌아갈 수 있었다. 그는 444년 선종했다. 교회는 키릴루스를 교회 학자로 공경하며 6월 27일에 전례적으로 기념한다.[331]

2) 주요 작품과 신학적 기여

키릴루스는 많은 작품을 남겼고 "그의 저술들은 교부 문헌 중에서도 중요한 의미를 띠고 있기에 라틴어와 시리아어로 번역되어 모든 그리스도교 세계에 많이 알려졌을 뿐만 아니라 널리 읽혔다. …… 그가 남긴 문헌들은 그리스도교 신학을 단단히 굳히는 역할을 했다."[332] 네스토리우스와의 논쟁이 있기 전에 쓰인 작품으로 먼저 아리우스 이단을 겨냥한 《거룩한 삼위일체》(De sancta Trinitate)가 있고, 알렉산드리아 학파의 오랜 전통인 알레고리적 성경 해석 작품들이 있다. 그러나 그는 지나친 우의적 해석은 지양했다. 성경 관련 작품으로는 17권으로 구성된 《영과 진리 안에서 흠숭과 예배》(De adoratione et cultu in spiritu et veritate)와 《모

---

331 동방 교회는 1월 18일 그의 전임자인 아타나시우스와 함께 기념한다. 서방에서 그의 성인전을 찾아보기는 힘들다.
332 P. Chiesa, in GLDS, 441.

세오경의 격조 있는 해설》(Glaphyra in Pentateuchum) 13권이 있는데, 구약 성경의 구절을 우의적·영적으로 주석했다. 《요한 복음 주해》(Commentarii in Iohannem)는 그의 전형적인 신학적 성격을 고스란히 드러낸다. 이외에 다수의 단편으로 전해지는 성경 주석 작품이 있다. 《부활절 계산 서론》(Prologus de ratione Paschae)은 알렉산드리아의 전통에 따라 파스카 날짜를 선포하는 편지로 사목서한에 해당된다. 또한 배교자 율리아누스 황제가 그리스도교를 공격하는 《갈릴래아 사람들 논박》에 대한 재반박서인 《율리아누스 황제 반박》(Contra Julianum imperatorum)도 주목할 만한 호교론적 저서다.

무엇보다 키릴루스가 남긴 신학적 작품은 에페소 공의회와 관련되어 네스토리우스와 벌인 신학 논쟁 중에 집필된 것으로, 그리스도의 두 본성 간의 일치를 강조하는 그리스도론적 저술이라고 할 수 있다. 이러한 문헌 가운데 3통의 《네스토리우스에게 보낸 편지》(Epistula ad Nestorium)가 중요하며, 그 가운데 두 번째 편지가 그의 그리스도론을 가장 잘 드러낸다. 또한 세 번째 편지에는 이른바 "열두 조항 파문문"이 들어 있다. 이외에 《네스토리우스 반박》(Libri V contra Nestorium)과 그리스도의 단일성에 대한 이유를 설명하는 작품이 있다.[333] 키릴루스의 그리스도론은 마리

---

333 참조. A. Grillmeier, *Gesù il Cristo nella fede della Chiesa*, I,II 860-875(키릴루스에 대해서); 876-881(에페소 공의회에 대해서).

아론과 긴밀히 연결되어 있으며, 특히 '테오토코스'라는 칭호를 강조함으로써 마리아가 하느님의 어머니임을 역설했다.

키릴루스의 신학을 이해하기 위해서는 그가 아타나시우스와 소경 디디무스가 이끈 학파에서 성장한 알렉산드리아 사람임을 염두에 두어야 한다. 그의 그리스도론은 두 본성의 일치를 설명하면서 로고스의 위격이 변하지 않는 단일성에 초점이 맞춰진 '로고스-사륵스'(말씀-살) 도식을 견지했다. 즉 로고스(말씀)는 육화 이전과 이후로 구분될 수 있음에도, 항상 육화 이전의 본성을 계속해서 유지한다는 것이다. 육화는 로고스가 하느님의 형상을 유지한 채 종의 형상이 된 사건으로 해석했다. 육화 이전과 이후의 차이가 있다면 그것은 '살과 상관이 없던 분'(àsarko)이 '몸을 취하신 분'(ensòmatos)이 된 것이다. 키릴루스의 이러한 신학적 주장을 다음의 형식이 가장 명확하게 드러낸다. "육화한 로고스의 단 하나의 본성." 키릴루스는 이 정식이 아타나시우스에게서 유래한다고 생각했지만, 사실은 아폴리나리우스에게 기원을 두었다. 이 정식 아래 키릴루스는 육화하신 로고스의 그 어떠한 구분이나 본성의 나뉨을 인정하려고 하지 않았다. 키릴루스는 아폴리나리우스의 '말씀-살' 그리스도론 도식을 넘어서지 못했기에, 인성을 신성에 병렬시키지 않고 종속시키는 위험을 극복하지 못했다. 그의 이러한 신학적 태도는 안티오키아 학파의 그리스도론과 충돌할 수밖에 없었다. 네스토리우스가 '결합'(congiuntio/synàpheia)한 그리스도 안에 두 본성의 구별을 강조했다면, 키릴루스는 두 본성의 '일치'(unio/henosis)를 강조했고, 이 일치는 '본체적'(physis)이며 '휘포스타시스(위격적)'에 의한 절대적이며 본성적인 일치라고 주장했다. 따라서 로고스의 인간 본성은 로고스의 휘포스타시스 안에 현존하기에 인성만 따로 떼어 생각할 수 없다.[334] 키릴루스는 예수 그리스도를 두 본성의 결합체가 아니라, 변화 없는 하느님의 위격 그 자체로 보려고 한 것이다. 이러한 '위격적 일치'(unio hypostatica)는 키릴루스의 성찬례 가르침으로 이어졌다. 만약 신성과 인성의 분리가 일어나면, 눈에 보이는 성체는 단지 '인간의 몸'일 뿐이며, 성찬에 참여하는 사람은 식인을 저지르는 꼴이 된다. "성찬은 보통의 몸을 받는 것이 아니고, 성화된 인간의 몸을 영하는 것도 아니며 …… 말씀과 결합된 몸을 받음도 아니며, 또한 신성이 내주하는 몸을 받는 것도 아니다. 그것은 그리스도의 위격을 영하는 것이며 생명을 주는 말씀 자신의 몸을 받는 것이다."(《네스토리우스에게 보낸 세 번째 편지》, 7)

---

334 참조. J.N.D. Kelly, *Il pensiero cristiano delle origini*, EDB, Bologna 1999, 388-395.

2. 콘스탄티노폴리스의 네스토리우스

1) 생애

381년 시리아의 게르마니키아에서 태어난 네스토리우스는 몹수에스티아의 테오도루스의 제자로, 안티오키아에서 수도 생활을 했고, 후대에 유명한 설교가가 되었다. 428년 테오도시우스 2세 황제는 그를 콘스탄티노폴리스의 총대주교로 임명했다. 이에 네스토리우스는 이단과 열교 및 유다인을 상대로 논쟁했을 뿐만 아니라 아리우스주의와 마케도니아파, 14일파에 격렬한 공격을 퍼부었다. 엄격하고 신심 깊은 수도승적 영성과 어울리지 않는 그의 비판적 시각은 그리스도론에 관한 알렉산드리아의 총대주교 키릴루스의 신학적 입장에 더욱 혹독했다. 그러나 네스토리우스는 431년 에페소 공의회의 결정으로 주교직에서 쫓겨났다. 그는 안티오키아의 한 수도원에서 4년간 칩거했고, 이후 이두메아 지방 페트라로 유배를 갔다가 생애 마지막에 상부 이집트로 추방되었다. 네스토리우스는 451년 칼케돈 공의회가 개최될 즈음에 생애를 마감한다.

2) 주요 작품과 신학적 기여

테오도시우스 황제가 435년 네스토리우스의 모든 저술을 폐기하라고 명령했기에, 그의 작품은 대개 추종자들이 쓴 저작물 안에 시리아어 단편으로만 소수가 남아 있다. 우리에게 온전히 전해지는 작품으로는 시리아어로 된 《헤라클리데스의 책》(Liber Heraclidis)이 있는데, 이 책은 네스토리우스가 생애 말년에 저술한 것으로 1800년대 말에 발견되어 1910년에 출판되었다. 네스토리우스는 이 작품을 통해 자신의 생애를 기록하면서 자신의 신학적 주장이 정통 신앙임을 변론했다. 이 작품이 세상에 알려지면서 네스토리우스에 대한 신학적 재평가가 이루어지기 시작했으며, 그에 대한 엇갈린 평가는 아직도 계속되고 있다.

네스토리우스는 유명한 연설가로서 안티오키아와 콘스탄티노폴리스에서 대략 23년간 활약했다. 그가 행한 수많은 연설 중에 단지 7편만 요한 크리소스토무스의 이름으로 전해지며, 그 밖에도 11통의 편지와 단편들이 전해진다.

몹수에스티아의 테오도루스의 영향을 받은 네스토리우스는 자신의 신학에서 그리스도의 인간적 본성의 온전성을 강조함으로써 알렉산드리아 학파와 그 결을 달리했다. 이러한 그의 입장에서는 마리아에게 '하느님의 어머니'라는 칭호를 붙일 수가 없었다. 그의 그리스도론은 그리스도의 신성과 인성 및 그 각각에 속하는 속성들이 엄격하게 구분되어야 했기 때문이다. 하느님께 어머니가 있을 수 없고, 피조물이 신성을 출산할 수 없다는 것이다. 따라서 마리아는 하느님의 어머니보다는 '그리스도의 어머니'라고 하는 것이 더 타당하다고 주장했다.[335] 이러한 그의 설명

---

335 참조. Sermones, 1 (Loofs, 252); J.N.D. kelly, 위와 동일, 380.

은 알렉산드리아의 키릴루스를 자극했다. 그래서 키릴루스는 네스토리우스가 두 분의 그리스도와 두 아들을 고백했다고 고발했다.[336] 키릴루스의 입장에서는 네스토리우스가 단지 두 아들의 윤리, 도덕적인 일치(하나 됨)만 고집하는 것으로 보였던 것이다.

네스토리우스는 자신의 신학에서 철저하게 안티오키아의 전통적인 용어를 사용했다. 즉 로고스에 의해 '취함을 받은 인간'이나 로고스가 거주하는 '성전'이라는 표현으로 두 본성의 일치를 설명했고, 특히 인성과 신성의 일치를 '결합'(synàpheia)이라고 표현하면서 두 본성의 혼합을 경계했다. 즉 그리스도 안에서 이루어지는 일치의 방법이 두 본성이 '호의에 의한, 의지에 따른'(kat' eudokian) 결합이라는 것이다. 네스토리우스는 그리스도 안에서 두 본성의 온전성과 자주성을 보장하려는 의도로 로고스와 인간의 의지적 결합을 이야기한 것이다.[337] 이러한 의도에서 네스토리우스는 오직 하나의 '프로소폰'만을 이야기하면서, 이 하나의 프로소폰에 두 본성이 일치한다고 주장했다. 그러나 그리스도 안에서 두 본성의 실제적이며 내적인 일치를 중요시하는 키릴루스의 입장에서는 네스토리우스의 '결합에 따른 하나의 프로소폰'(hen prosofon kata synapheian)이 단지 외형적인 한 아들을 드러낼 뿐 두 아들이 있는 것처럼 생각되었다. 알렉산드리아인들에게 본성

---

336 참조. M. Simonetti, *Il Cristo*, Milano 1990.
337 M. Simonetti, "Nestorio-Nestorianesimo", in DPAC, 2393.

적 일치는 '하나의 본성 = 하나의 휘포스타시스'(mia physis = mia hyostasis)이어야만 했기 때문이다.[338]

3. 키루스의 테오도레투스

1) 생애

393년경 안티오키아에서 태어난 테오도레투스는 수도원에서 교육을 받으면서 고전 문화에 대한 지식을 쌓았다. 423년 안티오키아 북쪽에 있는 키루스의 주교로 임명된 그는 짧은 기간을 제외하고 466년 사망하기까지 그곳에서 생활했다.

테오도레투스는 알렉산드리아의 키릴루스와 콘스탄티노폴리스의 네스토리우스 사이에 벌어진 그리스도론에 관한 치열한 논쟁에 뛰어들었다. 그는 안티오키아 신학의 전형적인 인물로 알렉산드리아의 그리스도론을 받아들일 수 없었다. 그의 시각에 키릴루스의 주장은 '단성론'에 기운 것처럼 보였기 때문이다. 그럼에도 테오도레투스는 칼케돈 공의회에서 네스토리우스의 단죄에 서명했다. 553년 제2차 콘스탄티노폴리스 공의회는 그 유명한 '세 주교 파문 논쟁'에서 그를 단죄했다.

---

338 J.N.D. Kelly, 위와 동일, 385.

2) 주요 작품과 신학적 기여

테오도레투스는 동방 교회의 뛰어난 저술가로 성경 주석, 교의 신학적인 작품, 수도승 생활, 교회사 등 다양한 분야에 걸친 작품을 썼지만 553년 단죄를 받은 다음에는 대부분 소실되고 소수의 작품만 전해진다. 그는 구약 성경(시편, 아가, 예언서)에 대해 많은 작품을 썼지만 신약 성경에 대한 작품은 《성 바오로의 열두 서간 주해》(Interpretatio in XII epistulas sancti Pauli)만 있다. 한편 《이교인이 전염시킨 병에 대한 치료》(Graecarum affectionum curatio)는 헬레니즘으로 비롯된 이교를 비판하는 책으로 온전히 전해지는 호교론서 중에 교부 시대의 가장 마지막 작품이라고 할 수 있다.

그가 쓴 신학 서적은 주목할 만한데, 먼저 《키릴루스의 열두 파문문 논박》(Impugnatio XII anathematismorum Cyrilli)을 들 수 있다. 이 문헌은 안티오키아의 요한이 의뢰한 것으로 키릴루스가 쓴 파문문에 대한 3개의 변론 중 두 번째, 즉 《프톨레마이우스의 주교 에우옵티우스에게 보낸 편지》(Epistula ad Euoptium episcopum Ptolemaidis)를 통해 전해진다. 에페소 공의회 이전에 쓰인 주요 작품으로는 《거룩하고 생명을 주는 삼위일체》(De sancta et vivifica Trinitate), 《주님의 육화》(De incarnatione Domini)가 있는데, 이 작품들을 통해 테오도레투스는 안티오키아 신학 전통의 토대 위에 자신의 그리스도론을 정립했다.

다른 작품으로는 키릴루스와 에페소 공의회의 결정을 비판하는 《펜타로구스》(Pentalogus)가 있지만 553년에 단죄를 받았다.

447년에 테오도레투스는 에우티케스의 단성론을 논박하는 대표적인 교의서 《에라니스테스》(Eranistes, seu Polymorphos)를 집필했다. 이 작품은 정통 신앙을 견지하는 인물과 단성론자 사이에 이루어진 대화 형식으로 되어 있으며, 단성론자가 마치 '걸인' 또는 '다중 인격 소유자'와 같이 이전의 모든 이단의 주장을 분별없이 구걸하여 반복하는 것처럼 묘사한다.

테오도레투스는 역사에 관한 중요한 문헌도 저술했다. 그중에 기억해야 할 작품인 《수도승 이야기》(Historia religiosa)는 28명의 수도승과 3명의 여인에 관한 전기로 시리아 지역의 수도 생활에 관한 정보를 제공한다. 또한 《교회사》(Historia ecclesiastica)는 에우세비우스의 교회사를 이어 324년부터 428년까지의 역사를 전해 준다. 그의 강론과 설교는 단편으로만 전해지며, 200편의 서간도 남아 있다.

테오도레투스는 네스토리우스에서 에페소 공의회까지, 에우티케스에서 칼케돈 공의회까지 이어지는 신학 논쟁에서 중심이 되는 교부로 이 모든 논쟁과 유일하게 결부되었다. 그의 작품들은 초창기에는 주로 키릴루스를 논박하는 데 주안점을 두었고 후기에는 에우티케스를 향했다. 테오도레투스에게 단성론은 이전에 존재했던 영지주의, 아리우스주의, 아폴리나리우스주의와 같은 이단의 재생일 뿐이었다. 그는 88개의 다른 원천으로부터 인용된 광범위한 '플로릴레지아'를 통해 이전 교부들의 가르침을 근거로 작품을 저술했다. 물론 이러한 것들을 토대로 주장하는 신학은 어디까지나 안티오키아 신학의 전통에 따른 것이었다. 자신이 체득한 그리스도론은 무엇보다 그리스도 안에서 두 본성이 완전하게 각자의 고유성을 유지하는 자주권이 보장되는 신학이었다. '취하여진 인간'(homo assumptus)은 이를 뒷받침하는 개념으로, 육화를 통해 일치된 다음에는 오직 하나의 '프로소폰' 즉, 하나의 행동 주체인 그리스도가 된다. 그럼에도 그는 그리스도 안에는 두 본성이 제각각 고유한 특성을 유지한다고 주장했다.

4. 대(大)레오 교황

1) 생애

대(大, magnus)레오 교황은 4세기 말 토스카나에서 태어났으며, 5세기 초 로마로 이주했다. 그는 일찍부터 교회에서 경력을 쌓았으며 외교 문제를 해결하기 위해 갈리아 지방에 있을 때, 식스투스 3세 교황의 선종과 함께 교황으로 추대되었다는 소식을 접했고, 440년 9월 로마의 주교로 착좌했다. 강건한 성품을 지닌 대레오 교황은 게르만 민족의 대이동으로 인한 소용돌이 속에 로마의 정치적 몰락을 지켜보면서 그리스도교를 수호해야 했고, 훈족과 반달족 등 북방 민족들의 침략을 저지해야 하는 무거운 짐까지 떠안았다. 교황은 452년 훈족의 침입에 대해 아틸라와의 극적인 외교적 만남을 통해 로마를 보호했을 뿐만 아니라 455년 반달족의 왕 가이세리쿠스가 로마를 포위했을 때에도 도시를 지켜 냈다. 당시 서로마 제국은 정치·사회적인 공권력이 공백인 상태였고, 이를 대체할 조직은 교회와 교황권뿐이었다. 대레오 교황은 정치·외교적 역량과 함께 전례를 통해 로마 교회를 신앙적으로 고취시켰을 뿐만 아니라,[339] 파괴된 성전을 복구하고 수도 생활을 적극적으로 지원하는 등 사목적 노력에 다방면으로 힘썼고, 그에 걸맞은 결실도 맺었다. 최고 목자로서의 대레오 교황의 모습과 권위는 서방 교회를 넘어 동방에까지 영향력을 끼쳤다. 그는 마니교(프리스킬리아니즘), 펠리기아니즘, 단성론과 같은 이단의 오류에도 강력하게 투쟁했다. 461년에 선종한 대레오 교황을 교회는 11월 10일에 전례적으로 기념한다.[340]

2) 주요 작품과 신학적 기여

대레오 교황이 교황직을 수행할 때 칼케돈 공의회(451년)가 개최되었다. 이 공의회는 그리스도께서 두 본성을 지니면서도 위격적으로 일치하심을 공식적으로 선포했다. 공의회는 대레오 교황의 그 유명한 《플라비아누스에게 보낸 교의 서간》(Tomus ad

---

[339] 라틴어로 된 가장 오래된 기도서 《베로나 성사집》(Sacramentarium Veronense)은 전통적으로 대레오 교황의 작품으로 여겨지는데, 적어도 교황이 작성한 기도문이 포함됐거나 교황의 저서가 영감을 준 것을 그 내용으로 한다.

[340] 동방 교회에서도 2월 18일에 대레오 교황을 전례적으로 기념한다(참조. G. Cremascoli, in *Grande Libro dei Santi*, 1186).

Flavianum)³⁴¹을 봉독하고 이를 선포하면서 신앙 고백을 세웠다.

대레오 교황은 143편의 서간과 함께 97편의 전례적 강론을 남겼다. 파스카, 주님 승천, 성령 강림, 주님 성탄, 주님 공현, 사순 시기와 성주간에 행한 강론과 단식, 기도에 대한 여러 편의 강론도 전해 내려온다. 그는 교황 중에 최초로 강론집을 남겼다. 문학적인 측면에서 대레오 교황이 남긴 작품은 "정교한 문체와 운율을 살렸고, 라틴어의 특성을 고스란히 살려 전달하려는 의도를 명쾌하고 적절하게 표현함으로써" 높은 지적 수준을 드러낸다.³⁴²

신학자로서 대레오 교황은 "전통에 입각한 기본적인 가르침을 전달했기에, 전례 교육에 있어서 매우 적합할 뿐만 아니라 정통 신앙을 변호하는 데에도 유익했다."³⁴³ 그뿐만 아니라 그의 신학은 그리스도교의 신비를 명확하고 조화롭게 설명하며, 무엇보다 '그리스도 중심주의'(Chistocentrism)³⁴⁴라는 특성을 지닌다. 그의 그리스도론은 하나의 위격 안에 두 본성이 구원론적 차원에서 대칭적으로 드러난다. 그리하여 그리스도는 아버지 하느님과 인

---

341 대레오 교황의 이 교의 서간에 대해서는 그릴마이어(Grillmerier)의 설명을 참조하라. *Gesù il Cristo nella fede della Chiesa*, I,II, 933-952. 대레오 교황은 칼케돈 공의회의 교의 정식을 확고하게 변호했지만, 공의회의 결정 중 제28조항은 받아들이지 않았다. 이 조항이 콘스탄티노폴리스 주교좌의 권위를 로마와 거의 동격으로 보려고 했다고 판단했기 때문이다. 물론 이 조항에는 '로마 다음에 두 번째'임을 명시했지만, 교황은 그마저도 거부했다. 참조. DzH 280-323.

342 B. Studer, in A. Di Bernardino (a cura di), *Patrologia*, III, 562.

343 위와 동일, 567.

344 위와 동일, 569.

간 사이에 매개자로서 연대의 고리 역할을 한다. 하느님은 그리스도를 통하여 당신 자신을 비우시고, 인간은 그리스도의 위격과의 일치로 들어 올려졌다. "두 본성 각각의 고유성은 유지되면서 하나의 위격으로 일치함으로써 높음은 낮음을, 강건함은 약함을, 영원은 면치 못할 죽음을 취한다." "참하느님과 참인간은 같은 분이며 …… 신성의 낮춤을 통하여 변화되지 않듯이 인간은 높임으로 사라지지 않는다." 그러나 두 본성이 결합했을 때 그리스도 안에서 하나의 주체만 행동한다. 여기서 필연적으로 속성 교환(communicatio idiomatum)이 분명해진다. 따라서 위격적 일치로 인해 "인간의 아들은 하늘에서 내려왔으며 …… 하느님의 아들은 십자가에 못 박히고 묻히셨다."

대레오 교황의 그리스도 중심주의는 은총론에서도 드러난다. 하지만 그의 은총론과 교회론은 아우구스티누스에게 종속된다고 평가할 수 있다. 그리스도는 단지 모범일 뿐만 아니라 은총의 샘이시며, 교회는 은총의 분배자이고 성사적 친교로서 이는 그리스도의 지속적 현존에 힘입은 것이다. 그리스도는 성사와 전례를 통해 '오늘도' 교회에 생활하신다.[345] 교회는 본성상 가톨릭적이고 보편적이기에 "하나일 수밖에 없으며, 교회의 일체성은 온갖 종류의 일치보다 더 깊은 일치를 이룬다."[346]

---

345 참조. 위와 동일, 571-573.
346 위와 동일, 568.

마지막으로 대레오 교황이 로마 주교의 사도좌 신학과 수위권에 대한 신학적 반성과 실례를 보여 준 최초의 교황이라는 점을 기억해 둘 필요가 있다.[347]

5. 신학적 반성: 네스토리우스와 키릴루스의 입장 비교

네스토리우스의 그리스도론은 육화한 그리스도의 두 본성이 결합한 후에도 변경되지 않고 유지되는 것에 방점을 두었다. 즉, 신성과 인성의 혼합이나 혼동을 염려하는 동시에 신성의 불가고통성과 불변성을 유지하면서도 인성의 고유성을 병립시켰다. 그러나 어떻게 두 본성이 분리되지 않고 유지되는지가 관건이었다. 이 이론은 태생적으로 두 본성이 분리되어 '두 아들설'과 '양자론'으로 해석될 가능성이 있었다. 이를 여실히 보여 주는 네스토리우스의 설명이 바로 신성이 인성에 '내주'(inhabitatio)한다는 것이다. 비유하자면, '그릇'과 같은 인성에 신성이 내용물로 내주하는 것으로, 그릇과 내용물은 동일 본질이 아니며, 단지 하느님의 선한 의지와 은총에 의해(kat'eudokian) '연결'(synapheia/결합)된 것이다. 이처럼 두 본성이 '존재론적'으로 결합된 것이 아니라는 그의 의도는 두 본성이 '섞이게 되는 상태'를 피하면서 두 본성의

---

347 참조. 위와 동일, 573-376.

고유성을 유지하기 위한 목적을 지니고 있었다. 네스토리우스의 이러한 생각은 예수의 완전한 인간성을 고수한다는 것과 인간의 자유와 책임성을 보장한다는 것에서 장점이 있지만, 신성과 인성의 느슨한 결합을 보이는 단점이 있다. 이 이론에 따르면, 말씀이 굳이 예수가 아니라 누구에게라도 내주하면서 하느님의 은총이 발동하면 그도 그리스도가 될 수 있다는 것인가와 같은 질문에 봉착한다. 즉 육화가 유일무이한 사건이라는 사실이 확보되지 않는 것이다.

이에 대해 에페소 공의회는 영원으로부터 낳음을 받으시고 때가 되어 마리아에게서 사람으로 태어나신 분이 '하나요, 동일한 분'(eis kaì ho autos)임을 확인했다. 다시 말해 예수 그리스도 안에서 우리에게 마주치는 분이 바로 하느님 당신 자신이라는 것이다. 따라서 그리스도에게 신적인 것과 인간적인 것을 똑같이 언명할 수 있으며, 실천적으로 예수의 인성을 흠숭할 수 있다. 예수의 인성을 마치 다른 하나의 주체처럼 '말씀'과 더불어 예배하는 것이 아니라, 이 둘에게 한번에 예배를 드리는 것이다.

키릴루스의 그리스도론은 신성과 인성이 결합되어 한 위격의 구성 요소로서 일치(henosis)하는 것을 강조했다. 그에게 육화는 말씀이 단지 피조물에게 임하거나 취함으로 나타난 것이 아니다. 성경 말씀대로 "말씀이 스스로를 비워 인간이 되었다."(필리 2,5-11 참조)는 것과 "말씀이 육이 되었다."(요한 1,14 참조) 그에게 육화는 내주나 결합이 아닌 그냥 '되었다'는 사실이다. 즉, 말씀이 어느 순간 예수와 결합한 것이 아니라 '선재한 말씀'이 육화한 것이다. 바로 이 점을 네스토리우스는 받아들일 수 없었다. 네스토리우스에게 두 본성은 혼동 없이 유지되어야 하지만, 키릴루스의 주장은 두 본성이 한 본성으로 결합되어 혼합을 일으키는 것이라고 그는 생각했다. 안티오키아 신학자의 입장에서 보면, 키릴루스의 생각은 두 본성의 손상을 초래할 수 있고, 특히 인성이 불완전해질 가능성이 있다(가현론). 그렇게 되면 완전한 대속적 구원을 담보하지 못하게 된다. 그러나 키릴루스는 두 본성이 결합하여 다른 본성이나 본질이 '된다'는 것을 주장하지 않았다. 키릴루스는 예수 그리스도 안에서 신성과 인성이 고유한 특성을 가지고 있음에도 '하나의 위격'이라는 사실에 집중한다. 이 점에서 키릴루스의 그리스도론은 '말씀-살'의 유형으로 '말씀의 주도역'을 강조하지만 아폴리나리우스와는 달리 인성의 상실을 주장하지 않는 신성과 인성의 '위격적 일치'(unio hypostatica)를 강조한 것이다. 반면에 아폴리나리우스는 인간 구성 요소 가운데 영을 빼고 그 자리에 신성인 말씀을 대체시켰다. 즉 예수는 완전한 인간이 아니고 이성적 혼이 없는 인간이었다는 것이다. 그러나 키릴루스는 완전한 인간을 의미했고, 그에게 육은 '인간'을 의미했다. 이 점에서 키릴루스의 주장은 단성론이나 안티오키아의 이론과 달랐다. 하지만 키릴루스의 주장에도 알렉산드리아 학파의 태생적인 약점이 있었다. 인간적인 것의 고유 의미와 하느님과 인간 사이의 지속적인 구별을 유지하기가 어려웠던 것이다.

이러한 약점에도 불구하고, 키릴루스의 말씀과 육체를 분리하지 않는 신학적 입장은 성체성사의 의미를 설명하기에 용이하다. "성찬은 보통의 몸을 받는 것이 아니고, 성화된 인간의 몸을 영하는 것도 아니며 …… 말씀과 결합된 몸을 받음도 아니며, 또한 신성이 내주하는 몸을 받는 것도 아니다. 그것은 그리스도의 위격을 영하는 것이며 생명을 주는 말씀 자신의 몸을 받는 것이다."(《네스토리우스에게 보낸 세 번째 편지》, 7)

또한 키릴루스의 그리스도론은 구원론적으로 훌륭한 해석을 할 수 있게 한다. 하느님이 육화를 통해 '고통당하시는 하느님'이 되실 수 있었다. 물론 신성의 변화는 없지만, 말씀의 상태가 달라졌다. 육화를 통해 삼위와 동일 본질이신 말씀이 연약하고 유혹에 빠질 수 있는 인간이 되시어 인류를 대신해서 고통을 당하셨다. 그리하여 인간은 그리스도의 거룩한 신성과 일치하여 영원에 참여하는 '놀라운 교환'(commercium admirabile)이 이루어지게 되었다.

어쨌든 키릴루스의 양성론이 그리스도론에 관한 논쟁을 끝내지는 못했다. 무엇보다 그리스도의 신성과 인성이 '어떻게' 하나의 위격을 이루는지에 대한 설명이 필요했다. 키릴루스는 두 본성이 분할되지 않는 일치를 '속성 교환'(communicatio idiomatum)으로 설명했다. 즉 두 본성의 일치가 너무나 밀접하고 존재론적이어서 두 본성이 서로 다른 본성에 참여한다는 것이다. 그러나 알렉산드리아의 전통적인 견해인 속성 교환이 그의 그리스도론을 이해하는 해석학적 열쇠가 될 수는 있지만, 두 본성의 일치에 대한 모든 의문을 풀지는 못했다. 결국 두 본성이 어떻게 서로 혼재하지 않고 고유성을 지킬 수 있는지는 교회가 공식적으로 해결해야 할 과제로 남게 되었다.

제12장

6세기의 신학자: 칼케돈 공의회 이후

451년 칼케돈 공의회부터 553년 제2차 콘스탄티노폴리스 공의회까지의 신학적 주제는 칼케돈이 정한 교의를 수용할지 아니면 거부할지에 집중되었다. 이 논쟁은 니케아 공의회처럼 '신경'(symbolum)에 대한 찬반이라기보다는 공의회의 교의 '결정문'(definitio)에 대한 해석이 분분했던 것이 원인이었다. 칼케돈 공의회의 교의 결정은 세 부분으로 나뉘는데, 우선 니케아와 콘스탄티노폴리스 공의회의 결정을 재천명하는 동시에 키릴루스의 서간들을 토대로 네스토리우스와 에우티케스의 주장을 비교하면서 공의회의 개최 동기를 설명한다. 다음으로 교부들의 전승을 토대로 '일치 정식'과 대레오 교황의 '교의 서간'(Tomus)을 법제화하고, 이에 비추어 네스토리우스와 에우티케스를 모두 단죄하면서 실질적인 그리스도론을 결정짓고, 마지막으로 신앙 고백문을 선포했다.

그런데 이 결정문은 서로 다른 견해를 타협하거나 조정한 것이 아니라 여러 신학적 전통을 융합한 것이었기에 논쟁의 여지를 품고 있었다. 즉 일치 정식, 대레오 교황의 교의 서간, 키릴루스가 네스토리우스에게 보낸 편지, 플라비우스가 대레오 교황에게 보낸 편지, 테오도레투스의 편지에서 발췌한 내용을 짜깁기한 것이었다.

이러한 의미에서 칼케돈 공의회의 신경은 6세기 신학자들이 자신의 입장에서 나름대로 해석할 여지가 있었다. 칼케돈의 정의는 그리스도의 두 본성에 대한 결정적인 선언으로 보였지만, 실제로는 그리스도론과 연관된 다른 문제를 숙고하게 되는 출발점이었다. 사실 공의회는 그리스도 안에 두 본성의 구별에 관한 문제나 두 본성의 일치에 있어서 그 구체적인 방법과 효과와 주체와 같은 보다 세밀하면서도 다양한 측면을 모두 다루지는 않았기 때문이다.

이 시기의 저술가, 특히 동방 교회에서 칼케돈의 결정에 대한 반발이 예상보다 거셌다. 그들은 칼케돈 정식을 하나하나 섬세하게 주석하면서 다양한 의견을 피력했으며, 그에 따라 세 부류로 나뉘었다. 첫째, 칼케돈 결정을 엄격하게 고수하려는 부류로, 칼케돈이 네스토리아니즘적인 공의회였다는 고발을 적극적으로 변호한 이들이다. 이들은 '두 본성 안에 유일한 위격'(una persona in duabus naturis)이라는 정식을 받아들이면서도 키릴루스가 공의회를 통해 밝힌 주장도 받아들였다. 둘째, 이른바 '신(新)칼케돈파'로 불리는 부류다. 이들은 대개 단성론으로 어려움을 겪는 지역 출신들로 키릴루스의 파문문을 기초로 칼케돈의 '두 본성론'을 설명하려 했다. 즉 단성론자들과의 논쟁을 누그러뜨릴 요량이었고, 스키티아의 수도승들의 표현으로 그들의 입장을 정리할 수 있다. "삼위 중에 한 위격이 수난받았다."(unus de Trinitate passus est) 셋째, 단성론자들이다. 칼케돈 공의회에 가장 적대적인 입장을 고수하는 부류로 안티오키아의 세베루스가 그 대표적인 인물이다.[348]

6세기에 교회 내에서 가장 크게 벌어진 사건은 유스티니아누스 황제가 553년에 개최한 제2차 콘스탄티노폴리스 공의회로 다섯 번째 보편 공의회다. 이 시기에 동방 교회에서 주목할 교부 문헌으로는 위(僞)디오니시우스 아레오파기타라는 이름으로 전해지는 작품들이 있는데, 신플라톤주의의 영향을 받은 신학으로 그리스도교 신비주의에 강력한 영향을 끼치게 된다. 아울러 서방 교회에도 보에티우스와 카시아도루스라는 평신도 저술가들이 등장하는데, 이들은 높은 문화적 소양으로 성경과 신앙에 관한 문헌들을 집필했다.

칼케돈을 전후하여 그리스도교 세계는 큰 변화를 겪고 있었

---

348 참조. C. Dell'Osso, "La cristologia nella teologia bisantina del VI secolo", in *Gesù di Nazaret, Figlio di Adamo, Figlio di Dio*, Milano 2000, 178-210; 위와 동일, "Il Concilio di Calcedonia e il Neocalcedonismo", in P. Scarafoni, *Cristocentrismo*, Roma 2002, 43-63.

다. 특히 북방 민족들에 의한 서로마 제국의 함락은 사람들의 상상을 넘어서는 사건이었다. '영원한 제국' 로마가 프랑크족, 반달족, 고트족 등 라인강 너머 이른바 '야만족'의 침입으로 476년 몰락하게 된다. 이러한 상황으로 인해 교회는 외적으로는 북방 민족들과의 만남에 새로운 복음화의 길을 모색해야 했고, 내적으로는 유구한 신학적 전통을 이어 가는 동시에 새로운 문화와 시민 사회를 만들어 가는 데 주도적인 역할을 떠맡게 되었다.

1. 비잔티움의 레온티우스

1) 생애

레온티우스는 칼케돈 공의회의 결정을 가장 정통적으로 사색한 인물로 평가받는다. 그러나 그의 정체에 대해서는 지금도 의견이 분분하다.[349] 이 저자의 이름으로 알려진 작품이나 거명되는 문헌 가운데 소개되는 '레온티우스 아빠스'라는 칭호로 미루어 볼 때 독수자나 은수자로 생각된다. 《네스토리우스파와 에우티케스파 반박》(Libri tres contra Nestorianos et Eutychianos) 서문에서 레온티우스는 젊었을 때 타르수스의 디오도루스와 몹수에스티

---

349 참조. C. Dell'Osso, "Leonzio di Bisanzio e Leonzio di Gerusalemme: una chiara distinzione", in Augustinianum 46(2006) 231-259.

아의 테오도루스를 추종하는 무리(Thiasos)에 들었지만 이후에 그 무리에서 탈퇴했다고 한다.

일반적으로 학자들은 레온티우스를 스키토폴리스의 키릴루스가 쓴 《사바의 생애》(Vita Sabae)에 언급되는 동명의 수도승으로 생각한다. 이 문헌에 따르면 레온티우스는 논노의 제자로서 예루살렘 근교의 '새 라우라'(Nova Laura)에 속한 수도승이다. 또한 그는 팔레스티나 지역의 오리게네스를 추종하는 수도승 가운데 지도자로서 531년 콘스탄티노폴리스의 사바와 친분을 맺었고, 537년과 540년 사이 다시 팔레스티나로 돌아와 그곳의 오리게네스주의자들인 테오도루스 아스키아와 안키라의 도미티아누스가 주교품에 오르는 것을 도왔다. 레온티우스는 543년 유스티니아누스 황제에 의해 팔레스티나 지역에 오리게네스를 단죄하는 칙령이 선포되고 나서 얼마 후 사망했다.

2) 주요 작품과 신학적 기여

비잔티움의 레온티우스가 《네스토리우스파와 에우티케스파 반박》을 집필했다는 것에는 학자들의 의견이 일치한다. 3권으로 구성된 이 책의 첫 번째 권에서는 에우티케스와 네스토리우스파에 대해 반박하고, 두 번째 권에서는 그리스도의 인간 본성의 '비부패성'(aphtharsia)을 주장하는 사람들을 논박하는데, 같은 주제를 《썩는 것과 썩지 않는 것에 관한 선집》(Florilegium de corruptibili et incorruptibili)에서도 다루었다. 세 번째 권에서는 몹수에스티아의 테오도루스의 추종자들을 논박하는 내용을 담았다. 레온티우스는 《세베루스의 논증 풀이》(Epilysis o Solutio argumentorum a Severo obiectorum), 《세베루스 반박 단상 30편》(Epaporemata o Triginta capita contra Severum)을 통해 칼케돈 공의회의 교의에 대해 반박하는 세베루스의 논점을 재공박했다. 위에 언급된 작품들의 저술 연대는 510년에서 543년 사이다.

비잔티움의 레온티우스의 사상은 6세기 초반에 벌어진 그리스도론 논쟁의 한복판에서 형성되었다. 이 시기 주된 신학 논쟁은 칼케돈 공의회가 정의한 '두 본성'에 관한 정식을 수용할지에 대한 것이었다. 레온티우스는 이 양 진영에서 칼케돈의 결정을 따르는 부류에 속했으며, 그의 그리스도론과 주요 신학 용어는 카파도키아 교부들의 신학에서 영향을 받았다. '엔휘포스타톤'(enhypostaton)은 그리스도의 인간 본성을 언급할 때 사용되는 용어로 독창적인 의미를 가진다. 그리스도의 인성은 말씀(로고스)과 일치하기 전에는 독립적인 주체가 될 수 없으며, 말씀과 결합(일치)을 이룰 때 존재하는 '내재 위격'이라는 뜻이다. 즉 예수 그리스도의 인성은 하느님의 말씀과 결합할 때만 위격성을 가진다는 의미가 바로 '엔휘포스타시아'(enhypostasia) 이론이다. 그리스도의 인성은 자신의 고유한 휘포스타시스(주체성)를 가지지 못하고 단지 말씀 안에서만 위격성이 드러난다는 것이다. 레온티우스는 이 용어로 그리스도의 두 본성이 육화를 기점으로 드러나는 각각의 본질적 성격(qualitates essentiales)을 나타내려고 했다. 이러한 그의 생각은 당시에 뜨거운 쟁점이 된 '어떻게 그리스도의 두 본성이 일치를 이루는가?'를 설명하는 것으로 이어졌다. 그는 한마디로 그리스도의 인성과 신성(말씀)의 결합은 '본질에 따른 일치'(kat'ousian)라고 했다. 이는 두 본성이 단지 우연한 방법으로 연결(synapheia)된다는 네스토리우스주의자들의 주장과 이러한 생각을 근본적으로 거부하는 에우티케스파(극단적 단성론자들)의 주장을 중재하려는 의도였다. '본질에 따른 일치' 혹은 '본성의 일치'는 그리스도의 인성과 신성의 일치가 보다 깊은 존재론적인 차원에서 이루어지는 일치인 동시에 두 본성의 고유한 특성이 훼손되지 않는 일치를 나타내려 한 표현이었다. 즉 그리스도 안에 두 본성의 일치는 각 본성의 고유한 차이를 간직하면서도 두 본성 사이의 본질적인 관계를 정립시키는 일치다(PG 86, 1304A).

레온티우스가 두 본성의 일치에 대해 고안해 낸 생각은 단일한 휘포스타시스를 설명하기 위한 것이었다. 즉 본질에 따른 일치의 효과가 바로 '하나의 휘포스타시스'로 나타난다는 것이다. 따라서 레온티우스는 휘포스타시스를 언급할 때 '효과'(apotèlesma), '나뉘지 않는'(àtomon), '기층/토대'(hypokèimenon)라는 표현을 덧붙였다. '그리스도'나 '예수'라는 호칭은 두 본성의 일치의 '효과'로서 인간 본성과 신적 본성으로 구성된 하나의 휘포스타시스를 지칭하는 것이 되었다. 여기서 휘포스타시스는 개인적인 특성을 가진 고유한 '한 인물'이다. 따라서 '예수 그리스도'라고 부르는 것은 구체적인 시간과 장소에 살아 있는 특정 인물로 자신만의 모습, 성장 과정, 교육 과정 등을 거친 '누군가'를 지칭하는 것이다. 이러한 신학은 단성론과 타협을 시도하려는 당시 주류 신학 사조에 물들지 않은 순수한 칼케돈주의자(calcedonism)의 해석이라고 평가할 수 있다. 이러한 입장은 좀 더 훗날 '신칼케돈주의'에 의해 삼위의 두 번째 위격과 예수 그리스도를 동일한 휘포스타시스로 자리매김할 것이다.

2. 예루살렘의 레온티우스

1) 생애

예루살렘의 레온티우스는 오랫동안 비잔티움의 레온티우스와 혼동되었지만, 전혀 다른 인물로 6세기 말부터 7세기 초에 여러 작품을 저술했다. 그의 이름으로 알려진 작품들의 신학적 내용만 보아도 553년 제2차 콘스탄티노폴리스 공의회 이전에 활약했던 신학자들의 전망과는 거리가 있다. 예루살렘의 레온티우스는 수도 생활을 한 논쟁가로서 '신칼케돈주의' 신학을 따랐으며, 교부 시대 말기 정통 교의를 피력한 많은 저자에게 호평을 받았다.

2) 주요 작품과 신학적 기여

예루살렘의 레온티우스를 신칼케돈주의에 관한 체계적인 해석자로 여기게 하는 저서로 《단성설파 반박》(Contra Monophysitas)과 《네스토리우스파 반박》(Adversus Nestorianos)이 있다. 특히 두 번째 책은 네스토리우스의 주장을 직접 인용하고 있기 때문에 사료적 가치가 높지만, 아쉽게도 마지막 권인 8권은 소실되었다. 레온티우스는 두 개의 문헌을 통해 휘포스타시스와 그리스도 안에서 이루어지는 두 본성의 일치를 심도 있게 설명했다.

예루살렘의 레온티우스가 그리스도의 휘포스타시스에 대해 이야기하는 것은 로고스의 휘포스타시스를 가리킬 때뿐이다. 따라서 그리스도 안에 인간적 본성에 해당하는 인성의 휘포스타시스나 프로소폰은 생각할 수 없다. 즉 그리스도 안에는 오직 하나의 프로소폰만 존재하며, 이는 로고스의 유일한 본성의 프로소폰인 것이다. 이 신적 프로소폰은 인간성을 취해도 변하지 않는다. 육화는 두 본성의 일치이지, 두 프로소폰의 일치가 아니기 때문이다.

이러한 휘포스타시스에 대한 개념은 레온티우스가 그리스도 안에 두 본성이 어떻게 일치하는지를 설명하는 데 유익했다. 그는 이 일치를 '휘포스타시스에 따른 일치'(ènosis kat'hypòstasin)라고 했다. 그리스도 안에 휘포스타시스는 유일하며, 그것은 로고스의 휘포스타시스로서 다른 여타의 휘포스타시스와 연결되거나 연합되지 않은 단일한 휘포스타시스다. 그러나 로고스의 휘포스타시스는 자신의 신적 속성들(idioma)을 인간 본성의 속성들과 함께 풍요롭게 한다. 이러한 의미에서 레온티우스는 그리스도가 두 휘포스타시스의 종합이라는 생각을 근본부터 차단했다.

레온티우스는 '엔휘포스타톤'(enhypostasia) 이론을 설명하기에 앞서 필연적으로 전제되어야 할 것을 주장한다. "우리는 그리스도의 인성을 로고스와 분리된 '비위격적'(anhypostatic)이라고 하거나, '속성적 위격'(idiohypostatic)이라고 정의하려는 것이 결코 아니다. 물론 그리스도의 인성이 말씀과 전혀 상관없는 '비위격적'이라는 것과 '속성적 위격'이라는 말이 같은 의미는 아닐지라도, 이 둘을 인정하면 그리스도의 인성은 로고스와는 별개의 것이 되기 때문이다."[350] 이처럼 레온티우스는 그리스도의 인성이 처음부터 휘포스타시스로 있지 않는 '비위격'이라고 하지 않지만, 동시에 인성에 걸맞은 고유한 속성에 해당하는 위격을 가지고 있다고도 하지 않는다. 즉 그리스도 안에 있는 인간 본성의 실재가 이 두 범주에 해당하지 않는다고 말함으로써, 인성을 제거하려는 단성론자들의 주장을 차단하려 했으며 동시에 네스토리우스주의자들이 내세우는 2개의 휘포스타시스를 받아들이지 않는다는 것을 밝혔다. 그렇다면 인간 본성이라는 실재를 어떻게 자리매김할 수 있을까? 바로 이 지점에서 레온티우스는 '엔휘포스타톤'이라는 개념을 사용한다. 뜻은 '하나의 휘포스타시스 안에 있는 실재(subsistantia)'다. 이러한 맥락에서 그리스도 안에 있는 두 본성은 모두 '한 위격에 내재화된 본성들'(enhypostizatio)이라 할 수 있으

---

350 PG 86,1556A.

며, 유일하고 동일한 휘포스타시스 안에 실재하는 내용인 것이다. 그러나 인간 본성은 로고스의 휘포스타시스 안에서만 수용되어야 한다. 휘포스타시스는 두 본성 밖에서는 있을 수 없기 때문이다. 만약에 그렇다면 이러한 본성은 '외부적 위격'(eterohypostitic)이라고 할 수 있으며, 이는 그 기원이 또 다른 '제3의 무엇'(tertium quid)이 되기에, 처음부터 그리스도론에 해당하지 않는 개념이 된다.

이와 같은 그리스도론에 대한 레온티우스의 전망은 한마디로 휘포스타시스 안에 고유한 본성의 속성들이 '통합'되는 일치에 방점이 찍힌, 당시로서는 혁신적인 해석이라고 할 수 있다. 이러한 해석은 그리스도론을 단지 존재론이나 형이상학적 측면에만 국한한 것이 아니라 육화의 의미를 구원론적 차원에로 승화하는 설명이라고 평가할 수 있다. 즉 육화 사건은 '신화'(thèosis)의 근거로서, 그리스도의 신성에 위격적으로 일치한 인성에서 출발하여 모든 인간에게 확산될 뿐만 아니라 궁극적으로 모든 피조물에게 해당하는 구원의 신비가 되는 것이다. 이러한 그리스도론적 전망은 장차 정통 신앙으로 표현된다.

3. 안티오키아의 세베루스

1) 생애

피시디아 지방의 소조폴리스에서 태어난 세베루스는 488년 세례를 받았다. 그는 처음에는 페트루스 이베리쿠스의 수도원에서 수도 생활을 하다가, 나중에는 반칼케돈주의의 선봉에 섰던 로마누스가 엘레우테로폴리스에 세운 공주 수도회를 거쳐, 가자 인근 마우이우마에 자신의 수도원을 직접 세우게 된다. 세베루스는 509년 콘스탄티노폴리스를 방문하여 자신의 주장을 효과적으로 선전했으며, 512년 안티오키아의 주교로 서품을 받는다. 그러나 518년 유스티니아누스 황제가 즉위하면서 주교좌에서 쫓겨나 이집트로 피신했다. 그는 538년 사망할 때까지 그곳에서 반칼케돈주의를 표방한 투쟁을 계속했다.

535년 세베루스는 유스티니아누스 황제의 초청을 받아 콘스탄티노폴리스에 당도하는데, 당시 황제는 단성론자들과 재결합을 도모하고 있었다. 그러나 세베루스가 이듬해 반대 의사를 표명하고 수도를 떠나면서, 황제는 그의 모든 서적을 파괴하라는 칙령을 내렸다. 세베루스는 반단성론자들뿐만 아니라 과격한 단성론을 주창하는 이들과도 맞서야 했다. 그중에는 신학적 견해보다는 교회 정치적 관점에서 뜻을 달리하는 네팔리우스와 같은 이들도 있었고, 육화한 그리스도의 몸이 비부패성을 띤다고 주장한 할리카르나수스의 율리아누스나 문법학자 세르기우스와 같은 부류의 신학적 성향을 가진 이들도 있었다. 세베루스는 6세기 전반에 활동한 거의 모든 저자들이 그의 이름을 거론할 정도로 논쟁적 인물이었다.

2) 주요 작품과 신학적 기여

유스티니아누스 황제의 정죄에도 세베루스의 많은 작품들이 전해 내려온다. 안티오키아 주교로 재임하는 동안(512~518년) 행한 125편에 달하는 주교좌 성당에서의 강론과 그가 쓴 400여 통의 편지 가운데 300편이 전해진다. 칼케돈 공의회에 대한 그의 강한 거부감으로 인해 그리스어 원본은 대부분 소실되었지만, 시리아어로 번역된 것은 비교적 많이 남아 있다. 칼케돈파를 반대하는 교의 관련 서적인 《네팔리우스에게 보낸 연설 2편》(Orationes ad Nephalium II)과 《필랄레테스》(Philalethes)에서 그는 자신의 주장이 키릴루스의 신학에 따른 단성론적 입장임을 표명했다. 《문법학자 요한 논박》(Contra Ioannem grammaticum)도 칼케돈 공의회를 위한 변론을 논박하면서 그 근거를 알렉산드리아의 키릴루스에 의거했다. 이처럼 세베루스는 반단성론자들을 비판하는 작품을 쓰는 한편, 그가 보기에 너무 극단적이거나 단성론의 근본 취지를 벗어난 주장도 논박했다. 예를 들어 《문법학자 세르기우스에게 보낸 편지》(Epistulae ad Segium Grammaticum)는 세르기우스가 그리스도의 인성과 신성의 고유한 속성을 혼동했을 뿐만 아니라 육화하신 분이 오직 하나의 고유한 속성을 가진 것처럼 생각한 것을 반박했다. 그 밖에 열성 단성론자인 할리카르나수스의 율리아누스의 신학적 주장을 반박하는 많은 작품이 있는데, 그가 그리스도의 인간 본성이 파괴될 수 없거나 변질될 수 없음(aphtharto-docetismus, 불멸가현론)을 주장했기 때문이다. 즉 로고스와 일치한 육신이 수난당하거나 죽음으로 부패될 수 없다고 주장했다[테오파스키타(theopaschita)와 프타르토스(phthartos) 논쟁]. 이에 세베루스는 이러한 극단적 단성론을 반대하여 그리스도의 몸은 인간 본성에 따라 부패하고 변할 수 있음을 피력했다. 물론 부활 이후의 몸은 비부패성을 띤다고 덧붙였다.

세베루스는 키릴루스의 신학적 기조를 이어 가지만, 그리스도론에 관한 용어를 정리했다는 측면에서 높이 평가받는다. 그에게 '퓌시스'(physis)는 '구체적인 개체의 본성'을 뜻하기에 휘포스타시스와 프로소폰에 상응하는 개념이었다. 아울러 두 본성의 일치는 로고스의 퓌시스 혹은 휘포스타시스에 따라 결합된다. 그렇다고 이 결합이 두 본성의 구별 즉, 두 본성의 고유한 속성을 제거하는 것은 아니다. 그는 두 본성의 일치를 인간의 영혼과 육신의 예를 통해 그리스도 안에 신성과 인성의 결합을 설명했다. 이러한 맥락에서 그리스도의 인성을 '본성'(natura)으로 여겨서는 안 된다고 역설한다. 그렇지 않다면, 육화한 말씀 안에 두 휘포스타시스가 있음을 인정하는 모양새가 되기 때문이다. 결국 그리스도 안에 두 본성이 있다는 것은 이론상일 뿐이라는 것이다. 실제로 그리스도 안에서 이루어지는 일치는 '두 본성으로부터' 기인하지만, 단일한 휘포스타시스나 본질로 나타난다. 세베루스에게 말씀(로고스)은 일치의 주체며 인성은 일치 이전에 말씀으로부터 독립적으로 존재하지 않는다. 이렇게 볼 때, 세베루스는 비록 드러내 놓고 '신칼케돈주의'의 용어를 사용하지는 않았지만, 실제로는 인성이 '말씀에 내적으로 위격화'(enhypostatizatio)된 것임을 말한다는 것을 알 수 있다. 그렇다면 그의 신학적 전망은 단지 용어상의 차이가 있을 뿐, 실제로 신칼케돈주의자들의 의견과 같은 선상에 있다고 할 수 있다. 세베루스의 주장 안에는 두 본성이라는 정식에 대한 신칼케돈주의적인 해석이 녹아 있으며, 다른 한편으로는 '미아 퓌시스'(mia physis)라는 정식을 놓지 않으려는 강한 의지가 동시에 존재했다고 할 수 있다.

3) 제2차 콘스탄티노폴리스 공의회

칼케돈 신조의 '본성'에 대한 이해가 단성론으로 발전했고, 그 해석의 차이가 다시 '하느님의 수난 논쟁'(controversia theopascita)으로 비화되었다. 여기에 그리스도의 '수난'에서 그리스도의 몸이 부패하는지 여부가 또 다른 논쟁거리가 될 정도로 복잡한 그리스도론 논쟁이 이어지던 중, 새로 즉위한 유스티니아누스 황제는 제국의 분열을 극복하고 논쟁의 종지부를 찍기 위해 공의회를 개최했다. 본래 단성론에 호의적이지 않았던 유스티니아누스 황제는 문제 해결을 위한 타협을 원했지만 여의치 않자 마침내 몇몇 신학적 입장을 단죄했다(543년). 즉 몹수에스티아의 테오도루스, 키루스의 테오도레투스, 에데사의 이바스와 그들이 집필한 저서와 서간을 단죄한 것이다. 이것이 앞서 언급한 바 있는 '세 주교 파문 논쟁'(controversia de tribus capitulis)을 불러일으키게 되었으며 결과적으로 제2차 콘스탄티노폴리스 공의회를 개최하는 원인이 되었다. 공의회는 다시 한 번 '삼장'에 대한 단죄를 확인했고, '신수난설'에 대해서는 세베루스의 입장을 받아들였다.

콘스탄티노폴리스 공의회는 크게 두 가지 형태의 그리스도론을 배제함으로써 칼케돈의 신조를 명확하게 해석했다.

첫째, 3명의 저술가들에 대한 정죄는 네스토리우스주의는 물론이고 일체의 안티오키아 그리스도론에 대한 거부를 의미했다. 즉 두 본성의 분리를 시사하는 어떠한 해석도 단죄한 것이다. 콘스탄티노폴리스 공의회는 그리스도의 신성과 인성의 일치에 대해서만 확정지었을 뿐 인성의 성격을 규정하지 못한 칼케돈의 문제를 해결했다. 요약하자면, 하느님의 말씀과 분리된 인성은 '비위격'(anhypostasis)적이다. 그리스도의 인성은 말씀과 일치되기 이전에 독립적 주체가 아니다. 인성은 말씀과 일치 안에서 존재하는 '내재 위격'(enhypostasis)적이다. 즉 예수 그리스도의 인성은 오직 말씀과의 일치 속에서만 위격성을 가진다.

둘째, 세베루스의 입장을 수용하면서 극단적인 단성론을 거부했다. 모든 단성론은 사실 알렉산드리아의 입장에서 출발한 것들이다. 세베루스는 한 위격만을 인정하지만, 그리스도의 완전한 인성을 인정하는 한편, 극단적 단성론은 한 위격 안에 인성이 흡수되는 구조를 가진 점에서 차이를 나타낸다. 따라서 콘스탄티노폴리스 공의회는 그리스도의 위격이 내재적 위격임을 밝히는 동시에 그리스도의 완전한 인성을 보장했다.

이렇게 단성론은 교의적으로 정리되었지만, 일부 동방 교회에서는 여전히 단성론을 고수하는 독자 교회를 형성함으로써 양성론과 단성론의 화해는 이루어지지 않았다. 그뿐만 아니라 삼장의 단죄에 불만을 품은 이탈리아 북부 교회까지 공의회의 결정에 불복하기도 했다.

4. 위(僞)디오니시우스 아레오파기타

1) 생애

사도행전 17장 34절에 등장하는 아레오파고스 의회 의원인 디오니시우스를 가명으로 하는 익명의 저자는 플라톤주의에 영향을 받은 다수의 책을 집필했다. 그러나 이 저자가 누구인지는 지금까지 밝혀지지 않았다. 단지 5세기 말부터 6세기 초 사이에 저술 활동을 했고, 그리스 문화에 대해 상당한 수준의 교육을 받은 시리아 출신 인물로 추정될 뿐이다.

2) 주요 작품과 신학적 기여

《디오니시우스 전집》(II Corpus Dionysiacum)에는 4편의 논문과

10편의 편지가 있다. 논문에는 다음이 있다. 《천상 위계》(De caelesti hierarchia)는 15장으로 구성되어 있으며, 저자는 천상 존재인 천사들의 위계를 세 계층으로 나누고, 각 계층은 세 등급으로 구분했다. 《교회 위계》(De ecclesiastica hierarchia)는 7장으로 되어 있으며, 그리스도교의 입문 절차, 성체성사 및 다양한 성사들, 장례 예절을 묘사하면서 천상의 계급 구조에 빗대어 알레고리적으로 해설했다. 교회의 교계 제도 또한 천상 계급 구조를 토대로 설명했다. 13장으로 구성된 《신명론》(De divinis nominibus)은 전집에서 가장 많은 분량을 차지한다. 이 논문에서 저자는 성경에서 하느님을 지칭하는 여러 가지 호칭의 의미를 검토한다. 그 명칭들은 다음과 같다. 선, 빛, 아름다움, 사랑, 존재, 생명, 지혜, 진리, 능력, 정의, 구원, 평화 등이다. 마지막으로 가장 분량이 적은 다섯 장의 《신비 신학》(De mystica theologia)에서는 한 영혼이 하느님과 함께하는 신비적 일치를 다루며, 이 일치는 이른바 '부정의 길'(via negativa)로 인간의 모든 감각적 표상이나 사고를 통해서가 아니라 완전한 무지를 통해 이루어진다고 설명한다.

위-디오니시우스의 신학은 '모네'(monè)의 법칙에 뿌리를 두었다. 즉, '제1원리'의 절대적 초월성에 기반한다. 이 '일자(一者)'인 모네는 변하지 않고 움직이지 않지만 '프로오도스'(pròodos) 즉, 자신의 에너지의 충만 때문에 흘러넘치게 되는데, 이것이 다른 존재들을 생산하게 된다고 설명했다. 이러한 유출은 생성된 존재들에게 자신의 섭리와 사랑을 드러내는 것이기도 하다. 위-디오니시우스의 또 다른 중요 개념으로는 '에피스트로페'(epistrophè)가 있다. 이 개념은 모든 존재자가 제1원리에 방향을 전환하는 것(conversio)을 뜻하는데, 이와 같은 일자와 합일에로 기우는 것은 유출에 의해 생겨난 모든 존재자의 본성적 경향이다.

이와 같이 위-디오니시우스에게 플라톤적인 영향이 강하게 미친 것은 사실이다. 그러나 그가 하느님과 다른 존재와의 관계를 창조라는 차원에서 바라본 것은 플라톤 철학과의 가장 큰 차이다. 이 저자는 하느님과의 일치, 즉 그분의 생명에 참여하는 것을 확고한 계급 구조에 따라서 설명한다. 예를 들어 천사들의 계층 범주를 토대로 하여 이 여정을 해설했다. 하느님과의 일치의 여정은 마치 천사들의 단계에 따르듯 위로 상승하는 과정이라는 것이다. 한편, 위-디오니시우스의 작품에서는 하느님의 절대적 초월성이 강조된다. 하느님에 대한 인간적인 언급이나 이름, 개념, 용어는 하느님의 본질을 설명하는 데 적절하다고 할 수 없다. 하느님은 이 모든 것을 뛰어넘는 절대 초월이시기 때문이다. 그것들은 하느님의 본질을 나타내는 것이 아니라 단지 그분의 활동만을 나타낼 뿐이다. 하느님은 인간의 인식 너머에 계신다. 따라서 하느님에 대한 가장 적절한 언급은 '부정의 방법'(theologia negativa, apophatica)밖에 없다. 인간은 마치 모세가 시나이 산에서 하느님을 만날 때처럼 '신비한 어둠' 속에서만 하느님을 인지할 수 있다. 위-디오니시우스의 신학에서 육화한 말씀은 그렇게 큰 비중을 차지하지는 않는다.

이 저자의 라틴어 번역본은 중세까지 바오로 사도에 의해 회개한 성경 인물로 여겨져 서방의 신학과 신비주의에 지대한 영향을 끼쳤다.[351]

5. 보에티우스

1) 생애

보에티우스는 480년경 로마의 귀족 가문에서 태어났다. 그는 여러 집정관과 원로원 의원을 배출했고 후대에 대그레고리우스 교황도 같은 집안인 아니키우스 가문 출신이자, 또 다른 로마의 귀족인 심마쿠스 가문의 양자이자 사위였다. 보에티우스는 자신의 혈통에 걸맞은 수준 높은 교육을 통해 양성받았고, 알렉산드리아와 아테네에서 수학함으로써 그리스어와 철학에 능통했다. 다양한 학문으로 다져진 보에티우스는 510년 집정관이 됨으로써 정치 일선에 뛰어들었고, 522년에는 동고트족 테오데리쿠스 왕실의 시종무 장관을 역임했다. 이 당시 동고트족은 이탈리아 반도를 지배하고 있었는데, 그들은 아리우스 이단을 신봉하고 있었다.

524년 보에티우스는 동로마 제국과 결탁했다는 음모로 고발

---

[351] 토마스 아퀴나스는 위-디오니시우스의 《신명론》을 주해했다.

되어 죄수가 되었고 526년 사망한다. 전통적으로 그를 가톨릭 신앙을 증언한 순교자로[352] 보기도 하지만, 현대의 몇몇 학자들은 이 사실이 잘못되었을 뿐만 아니라 그가 진정한 그리스도인이라는 사실도 의문시한다.

2) 주요 작품과 신학적 기여

보에티우스는 그리스 고전 학문의 기초에 해당하는 '자유 학예'(artes liberales)를[353] 라틴어로 번역하는 한편 플라톤과 아리스토텔레스의 작품을 소개하면서 중세 그리스도교의 토대를 놓은 인물이다. 그의 작품 가운데 단연 최고는 옥중에서 집필한《철학의 위안》(De consolatione philosophiae)이다. 이 작품은 행복의 본질이 오직 '최고 선'(summum bonum)인 하느님 안에 있다는 사실과 하느님의 섭리를 다루었다. 아울러 하느님의 선지(先知, praescientia)와 인간의 자유가 어떻게 양립할 수 있는지도 설명했다. 그러나 이

---

352 참조. 단테, 최민순 역,《신곡》천국편 제10곡, 124-129: "거기 그 안에는 거룩한 영혼(보에티우스)이 온갖 선을 보고 즐기며, 그를 주의 깊게 듣는 자에게 거짓된 세상을 드러내 보이느니라. 그가 쫓겨나게 되었던 그 육체는 치엘다우(금으로 된 하늘/성당 이름)에 누워 있고, 그는 순교와 귀양으로부터 이 평화에로 오니라." 보에티우스는 파비아 교구에서 성인으로 공경받았으며, 그의 유품들이 '성 베드로 디 첼도로'(S. Pertro di Ciel d'Oro) 성당에 보관되어 있다. 1883년 레오 13세 교황은 보에티우스를 성인으로 공경하는 것을 인준했다.

353 '자유 학예'(artes liberales)는 고대 세계에서 일종의 '교과 과정'으로 여겼다. 이 과정은 '4학과'에 해당하는 기하학, 음악, 대수학, 천문학과 '3학과'인 문법, 수사학, 논리학으로 구성되었다. 그리스도교 문화는 이 교과 과정을 성경과 신학 연구의 기초 지식으로 삼았다.

방대한 저작에 그리스도교의 신앙에 대해서나 신앙에 근거한 아무런 언급도 찾을 수 없다. 하지만 이것은 그 어떠한 신앙의 선입견을 배제한 순수한 이성적 사색을 통해 집필하려는 의도였다고 생각된다. 한편 이 작품은 문학적 기법에서도 탁월하다. 능수능란한 수사학의 구사와 당시 문학의 모든 기법을 동원한 39편의 산문과 이에 상응하는 39편의 시가 망라되었다.

보에티우스는 플라톤과 아리스토텔레스의 모든 작품을 라틴어로 번역하고 또 주석하려는 원대한 계획을 세웠지만 그 꿈은 아리스토텔레스의 몇몇 작품에 그치고 말았다[《범주론》(In categorias Aristotelis)과 여러 다양한 주제에 관한 《해석》(De interpretatione vel periermenias) 등에 머물렀다.]

신학 분야 가운데 삼위일체론과 그리스도론에 관해서는 5편의 저작에 그친다(그나마 제5권은 친저성 문제가 있다). 그러나 보에티우스의 학적 방법론은 스콜라 신학과 철학에 영향을 미쳤다. 보에티우스는 어떤 주제를 상정하든 간에 먼저 그 개념의 정의를 내리면서 시작했다. 삼위일체론과 그리스도론에 관한 논쟁의 대부분은 정의가 명확히 내려지지 않은 상태에서 같은 용어를 다른 의미로 사용해 불필요한 혼란이 생기는 경우가 많았다.

보에티우스는 그리스도론과 관련하여, 에우티케스와 네스토리우스를 모두 논박하는 《두 본성과 위격에 관한 책》(Contra Eutychen et Nestorium, o Liber de persona et duabus naturis)에서 본성과 위격의 개념을 정의 내린다. 먼저 '본성'(natura)은 전형적인 아리스토텔레스적 이해에 따라 설명한다. '본성'은 모든 실존하는 것들에게 해당되는 개념이다. 그것이 육체적이든 비육체적으로 존재하든 상관없이 본성에 대해 이야기할 수 있다. 또한 본성은 그 어떠한 실재든지 그것을 형성하는 고유하고 특별한 차이를 부여한다. 반면 '위격'(persona)은 '이성적 본성의 개별적 본체'(naturae rationalis individua substantia)이기에 인간들과 천사들과 하느님께만 해당되는 개념이다. 위격은 보편적인 것에 적용해서는 안 되며, 오직 개별적인 개체에게만 쓸 수 있다. 따라서 인류라는 인간 종(種)이나 동물에게 '위격'이라는 말을 사용할 수 없다.

결국 다음과 같이 정리할 수 있다. 첫째, 위격은 오직 '본체'(substantia)에 속하며, 그것도 '이성적'인 본체에만 적용된다. 둘째, 모든 '본성'(natura)은 하나의 본체를 가진다. 셋째, 위격은 보편 안에 깃들어 있을 수 없으며 오직 개체에게만 적용될 수 있다. 따라서 위격은 다음과 같이 정의 내릴 수 있다. "'이성적 본성의 개별적 본체'다."《두 본성과 위격에 관한 책》, 2,3). 이와 같은 보에티우스의 정의는 추후 중세 전체에 큰 영향을 준다.

6. 카시오도루스

1) 생애

카시오도루스는 485~490년 사이 칼라브리아 지방의 스킬라

키움에서 태어났다. 그의 집안은 본래 시리아 출신이지만 이탈리아에 정착한 귀족으로 보에티우스 집안과 심마쿠스 가문과 친척 관계였다. 카시오도루스는 높은 관직에 올랐던 아버지를 이어 정치 경력을 쌓아 나갔다. 처음에는 법무 장관과 집정관을 역임했으며, 나중에는 보에티우스의 후임자로 동고트족 왕실의 시종무 장관까지 이르게 된다.

536년 카시오도루스는 로마에 알렉산드리아나 니시비스의 학교에 버금가는 신학을 위한 학원을 설립하고자 했지만, 아가페투스 교황의 죽음과 비잔티움과의 전쟁으로 인해 이 계획은 수포로 돌아갔다. 이때를 기점으로 카시오도루스는 모든 관직을 떠나 종교적 관심사에 헌신했다. 540년부터 550년 그는 콘스탄티노폴리스로 유배를 갔고, 돌아온 후에는 로마 학원을 대신하듯 고향에 '비바리움'을 세움으로써 종교와 학문, 문화의 중심지를 건설했다. 그는 580년경 사망했다.

2) 주요 작품과 신학적 기여

오랫동안 관직에 머물렀던 카시오도루스는 역사에 관한 작품인 《연대기》(Chronica), 《고트족 역사》(Historia Gothorum)와 그 밖에 여러 편지와 공문서 등을 편집한 정치 외교적인 저서 《여러 가지 책》(Variarum libri XII)을 썼다. 관직에서 물러난 이후에는 주로 철학, 신학, 성경 주석에 관한 책을 집필했다. 그의 작품에는 《영혼론》(De anima), 시편 본문 전체를 해석한 《시편 해설》(Expositio Psalmorum), 성경 공부를 위한 입문서에 해당하는《종교적 학문에 관한 제도집》(Institutiones divinarum litterarum) 등이 있다.

《시편 해설》은 교부 시대의 성경 주석 역사에 있어 중요한 작품이다. 아우구스티누스의《시편 상해》를 주요 원천으로 삼고 있지만, 단순히 반복하는 것이 아니라 시편의 다양한 측면을 세심하게 들여다보는, 그야말로 역작이다. 카시오도루스는 그 시대의 주석 방법에 따라 먼저 구절에 등장하는 다양한 '수사학적 인물'을 살펴보고, 이어서 본문이 지닌 그리스도론과 교회론적인 의미를 탐구했다.

카시오도루스는 칼케돈 공의회에서 기인한 그리스도론 논쟁에 대한 내막을 자세히 알고 있었다.[354] 그리스도교 신앙에 대한 굳건한 그의 믿음은《영혼론》을 마무리하며 바친 기도에 확연히 드러난다.

"예수 그리스도, 저의 임이시여! 임께서는 인간이 되심을 부당히 여기지 않을 만큼 저희를 위해 당신을 낮추셨습니다. 그것은 당신께서 취하신 것이 저희 안에 소멸하지 못하게 하려는 당신의 자비입니다. 저희의 공로라는 것이 사실은 당신의 은총일 뿐이나이다. 제가 당신께 반드시 되돌려 드려 봉헌해야 할 것을 주소서. 명하시는 것을 제가 지키도록 저를 지켜 주소서. 그럼으

---

354 참조. G. De Simone, *Cassiodoro e l'Expositio Psalmorum*. Una lettura cristologica dei Salmi, Ed. Progetto 2000, Cosenza 1993.

로써 제게 주신 것들에 화관을 씌워 주실 수 있나이다. ……

오! 주님, 저희 안에는 당신께서 좋다고 여기실 것이 아무것도 없고, 모든 좋은 것이라고는 항상 당신에게서 옵니다. 그러니 저에게서 저를 떼내어 임 안에 담아 주소서. 지난 저의 행동에 책임을 물으시고 당신께서 베푸신 것들을 요구하소서. 저는 당신의 것이 됨으로써 비로소 본연의 '나'로 머물 것입니다.

벗어남 없는 길이시며, 모호함 없는 진리이시고, 종락 없는 생명이시여! 저로 하여금 저를 허물어 버리는 것들을 증오하게 하옵시며, 제가 향유해야 할 것을 사랑하게 하소서.

좋은 것은 모두 당신 것이오며, 제 것이라고는 나쁜 것뿐이옵니다. 그러니 당신 없이 저는 단지 허무임을 깨닫게 하소서. 당신과 함께라면 제가 어떻게 되는지도 알게 하소서. 하오니 지금 제가 누구인지를 깨닫게 하소서. 그리하여 지금의 저와는 또 다른 제 모습에 다다르게 하소서. 당신 없이는 있지도 못할 저인지라 당신 없이는 그 어떠한 시작도, 그 어떠한 선함도 행할 수 없나이다. 당신 주권의 그늘에서 벗어난 모든 것이 사라져 버리기 때문이옵니다.

당신을 사랑함이 구원됨이며, 당신을 두려워하는 것이 곧 즐기는 것이요, 당신을 만나는 것이 성장하는 것이고, 당신을 잃어버리는 것은 죽음이나이다. 당신을 섬기는 것이 세상의 왕국을 정복하는 것보다 더 존귀하나이다. 당신의 종이 됨으로써 자녀가 되며, 불의함에서 의인으로, 노예에서 자유인이 되는 것이기

때문이옵니다."³⁵⁵

7. 신학적 반성: 6~7세기의 그리스도론

칼케돈 공의회의 결정문 가운데 가장 중요한 대목은 다음과 같다. "하나요, 동일한 그리스도는 본성이 둘이면서도 뒤섞이거나 뒤바뀌거나 나뉘어지거나 갈라지지 않는 분으로 고백해야 한다. 이 일치를 빙자하여 본성들의 구별을 치워 없애는 일이 있어서는 안 된다. 오히려 이 두 본성의 저마다의 고유성을 고스란히 보전해야 한다. 이 두 본성은 한 인격(hen prosópon)과 한 위격(mia hypostasis) 안에 모여 온다."(Ds. 302)

'참하느님'(vere Deus)이시며 '참인간'(vere homo)이신 예수 그리스도는 한 위격으로 두 본성을 지닌다는 사실을 공표한 칼케돈 공의회는 가현설, 양자론과 모든 단성론을 배격했다. 공의회의 결정문을 요약하면 다음과 같다.

첫째, 하나의 프로소폰 혹은 하나의 휘포스타시스 안에 신성과 인성이 있다. 두 본성임에도 '나뉘거나 갈라지지 않는' 한 인격 혹은 한 위격인 예수 그리스도라는 주체가 있다.

---

355 《영혼론》 18. in Prinzivalli-Simonetti, Letteratura Cristiana Antica, cit., III 606-609.

둘째, 신성과 인성은 서로 '뒤섞이거나 뒤바뀌지 않는다.' 두 본성은 대등하며, 상호 지배하거나 흡수하지 않는다. 인간의 어느 요소도 결핍되지 않는다. 그러므로 유일하신 한 분 그리스도는 '두 본성으로부터'(out of)가 아닌, '두 본성 안에'(in) 계신다.

이와 같은 결정으로 칼케돈 공의회는 예수 그리스도 안에 주체의 단일성을 확보하며, 이 단일성이 한 인격과 위격에 있다고 밝힘으로써 에페소 공의회보다 진전을 이루었다. 그러나 하느님의 초월성은 초월성대로, 인간의 자립성 및 그 자유는 그 나름대로 고스란히 놔두면서도 하느님이 인간과 일치를 이룰 수 있다는 것을 정확하게 드러내는 개념적 수단이 모자랐다. 그 대신 네스토리우스와 에우티게스로 대표되는 양극단의 오류들을 거스르는 네 개의 부정적인 부사를 사용함으로써 그리스도의 두 본성을 유지하는 위격적 일치를 설명하려 했다. "뒤섞이거나, 뒤바뀌거나, 나뉘거나, 갈라지지 않는"(ásynchytós, átreptós, ádiairetós, áchóristós)이 그것이다.

칼케돈의 이러한 결정은 하느님 몸소 한 인간 역사 안으로 찾아 들어오셔서, 그 안에서 완전히 인간적인 방식으로 우리를 만나신다는 신비를 당대의 언어로 설명하려는 시도였다. 그러나 두 본성이 동렬에 서서 상호 작용한다는 도식으로는 '말씀'의 주도적 역할을 강조하는 키릴루스의 관점이 약화되기 십상이었다. 이로 인해 역사상 첫 번째 교회 분열을 가져오게 되었다.

이 분열과 대치를 수습하기 위해 개최된 553년 제5차 보편 공의회인 제2차 콘스탄티노폴리스 공의회는 신칼케돈주의자들의 신조어인 '내재 위격'(enhypostasis)을 통해 문제를 해결하려 했다. 말씀과 분리된 인성은 '비위격적'으로 독립적 주체라고 할 수 없으며, 오직 말씀과 일치 안에서 위격성을 가지는 '내재 위격'이라는 것이다. 여기서 말씀의 주도권이 돋보인다. 즉 하느님만이 당신과 다른 그 무엇을 당신 자신과 일치시키는 가운데, 그 다른 것의 고유성을 고스란히 둘 수 있기 때문이다. 말씀의 위격은 인간 본성을 자신 안에 받아들여 그와 지극히 내밀한 일치를 이룰 수 있으며, 동시에 인간 본성의 고유성을 유지할 수 있다. 반대로 인성의 주체성은 하느님 안에서, 그분께 속함으로써 가장 잘 드러난다.

553년 콘스탄티노폴리스 공의회의 결정을 요약하면 다음과 같다.

첫째, 세 주교의 파문을 통해 일체의 네스토리우스적 해석을 거부했으며, 두 본성의 분리를 단죄했다. 아울러 인성의 성격을 밝힌 것도 칼케돈 공의회에 비해 진일보했다. 말씀과 분리된 인성은 '비위격적'(anhypostisis)이기에, 그리스도의 인성은 육화 이전에 독립적으로 존재하는 주체가 아닌, 육화를 통한 '내재 위격'(enhypostasis)이다.

둘째, 신수난파와 같은 극단적 단성론을 단죄함으로써, 인성이 신성에 흡수되는 가현론과 같은 단성론적 경향을 거부했다.

결론적으로, 예수 그리스도의 위격은 독립된 인간적 주체가 아닌 내재 위격이며, 동시에 완전한 인성이다. 그러나 이러한 결정으로 말미암아 동로마 제국뿐만 아니라 서방에서도 반발이 만만치 않았고, 급기야 이집트의 콥트 교회, 시리아의 야고보파 교회, 아르메니아 교회가 분열을 일으키게 되었다. 이 혼란한 상황 속에 또 다른 논쟁이 피어올랐는데, 바로 단의론(單意論, monotheletismus)이 대두하게 된 것이다.

당시 비잔티움 제국은 사산조 페르시아와 전쟁 중이었고, 그 어느 때보다 제국의 정신적 통일을 염원하던 시기였다. 특히 이집트와 시리아 지역의 협조가 절실했기에 황제는 제국의 단성론자들을 포용하고자 애를 썼다. 이와 같은 선상에서 단성론과의 화해를 위해 콘스탄티노플의 총대주교 세르기우스는 예수 그리스도가 "하나의 신-인 에너지"로 활동한다는 '하나의 활동'(단력론)을 제안하기에 이른다. '하나의 활동'이라는 표현은 '하나의 위격'(hypostasis)보다 더 확고한 양성의 통일성을 표현하는 것이라 생각했기 때문이다. 즉, 예수 그리스도 안에 모든 행동의 주체가 되는 단 하나의 위격이 있듯이, 그분이 단 하나의 원리인 에너지에 의해 활동하셨다는 주장이다. 이후에는 '에너지'보다는 좀 더 성경적 의미에 가까운 '하나의 의지'(단의론)를 표방하기에 이른다.

그러나 이러한 주장은 양성론에 기반한 칼케돈 지지자들의 거센 반대를 받는다. 특히 증거자 막시무스는 '에너지, 원리, 의지' 모두 본성에 속하는 것이지, 위격에 속하는 것이 아님을 천명하며, 황제의 타협안을 거부하기에 이른다. 그의 시각에 단의론도 단성론과 마찬가지로 인성을 불완전하고 수동적 존재로 취급하는 것으로 보았기 때문이다.

콘스탄티노폴리스에서 열린 제6차 보편 공의회(680~681년)는 이러한 단의론을 단죄하며, 그리스도의 신성과 인성 모두 고유성을 간직하듯 각자의 의지를 유지하지만, 두 의지 사이의 모순이나 충돌은 없다고 했다. 인간의 의지는 항상 신적인 의지에 복종한다. 하지만 인간적 의지가 흡수되거나 변화되지 않으며 손상 없이 유지된다고 밝히면서 칼케돈의 유명한 네 가지 부정을 의지에 대입했다. 이 공의회는 의지를 위격적인 것이 아니라 본성적인 것으로 규정했고, 두 의지의 구별을 명확히 하면서도 일치를 이룬다는 사실을 선언했다.

제13장

교부 시대 말기

전통적으로 교부 시대는 두 저자와 함께 마감하는 것으로 본다. 서방의 경우 세비야의 이시도루스(†636년), 동방은 다마스쿠스의 요한(†750년)이다. 몇몇 학자들은 존자(尊者) 베다(†735년)와 포티우스 총대주교(†890년)까지 교부 시대를 연장해서 보기도 한다. 교부 시대 말기에는 이전 시대에 본 것처럼 치밀하면서도 독창적인 신학적 사색을 찾아볼 수 없으며, 그런 의미에서 신학적 발전의 쇠퇴기라고 할 수 있다. 이 시대의 교부들은 신학이 이미 절정에 이르렀다고 보고, 신앙에 관한 중요한 현안 문제를 이전의 공의회나 선배 교부들의 가르침에 근거하여 해결하려 했다. 따라서 이전에 이룬 신학적 성과를 체계적으로 수집하거나 유기적으로 조직화하는 작업이 이루어졌다. 새로운 신학적 시도가 결여된 대신 과거 전통과 결과물에 대한 지적 탐구가 주류를 이룬 것이다. '카테네'(catenae)와 '플로릴레지아'(florilegia)는 이 시대의 대표적인 문헌 양식으로, '카테네'는 성경의 독자적인 주석이 아니라 성경 구절에 대한 이전 교부들의 주석을 모은 것이며, '플로릴레지아'는 어떤 신학 주제나 분야에 대해 앞 세대의 교부들이나 공의회의 가르침을 마치 꽃다발처럼 모아놓은 것이다.

이렇게 새로운 신학에 대한 도전이 침체한 이유는 당시의 시대적 상황에서 찾을 수 있다. 북방 민족의 침입으로 서로마 제국이 멸망하고 동로마 제국 역시 이슬람 세력의 등장으로 점차 쇠퇴하면서 사회·정치·문화 전반에 있어서 차분한 신학적 사색이 어렵게 된 것이다. 이전까지 확고부동했던 근본 축이 흔들리는 총체적인 전환기에 그리스도교 문헌도 새로운 시도를 하기보다는 과거의 유산과 그리스도교 신학과 문화를 유지하고 전달하는 것을 우선시할 수밖에 없었는지도 모른다.

이 시기에 나타난 신학적인 동향은 여전히 그리스도론에 관한 논쟁이 중심이 되었다. 무엇보다 제2차 콘스탄티노폴리스 공의회를 통해 단성론 논쟁이 종지부를 찍지 못한 여파로 다양한 신학적 제안이 등장했다. 그리스도론 논쟁은 위격과 본성이라는 주제에서 그리스도의 '의지'와 '활동'이라는 새로운 개념으로 발전하여, 이른바 단의론(單意論, monotheletism)과 단력론(單力論, monoenergism) 논쟁으로 진화했다. 이에 대한 종지부는 콘스탄티노폴리스에서 열린 제6차 공의회(680~681년)를 통해 단죄되었으며, 양의론(兩義論, dyotheletism)이 승인되었다. 즉 그리스도의 두 의지는 모순이나 충돌이 없으며, 인간의 의지는 항상 신적인 의지에 복종한다. 하지만 인간적 의지가 신적 의지에 흡수되거나 변화되지 않으며 손상 없이 유지됨을 천명했다.

교부 시대의 가장 마지막 공의회는 787년 니케아에서 개최된 제7차 보편 공의회다. 이 공의회를 통해 레오 3세 황제에 의해 발발한 '성화상 파괴 논쟁'(Iconoclastia)이 공식적으로 해결되었다. 성화상 파괴 논쟁도 그리스도론의 새로운 해석과 이에 대한 분분한 의견의 충돌로 일어난 것이었다.

교부 시대 말기에 일어난 정치적 사건 가운데 눈에 띄는 것은 614년 5월 페르시아인들에 의해 예루살렘이 함락되었다는 것이다. 이들은 주님의 성 십자가 유물을 페르시아로 옮기기도 했다. 이에 헤라클리우스 황제는 팔레스티나를 수복했고 630년 예루살렘으로 유물을 다시 옮겨 왔지만, 638년 예루살렘은 결국 아랍인들의 손에 들어가게 되었다. 우마 칼리프가 예루살렘을 포위한 뒤 소프로니우스 총대주교와 평화 협정을 맺었지만, 동로마 제국은 이미 622년을 기점으로 그 영토가 소아시아, 그리스, 발칸 지역으로 축소되었다.

서로마 제국의 사정도 혼란스럽기는 마찬가지였다. 브리타니아는 407년 북방 민족에게 빼앗겼지만, 596년부터 대그레고리우스 교황에 의해 그리스도교화 작업이 새롭게 진행되었다. 5세기 초부터 히스파니아는 서고트족에게 지배되었고, 북부 아프리카는 반달족의 차지가 되었다. 갈리아는 게르만족, 고트족, 훈족과 같은 여러 민족이 이동하는 지역이었고 5세기 말부터는 프랑크족이 장악했다. 반면 이탈리아의 경우 서로마 제국의 마지막 황제인 로물루스 아우구스툴루스가 오토아케르에 의해 퇴위된 후, 동고트족의 왕인 테오데리쿠스가 라벤나를 수도로 하여 526년까지 통치하게 된다. 6세기 중엽 유스티니아누스 황제는 옛 로마의 통일된 제국을 재건하려는 의도로 전쟁을 개시했고 이에 따라 이탈리아의 고트족과 북부 아프리카의 반달족이 멸망했다. 그러나 이탈리아 반도는 568년 롬바르드족의 손에 들어갔고, 시칠리아만 동로마 제국의 일부로 남게 되었다. 히스파니아는 625년경부터 다시 서고트족에 점령당하고, 북아프리카는 7세기말 아랍인들이 차지하게 되었다.

이 격동의 시기를 처음부터 끝까지 보는 것은 쉽지 않기에, 여기서는 몇몇 주요 인물을 통해 대략적으로 살펴볼 것이다. 이들은 교부 시대와 중세의 가교 역할을 하면서, 시대와 지역을 뛰어넘어 자신의 다음 시대에 고대 그리스도교 문학과 사상을 전달해 주었다고 평가받는 마지막 교부들이다.

1. 대(大)그레고리우스 교황

1) 생애

대그레고리우스 교황은 540년경 로마의 부유한 귀족 가문에서 태어났다. 그는 집안의 내력대로 관직의 길로 나아가 로마시

총독까지 올랐다. 그러나 35세 즈음에 모든 것을 버리고 수도 생활을 택하는데, 켈리우스 언덕에 있는 자신의 집을 개조하여 성 안드레아 수도원을 세웠다. 579년 펠라기우스 2세 교황에 의해 부제품을 받고 콘스탄티노폴리스의 교황 사절이 되어 6년을 봉직했다. 외교관 생활을 하면서도 몇몇 동료 수도승들과 함께 수도 생활의 끈을 이어 갔다. 로마에 돌아온 후 안드레아 수도원에서 생활하던 중 펠라기우스 2세 교황의 선종으로 그의 사도좌를 이어받아 590년 교황이 되었다. 대그레고리우스 교황은 뛰어난 사목적 능력과 외교적 역량을 보여 주면서도 완덕을 향한 영적 여정을 게을리 하지 않았다. 그의 작품 곳곳에서 수도 생활에 대한 향수와 영적 달콤함에 대한 열망을 엿볼 수 있다. 그러나 그는 자신의 영적인 바람을 뒤로하고 최고 목자로서 맡겨진 교회의 직무 수행에 최선을 다했다. 교황령에 대한 전반적인 행정 업무를 재정비하는 동시에 그곳에서 나오는 이익으로 체계적인 구제 사업을 벌였고, 《그레고리우스 성사집》과 《그레고리우스 성가집》을 편찬하여 교회를 내적으로 쇄신했다. 아울러 당시 북부 이탈리아를 장악한 롬바르드족과의 평화 협정을 이끌어 내면서 아리우스파에 속했던 그들을 개종시켰다. 교황의 이러한 선교 열의는 브리타니아에 수도승을 파견한 것에서도 나타난다.[356] 착한 목자의 표상인 교황은 604년 3월 12일 하늘나라로 이주했으

---

356 동방 교회에는 '대화하는 그레고리우스'(Dialogus)라는 별명이 있다.

며, 교회는 9월 3일 로마의 주교로 축성된 날을 축일로 지낸다.

2) 주요 작품과 신학적 기여

대그레고리우스 교황은 교부 시대의 가장 뛰어난 교황 저술가이기도 하다. 그의 작품은 중세뿐만 아니라 전체 그리스도교의 신학과 영성에 큰 영향을 끼쳤다. 그는 다수의 성경 주해서를 집필했는데, 이 성경 해석에서 수덕 신비와 윤리 도덕에 관한 가르침을 이끌어 냈다. 《욥기의 도덕적 해설》(Expositio in beatum Job sive Moralium libri XXXV), 《아가 강해 2편》(Homiliae II in Canticum Canticorum), 《에제키엘서 강해》(Homiliae in Ezechielem), 《열왕기 상권 해설》(In librum primu Regum expositionum libri VI), 《복음서 강해》(Homiliae XL in Evangelia) 등이 주요 작품이다.

라벤나의 요한에게 헌정한 《사목 규칙》(Regula patoralis)도 유명하다. 591년에 집필된 이 문헌은 영혼의 목자들을 위한 일종의 교과서와 같은 책으로 중세 내내 성직자 교육에 막대한 영향을 주었다.

대그레고리우스 교황는 수도자들을 위해 일종의 성인전에 속하는 《대화》(Dialogorum libri IV/ Dialogi de vita et miraculis patrum Italicorum)를 썼는데, 이 작품은 이탈리아에서 꽃피운 성인들의 훌륭한 모범을 전해 준다. 이 작품에서 많은 부분이 기적과 이적을 소개하는 데 할애되었는데, 이는 기적과 성성을 거의 같은 의미로 받아들였던 고대의 사고에서 비롯된 것이다. 특히 이 작품의 2권 전체는 베네딕투스에 관한 이야기로, 이것이 서방 교회의 '수도 규칙서'를 쓴 위대한 인물의 유일한 전기다. 그의 저술을 이야기할 때 빼놓아서는 안 되는 것은 854통에 달하는 편지로, 당시 역사를 전해 주는 귀중한 문서다.

대그레고리우스 교황의 모든 작품은 성경에 토대를 둔 그의 영성의 산물이라고 할 수 있다. "하느님의 말씀은 읽는 사람과 함께 자란다."(divina eloquia crescunt cum legente)는 말처럼, 성경의 말씀이 구체적인 사목 현장과 삶을 통해 교회 안에서 실현되어야 한다(cotidie fieri in ecclesia)는 원칙에 의거했기 때문이다.

대그레고리우스 교황이 이룬 여러 업적 가운데 로마 전례에 끼친 영향은 중요하다. 얼마 전까지 그가 집필한 것으로 여기던 《그레고리우스 성사집》(Sacramentarium Gregorianum)에 대해 그레고리우스가 직접 작성했다고 보기보다는 성사집이 나오는 데 그의 영향이 컸다고 보는 의견이 지배적이다. 교황은 성찬 기도문을 재정비하는 데 심혈을 기울였던 것과 마찬가지로 《그레고리우스 성가집》(Cantus gregorianus)도 직접 작성하지는 않았지만, 그의 관심 속에 로마 교회의 성가 목록이 작성되었다.

대그레고리우스 교황은 고대와 중세의 전환기를 이해하는 데 있어 매우 중요하다. 그는 사목자이자 수덕가, 성경 주석가, 저술가로서 그의 작품 안에는 가시적인 세상에서 영원한 것으로 눈길을 돌리라는 '동경의 교사'의 자세가 돋보인다. 아울러 당시 사회의 세속 공권력의 공백을 메운 정치가이자 외교관으로서 세속적인 것에 대한 책임감을 잊지 않으면서도 천상의 것에 대한 동경을 일깨우고자 했다. 이러한 그의 모습은 대레오 교황과 함께 '대'(大, magnus)를 그의 이름에 덧붙이게 했다. 스스로 '하느님의 종들의 종'(servus servorum Dei)이라 부른 이 위대한 교황은 모든 것이 혼란스러운 한 시대의 증인으로 로마 전통의 유산을 지키고 전수하는 동시에 그리스도교를 수호하고 확장한 교부로서 역사는 그를 '하느님의 집정관'(consul Dei)으로 기억한다.

2. 증거자 막시무스

1) 생애

막시무스는 580년경 팔레스티나에서 사마리아인 아버지와 페르시아 출신 어머니 사이에서 태어났다. 10세쯤 예루살렘에 있는 성 카리톤 수도원에 입회했고, 614년 콘스탄티노폴리스 인근 크리소폴리스 수도원 원장이 되었다.[357] 626년 페르시아와 아랍인의 침입을 피해 아프리카의 카르타고에 머물면서 단의론과 관련된 논쟁에 관여했다.

막시무스는 콘스탄티노폴리스의 총대주교 피루스를 필두로

---

357 이 정보는 7~8세기 시리아어로 쓰인 전기를 토대로 한다. 10세기에 그리스어로 쓰인 또 다른 전기가 있는데, 이에 따르면 막시무스는 콘스탄티노폴리스의 귀족 가문에서 태어났으며, 그의 본 이름은 모스키온이다.

하는 단의론자들의 주장에 반대하면서 그리스도의 이중 의지를 거듭 주장했다. 그런데 당시 로마 제국의 공권력은 외세의 침입에 대한 내부 결속을 위해 종교적 일치를 절실히 필요로 했으며, 이로 인해 단성론자들과 신학적 합의를 꾀하려 했다. 하지만 막시무스는 이러한 황제의 의도를 거슬러 로마로 피신하여, '정통 교회'의 한복판에서 영향력이 큰 신학자로서 여러 논쟁에 파고 들었다.

649년 라테라노 교회 회의를 소집한 마르티누스 교황은 막시무스의 신학적 책임 아래 단의론과 단력론을 교회의 이름으로 단죄했다. 하지만 이것은 황제의 정치적 의지를 거스르는 모양새가 되었다. 이에 콘스탄스 2세 황제는 653년 마르티누스 교황과 막시무스를 체포하고 유배를 보내게 된다. 그 후 얼마 지나지 않아 교황은 폰티쿠스의 케르소네수스(크리미아 반도)에서 선종함으로써 고대 최후의 순교자가 되었다. 막시무스는 새로운 소송 과정을 거쳐 채찍형과 함께 혀와 오른손이 잘리는 형벌을 받았고, 662년 선종했다. 그러나 제3차 콘스탄티노폴리스 공의회가 그리스도의 두 본성과 함께 두 의지를 천명하면서 막시무스를 복권하고 그의 신학을 승인했다. 교회 전통은 '증거자'(confessor, 고백자)라는 별명으로 막시무스를 기억하면서 8월 13일에 전례적으로 기념한다.

2) 주요 작품과 신학적 기여

막시무스의 작품은 크게 세 종류로 나눌 수 있다. 먼저 수덕 신비적 작품으로 "모든 시대에 있어 가장 훌륭한 수덕 신비 문헌 중에 하나"[358]로 평가받는 《수덕서》(Liber asceticus), 《사랑에 관한 단상》(Capita de caritate) 등이 있다. 다음으로 오리게네스, 에바그리우스, 나지안주스의 그레고리우스와 위-디오니시우스 등 이전 작가들에 대한 해설 작품이 있다. 끝으로 단의론과 단력론에 대한 많은 논쟁서를 집필했고, 그중에 《신학적·논쟁적 소고집》(Opuscula theologica et polemica)이 대표적이다.

최근 막시무스의 사상에 대한 연구가 활발하다. 그의 신학이 고대 교부 시대의 괄목할 만한 종합으로 여겨지기 때문이다.[359] 그는 이전 세대의 선배인 오리게네스, 에바그리우스, 위-디오니시우스에게서 신학적 영감을 퍼 올릴 줄 알았으며, 더 나아가 그들의 약점 또는 불균형을 교정하거나 보충하는 능력도 발휘했다. 막시무스에게 "세상과 역사의 중심으로 특별히 그리스도의 육화는 하느님과 유한적 실재들을 하나로 묶는 최고의 지점이다. 죄와 부패로 인한 하느님과 피조물의 결별이 그리스도를 통해 마침내 극복되었다. 그리하여 하느님과 피조물, 하늘과 땅,

---

358 Prinzivalli-Simonetti, *Letteratura Cristiana Antica*, 3,245.
359 대표적인 막시무스 연구자로는 발타사르, 뵐커(R. Völker), 가리그(J.M. Garrigues), 르텔(F.-M. Léthel), 체레사-가스탈도(E. Ceresa-Gastaldo), 가티(R. Gatti)가 있다.

천국과 이 세상, 남자와 여인 사이의 모든 엇갈림이 사라지게 되었다. 모든 것이 그리스도 안에서 수렴되었고 일치하게 되었으며, 그리스도의 몸인 교회는 자연 세계와 초자연 세계 사이의 중간에서 매개한다."[360]

막시무스의 유명한 '삼중 정식'(formula tripartita)은 그의 가르침을 종합하는 슬로건이다. "그리스도는 두 본성 안에 존재하시고, 두 본성으로부터 존재하시며, 두 본성이시다."[361] 의지(thèlesis), 행동의 능력(dynamis), 힘(enèrgheia)이 본성(ousia, physis)의 양상이며, 그리스도 안에 두 본성이 고유하고 완전하게 존재하기에, 결국 의지, 행동의 능력, 힘도 둘로 존재한다. 그러나 그리스도의 인간적 의지는 신적 의지를 자유롭게 수용한다. 이것은 우리가 단순히 하느님의 구원 의지만으로 구원되는 것이 아니라 인간적 의지를 통해 구원되는 것과 같다. 이 인간적 의지를 통해 그리스도께서 하느님의 의지에 참으로 순종하셨던 것과 마찬가지다.

막시무스에게서는 알렉산드리아 학파의 전통이 고스란히 드러난다. 그의 가르침 안에는 오리게네스, 카파도키아 교부들, 폰투스의 에바그리우스, 위-디오니시우스의 신학이 면면히 흐른다. 이는 또 다른 다음 세대, 곧 중세 전반에 걸쳐 훌륭한 토대가 될 것이다.

---

360 M. Simonetti, in *Grande Libro dei Santi*, cit., 1432.
361 《서간》, 15(PG 91, 573A).

3. 세비야의 이시도루스

1) 생애

이시도루스는 560년 세비야에서 태어났지만 그의 집안은 본래 카르타게나 출신이었다. 그는 대그레고리우스 교황과 친분이 있었던 큰 형인 레안드로스 주교 아래 양성받았으며, 600년 형을 이어 주교가 되었다. 주교가 되기 전 그의 생애에 대해 거의 알려진 바가 없지만, 아마도 수도승이 되려는 목적은 아니었을지라도 수도원에서 교육받은 것으로 보인다. 주교로서 자신의 교구 사제에 대해 열정적인 관심을 기울이며 사목을 펼쳤다. 서고트족의 왕과 좋은 관계를 유지하면서 619년 제2차 세비야 교회 회의와 633년 톨레도 교회 회의의 의장으로 활약했다. 636년에 선종한 서방의 마지막 교부를 교회는 교회 학자로 공경하며 4월 4일에 전례적으로 기념한다.

2) 주요 작품과 신학적 기여

이시도루스의 많은 작품 가운데 그의 백과사전적 특성이 가장 잘 드러나는 작품은 《어원》(Etymologiae)과 《명제》(Sententiae)다. 첫 작품은 고대의 모든 문화에 대한 방대한 백과사전과 같은 저서로 20권으로 구성됐다. 이 책은 언어의 기본 이해와 개념뿐만 아니라 당대의 역사, 문화, 자연 과학, 신학 등 거의 모든 것을 다루며, 실제로 제10권에서만 서명에 따라 '어원'을 다룬다. 그러나 이시도루스는 언어와 그 분석이 실재를 이해하는 데 결정적인 열쇠라는 고대의 일반적인 확신에 기반을 두어 이 이름을 사용했다. 이 작품은 이시도루스가 끝을 보지 못하고 제자였던 사라고사의 부라울리우스에 의해 완성되어 640년 출간되었다.

3권으로 구성된 《명제》는 《어원》의 신학적 보완판이라고 할 수 있다. 이 책은 일종의 '숨마'(Summa)로 교의와 영성, 윤리에 관한 신학적 요점 총정리다. 이 작품은 성직자들을 위해 집필하려고 했지만, 나중에는 더 광범위하고 보편적인 성격으로 바뀌었다. 《명제》는 '플로릴레지아'와 비슷한 것으로 보이지만, 아우구스티누스나 대그레고리우스 교황의 작품과 같은 다양한 이전 문헌을 원천으로 삼는 새로운 형태의 문학 유형이라고 할 수 있다. 이 두 작품은 중세 시대에 신학은 물론이고 세속 학문에 있어서 거의 교과서와 같았다. 끝으로 교부학과 관련하여, 히에로니무스와 마르세유의 겐나디우스가 집필한 작품과 제목이 같은 《명인록》(De viris illustribus)도 있다. 이시도루스는 이 작품을 통해 히스파니아 출신의 저자들을 보완했다.

4. 다마스쿠스의 요한

1) 생애

요한은 아랍인들의 지배에 들어간 다마스쿠스에서 650년에 태어났다. 훌륭한 교육을 받으며 성장한 그는 칼리프의 녹을 먹던 아버지를 이어 이슬람 정권의 관료가 되었다. 그러나 690년 경 관직을 떠나 예루살렘의 성 사바 수도원에 들어가 남은 생애를 학문 연구에 매진했으며, 사제품을 받은 후에는 설교 직분을 성실히 수행했다. 750년 즈음 고령의 나이에 선종한 요한을 교회는 12월 4일에 전례적으로 기념한다.

2) 주요 작품과 신학적 기여

요한은 교의, 성경 주석, 윤리, 수덕 신비, 시 등 다양한 분야에 많은 저서를 남겼다. 그의 가장 훌륭한 기여는 주요 신학적 주제를 명쾌하면서도 교리적으로 믿을 수 있도록 '종합'하고 편집했다는 것이다. 3권으로 집필된 최고의 작품인 《인식의 원천》(Pegè gnòsieos)에서, 그는 자신의 의견은 아무것도 첨가하기를 원하지 않으며, 단지 거룩한 교부들을 따르고자 한다고 밝힌다. 요한은 이 방대한 저서 가운데 "올바른 신앙에 관한 해설"(Expositio fidei, De fide orthodoxa)이라고 명명한 부분에서, 교부들의 문헌을 폭넓게 인용하면서 교회의 신앙을 종합적으로 진술했다. 이 책은 서방 교회에서도 중세 동안 많은 독자를 거느렸다.

성화상 파괴 논쟁에서 요한은 성화상 공경의 신학적 근거를 가장 잘 제시했다. '거룩한 형상에 대한 변론'이라는 주제로 행한 3개의 연설은 그의 성화상 신학이 삼위일체론과 인간의 창조와 함께 점차 발전하는 것을 볼 수 있다. 무엇보다 그리스도의 육화를 근거로 한 그의 주장은 플라톤 철학에서 말하듯 이콘(형상/모상)은 실재의 그림자가 아니라 원형의 실재임을 주장했다. 이것은 물질적 창조의 근원적인 선성과 함께 하느님 은총의 작용으로 가능하다고 설명했다.

다마스쿠스의 요한은 전통적으로 동방에서 교부 시대를 마감하는 저자로 알려져 있다. 그러나 그를 '연결 고리'(trait d'union), 즉 교부 시대와 중세의 연결 고리이자 서방과 동방이 만나는 지점이라고 표현하는 것이 더 정확하다. 토마스 아퀴나스뿐만 아니라 거의 모든 중세 스콜라 학자들 대다수가 다마스쿠스의 요한 작품을 계속 인용하는 것만 보아도 그것을 알 수 있다.

3) 성화상 논쟁

성화상 논쟁은 주로 동방 교회에서 이루어졌다. 논쟁의 발발은 725년 레오 3세 황제가 성화상 공경을 금지하면서 시작되었다. 성화상 공경을 찬성하는 부류(iconodules)는 먼저 현실적인 측면에서 성화상이 글을 모르는 이들의 신심과 신앙에 도움을 준다고 주장했다. 그러나 이 뒤에는 신학적인 이유도 있었다. 그리스도께서 육화하심으로써 완전한 인간이 되셨기에 그분에 대한 예술적 표현이 문제가 되지 않는다는 것이다. 반면에 이를 반대하는 입장(iconoclasti)도 두 가지로 요약된다. 먼저 우상 숭배에 해당된다는 이유며, 그림이나 조각으로 그리스도를 표현하는 것은 그분의 인성만 나타낼 뿐, 신성을 드러내지 못한다는 것이다. 이렇게 되면 네스토리우스 이단처럼 그리스도의 두 본성을 분리하여 불완전한 그리스도론이 될 수밖에 없다. 설사 신성과 인성이 결합된 완전한 그리스도를 그릴 수 있다고 해도, 그것은 필히 두 본성을 혼재한 단성론에 빠질 것이라는 우려가 있었던 것이다.

다마스쿠스의 요한이 설명하는 성화상 공경의 신학적 이유는 다음과 같이 정리할 수 있다.

먼저, 구약 성경에서는 모든 성화상을 우상 숭배라고 단죄하지 않았다. 예를 들어 커룹의 형상으로 계약 궤가 만들어졌으며, 성전의 제단에도 이 형상이 허용되었다. 둘째, 그리스도의 육화로 인해 비가시적인 하느님이 당신 자신을 드러내셨기 때문에 그리스도는 가시적 수단에 의해 표현될 수 있다. 셋째, 성화상은 원형(prototypos)을 지시하는 형상(icon, 모상)이며 복제다. 원형과 형상(모형)의 관계에서, 형상은 그 자체로 의미를 가지는 것이 아니며, 원형과의 관계에서만 지시하는 힘이 있다. 넷째, 성화상은 현실적이며 실천적인 측면에서 도움을 준다.

성화상 파괴 논쟁은 787년 니케아에서 열린 제7차 공의회를 통해 해결된다. 공의회는 그리스도, 마리아, 천사, 성인들의 성화상에 대한 존경과 경의를 허용했다. 즉 오직 하느님께만 유보된 '흠숭'(adoratio)과 성화상과 성인들에 합당한 '경배'(veneratio)를 구별했다.

5. 신학적 반성: 교부 시대에서 스콜라 시대로

이 책을 시작하면서 교부 시대를 구분했다. 니케아 공의회 이전까지의 초창기와 칼케돈까지의 황금기, 6세기에서 8세기까지 이어지는 쇠퇴기다. 이렇게 구분하는 것이 어떤 면에서는 편하고 익숙하지만, 여기서 짚고 넘어가야 할 것이 있다. 이와 같은 시대 구분의 기준과 근거가 정말로 타당한지에 대한 의문이 남기 때문이다. 예를 들어 오리게네스의 경우 위의 시대 구분으로 보면 초창기에 해당된다. 그러나 그의 작품 가운데 가장 대표적인 《원리론》은 일종의 '숨마'(Summa)와 같은 신학의 종합인데, 그가 활동한 시대에는 드문 형식이었다. 이러한 형태의 시도는 한참 후대, 이른바 교부 시대의 황금기라 할 수 있는 교부들이나 아우구스티누스에게서도 발견되지 않는다. 그러나 4~5세기에 등장한 위대한 신학자들은 비록 《원리론》과 같은 장르의 신학 저서는 남기지 않았을지라도, 오리게네스의 직·간접적 영향을 받았다. 이렇게 보면 오리게네스를 교부학의 황금기에 포함해도 무방할 것 같고, 적어도 미래에 벌어질 황금기의 선구자로 평가해도 되지 않을까?

또 다른 예를 들어 보자. 요한 크리소스토무스의 강론과 대 그레고리우스 교황의 강론을 비교하면 200년이라는 시간의 간격과 동서방의 지역적 차이에도 불구하고 같은 선상에 있다는 일종의 동질감을 느끼게 된다. 반면 거의 같은 세기의 인물인 대

그레고리우스 교황과 보에티우스의 신학적 경향을 보면 상당한 이질감을 느끼게 된다. 이른바 '보편적' 지성의 소유자며 시간적으로도 대그레고리우스 교황과 가까웠던 보에티우스가 왜 그렇게 달라 보일까? 앞선 세대의 요한 크리소스토무스는 그렇다 쳐도 대그레고리우스 교황과도 달랐던 보에티우스는 분명 교부 시대에 속하는 저술가임에도 오히려 중세의 스콜라 학자들과 흡사한 지점을 발견하게 된다.

이처럼 교부 시대의 역사를 들여다보면 시대를 뛰어넘어 균일하게 보이는 일종의 층이 있는가 하면, 같은 공간과 동시대라는 환경에서도 상당한 차이를 보이는 경우가 많다. 이러한 점에 비추어 볼 때, '고대'라는 교부 시대의 시간 제한이 얼마나 모호한 개념인지를 알게 된다. 일반적으로 '교부'라는 표현에 대해 그리스도교 초창기 신앙에 관한 증언을 주요 내용으로 삼은 신학자라는 것에는 동의할 것이다. 그렇다면 왜 교부 시대를 초세기부터 3세기까지 가장 활발하게 주요 신앙 주제를 다루었던 시기만으로 국한하지 않는 것일까? 사실 이 시기의 문헌들이야말로 사도들의 가르침을 고스란히 전해 주는 것이 아닌가? 이 시기의 저자들은 처음으로 전수받은 신앙을 이교인들에게 선보였고, 이단들을 거슬러 신앙의 유산을 보호했던 이들이 아닌가? 이와 같은 논리라면 교부 시대는 더욱 일찍 끝날 수 있으며, 최대한 연장한다고 해도 제1차 니케아 공의회를 기점으로 마감할 수 있지 않은가? 325년에 개최된 이 첫 보편 공의회야말로 신앙의 믿을 조목인 신경을 처음 선포함으로써 그리스도교의 기본 교의를 확정했기 때문이다.

물론 앞서 밝힌 교부 시대의 세 구분은 확실히 도움이 되고 또 필요하며, 이 구분이 객관적인 여러 학적 사실을 토대로 한 것이라는 데에는 이의가 없다. 문제는 이러한 시대 구분만으로는 각각의 문학적 특성을 온전히 담지 못한다는 것이다. 즉, 동시대에도 전혀 다른 문학 양식이나 주제가 있었고, 심지어 후대에나 나타날 문학 형태가 세기를 앞서 등장하기 때문이다. 일반적으로 모든 문학 형태는 초기, 중기, 말기를 거치기 마련이다. 보통 한 시대를 풍미한 문헌 양식은 자신의 역할을 다하게 되면 그 자리를 다른 형태의 문학이 대체하게 된다. 그런데 여기서 주목할 것은 왜 이와 같은 현상이 벌어지며, 어떻게 이러한 변화의 과정이 진행되는지다.

이 질문에 답하기 전에 먼저 교부 시대의 문헌학을 규정할 필요가 있다. 즉 무엇이 교부 문헌을 출현시키고 발전시켰는지를 밝혀야 한다. 그다음 교부 문헌이 다른 시대의 문헌들과 구별되는 고유성을 유지한 채 언제까지 지속되었는지를 규명해야 한다. 이에 덧붙여 우리가 교부 시대의 '끝'으로 부르는 것이 무엇을 의미하는지를 구별할 필요가 있다. 그것이 단순한 쇠퇴를 말하는지, 아니면 완성을 말하는지 말이다. 다른 말로 표현하면, 교부 시대와 그 문헌이 노쇠하여 창조적 생명이 꺼짐으로써 죽음을 맞이했고, 이어서 다른 시류와 문학이 시간의 흐름 속에 자연적으로 발생하는가? 아니면 한 시대가 자신의 고유성을 유지할 수 없기에 다른 차원 또는 다른 틀로 스며드는 것인가? 새로운 시대가 구시대의 열매에서 맺어진 씨앗처럼 여길 수 있는 것인가? 이러한 의미에서 교부 시대가 중세라는 전혀 다른 모습을 탄생시켰다고 말할 수 있는 것은 아닌가?

이와 같은 질문에 답하기 위해 교부 시대 문헌이 지닌 논리의 발전을 살펴볼 필요가 있다. 이에 대한 실마리로 '스콜라 방법론'의 창시자로 평가받는 보에티우스를 따라가 보자. 토마스 아퀴나스는 그에게 헌정한 작품 《보에티우스의 삼위일체론 주해》(Expositio super Boetium de Trinitate)에서, 보에티우스가 삼위일체를 다룸에 있어 이전의 작가(힐라리우스나 아우구스티누스)처럼 단지 '권위'만을 자신의 논문에 근거로 삼지 않았으며, '이성'을 통하여 주장했다고 밝힌다. 물론 이성적 접근은 "다른 이들이 이미 권위를 통해 세운 것을 전제"로 한 것이었지만, 그는 이성을 통해 이러한 권위의 타당성을 순수 학문적 입장에서 설명하려 했다고 토마스 아퀴나스는 해설한다.

사실 교부 시대의 저자들은 성경과 신앙 규범(regula fidei)을 직접적인 토대로 하여 저술 활동을 했고, 교회의 정통 가르침을 정초하고 또 설명하려는 의도에서 책을 썼다. 즉, 그들은 계시된 진리와 그 계시를 통한 가르침을 확인하고 증명하며 변호하려고 했다. 이 때문에 그들의 신학을 '정언 신학' 또는 '입증 신학'(Theologia apodictica o demostrativa)이라고 부른다. 이에 비해 보에티우스의 경우, 신앙의 진리를 '권위'로 증명하는 것이 아니라 신앙의 가르침을 여타의 다른 학문과 철학적 개념을 동원함으로써 합리적 논리에 바탕을 둔 이성적 설명을 시도한 것(formatam rationibus)이다. 이러한 의미에서 과거의 교부들과는 달리, 보에티우스는 '사변 신학' 혹은 '학적인 신학'(speculativa o scientifica)을 시도했다고 말할 수 있다.

어쨌든 보에티우스는 아우구스티누스의 모든 권위를 따르겠다며 자신의 저술 태도를 밝혔다고는 하지만, 이에 대한 토마스 아퀴나스의 해설은 다음과 같이 요약할 수 있다. "보에티우스가 아우구스티누스의 저술 안에 있는 것들을 단순히 반복했다고 할 수 없다. 보에티우스는 삼위일체에 관한 아우구스티누스의 가르침을 …… '씨앗이나 출발점'(semen et principio)으로 삼았다. 즉 그의 가르침에서 출발하여 문제의 어려움을 해결하고자 한 것이다. 이처럼 보에티우스가 다양한 근거를 통해 진리를 설명하는 것은 그 안에 뿌려진 아우구스티누스의 씨앗에서 기인한 열매인 것이다."[362]

토마스 아퀴나스의 이러한 평가는 교부 시대의 문헌과 스콜라 시대의 문헌 사이에 '목적과 방법의 차이'가 있음을 드러낸다. 한편으로 단순히 시간의 흐름 속에 자연적으로 발생한 무엇이 아닌 동일한 DNA의 전수 즉, '친족의 유대' 관계로서 동일한 태

---

[362] S. Thomae Aquinas, *Expositio super Boetium de Trinitate* (Opusculum XVI).

생과 같은 혈통을 드러낸다. 무릇 열매가 있다는 것은 씨앗의 존재를 가정하게 하듯이, 스콜라 시대는 교부 시대를 전제로 한다.

토마스 아퀴나스는 교부 시대에서 스콜라 시대로 넘어감이 '변증법적인 역설'처럼 일어난다고 설명한다. 예를 들어, 아우구스티누스에게 신앙을 설명하는 것이 보에티우스에게는 이성적인 어려움을 초래하는 것이 되었으며, 아우구스티누스에게 문제의 답(결과)이었던 것이 보에티우스에게는 문제를 풀기 위한 단초가 되었다.

다른 각도에서 이 변증적인 모습을 설명하면, 교부 시대에 교의적인 개념은 신앙으로부터 야기된 질문에 대한 답을 구하기 위해 만들어진 것이었다. 이러한 개념은 주로 철학적 용어에서 차용되었지만, 교부들은 같은 용어를 쓰는 것에 있어 계시를 전달하는 다른 의미로 사용했다. 다시 말해 본래 철학적 개념과는 동떨어진 의미로 신앙의 진리를 포장하거나 설명하기 위한 용도로 사용했던 것이다. 교부들이 내린 신앙의 정식 안에 쓰인 이러한 개념은 실제로 신앙에서 출발한 질문을 신앙으로 답하는 데 쓰였다고 할 수 있다. 신앙의 빛 안에서 신앙의 유산을 더욱 명확하게 드러내는 도구로 사용된 이성적 개념이었다.

교부들과는 달리 스콜라 학자들에게 신앙의 답변은 이성으로부터 던져지는 질문을 통과하여 본연의 이성적 학문으로서 신학의 단초가 되었다. 즉 교의적 개념은 신앙의 빛 안에서 다른 철학의 개념처럼 이성적으로 이해되어야 할 문제인 것이다. 신학이 하나의 '학문'이기 위해서는 철저하게 이성적인 구조에 서 있어야 한다. 어쨌든 이러한 교의적 개념은 그 자체로 신앙의 빛 안에 있는 것으로서 스콜라라는 새로운 시도에 안내자 역할을 하며, 자신들로 인해 발생하는 문제를 푸는 데도 일조한다.

이 변증법적인 대조는 다음과 같이 나타나기도 한다. 교부 시대의 신학은 신앙의 초자연적인 논거를 찾는 것으로 주체가 이해하는 것을 정확하게 표현하는 개념을 구축하는 것이었다. 반면 스콜라 신학은 신앙의 이성적인 논거를 찾는 것으로 신앙의 진리에서 발생하는 다른 이성적 개념의 조직적인 유기성으로 나아가는 것이라고 할 수 있다. 다시 말해, 하느님의 말씀에 기초한 교부들의 신학은 성경과 전승이라는 계시를 매개로 한 '권위'에 의지한다. 이 신학은 계시를 보편적으로 누구나 알 수 있는 언어로 표현하기 위해 문화의 여러 요소를 사용했다. 반면에 스콜라 신학은 신앙에 관한 담론인 신학을 이성적인 다른 학문들을 통해 또는 그 학문들의 방법론으로 풀이하려고 했다. 이 신학은 학적인 성격이 다분하여 신앙의 조목을 학문으로서의 신학의 출발점으로 삼았던 것이다. 이처럼 교부 시대와 중세는 한 시대의 시작이 다음 시대의 끝에 꼬리를 물면서 진행된 것이라고 말할 수 있다. 교부 시대는 스콜라로 표현되는 새로운 시대의 모습을 통해 새롭게 이어졌다.[363]

363　참조. J. Moingt, *Constitution du discours chrétien*, Lione 1970.

제3부

교부학의 문헌 양식에 따른 주제

제1장

순교 문헌

고대 그리스도교 문학 작품 가운데에는 '그리스도의 이름 때문에' 박해를 당함에도 불구하고 용맹하게 고통과 죽음을 감내했던 신자들에 대해 증언하는 기록이 있다.[364]

이와 같은 순교에 관한 기록은 이미 신구약 성경에 나타난다. 먼저 구약 성경을 보면, 마카베오기 하권 6장 12~17절에는 유다 민족이 겪는 박해가 하느님의 자비로운 섭리에 의한 것이며, 지은 죄를 교정하고 교육하기 위한 목적이라고 밝힌다. 또한 아흔 살이나 되는 엘아자르는 율법을 어기지 않으려고 기꺼이 죽음을 받아들임으로써 고결한 모범과 덕을 드러내는 귀감으로 나타난다(2마카 6,18-31 참조). 이와 같이 모진 박해에도 율법에 대

---

364 참조. H. von Campenhausen, *Die Idee des Martyriums in der Alten Kirche*, Vandenhoeck & Ruprecht, Gottingen 1936; T. Baumeister, *La teologia del martirio nella Chiesa antica*, SEI, Torino 1995.

한 충실성 때문에 자발적으로 죽음을 선택한 일곱 아들들과 그들의 어머니의 순교는 부활을 통한 새 삶의 보상이 따르리라는 확신에 찬 행동으로 묘사된다(2마카 7장 참조).[365]

신약 성경에도 순교에 대한 다수의 언급이 있다. 특히 복음서에 예수께서는 박해와 순교가 당신을 추종하는 사람들에게 당연히 벌어질 것임을 미리 예견하셨고, 또 이러한 순교에 상응하는 종말론적인 보상이 따른다는 것을 말씀하신 바 있다.[366] "사람들이 나 때문에 너희를 모욕하고 박해하며, 너희를 거슬러 거짓으로 온갖 사악한 말을 하면, 너희는 행복하다."(마태 5,11) "사람들을 조심하여라. 그들이 너희를 의회에 넘기고 회당에서 채찍질할 것이다. 또 너희는 나 때문에 총독들과 임금들 앞에 끌려가, 그들과 다른 민족들에게 증언할 것이다."(마태 10,17-18; 마르 13,9; 루카 21,12-13 참조) "너희는 내 이름 때문에 모든 사람에게 미움을 받을 것이다."(마태 10,22)

---

365 W.H.C Frendi, *Martyrdom and Persecution in the Early Church. A Study of a Conflict from the Maccabees to Donatus*, Blackwell, Oxford 1965, 65: "마카베오와 다니엘을 언급하지 않고 순교에 대한 그리스도교 신학은 생각할 수 없다."

366 참조. L. Dattrino, *Padri e maestri della fede*, EMP, Padova 1994, 112. 이상의 복음 구절은 순교 문헌에 자주 나온다.

1. 어원과 역사

신약 성경에서 '순교'에 해당하는 그리스어 '마르튀리온'(martyrion)은 '증언'이라는 뜻을 지닌다. 그런데 어떤 사람이 박해에 직면하여 모욕과 고통을 감내하면서까지 공적으로 자신의 신앙을 고백할 때, 그를 '고백자'라고만 부르는 것이 아니라 '증거자' 즉, '순교자'라는 명칭을 부여했다. 하지만 신약 성경이 쓰일 때만 해도 '고백자', '증거자', '순교자'가 모호하게 사용되었다. 2세기 말부터 '순교자'라는 용어가 '고백자'나 '증거자'와는 달리 극히 전문적 특수 개념으로 사용되기 시작했다. '순교자'(martys)는 죽음으로 신앙을 증거한 사람을 가리키고, '고백자'(confessor, 증거자)는 신앙을 공적으로 고백하기는 했지만 죽음에 이르지 않은 사람을 지칭하게 되었다.

고대 교회의 순교 기록에 나타난 순교자들은 성령과 함께하는 사람들로 여겨졌기에 특별한 능력을 발휘하는 것으로 묘사되곤 했다. 예를 들어 순교 문헌 안에 순교자들은 환시를 보거나 기적을 일으키는, 이른바 '영적으로 비상한 현상'을 동반하는 인물로 나타난다. 또한 그들은 순교를 통해 자신들의 죄를 용서받을 뿐만 아니라 다른 사람들을 위한 보속과 중재 역할을 하거나, 악마를 물리치는 힘을 지녔다고 생각되었다.[367]

---

[367] W. Rordorf, "Martirio", in DPAC 2133-2134.

초세기 그리스도인들은 순교자가 죽음을 맞이한 날을 '탄생의 날'로 여겼다. 세속적으로 볼 때 죽음은 모든 것의 끝이었지만 신앙 안에서 순교는 하느님 안에서 진정으로 태어나는 것이기에, 천상 탄일에 신자들은 순교자의 무덤 위에서 성찬례를 거행했다. 이러한 고대 교회의 순교자 공경은 일찍부터 있었으며, 그리스도교 신심과 영성의 기틀이 되었다.[368]

그리스도교가 탄생한 후 첫 3세기는 순교와 연관지었을 때 매우 중요한 시기였다. "아직도 그리스도교는 로마 제국 안에서 공권력에 의해 승인되지 않은 불법 종교(religio illicita)로 여겨졌기에 빈번히 박해를 받아야 했다."[369] 313년 종교의 자유를 얻은 뒤에도 제국 안에서 예외적인 박해가 있었다. 예를 들어 아니우니아(Anaunia)의 순교자들처럼 이교인들에 의해 촉발된 박해가 있었다.[370] 박해는 로마 제국 밖에서도 종종 벌어졌는데, 309~438년 사이 페르시아에서 벌어진 박해가 대표적이다.

---

368 L. Bouyer - L. Dttrino, *La spiritualità dei Padri*, 3A, EDB, Bologna 1884, 39. "초기 교회의 영성에서 순교의 중요성을 강조하지 않을 수 없다. …… 신약 성경 다음으로 그리스도교 영성에 기초가 되는 중요한 요소가 바로 순교다."

369 W. Rordorf, "Martirio", 위와 동일, 2133.

370 암브로시우스는 카파도키아 출신 수도자 세 명, 즉 시시니우스, 마르티리우스, 알렉산델을 트리엔트의 주교 비길리우스에게 위탁했다. 비길리우스는 그들을 아직도 이교가 왕성했던 아나우니아 계곡의 복음화를 위해 파견했지만 그들은 397년 5월 29일 순교했다. 주교는 그들의 유해를 밀라노와 콘스탄티노폴리스에 보냈다. 참조. E.M. Sironi, *Dall'Oriente in Occidente: I santi Sisinio, Martirio e Alessandro martiri in Anaunia*, Sanzeno 1989.

순교의 이상은 4세기에 접어들면서 수도 생활을 통해 이어지게 된다. 수도자들은 자신을 욕정과 마귀들과 치열한 싸움을 벌이는 '영적 투쟁'에 나선 병사이자 순교자의 후예로 여겼다.

2. 순교에 대한 비그리스도인들의 반응

박해가 진행되면서 순교를 바라보는 이교인들의 입장은 크게 두 갈래로 나뉜다. 무관심이나 혐오 또는 놀라움과 찬탄이다.

로마의 역사가 타키투스는 그리스도인들이 인간 사회와 인류를 혐오하는(odium humanis generis)[371] 이들이라고 평가한 반면, 소(小)플리니우스나 마르쿠스 아우렐리우스 황제는 '쓸데없이 고집을 부리는 이들', '천박한 철면피'로 묘사했다.[372] 순교 문헌은 그리스도인에 대한 이교도들의 선입관에서 비롯된 비방과 중상 모략을 박해자의 입을 통해 반복적으로 전해 준다.[373] 박해자들의 모욕적이며 공격적인 태도는 십자가 위 예수를 향했던 증오심과 같은 선상에 있으며(루카 23,34 참조), 첫 순교자 스테파노(사

371　참조. *Annali* XV, 44, 6.
372　참조. Ep. X, 96, 3; *Pensieri* XI, 3, 3.
373　참조. 《폴리카르푸스 순교록》, 11, 2; 《성 페르페투아와 펠리치타스 수난기》, 17; 18,4.

도 7,60 참조)와 '주님의 형제' 야고보에게도 가해진 비난이다.[374]

몇몇 그리스도인들은 자신들의 신앙을 드러내고 천상 상급을 희망하면서 영웅적 순교를 갈망하기도 했다. 이와 같은 현상은 몬타니즘이라는 이단에 빠진 열광주의자들만이 아니라 신실한 일반 신자들 사이에서도 나타났다.[375] 이처럼 죽음을 두려워하지 않는 그리스도인들의 태도와 순교자들의 용맹한 증거는 종종 이교인들이 개종하는 계기가 되었으며, 그들의 감탄을 자아내는 효과를 낳기도 했다. 이러한 맥락에서 테르툴리아누스가 한 말은 의미심장하다. "순교자가 보여 주는 놀라운 광경을 목도하면서 사람들은 질문하지 않을 수 없다. '도대체 이와 같은 일이 어떻게 가능할까?'"[376] 유스티누스는 자신이 바로 순교자들의 용감한 모습에 이끌려 개종했다고 밝힌다.[377] 이것이 바로 순교의 선교적 의미라고 할 수 있다. 이에 대해 테르툴리아누스는 다음과 같은 유명한 말로 표현했다. "순교자의 피는 그리스도교의 씨앗이다."[378]

---

374 참조. 에우세비우스, 《교회사》, 2, 23, 16.
375 참조. 테르툴리아누스, 《호교론》 50, 1.
376 위와 동일, 50,15.
377 유스티누스, 《호교론》 II, 12.
378 테르툴리아누스, 위와 동일, 50,13: "Semen est sanguis christianorum."

3. 순교 문헌의 종류

1) 순교 행전

'순교 행전'(Acta martyrum)은 죽음에 처해질 순교자를 공적으로 심문한 기록에서 전부 혹은 일부 재편집한 순교 문헌의 한 종류다. 따라서 순교 행전이 집필되기 위해서는 먼저 공식 문서들을 수집해야 하는데, 이를 위해 공공 문서고를 뒤져야 했을 것이다. 하지만 일부 학자들은 이 의견에 이의를 제기한다.[379]

순교 행전 가운데 주목할 문헌으로 우선 북아프리카 누미디아 지방 쉴리움 출신의 순교자에 관한 행전이 있다.[380] 사투르니우스 전(前)집정관의 사형 언도로 180년 7월 카르타고에서 죽음을 맞이한 순교자들의 행전은 라틴어로 된 최초의 문헌이며, 이 안에 최초의 라틴어 번역 성경 구절이 실려 있다.

다음으로 카르타고의 주교 키프리아누스의 순교 행전이다. 이 문헌은 당시의 재판 절차에 따른 두 차례의 심문과 순교에 관

---

[379] 대표적으로 델레헤이(H. Delehaye)가 이의를 제기한다. 반면 아이그레인(R. Aigrain)과 라나타(G. Lanata)는 순교 행전이 공공기관의 문서고에서 원천 자료를 얻었다는 입장이다. 참조. Saxer, "Martirio", in DPAC, 위와 동일, 2143. 바스티안센(Bastiaensen)은 '행전'을 광의로 해석하여 굳이 '공공 문서'로 보지는 않았다(참조. "Interoduzione" ad *Atti e passioni dei martiri*, Mondadori, Vicenza 1998, IX).

[380] 드롭너에 따르면, '쉴리움'이 어디인지를 정확하게 알지 못하며 단지 북부 아프리카의 한 지방으로 추측된다. 그러나 순교일이 180년 7월 17일인 것만큼은 확실하다(H.R. Drobner, *Patrologia*, Piemme, Casale Monferrato 1998, 154-155).

한 이야기를 전한다. 이 행전은 라틴어와 그리스어본으로 전해 지는데, 라틴어본은 공판 과정이 어떻게 진행되었는지를 자세히 소개하는 반면, 그리스어본은 재판 진행 과정을 축소하면서 그 자리에 편집자의 설명과 해설을 가미했다.[381] 이러한 경향은 로마에서 165년 순교한 유스티누스와 동료 순교자들에 대한 행전에도 나타난다.[382] 대부분의 행전은 전집정관에 의해 공판이 주도되는 것이 일반적인데, 183~185년 로마의 박학한 철학자인 아폴로니우스의 순교 행전을 보면 영구 법무 행정 장관에 의해 주도되는 공판이 이루어지기도 했다. 피오니우스 순교 행전도 눈길을 끈다. 사제 피오니우스는 데키우스 황제 치하에 스미르나에서 순교했는데, 이에 관한 행전은 1896년에야 알려졌다. 그리스어로 된 이 문헌은 다른 행전과 비교할 때 그 기본 틀이 조금 다른데, 그 이유는 원래 행전을 수정하고 편집했기 때문이다.[383] 아폴로니우스나 피오니우스 행전은 '수난기'라는 좀 더 발전된 형태의 순교 문헌으로 진화하는 과정을 보여 주는 예라고 할 수 있다.

---

381 참조. L. Dattrino, *La spiritualità dei Padri*, 위와 동일, 113.
382 B. Altaner, *Patrologia*, Marietti, Torino 1977, rist. 1983, 67.
383 참조. 위와 동일, 93.

2) 수난기 혹은 순교록

'수난기'(Passio) 혹은 '순교록'(Martyrium)은 순교자에 관한 정보를 제공하는 차원을 넘어 독자들의 신앙을 북돋아 주거나 전례에 사용하기 위한 문헌이다. 이 문헌은 목격 증인의 증언을 토대로 집필된 것으로 신앙 고취를 위한 것이지만 역사적 정보에 있어서도 신빙성이 높다. 다음은 대표적인 수난기다.

《폴리카르푸스 순교록》(Martyrium Polycarpi)은 사도 교부를 다루면서 언급했던 문헌이다. 《리옹과 비엔 교회의 서간》(Epistula Ecclesiarum Lugdunensis et Viennensis)은 리옹과 비엔 교회가 아시아와 프리기아 그리스도교 공동체에 보낸 편지다. 내용은 리옹에서 순교한 이들(177~178년)에 관한 것으로, 이 편지를 통해 교회 사이의 사랑의 유대가 드러나며, 무엇보다 순교자들의 증언에 대한 감사와 기쁨과 함께 배교나 넘어진 이들(lapsi)에 대한 염려가 담겨 있다. 이 문헌에서는 노예 블란디나의 순교 장면이 특히 두드러지는데, 어린 소녀의 연약함에도 용맹하게 신앙을 증거하는 모습이 감동을 자아낸다.

《카르푸스, 파필루스와 아가토니체 수난기》(Passio Carpi, Papili et Agathonicae)는 우상에게 제사 드리는 것을 거부한 죄로 화형을 받은 순교자들에 관한 이야기다. 이 수난기는 목격 증인의 증언을 토대로 쓰였으며, 데키우스 황제가 아닌 마르쿠스 아우렐리우스 황제 통치에 벌어진 박해가 원인이다. 로마의 체칠리아, 아녜스, 히폴리투스, 세바스티아누스, 코스마와 다미아노, 라우렌티우스 부제도 비슷한 이유 때문에 순교했다.

《성 페르페투아와 펠리치타스 수난기》(Passio sanctarum Perpetuae et Felicitas)는 203년 카르타고에서 순교한 이야기로 순교 문헌 중에서 가장 감동적이다. 페르페투아의 옥중 일기를 테르툴리아누스가 번역한 것으로도 생각된다. 페르페투아와 펠리치타스는 인간적 인연뿐만 아니라 신앙으로 깊은 연대를 이루었다. 페르페투아는 귀족 가문의 교육받은 여인으로 아이를 둔 어머니였으며, 펠리치타스는 그녀의 여종으로 옥중에서 출산하기도 했다. 카르타고의 군중을 포함한 여러 사람이 배교를 종용하지만, 그들은 결국 세 명의 예비 신자와 함께 순교한다. 이 문헌은 여러 가지 중요한 순교 신학의 주제를 담고 있다.[384]

3) 순교 사화 또는 전기

순교 사화/전기(Legenda, 꼭 읽어야 할 문헌이라는 의미)라는 양식은 실제 순교가 있었던 때보다 한참 시간이 흐른 뒤에 집필된 문헌이다. 이러한 종류의 문헌은 역사적 사실을 기반으로 했다기보다는 성인전처럼 신심을 북돋아 주려는 의도에서 쓰였다.[385] 따라서 순교 사화에는 허구적 사실이 발견되며 이름이 변조되거

---

384 참조. B. Altaner, Patrologia, 93; L. Dattrino, 위와 동일, 114. 아우구스티누스도 몇몇 설교(180; 181; 182)에서 이 성녀들의 순교 사실을 언급한다.

385 참조. Saxer, "Martirio", 2146.

나 조작되는 경우도 있다.[386] 간혹 같은 지역에 무덤이 있는 순교자들이기 때문에 함께 순교한 것처럼 묘사하거나 혈연관계로 포장했지만, 실제로 다른 시대에 순교한 이들로 아무런 연관이 없는 경우도 있다.[387] 이러한 요소 때문에 순교 사화의 역사성은 의심받는다. 이 문헌들은 주로 순교자 축일 전야제와 같이 전례 거행 시 읽거나 수도원의 식당에서 낭독되었다. 순교 사화에는 성인을 공경하거나 순교자를 기리는 특별한 장소를 설명하기 위한 목적도 있었다.

4) 순교를 권면하기 위한 문헌

'순교 권면록'과 옥중에 있는 증거자들에게 보낸 교회의 '편지'는 박해 당시 교회와 신자들이 순교와 순교자의 이상적인 모습을 어떻게 생각하는지 드러낸다. 이 문헌들은 신자들의 항구한 신앙을 응원하거나 언젠가 다가올 수 있는 순교의 기회를 잘 준비하도록 독려하는 내용을 담고 있다. 대표적으로는 테르툴리아누스가 쓴 《순교자들에게》(Ad martyras), 오리게네스의 《순교 권면》(Exhortatio ad martyrium), 키프리아누스의 《포르투나투스에게

---

[386] 예를 들어, 로마의 순교자 '아폴로니우스'에 대한 그리스어로 쓰인 수난기에서 그의 이름을 바오로 사도 시대의 '아폴로'로 바꾸었으며, 로마의 집정관 '페렌네'를 아시아 지방 전집정관 '페렌니우스'로 변조했다.

[387] 에메렌시아나 순교자를 아녜스 성녀의 친자매로 여겼다. 그 이유는 두 성녀들이 노멘타나 가도 옆에 묻혔기 때문이다.

보낸 순교 권면》(Ad Fortunatum de exhortatione martyrii), 위-키프리아누스의 《순교자 찬미》(De laude martyrii)가 있다.

아울러 이미 감옥에 갇힌 신자들에게는 위로와 함께 온 공동체가 그들의 고통에 동참하고 있음을 드러내는 편지가 있다. 주교나 일반 신자는 물론이고 공동체 전체의 이름으로 예비 순교자들에게 보낸 수많은 편지는 순교의 공동체적 차원, 즉 교회와 순교자와의 영적인 연대를 극명하게 보여 준다.[388]

4. 순교 신학

순교 문헌은 순교에 대한 초대 교회의 체험을 고스란히 전한다. 무엇보다 직접적인 목격 증언에 바탕을 둔 생생한 기록은 그리스도교 영성 역사에 귀중한 원천이 되었다. 더 나아가, 그리스도교의 모든 신학에 기초라고도 할 수 있다.[389] 특히 순교는 그리

---

388 키프리아누스가 남긴 다수의 서간이 그 좋은 예다(서간, 6; 10; 37; 76).
389 참조. C. Noce, *Il martirio. Tesimonianza e spiritualità nei primi secoli*, Studium, Roma 1987; K.S. Frank, *Manuale di storia della Chiesa antica*, Città del Vaticano 2000, 106: "2세기 동안에 그리스도교의 증언으로서 순교라는 개념이 굳건해졌다. 즉 순교에 대한 의미가 고유한 신학의 한 분야로 발전하게 된다. 순교자는 그리스도와의 일치 안에서 죽고, 그리스도의 영원한 생명에 동참하며, 하느님 곁에서 무한한 광채에 참여하는 이로 인식되었다. 따라서 순교자는 단순히 그리스도인의 모델만이 아니라 모든 신자를 위한 중재자가 되었다."

스도교 호교론에서 중요한 소재로써 초기 그리스도교의 자기 변론에 바탕이 되었다.[390] 그뿐만 아니라 다양한 차원의 신학적 주제에 강한 영감을 주었다.[391]

이러한 의미에서 '그리스도교의 순교'는 그리스도교만의 고유한 의미와 특성을 지닌다. 순교가 오직 그리스도교만의 것이라고 할 수 없지만, 그리스도교 이전에 그 어떤 종교나 철학도 '그리스도교적' 의미의 순교자를 배출하지는 않았다. 유스티누스는 그 이유에 대해 "아무도 목숨을 바쳐 가면서까지 소크라테스와 그의 철학을 신앙하지는 않는다."(《제2호교론》, 10)라고 말하면서, 순교가 오직 그리스도와 연결된 신앙 행위라고 설명한다. "순교는 죽음이라는 형벌이 아니라 죽음의 이유로 결정되기 때문이다."[392]

그리스도교의 순교자는 그리스도를 위해 죽음을 감내하고, 그리스도께 자신의 삶을 봉헌하며, 자신의 인간적 의지와 역량에 의해서가 아니라 오직 성령의 은총 아래 순교한다. 따라서 교회는 스스로 박해의 상황을 조장함으로써 순교자가 되는 것을 한 번도 인정한 바 없으며 오히려 단죄했다. 근본적으로 순교는

390　D. Marsiglia, *Il martirio cristiano. Studio critico storico/critico apologetico*, Roma 1913.

391　N. Bux, *Perchè i cristiani non temono il martirio*, Piemme, Casale Monferrato 2000.

392　아우구스티누스, 《설교》 285,2: "Quniam martyres discernit non poena sed causa …… Et semper cogitare debetis martyrem non fecit poena sed causa."

하느님의 부르심으로 시작되는 최고의 은총이기 때문이다. 이 은총이 없다면 오히려 박해를 견디지 못하고 배교하는 죄를 지을 수도 있다. 이러한 의미에서 순교는 오직 그리스도의 현존 안에서만 가능하다. 따라서 순교는 인간의 영웅적인 의지로 이루어지는 것이 아니라, 순교자 안에 현존하시는 그리스도께서 고통을 당하시는 것이며, 죽음의 고통 위에 승리하시는 것이다.

《폴리카르푸스 순교록》에는 순교자와 그리스도의 강력한 유대가 드러난다. 폴리카르푸스의 파스카가 그리스도의 파스카와 연결된다. "폴리카르푸스와 같은 순교자는 죽음에 이르기까지 그리스도의 수난을 함께 나누고, 그리스도를 부인하지 않음으로써 하느님 나라에 들어가 새로운 생명에로 태어난다. 따라서 그의 사망일은 곧 천상 탄일(dies natalis)이 된다. 순교자는 그리스도 때문에 죽고, 그리스도 안에서 죽으면서 그리스도와 하나 되고, 나아가 그의 순교는 그리스도의 파스카를 재현하는 것이 된다."[393]

안티오키아의 이냐티우스가 쓴 《로마 신자들에게 보낸 편지》에는 순교가 '그리스도를 닮기'(imitatio Christi) 위한 '완전한 추종'(sequela Christi)이며 완전한 일치를 이루는 순간으로 나타난다. 그리스도와의 일치를 위해 죽는 것을 제대에 봉헌될 빵이 되기 위해 곡식이 맷돌에 갈리는 것으로 비유한다. 여기에 순교가 성체

393　C. Burini, "Policarpo: il martire celebra la Parola", in A. Lenzuni, *Il Cristianesimo delle origini*. I Padri Apostolici, EDB, Bologna 2001, 102. 참조. P. Carrara, *Ignazio di Antiochia. Il martirio unione con Cristo*, 107-121.

성사에 있어서 희생 봉헌의 차원으로 나타난다. "나는 하느님의 밀이니 맹수의 이빨에 갈려서 그리스도의 깨끗한 빵이 될 것입니다."[394] 이냐티우스가 생각한 순교의 특성이다. "권위와 권한이 아닌 순교야말로 주교의 근원적 본질과 정체를 가장 잘 나타내는 잣대다. 이것이 바로 그가 남긴 서간의 중심 주제였으며, 교회론의 핵심이라고 할 수 있다."[395]

순교는 복음화와도 깊은 연관이 있다. 순교를 통한 증거가 곧 복음화며, 역으로 복음화는 순교를 통해 이루어진다. 순교는 그 자체로 세례받은 모든 신자가 지향하는 신앙의 완성인 완덕을 의미한다. 이와 같은 맥락에서 교회의 오랜 전통은 순교를 '혈세'(血洗)로 칭했으며, '수세(水洗)'를 대체한다고 보았다.

종말론적 차원에서 순교는 개인의 종말에 대한 부분을 명확히 한다. 순교자는 공심판에 모든 이가 부활할 때까지 '림보'(저승)에 머물 필요가 없다. 교회의 오랜 전통은 순교자가 곧바로 '주님 곁에' 머물게 된다고 여겼고, 이미 '빛과 평화가 깃드는 행복의 장소'에 들어가 '모든 성인과 친교'를 이룬다고 생각했다.

순교는 교회 안에서 계속해서 발생하며, 교회는 이러한 순교라는 실재를 통해 성장해 나간다. 사실 교회는 다양한 역사적 국면에서 항상 박해를 받아 왔다. 또한 순교는 갈라진 그리스도교

---

394 《로마 신자들에게 보낸 편지》 4,1-2.
395 P. Carrara, 위와 동일, 117.

공동체들이 같은 전망을 공유할 수 있는 장을 열어 준다. 이에 대해 요한 바오로 2세 성인 교황은 순교자들의 유산은 모든 그리스도교 공동체의 공동 자산이고 "분열의 요소들보다 더 큰 소리로 말하는 유산"이라고 말하면서 "순교자들과 신앙의 증거자들은 교회 일치에 가장 설득력 있는 증인이다."라고 했다.[396]

---

396 참조. 요한 바오로 2세, 《제삼천년기》 37항; 《진리의 광채》 90-94항.

제2장

수도 생활에 관한 문헌

1. 수도 생활의 기원과 발전

수도 생활은 다양한 형태로 존재하는 인류의 보편적 현상이기에 여러 각도에서 바라볼 수 있고 그 의미도 제각각이다. 그러나 동서고금을 망라하고 이러한 수도 생활을 택한 이들에게 모두 해당하는 공통 요인이 바로 '덕을 닦기 위한 노력'(수덕, ascetism)이다. 일찍이 그리스도교 초창기부터 완덕을 향한 수련, 즉 초보적 수도 생활은 알려지고 또 행해졌지만, 특히 4세기 이래로 두각을 보였다.[397] 실제로 4세기에 수도 생활이 피어났다고 해

---

397 참조. G.M. Colombàs, *Il monachesimo delle origini*, I.II, Jaca Book, Milano 1984(rist. 1994); I. Gobry, *storia del monachesimo*, I. *Le origini orientali: da sant' Atanasio a san Basilio. Il radicamento in Occidente: da san Martino a san Benedetto*, Città Nuova, Roma 1991.

도 무방할 정도로 이 시기 지중해 연안에 폭발적으로 일어났고 또 발전했다. 수도 생활은 그리스도인에게 이상적인 완덕의 모범이 되었으며, 4세기를 거치면서 제도로 정착되기에 이르렀다.

혹자는 수도 생활의 출현이 종교의 자유로 인해 그리스도교의 진정성이 퇴색되는 가운데, 세속화 경향에 대한 반작용이라고 해석하기도 한다. 이 견해가 전적으로 옳다고는 할 수 없지만, 어느 정도 수긍할 수는 있다. 실제로 4세기 이래 그리스도교는 로마 제국의 국교가 되면서 세속화의 물결로 인해 순수한 그리스도교 복음 정신이 흐려졌기 때문이다. 그러나 수도 생활은 콘스탄티누스 황제로 인한 '교회의 승리' 이전에 이미 초기적인 수덕 생활과 같은 형태로 시작되었다.[398] 수도 생활은 참된 그리스도인으로 살아가는 데 모범이 되는 여러 형태의 삶을 제시하는 것이었기 때문이다. 그뿐만 아니라 수도 생활은 그리스도교로 개종한 세계에 살아가는 그리스도교적 완덕의 모델을 제시했다. 하느님께 희생 제물을 봉헌하고픈 다양한 표현이며, 완덕을 위해 세상 것에 대한 포기를 여러 형태의 삶으로 제시하는 것이 수도 생활의 출발점이다.[399]

---

398 제도로 정착된 수도 생활 이전에 수덕 생활은 3세기 중후반부터 시리아와 이집트에서 시작되었다.

399 초기 수도승들은 자신들의 정체를 순교자의 후예로 생각하면서, 죽음을 넘어서는 승리를 대신해 '세속'에 대한 승리를 위한 투사로 인식했다. 그리스도교의 완덕은 비그리스도교적 환경에 대항하는 것이 아니라 그리스도교화된 사회에 복음적 메시지를 전하는 역할을 필요로 했다.

수도 생활은 고대 철학자들 사이에 일어난 공동 생활과도 비슷하며, 전혀 다른 동방의 문화와 세계에서도 발견되고 심지어 유다이즘에도 존재했다. 그러나 그리스도교의 수도 생활은 외견상 비슷하다 하더라도 다른 종교나 문화와는 근본적으로 다른 점이 있다. 바로 수덕의 이유다. 여기에는 그리스도와 더욱 친밀해지고, 그분을 따르는 데 더 자유롭고 용이하게 하려는 목적이 있다. 이러한 운동은 특히 4세기 여러 특출난 인물에 의해 더욱 박차를 가하게 된다.

안토니우스와 파코미우스가 바로 수도 생활을 두 갈래로 나누는 대표적인 인물이라고 할 수 있다. 안토니우스는 '은수 생활'(vita anachoratica)과 '독수 생활'(vita eremitica)의 대표자며,[400] 파코미우스는 함께 공동체를 이루며 사는 '공주 생활'(vita coenobita)의 창시자다.[401]

2. 수도 생활에 관한 주요 인물

안토니우스는 이집트인으로 많은 토지를 소유한 그리스도인 부모를 두었다. 그러나 양친 모두 사망한 뒤 자신이 가진 모든

---

[400] 피신하다[Anachorèin, 사막, 고독(heremos)].
[401] 공동+생활(Koinòs bios).

것을 가난한 이들에게 나눠 준 후, 고요와 고독 속에 금욕 생활을 하게 된다. 이러한 그의 새로운 삶의 방식은 많은 이들의 관심을 끌었다. 차츰 안토니우스의 명성이 높아지고, 주변에 제자들이 점점 불어나 그의 모범을 따라 살기 시작했다. 그리하여 안토니우스는 때로는 고독 속으로 피신하기도 했지만, 또 어떤 때에는 제자들에게 기도와 금욕과 노동을 포함한 독수 생활 전반에 대한 가르침을 주었다.[402]

파코미우스도 이집트인으로 개종과 함께 은수 생활을 시작했지만, 얼마 안 되어 이전과는 전혀 다른 공동체 수도 생활을 창시했다. 그는 잘 조직된 수도원 '코이노니아'(koionia/친교)에서 모든 것을 공동 소유하며 동일한 규칙과 장상에게 순명하며 사는 공동 수도 생활을 만들었다. 320년경 상부 이집트 타벤네시에 첫 수도원이 설립된 후, 이러한 형태의 수도원은 급속도로 확산되어 9개의 남자 수도원과 3개의 여자 수도원이 세워졌다. 파코미우스의 생애는 많은 이들에 의해 집필되었는데, 최소한 6개의 언어로 된 전기는 그의 명성과 영성을 증언한다.

4세기에 독거 수도와 공주 수도 이외에도 다양한 형태의 수도 생활이 나타나는데, 이집트에만 국한된 것이 아니라 거의 전 지중해 지역에서 자생적으로 발생했다. 예를 들어 팔레스티나

---

402 아타나시우스의 《안토니우스의 생애》는 '수도 생활에 영감을 주었던 문헌' 부분에서 다룰 것이다.

지역의 경우, 지역 특성상 수많은 성지에 순례자만 찾아온 것이 아니라 수도원을 건설하는 장소가 되었다. 시리아 지역은 여러 형태의 극단적인 엄격함을 고수하는 수도 형태가 나타났다(stiliti, hypaitrae, dendritae, laura).[403] 또한 소아시아에도 이른바 '엔크라티즘'(encratism)이라 불리는 엄격한 금욕주의자들이 존재했다.

대바실리우스는 신학자이자 사목자인 동시에 동방의 수도 생활에서 매우 중요한 인물이다. 그는 수도 규칙을 집필했을 뿐만 아니라 수도원을 세웠다. 이 카파도키아의 교부는 안토니우스와는 달리 은수·독수 생활을 거부했으며, 파코미우스가 세운 거대 수도원도 반대했다. 그는 인간적인 친교를 나누며 형제애를 실천할 수 있는 소규모 공동체인 동시에 외부 세계와 소통할 수 있는 수도 공동체를 꿈꾸었다. 오늘날까지도 모든 동방 교회의 수도원은 바실리우스 규칙서를 사용하고 있다.[404]

4세기에 접어들면서 서방의 수도 생활에서 전통적인 그리스도교적 수덕 생활이 다양한 형태로 발전하게 된다. 4세기 중엽부터 부유한 그리스도인들이 자신들의 소유지나 저택을 수덕 공동체로 꾸미는 예를 쉽게 찾아볼 수 있다. 그러나 파코미우스 공동체와 같은 이른바 '수도원'(monasterium)은 4세기 후반이 되어서

---

403 주상(柱上) 수도승, 야외(野外) 수도승, 나무(木) 수도승, 라우라(공주+독주의 혼합).
404 이탈리아 남부는 오랫동안 비잔티움 제국의 통치를 받았기에 동방 수도원의 자취가 지금도 남아 있다. 현재 바실리우스 규칙서를 사용하는 유일한 수도원은 그로타페라타(로마)에 있다.

야 나타나게 된다.

서방에서의 수도원 운동에 있어 여성 공동체의 출현은 주목할 만하다. 이들은 '벨라티오 비르지움'(velatio virgium)이라는 일종의 입회식과 함께 통상적인 수덕 생활을 하는 공동체로, 히에로니무스의 지도 아래 로마의 귀부인들의 모임이 그 대표적인 예라고 할 수 있다.

서방의 공주 수도 생활에 대한 자세한 정보는 술피키우스 세베루스가 쓴 《마르티누스의 생애》에 있다. 공주 생활 안에 기도, 거룩한 독서(lectio divina), 노동, 금욕적 수덕에 전념하는 수도자들의 헌신이 잘 드러난다. 이와 같은 증언은 아우구스티누스의 《규칙서》를 통해서도 엿볼 수 있으며, 5세기 초반에 갈리아 남부 마르세유와 레렝스의 수도원의 번영도 주목할 만하다. 이들의 영향은 아일랜드까지 전파되었다.

히에로니무스와 요한 카시아누스[405]는 서방 수도 생활에 대한 중요한 문헌을 남겼다. 그러나 무엇보다 베네딕투스가 서방 수도 생활의 대표라고 할 수 있다. 고대 라틴계 수도 생활의 최종적인 종합이 베네딕투스를 통해 이루어지는데, 그의 《규칙서》는 이탈리아는 물론 갈리아, 브리타니아, 게르마니아 등 모든 서방

---

405 요한 카시아누스는 서방 교회의 그리스도인들에게 삶의 모범이며 복음의 순수성을 보호하는 이들이라고 수도자들을 소개하면서 두 권의 중요한 책을 썼다. 《제도》(Institutiones)라는 공주 생활의 제도를 다룬 책과 스승들의 이야기를 담은 《담화》(Conlationes)가 있다.

교회에 막강한 영향력을 끼치는 거의 유일한 수도 규칙이 되었다. 베네딕투스에 대한 정보는 대그레고리우스 교황이 쓴 《대화》(Dialogorum)에 수록되어 있다.

3. 수도 생활에 영감을 주었던 문헌

수도 생활의 발전은 그리스도교 곳곳에 깊은 반향을 일으켰는데, 그 가운데 하나가 바로 수도 관련 문헌의 등장이다. 수많은 문헌 중에 특별히 수도 생활 초창기에 많은 영향을 끼친 작품을 살펴보자.[406]

우선 안토니우스의 편지를 언급할 수 있다. 이 편지들은 총 7통으로, 여러 언어로 번역되어 한 묶음(corpus)으로 전해진다. 조지아어, 라틴어, 콥트어, 시리아어로 번역된 이 편지들은 안토니우스의 친저로 여겨진다. 그러나 20편의 아랍어본은 그 친저성이 의심스럽다. 편지들의 수취인은 이집트의 여러 수도원으로, 수도 생활이란 완덕을 향한 계속되는 영적 투쟁이며 이를 위한 이상적인 수덕 생활이라는 권고가 주된 내용이다. 그의 이름으로 전해 내려오는 《규칙》과 《설교》는 위서(僞書)다.

---

[406] 수도 생활에 관련된 교부들과 영적 스승들에 대한 상세한 정보는 다른 '교부학'을 참고하라.

파코미우스를 저자로 하는 《규칙서》는 후대 공주 수도원의 거의 모든 규칙에 상당한 영향을 주었다. 서방 교회는 히에로니무스의 라틴어 번역본을 통해 파코미우스 공동체의 삶과 영성을 알게 되었다. 이 규칙서는 사실 파코미우스가 전부 쓴 것은 아니지만, 적어도 핵심적인 부분은 그가 썼다고 보는 것이 옳다. 규칙서는 네 개의 모음집으로 구성되어 있으며 총 193개의 항목으로 되어 있다. 이 최초의 공주 수도 생활 규칙은 영적 내용이 거의 없는 규범의 나열이라고 할 수 있지만, 그 토대가 성경에 있으며 상당한 유연성과 균형감을 이루고 있다. 기도와 생활뿐 아니라 노동에 관한 언급도 있다.

마카리우스는 이집트 수도 역사에서 중요한 인물로서 '위대한'(大)이라는 형용사가 늘 그의 이름을 따라다녔다. 거룩한 삶과 기적으로 인해 많은 제자들이 그의 주변에 몰려들었다. 상부 이집트 스케티스가 활동의 중심지였다. 마카리우스의 이름으로 설교가 전해 내려오는데, 최근 들어 친저성에 문제가 있음이 발견되었다. 그러나 이 문헌은 그리스도교 영성사에 중요한 문헌으로 수덕 신비 신학의 근간이 되었다. 마카리우스 이름으로 내려오는 위서인 《대(大)서간》(Magna Epistula)은 카파도키아 교부, 특히 니사의 그레고리우스의 영향을 받은 진정한 의미의 영성 신학 작품이라고 할 수 있다.

폰투스의 에바그리우스도 그리스도교의 수도 영성에 기틀을 놓은 인물로, 특히 오리게네스적 영성이 어떻게 수도 생활과 접목되는지를 보여 주었다. 그는 바실리우스에게 독서직을 받고, 나지안주스의 그레고리우스에게 부제품을 받으면서 콘스탄티노폴리스에서 활약했다. 그 후 니트리아의 사막에서 은수 생활을 시작하는데, 이집트인 마카리우스와 알렉산드리아의 마카리우스의 제자가 되었으며, 필사가와 저술가로 활약했다. 그가 쓴 여러 작품들은 후대 그리스도교 신심과 영성에 영향을 미친다. 그러나 안타깝게도 제5차 보편 공의회(553년, 제2차 콘스탄티노폴리스 공의회)의 오리게네스 단죄와 결부되어 그가 쓴 그리스어 원본은 소실되었고, 시리아어와 아르메니아어, 루피누스의 라틴어본으로 전해진다. 에바그리우스는 수도자이면서 여러 작품을 쓴 최초의 작가인 동시에 처음으로 세속 철학에서 자주 사용되는 '경구'(aphorism)로 자신의 가르침을 전달했다. 이와 같은 100개의 금언적 경구 모음집(centuria) 형태는 비잔티움 문학의 한 종류가 되었다.

에바그리우스의 작품 가운데 기억할 만한 것으로는《안티레티코스》(Antirrhetikòs)가 있는데, 여기서 그는 여덟 가지 악덕에 관하여 성경 구절을 통해 소개하고 또 극복할 수 있는 방법을 제시한다.《모나스티코스》(Monastikòs)는 학식이 없는 수도자와 박식한 수도자를 위한 교부들과 수덕 생활의 스승들의 경구 모음집이다. 이러한 경구 모음집으로《수도자들에게 보내는 교훈》(Sententiae ad monachos) 등 다수가 있다.《영지에 관한 문제들》(Kephalaia gnostica)은 교의적이면서 수덕적인 경구를 600여 개 모은 것으로 오리게네스적인 영향이 잘 드러나는 작품이다. 이외에 지금까지 전해지는 문헌으로 63통의 편지와 기도, 여덟 가지 악령과 악한 생각 등에 관한 저술 등이 있지만, 오리게네스의 알레고리를 이용한 성경 주석은 모두 소실되었다.

수도자에 대한 '생애'와 '성인전'과 같은 문헌은 교회와 제국에 수도 생활의 중요성을 부각시키는 효과가 있었으며, 큰 인기를 누렸다. 이와 같은 문헌은 수도자의 덕성을 찬양함으로써 수도 생활에 대한 선전 효과와 함께 수도 생활을 비난하는 교회 내의 여러 의견을 잠재우는 역할도 했다.

4세기 중엽이 지나 아타나시우스에 의해 집필된 《안토니우스의 생애》는 수도 생활의 이상적 모습을 잘 드러낼 뿐만 아니라 굉장한 호응을 불러일으킨 작품으로 출간과 함께 라틴어로 번역되어 모든 '성인전'과 '생애'의 준범이 되었다. 이 책은 균형 잡힌 수도 생활의 이상을 드러낸다. 엄격하고 때로는 혹독해 보이는 은수 생활이 의미 없는 참혹한 생활이 아니라 진정한 인간성의 고양이며 참된 자아를 실현할 뿐만 아니라 세상과 올바른 관계를 맺는 것임을 제시한다.

이 밖에도 동방의 수도 생활을 알기 위한 필독서로는 《이집트 수도승 이야기》(Historia monachorum in Aegypto), 《라우수스에게 바친 수도승 이야기》(Historia Lausiaca)가 있다.

《이집트 수도승 이야기》는 루피누스의 라틴어본으로만 전해 내려온다. 이 문헌은 394~395년에 예루살렘의 올리브 동산 수도자들의 여행 보고문으로 사막의 은수자들의 삶을 묘사해 주는데 나일강 유역의 수도 생활에 대한 유일한 증언을 담고 있다.

고대 수도 생활에 대한 또 다른 중요 문헌으로 헬레노폴리스의 주교 팔라디우스가 쓴 역사서가 있다. 폰투스의 에바그리우스의 제자로서 갈라티아 출신의 팔라디우스는 《라우수스에게 바친 수도승 이야기》를 집필하는데, 테오도시우스 2세 황제의 시종이었던 라우수스에게 헌정된 책이다. 419~420년에 집필된 이 문헌은 수도 생활 초기의 역사에 관한 중요한 원천으로 이집트, 팔레스티나, 시리아, 아시아의 수도승에 대한 생애를 소개한다.

이 밖에도 수도 스승인 아빠스들의 금언과 경구를 모은 《교부들의 금언집》(Apophtegmata Patrum)도 초기 수도 생활에 관한 중요한 정보를 제공한다. 5세기 말 익명의 편집자가 엮은 이 책은 이집트 사막 수도승들의 경구와 그들의 덕성에 대한 짧은 일화 등을 소개한다.

제3장

교회의 제반 법규와 전례에 관한 규정집

　　초대 교회에는 오늘날처럼 '교회법'이나 '성사집'과 같은 그리스도교의 제반 법규와 전례에 대한 공적인 규정집 없이, 오직 구전되어 내려오는 전통에만 의지했다. 사실 신약 성경은 극소수의 규정만 전해 준다. 예를 들어 예수께서 제자들에게 명령하신 세례 정식과 같은 것들이 있다(마르 16,16; 마태 28,19 참조). 그런데 이 말씀 안에는 구체적으로 어떻게 세례를 주어야 한다든지, 어떤 기도와 전례로 세례를 베풀라는 이야기가 없다. 사도들은 신자들 가운데 몇몇 인물을 교회의 교직자로 뽑아 안수했다고 하지만(사도 6,6; 2티모 1,6 참조), 그들이 위임받은 직무가 구체적으로 무엇인지 알 길이 없으며, 그 직무들이 서로 어떤 연관이 있는지도 밝히지 않는다. 바오로 사도의 사목 서간은 '감독, 장로, 봉사자(부제)'와 '과부' 등 교회 내 직분을 언급하지만 이 직분들의 소임이 무엇인지 모호하다. 이 때문에 이러한 직무와 전례가 오용되거나 왜곡될 가능성이 있었다. 그때마다 교회는 사도들로부터 내려오는 전통에 의지할 수밖에 없었고 마침내 공동체의 삶을 규정하는 성문화된 문헌이 탄생하기에 이른다.

이와 같은 규정 중 가장 오래된 것은 '열두 사도들의 가르침'이라고 불리는 《디다케》(Didache)로, 초세기 말에 작성된 문헌이다. 《디다케》에 대해서는 앞서 사도 교부들을 다루면서 언급했다.

《사도 전승》(Traditio apostolorum)은 사도 시대 이후 교회 공동체에서 실행되는 전례와 성사에 관한 구체적이고 중요한 정보를 제공하는 문헌이다. 로마의 히폴리투스에 의해 편집되었다고 여겨던 이 문서는 그리스어 원본이 소실되었으며, 고대에 번역되어 내려오는 사본들과 후대의 법 규정집에서 인용된 구절을 통해 재편집되었다. 이 문헌이 정말 히폴리투스에 의해 엮어졌다면 3세기 이전 로마 교회의 일상과 전례를 고스란히 반영한다고 보아야 한다. 그런데 이 문헌이 동방과 이집트 교회에서도 알려질 정도면, 이것이 한 지역 교회를 뛰어넘어 보편적인 초대 교회의 규정이었다고 추측할 수 있다. 《사도 전승》에는 주교, 사제, 부제 서품에서 행하는 예절과 기도가 수록되어 있고, 주교 서품 이후 거행되는 성찬식의 기도문과 세례 예절 등도 수록되어 있다. 아울러 교회 내 수여되는 직분에 관한 소상한 정보를 전해 준다. 《사도 전승》은 동방 교회의 법 규정에 있어서의 원천 구실을 한다.

1. 《사도 교훈》

《열두 사도들의 가톨릭적 가르침》(Dotrina Catholica 12 Apostolorum) 또는 《우리 구세주의 거룩한 제자들의 가르침》(Doctrina Catholica discipulorum sanctorum Salvatris nostri)이라는 제목으로 전해 내려오는 《사도 교훈》(Didascalia Apostolorum)은 3세기 초의 문헌으로 본래 그리스어로 쓰였지만 시리아어로만 온전히 전해진다. 이 문헌이 담은 내용은 주교, 사제, 부제 등의 선발 및 서품에 대한 규정과 특별히 주교의 의무와 부제와 여성 부제 등의 역할에 대한 규정이다. 아울러 그리스도교의 일반적인 윤리와 실천 규정을 담고 있는데, 부부에 대한 조언이나 전례 거행에 있어 지켜야 할 질서와 규범, 참회 규정이 들어 있다.

2. 《사도 헌장》

《사도 헌장》(Constitutiones Apostolicae)은 초대 교회의 법규와 전례 규정을 집대성한 문헌이다. 이 문헌은 로마의 클레멘스에 의해 집필되었고, 그 내용은 주님의 승천 이후에 개최된 사도 회의 결정이라고 서문에서 밝힌다. 그러나 이는 위서에서 전형적으로 나타나는 표현으로, 문헌의 권위를 사도 시대까지 소급함으로써 당시 상황에 맞게 발전되거나 변화된 규정들이 사도적 전통의 연속성 위에 있는 것처럼 보이려 한 것이다. 380년경 익명의 시리아인 편집자는 그때까지 니케아 공의회가 아리우스 이단을 단죄한 사실을 알고 있지 못한 것으로 보인다. 8권으로 구성된 이 문헌은 이전 문서들에 상당 부분 종속되었다. 어느 부분은 그대로 반복하며, 어느 경우에는 시대의 변화에 맞게 몇몇 내용을 보충한다. 예를 들어 1~6권의 내용은 《사도 교훈》과 거의 동일하다 할 정도로 종속되어 있고, 《디다케》(7,1-32), 《사도 전승》(8,3-45)의 내용도 차용했다. 이 문헌의 주요 내용은 다음과 같다. 평신도, 주교, 과부, 고아, 순교자, 이단과 열교, 교회의 조직이다. 마지막 8권에는 기도와 서품 예절과 함께 중요한 성찬 기도문(Liturgia clementina)이 있다. 이 문헌은 4세기 공의회의 규정을 모은 85조의 '사도 법규집'(Canones apostolorum)으로 끝을 맺는데, 이는 후대에 공식적인 법 조항일 것으로 여겨진다.

3. 규정 모음집

규정 모음집은 공의회나 지역 교회 회의를 통해 공적 법 조항(canon)으로 반포된 법규와 연관된 문헌이다. 실제로 교회는 초기부터 교리와 생활 실천에 관한 문제를 해결하기 위해 지역 교회 회의나 보편 공의회를 개최했다. 이와 같은 교회 회의나 공의회는 결정 사항을 '카논'(canon)이라고 칭하면서 구속력 있는 법

규정으로 공표했다. 예를 들어 빅토르 교황의 주도로 파스카 날짜에 대한 문제를 해결하기 위해 개최된 교회 회의, 배교자들의 처리에 관한 문제와 열교들에 의해 거행된 세례의 유효성에 관한 문제를 해결하기 위해 키프리아누스가 주재한 카르타고 교회 회의, 파울루스 주교를 쫓아낸 268년 안티오키아 교회 회의 등은 구체적인 교회의 조직과 실천에 관한 문제를 해결하는 동시에 법 규정을 세웠다. 특히 초세기에 가장 중요한 규정은 325년 최초의 보편 공의회인 니케아 공의회가 신경을 반포하는 동시에 공포한 20개의 '카논'이다.[407] 물론 모든 교회 회의와 공의회가 '공적 문서'(Acta)와 카논을 반포한 것은 아니다.

4세기부터 수집된 이러한 법 규정들은 후에 '교회 법전'(Codex Iuris Canonici)의 기초가 된다.[408] 《사도 법규집》(Canones Apostolorum)은 비잔티움 교회법의 주요 원천이 되었는데, 이 안에는 니케아, 콘스탄티노폴리스, 에페소, 칼케돈 공의회, 지역 공의회와 교부들이 전하는 카논이 있다.

---

407 참조. *Conciliorum Oecumenicorum Decreta*, ed. bilingue, Bologna 1991, 6-16.
408 참조. A. Di Bernardino – M. Nin, *Letteratura canonica e liturgica*, in A. Di Bernardino, Patrologia, vol. V, Marietti, Genova 2000, 657-683.

4. 전례 규정집

초기 그리스도교의 생생한 모습을 증언하는 파피루스 중에 전례 역사와 관련하여 중요한 의미를 지니는 것에는 세 개가 있다. 성찬 기도문 단편을 담고 있는 상부 이집트 '데르 벨리제'(Deir Balyzeh)의 파피루스, 4세기경으로 추정되는 알렉산드리아의 성찬 기도문(anaphora) 단편을 전해 주는 '성 마르코 아나포라', 4세기 성찬 아나포라와 다른 기도문을 포함한 '바르셀로나의 파피루스'(papyri Barcinonenses)[409]가 있다.

전례가 복잡해지고 다양화되면서, 미사와 세례성사 및 성품성사를 거행하는 예식과 기도문을 규제하는 훈령집의 필요성이 대두되었다. 이에 9세기까지 '성사집'이 라틴 교회에서 사용되었다. 이 가운데 중요한 것에는 다음이 있다.

《레오 성사집》(Sacramentarium Leonianum) 또는 《베로나 성사집》(Sacramentarium Veronense, 4세기)이 있고 《겔라시우스 성사집》(Sacramentarium Gelasianum, 6세기와 8세기의 두 형태로 나뉜다)이 있다. 대그레고리우스 교황의 이름으로 전해지는 《그레고리우스 성사집》(Sacramentarium Gregorianum)은 '로마 미사 경본'의 토대가 된다.

동방 교회의 전례 역사에서는 '아나포라' 즉, 성찬 기도문이

---

[409] 참조. R. Roca - Puig, *Anàfora de Barcelona i altres pregàaries (Missa del segle IV)*, Barcelona 1966.

중요하다. 시리아 동방 전통에서 가장 오래된 것은 아다이(Addai)와 마리(Mari)의 아나포라다. 이와 더불어 '성 마르코 아나포라'와 '세라피온의 에우콜로기온(Euchologion)'은 알렉산드리아 전통을 대표하는 성찬 기도문이다. 비잔티움 교회도 '성 요한 크리소스토무스 아나포라', '성 바실리우스 아나포라', '성 야고보 아나포라' 등 많은 성찬 기도문을 보유하고 있다. 물론 안티오키아와 아르메니아 교회도 자신들의 아름다운 아나포라를 가지고 있다.

비잔티움 전례서를 '에우콜로기온'(Euchologion)이라고 통칭하는데 '대(大)에우콜로기온'과 '소(小)에우콜로기온'으로 나뉜다. 또한 여러 수도원에서 사용하는 전례서인 '튀피카'(Typika)도 다양한 종류가 있다.

제4장
그리스도교 시문학과 작가

1. 기원

3세기까지 소수의 찬가(hymnus)가 있었다. 이 찬가들은 성가로 불리거나 기도로 사용되는 것으로 성경에서 영감을 받았거나 세속 시가의 형태를 띤 것도 있다.[410] 파피루스로 전해지는 가장 오래된 시는 3세기의 초보적인 성가로서 성모 마리아를 찬양하는 노래다.[411] 4세기에 접어들면서 그리스도교 저자들이 그리스·라틴 고전 문학 전통에 따른 시를 지었다. 이때부터 그리스

---

410 알렉산드리아의 클레멘스가 최초의 찬미가를 쓴 인물로 여겨진다. A.V. Nazzaro, "*La poesia latina cristiana*", in E. Dal Covolo – M. Sodi, *Il latino e i cristiani*, Città del Vaticano, 2002, 111.

411 A. Roca – Puig, *Himne a la Verge Maria, Psalmus responsorius*, Barcellona 1965. 현재 우리나라에서는 '일을 마치며 바치는 기도'(Sub tuum praesídium…)로 사용된다.

도교 시문학에는 교훈적이며 호교적인 취지의 서사시와 같은 그리스도교적 운문이 나타났다.

1) 《솔로몬의 송가》

《솔로몬의 송가》(Odae Salomonis)는 42편으로 구성된 최초의 그리스도교 시문학 작품으로, 본래 그리스어로 쓰였지만 시리아어로만 전해진다. 저술 연도는 2세기 중후반으로 추정된다. 교훈적인 성격이 강한 이 송가집은 문학적인 차원에서도 높은 수준을 보이며 후대의 에프렘과 그의 제자들에게 영향을 끼쳤다. 이 문헌은 시리아의 유다계 출신 그리스도교 공동체의 송가로 주요 내용은 세례성사와 파스카 전례를 염두에 둔 것들이다. 이 송가집의 단어와 주제는 요한 복음서의 신학에 영향을 받은 것으로 보이며, 쿰란적 색채도 드러낸다. 이 문헌에 관련하여 아직 해결되지 않은 문제가 있지만, 적어도 영지주의자들에 의해 쓰인 것이 아니라는 점에는 학자들의 의견이 모아진다. 최근 연구에 따르면, 이 송가집은 예루살렘 성전의 율법 학자들의 특수한 환경과 밀접한 연관이 있는 작품으로 특별히 구약 성경의 지혜 문학 전승의 한 갈래에서 쓰였다는 가설이 있다.[412] 또 다른 가설로 2세기 이중 언어가 사용되는 문화적 환경에서 생성된 문헌으

---

412 M.-J. Pierre, *La vierge prédicante de la 33e Ode de Salomon*, in J.D. Dubois – B. Russel (ed.) *Entrer en Matière*, Paris 1997, 255-279: "Sum tuum praesidim confugimus, sancta Dei Genitrix…….)

로서, 반마르키온적 성향과 《디아테사론》(Diatessaron)의 영향과 엔크라티즘적 요인도 발견된다. 이 때문에 이 작품은 2세기말 에데사의 그리스도교 공동체에서 집필되었다고 여겨진다.[413]

2) 콤모디아누스

콤모디아누스는 콘스탄티누스 황제 이전에 활동한 시인으로, 더 정확하게 말하면 3세기 중후반 인물이다. 그의 언어와 문체나 윤리적 엄격함을 고려할 때 아마도 아프리카 태생이지만 팔레스티나 가자에서 활동한 것으로 추정된다.[414]

그의 작품 《가르침》(Instructiones)은 호교적이면서 교훈적인 시가로, 첫 번째 권은 호교론적인 입장에서 이교인, 유다인, 유다이즘 지지자들을 향한 논쟁적 성격이 강한 반면, 두 번째 권은 그리스도인을 향한 교훈시다.

《두 백성에 관한 시가 또는 호교시가》(Carmen apologeticum o De duobus populis)는 '육(운)각시'(hexameter)의 형태로 쓰였으며, 종말론을 포함한 구원 역사에 대한 서사시로 천년 왕국설에서 영향을 받은 듯하다. 세상 종말에 예루살렘을 앞에 두고 두 백성 간의 전쟁이 벌어지는데, 순수한 백성과 그렇지 않은 백성의 전쟁이

413　참조. 드레이버스(H.J.W. Drijvers)의 다수 연구물.
414　《가르침》에 'nomen Gasaei'라는 지명을 가자로 해석했다. 그의 활동 시기에 대해 몇몇 학자들은 5세기 이방 민족의 침략 시기로 보기도 한다.

끝나고 모든 것을 사르는 큰 화재에 이어 최종적 심판이 벌어진다는 서사적 시가다.[415]

2. 성경 주해시

그리스도교 운문에는 이른바 '성경 주해시'(poesia paraphrastica)가 있다. 육운각시의 형태로 작성되며 성경의 일화나 인물을 시의 형태로 주해하는 작품이다. 일종의 '거룩한 독서'(lectio divina)의 연장된 형태로 시인은 독자들에게 감흥을 불러일으키면서 성경의 의미를 전달하고자 했다. 이러한 운문시는 그리스 · 로마의 고전 서사시에서 유래한 시 작성법을 토대로 성경을 영성적으로 다시 읽기를 한 것이며, 그 목적은 신심을 고양하는 것이었다.

1) 유벤쿠스

유벤쿠스는 히스파니아의 귀족 가문 출신 사제로 신약 성경에 대한 주해시를 쓴 시인이다. 그는 330년경 복음서에 대한 육운각시 형태의 주해시 《복음서 이야기 4권》(Historia evangelica/Evangeliorum libri IV)을 집필했다. 이 시집은 마태오 복음서에서 영감

---

415 나차로(Nazzaro)는 일반적으로 락탄티우스가 쓴 책으로 알려진 《불사조》(De ave Phoenice)를 콤모디아누스가 썼다고 주장한다.

받았으며, 시인은 '그리스도의 생애'(Christi vitalia gesta)를 단순하고 명쾌한 말로 노래하려 했다. 그는 호메로스와 비르길리우스가 죽지 않았다고 생각할 정도로 흠모했는데, 같은 이유에서 그리스도교 시인들은 불사의 영광을 받을 만하다고 생각했다. 그들이 진리를 노래하기 때문이다. 유벤쿠스는 시를 짓는 데 깊은 여운을 주기보다는 운율을 살리는 기법에 능숙했으며, 니케아 공의회의 교의에 동조하여 이를 전파하는 데에도 기여했다.

2) 세둘리우스

5세기 전반기에 활약한 시인 세둘리우스에 대한 정보는 적다. 아마도 평신도 수사학자며 시인으로 이탈리아와 아카이아에서 연학을 했고, 발렌티니아누스 2세와 테오도시우스 황제 치하에 주로 활동했을 것으로 추정된다. 그는 5권으로 구성된 육각시 형태의 주해시 《부활절 시가》(Paschale carmen)를 작시했는데, 첫 번째 권에서만 구약 성경의 몇몇 사건을 언급하고 나머지 4권에서는 모두 신약 성경, 즉 주님의 탄생 예고부터 승천까지를 주해했다.

유벤쿠스와 비교해 볼 때, 세둘리우스는 더 자유롭게 주해하는 시를 썼다. 특히 그는 주제를 벗어난 여담으로 시를 다채롭게 구성했다. 그의 작품은 신학적으로 볼 때 그리스도 중심주의라고 할 수 있으며 예수의 생애를 자신의 방식으로 재해석했다. 세둘리우스는 시편과 바오로 사도의 문헌에서 소재를 찾아 자신의 주해에 사용하기도 했다.

3. 찬미가

　찬미가(Hymnographia)는 전례와 밀접한 연관이 있는 노랫말로 그리스도교 시문학의 고유한 장르라고 할 수 있으며, 하느님을 찬송하는 가사로 구성되었다.[416] 라틴어로 된 찬미가 가운데 푸아티에의 힐라리우스의 이름으로 3편이 전해지는데, 모두 반아리아니즘적인 노랫말을 담고 있다. '시간 전(前)에 존재하신 분'(Ante saecula qui manens), '그분은 사나운 자들을 실망시키셨다'(Fefellit saevan), '아담의 육체'(Adae carnis)가 대표적인 예다. 힐라리우스의 찬미가는 철저하게 아리아니즘과의 논쟁에서 생겨났다. 동방으로 유배를 간 그는 이단이나 정통 신앙을 내세우는 이들이 모두 자신의 주장을 선전하기 위해 노래를 지어 부르는 것을 목격했다. 유배에서 돌아온 후 힐라리우스도 니케아 신앙을 전파하기 위해 찬미 노래를 짓게 되었다. 그 내용은 성부와 성자의 본성적 일치, 성자의 신성, 그분의 구원 업적을 찬양하는 가사였다.

　그러나 힐라리우스의 찬미가는 너무 고상하고 복잡하여 실제로 사용하기는 어려웠다. 이에 반해 라틴 찬미가의 대표라 할

416　아우구스티누스, 《시편 상해》 148,17.

만큼 대중적 인기를 얻은 인물이 있다. 바로 밀라노의 암브로시우스다. 그의 찬미가는 쉽고 명쾌한 가사와 시적 운율을 살린 노래인 동시에 누구나 알 수 있는 상징적 비유를 적절하게 사용했다. 385~386년 밀라노의 한 대성당을 달라고 요구하던 아리우스파와 대치하던 가톨릭 신자들을 위해 암브로시우스는 처음으로 노래를 지어 신자들의 사기를 고양시켰다. 이것이 그가 찬미가를 짓게 된 계기다. 이후 암브로시우스가 만든 찬미가들은 내용에 따라 전례 시기에 맞추어 성무일도(시간 전례)에 사용되는데, 현재 성무일도 평일에 4편이 사용된다. '아침 찬미가'(Aeterne rerum conditor), '저녁 찬미가'(Deus creator omnium), '십자가에 못 박힌 시간을 기억하는 노래'(Iam surgit hora tertia)이다. '반아리우스적 성탄 노래'(Intende qui regis Israel), 주님 성탄, 주님 공현, 파스카에 3편, 도합 7편은 밀라노와 로마의 순교자 축일에 사용된다. 이 찬미가들은 생생한 시적 표현으로 신자들의 신심을 돈독하게 했다. 또한 암브로시우스가 직접 작곡한 멜로디도 쉽기 때문에 외워서 부르기에 용이했다.

1) 에프렘

시리아의 에프렘은 에데사의 부제로서 교부 시대 최고의 시인이자 신학자로 운문으로 된 강론의 저자로도 유명하다. 그중에 주목할 강론으로는 《신앙에 대한 강론》(Sermones de Fide), 《성주간 강론》(Sermones in hebdomadam sanctam)이 있으며, 찬미가로는

《신앙 찬가 87편》(Hymni 87 de fide), 《성탄 찬미가》(Hymni de nativitate), 《낙원 찬가》(Hymni de paradiso) 등이 있다. 에프렘은 로마 제국의 변방에서 꽃피운 유다계 그리스도교의 증인으로 헬레니즘 철학에 반하여 셈족 문화와 성경의 전통을 보존했다. 사실 그의 구약 성경 주해는 타르굼과 미드라쉬 전통에 근접하며, 신약 성경을 주해할 때는 예형론과 함께 '테스티모니아'(testimonia, 특정 주제에 따른 성경 구절 모음집)를 즐겨 사용했다. 그의 시와 찬미가의 특징은 하느님 신비에 대한 관상의 산물로서, 이성적 체계보다는 내적인 평화와 조화를 드러내는 침묵과 겸손의 표현이었다. 또한 그는 자연의 상징을 통해 하느님의 신비에 접근하려 했다. '성령의 수금'이 시로 표현한 내용은 주로 니시비스와 에데사 교회의 정통 신앙을 드러내고 보존하려는 것이었다. 다양한 이단, 즉 마르키온파, 바르데사네스파, 마니교, 아리아니즘, 이교와 유다교 신봉자들의 주장에 대하여 굳건한 정통 신앙을 지키기 위한 부단한 노력의 일환이었다. 이러한 그의 신학은 지금도 동방 교회와 비잔티움 교회에 영적이며 신비 신학적 전통으로 남아 있다.

2) 로마누스 멜로두스

로마누스는 그 별명대로 노래하는 시인으로서 비잔티움 교회에 찬미가의 황금 시기를 연 독보적인 존재다. 그리스도교의 '가인'은 5세기 말 에메사의 히브리인 가정에서 태어났다. 베이루트의 부활 교회에서 부제품을 받았지만 아나스타시우스 2세 황제 통치 말기에 콘스탄티노폴리스에 정착했고 6세기 중반 세상을 떠난 것으로 알려졌다. 그는 전례 성가 중에 이른바 '콘타키온'(kontakion)을 89편이나 지어 보급했다고 전해지지만, 실제로 60여 편만이 그의 작품으로 알려졌다. 콘타키온은 대략 20여 개의 연(oikoi)으로 구성된 운문, 즉 노래 형식의 설교다. 모든 연은 '헤이르모스'(heirmos)라 불리는 첫 구절을 모범으로 하고, 뒤따르는 구절은 음절의 숫자와 운율과 강세를 동일하게 한다. 일반적으로 콘타키온은 '쿠쿠리온'(koukoulion)이라는 서두로 시작되는데, 전체 전례 주제와 기도를 담고 있다. 이 서두의 맨 마지막 구절은 후렴(ephymnion)으로 모든 연의 마지막에 반복된다. 또한 각 연들의 첫 글자를 이으면 하나의 낱말이 되는 '아크로스티콘'(akrostichon)의 형태가 일반적이다. 이 노래 강론은 복음 봉독 후에 설교대에서 설교자가 노래로 불렀으며, 때에 따라 합창단이나 회중이 후렴을 노래했다. 이처럼 이 찬미가는 전례 거행을 위한 것으로 특별히 신구약 성경의 인물이나 사건을 내용으로 노래하며, 순교자와 성인들의 축제에도 사용되었다. 로마누스는 성경의 모티브만 아니라 고대 순교자들의 순교록을 토대로 하거나 과거 에프렘의 찬미가를 참조하기도 했다. 로마누스는 '그리스도교의 핀다로스'라고 불릴 정도로 완벽한 시적 운율에 맞는 시가를 지었을 뿐만 아니라, 신학적인 측면에서도 칼케돈 공의회의 그리스도론 정의를 완벽하게 이해했다고 평가받는다.

4. 그리스도교 서정시

1) 프루덴티우스

라틴 교회의 서정시를 대표하는 작가인 프루덴티우스는 히스파니아의 타라고나(혹은 사라고사)에서 태어나 변호사로 일하던 중 지방 장관에 오르고 이어서 황실에서 근무한 관리가 되었다. 그러나 어느 날 세속적 삶이 무의미하다는 것을 깨닫고 금욕적 수도자가 되어 시로서 하느님을 찬미하는 삶에로 헌신했다. 5세기 초 로마에 방문했다는 사실 외에 그에 대한 정보를 더 찾을 수 없다.

프루덴티우스는 자신의 모든 작품에 서문을 썼으며, 당시의 유행대로 그리스어 제목을 달았다. 《매일 찬가집》(Cathemerinon-liber hymnorum quotidianorum)은 서정시 12편으로 되어 있으며, 하루의 여러 순간에 부르는 노래와 주님 성탄과 공현 축일에 부르는 노래가 있다. 《승리의 화관》(Peristephanon liber)은 14개의 시편으로 구성되어 있고 로마와 히스파니아의 순교자들의 수난과 순교를 찬미하는 서정시다. 이 두 권의 서정시 모음집은 전례적인 노래와는 상관없이 고전 시를 공부한 전직 관료의 정서와 감성의 표현이었다.

프루덴티우스는 이러한 서정시 외에 서사적인 작품도 썼는데, 대표적으로 《신 증명》(Apotheosis)은 그리스도의 인간 본성의 실재를 찬미하는 시며, 《죄의 기원》(Hamartigenia)은 마르키온을 향한 고발을 담고 있고,《영혼의 전쟁》(Psycomachia)은 영혼 안에 벌어지는 악덕과 덕의 투쟁을 내용으로 한다.《심마쿠스 반박》(Liber contra Symmachum)은 암브로시우스와 로마의 원로 심마쿠스 사이의 논쟁을 소재로 한 것으로, 프루덴티우스는 노래로 이교도의 부흥에 반대하는 대못을 박았다.《이중의 자양분》(Dittochaeon)은 성경의 특정 장면이나 인물을 마치 세밀한 소묘처럼 시적으로 설명한 것이다. 프루덴티우스는 시라는 문학 장르의 운율을 최대한 살리는 그리스도교 최고의 시인이었지만, 신학적 소양은 그리 깊지 않았다고 평가받는다.

2) 나지안주스의 그레고리우스

위대한 신학자이자 시인이었던 그레고리우스는 생애 말년 가족 영지인 아리안주스에 칩거하면서 시가(Carmina) 창작에 몰두했다. 시에 대한 그레고리우스의 열정은 시를 통해 젊은이들과 문학을 사랑하는 이들이 초월적 실재들과 하느님을 관상하는 기쁨을 누리도록 격려하기 위한 목적과 아울러 그리스도교 시문학이 이교도들과 비교하여 열등하지 않음을 드러내려 했다. 물론 자신도 생애의 끝자락에 시를 통한 위안을 받으려는 의도도 있었다.

그레고리우스의 시는 윤리 수업이나 정통 신앙에 대한 교리 교수로 생각될 정도로 시적 운율을 도구로 하여 좀 더 쉽게 이해하고 암기할 수 있도록 되어 있다. 이러한 그의 의도는 아리우스 이단과 아폴리나리우스 이단도 자신들의 주장을 퍼뜨리기 위해 사용했던 전략이었다. 그레고리우스는 이처럼 이단에 대한 교의적 가르침이라는 목적 이외에도, 자신의 자전적 시가에서는 교회·정치적 적대자들을 향한 자기 변호와 함께 자신의 깊은 내면에 대한 성찰을 토로하는 방편으로도 사용했다.

파리의 성 마우로 수사들은 그레고리우스의 시가집(Carmina)을 '신학적 시가'(Poemata theologica)와 '역사적 시가'(Poemata historica)로 나누고, 첫 번째 책은 '교의적 시'와 '윤리적 시'로 다시 구분했다. 그리고 두 번째 책은 '자기 자신에 대한 시'와 '타인들에 대한 시'로 나누었다. 이 두 권의 책은 10세기 유명 시인들의 경구(警句)나 비문 모음집(선집)인 《안토로기아 팔라티나》(Antologia Palatina)에 인용되고 수록되는데, 129개의 비문(epitaphium)과 94편의 짧은 풍자시(epigramma)가 들어 있다.

이 작품들의 친저성과 그 가치에 대해 학자들의 의견이 분분하지만, 내용만 보면 첫 번째 권은 주로 신학과 윤리적 사색을 바탕으로 한 교훈적 성격이 강하며 마치 극시처럼 운율을 살린 산문체로 되어 있다. 두 번째 권은 적대자들의 공격과 그로 인한 파란만장한 역경과 동료들의 몰이해와 그에 따른 고통을 시적 영감의 자료로 삼았다.

"삼위일체론의 열렬한 투사는 이 그윽한 신비의 황홀하고 무한한 광채를 노래했다. 그러나 그의 영혼은 굳건한 신앙만큼 항구한 빛을 늘 즐겼던 것은 아니다. 사실 한 인간으로써 그레고리우스가 반복적으로 당하는 고통은 그의 영혼에 슬픔으로 다가왔다. 하지만 그 고통은 수덕에 정진하는 '수도자'인 그를 정화하는 도구였으며, '시인'인 그에게 찬미가를 토해 내게 하는 필연과도 같았다. 물론 환멸의 소용돌이에 휘감길 때도 있었겠지만, 그는 결코 좌절하지 않았다. 그 순간에도 그는 홀로 남아 있다는 고독을 느끼지 못했기 때문이다. 폭풍의 한복판에서 이야기를 나누는 그리스도께서 함께 계셨기에 먹구름 너머 있는 찬란한 빛을 확신했던 것이다."[417]

5. '합성시'와 '짧은 경구시(비문)'

초대 그리스도교의 시문학에서 두 장르를 언급할 필요가 있다. '합성시'와 '짧은 경구시/비문'(Poesia centonaria ed Epigrammatica)이다. 합성시는 라틴어 '켄토'(cento)에서 유래했는데, 그 뜻은 다양한 천 조각으로 누빈 옷감이다. 어떤 시인이 모자이크처럼 다른 저자가 사용한 표현이나 구절을 발췌하여 짜깁기하듯, 자기가 원하는 주제를 위해 다른 저자가 쓴 시어를 사용하여 시를 쓰는 시작 기법이다.

이러한 장르는 세속 문학에 존재했는데, 예를 들어 호메로스

---

417 F. Trisoglio, *Gregorio di Nazianzo il teologo*, Vita e Pensiero, Milano 1996, 183.

나 비르길리우스의 합성시가 대표적이라 할 수 있다. 이와 같은 시를 쓰기 위해서 작가는 엄청난 기억력과 창작 능력을 필요로 했다. 그리스도교의 가장 유명한 합성시는 로마의 귀부인 프로바 팔토니아에 의해 360년경에 쓰였는데, 신구약 성경에 영감을 받은 694편의 육운각시로 《그리스도를 찬미하는 비르길리우스의 혼성시》(Cento Vergilianus de laudibus Christi)가 있다. 이 작품에서 저자는 그리스도의 '거룩한 사명'(pia munera Christi)을 비르길리우스에게서 발췌한 구절이나 표현으로 자신의 시를 구성했다.

히에로니무스는 자신의 책 《명인록》에서 다마수스 교황을 경구시의 기품 있는 작시가로 소개하며, 이 교황으로 인해 경구시가 하나의 문학 종류로 인정받게 되었다고 이야기한다.[418] 다마수스 교황은 순교자들에 대한 신심과 경배를 널리 보급하기 위해 시를 썼으며, 그의 서기인 필로칼루스가 순교자의 무덤을 나타내는 대리석 비문으로 짧은 경구시를 새겨 넣음으로써 순례자들에게 도움을 주었다.

---

418 히에로니무스, 《명인록》 103,1.

6. 송가와 성인 찬송시

1) 놀라의 파울리누스

파울리누스는 353년경 아퀴타니아의 보르도 출신 원로원 집안에서 태어났다. 그는 당시에 가장 유명한 수사학자 아우소니우스 문하에서 최상의 교육을 받았다. 20세쯤에 고향을 떠나 캄파니아 지방의 행정관이 되었고, 결혼하여 가정을 꾸렸지만 계속되는 불행에 세속을 떠나 세례를 받고 394년 사제품을 받았다. 파울리누스는 모든 재산을 정리한 후 놀라에서 수도 생활을 시작했고 순례자들을 영접하는 건물을 세웠다. 이어서 주교가 되었지만 언제 서품을 받았는지는 알려지지 않았다. 파울리누스는 431년 선종했다.

파울리누스의 시가집(Carmina)은 놀라의 순교자며 수호성인인 펠릭스를 기리는 시 모음집으로 성인의 순교 기념일 공적으로 낭송되는 일종의 '천상 탄일 송가'(Carmina Natalicia)다. 그의 시가집에서는 4~5세기 대중 신심과 신앙 행위 등 일상을 엿볼 수 있다. 또한 파울리누스의 열정적 성격도 고스란히 담겨 있는데, 놀라의 주교는 자신의 시에서 민중의 비참한 현실을 드러낸다. 이 불쌍한 백성은 위로를 구하기 위해 펠릭스 성인의 성소에 몰려들었고, 파울리누스는 이러한 비천한 세계를 시상의 소재로 삼는 동시에 펠릭스 성인으로 말미암은 기적과 이적에 관한 사화를 노래함으로써 희망을 불어넣었다. 파울리누스는 이렇게 자신의 사목 대상인 가난한 이들의 물적이며 영적인 필요에 귀 기울이는 사목 신학을 시로 표현했던 것이다.

2) 베난티우스 포르투나투스

그리스도교 시인 중에 마지막으로 베난티우스를 소개한다. 베난티우스는 535~540년 사이 발도비아데네에서 태어났으며, 라벤나의 비잔티움의 분위기 속에 고전 학문을 교육받았다. 투르의 마르티누스 성인의 도움으로 심각한 눈병을 치유받았다고 생각한 그는 갈리아 투르로 순례를 갔으며, 그곳의 메로빙거 왕실에 잠시 머물게 되었다. 그 후 다시 푸아티에에 정착하는데, 그곳에서 사제품을 받고 597년 주교가 되었으며, 600년 선종했다.

시인으로서 베난티우스는 300여 편의 '시가집'(Carmina)을 썼는데, 세속적인 것과 종교적인 주제가 혼재했다. 예를 들어 교회에 관한 주제, 성유물과 유해뿐만 아니라 세속 권력자들을 위한 송가와 그들의 비문에 짧은 경구시 등을 썼다. 베난티우스는 성인 전기 작가로서 육각시의 형태로 《성 마르티누스의 생애》를 집필하면서 마르티누스의 덕을 기리는 송가를 통해 독자들의 신심과 신앙을 고취하려 했고, 이외에도 많은 성인들의 전기를 집필했다. 또한 고대 세속 고전 시인뿐만 아니라 유벤쿠스나 놀라의 파울리누스와 같은 그리스도교 시인들을 연구했다. 베난티우스의 작품들을 통해 6세기 그리스도교 시문학이 다루었던 주요 주제인 죽음의 의미, 십자가에 대한 경배, 성모 마리아에 대한 공경 등을 알 수 있다.

베난티우스의 작품 가운데서 두 편의 찬가는 주목할 만하다. 568~569년 푸아티에에 주님의 성 십자가의 유물이 장엄 입당을 할 때 부른 '임금의 깃발이 나타난다'(Vexilla regis prodeunt)와 '영광스러운 그리스도의 입을 열어라'(Pange lingua gloriosi)가 있는데, 이 두 편의 찬미가는 오늘날에도 전례에 사용되고 있다.

연대표

연도	일반사	교회사	교의·문헌사
BC. 40년	- 37년: 안토니우스의 위임으로 대(大)헤로데가 유다 지역의 왕이 됨(39년부터), 예루살렘 점령, 성전 재건. - 31년: 악티움 해전으로 옥타비아누스가 안토니우스와 클레오파트라 연합군 격퇴.		
BC. 30년	- 27년: 이집트 왕 직할령 편입. 옥타비아누스가 '호민관 특권'과 '모든 속주에 관한 최고 군통수권', '아우구스투스(존엄한 자)라는 칭호' 받음. 실질적 제정 시작.		
BC. 20년	- 18년: 윤리에 관한 '율리우스 법' 반포. - 15년: 라이티아, 노리쿰 합병. - 12년: 아우구스투스, '최고 사제직' 겸임. - 12~19년: 드루수스와 티베리우스, 게르마니아 원정. - 티베리우스, 판노이아 정복. - 아우구스투스, '평화 제단' 제막.		
BC. 10년	- 8년: 아우구스투스의 고문관 메케나스와 호라티우스 사망. - 4/3년: 대(大)헤로데 사망. 아들인 아르켈라우스, 안티파스, 필리포스에 의해 팔레스티나 분할 통치.	- 10~5년경: 타르수스에서 바오로 사도 출생. 예루살렘에 상경하여 가말리엘 밑에서 수학.	

연도	일반사	교회사	교의 · 문헌사
BC. 10년	- 아르켈라우스의 퇴위와 함께 유다 지방이 로마 총독령이 됨. - 티베리우스, 게르마니아의 라인강에서 엘베강까지 정복. 원로원과 민회가 집정관과 법무관을 게르마니아 정복지에 파견.	- 7/6년: 베들레헴에서 예수 탄생.	
AD. 10년	- 12~17년경: 역사가 티투스 리비우스 사망, 《로마사》 남김. - 14년: 아우구스투스 사망, 티베리우스 황제 즉위. - 황제 근위대 조직. 게르마니아를 두 개의 속주로 편입. - 19년: 카파도키아와 콤마게네(유프라테스강 서쪽)를 법무관령 속주 편입.		
AD. 20년	- 로마 비미날리스 언덕 근처 황제 근위대 주둔지 창설. - 26년: 폰티우스 필라투스, 유다 지방 총독 부임.	- 27년경: 세례자 요한의 설교. - 28년경: 예수의 공생활 시작.	
AD. 30년	- 31년: 티베리우스, 로마의 유다인을 사르디니아로 유배하는 19년 법령 철회. - 37년: 티베리우스 사망. 칼리굴라 즉위. 살아 있는 황제 숭배 시작, 황제를 신격화하는 신전 건립.	- 33년경: 예수의 수난과 부활. 성령 강림. 일곱 부제 선발. 필라투스, 성전에 자기 이름과 휘장 현판에 새김. - 34년경: 스테파누스의 순교. 예루살렘 그리스도교 공동체의 분산.	

연도	일반사	교회사	교의·문헌사
AD. 30년	- 로마에 볼모로 있는 헤로데 아그리파에게 필리포스의 분봉을 하사하고 '왕' 칭호 부여. - 유다 역사가 요세푸스 플라비우스 출생. - 38년: 알렉산드리아에서 유다인 박해. - 39년: 안티파스를 유배 보내고 갈릴래아가 아그리파에게 돌아감.	- 36년경: 바오로 사도의 회심. 아라비아로 감. 폰티우스 필라투스, 예루살렘 떠남. - 37년: 안티오키아 교회 설립. 베드로 사도가 사마리아와 해안 도시에서 선교함.	
AD. 40년	- 41년: 칼리굴라 암살. 클라우디우스 황제 즉위. - 헤로데 아그리파가 클라우디우스에게 유다 왕국 통일을 허락받고 팔레스티나로 복귀. - 로마에 대기근 발생. - 클라우디우스, 유다인 공동체에 대한 특권을 부여. - 42년: 마우리타니아 로마 속주 편입. - 43/44년: 브리타니아의 리키아, 팜필리아 속주 편입. 론디니움(런던) 건설. - 44년: 헤로데 아그리파 사망. 카이사리아에 황제를 위한 경기 거행. - 44~46년: 팔레스티나 전역이 시리아에 주둔한 총독령에 재편입. - 49년: 클라우디우스와 아그리피나 2세 결혼, 네로 입양. 유다인에 로마 추방령 내림.	- 44년: 요한의 형 야고보 사도, 예루살렘에서 참수. 베드로 사도 투옥. - 46/48년: 바오로 사도의 첫 번째 전교 여행. 시리아의 안티오키아, 키프로스, 피시디아의 안티오키아, 리스트라, 데르베를 거쳐 시리아의 안티오키아로 귀환. - 48/49년: 팔레스티나에 기근 발생. 바오로와 바르나바 사도가 예루살렘 공동체에 도움을 줌. - 바오로 사도, 예루살렘 사도 회의에 참석.	- 예루살렘 사도 회의: 이교에서 개종한 그리스도인에게 모세 율법 준행을 면제해 줌.

연도	일반사	교회사	교의·문헌사
AD. 50년	- 50년: 세네카, 네로의 개인 교사가 됨. - 52년: 로마의 '포르타 마조레(Porta Maggiore)'와 수도교 완성. 안토니우스 펠릭스, 유다 총독으로 활동. - 53년: 아그리파 2세, 분봉왕이 됨(필리포스 관할지인 가우라니티스, 바타니아, 트리코니티스와 그 주변). - 54년: 클라우디우스 독살, 네로 황제 즉위.	- 50~52년: 바오로 사도의 두 번째 전교 여행. 리스트라, 프리키아, 갈라티아, 마케도니아, 아테네, 안티오키아 등 방문. - 53/58년: 바오로 사도의 세 번째 전교 여행. 프리기아, 갈라티아, 에페소, 마케도니아, 코린토, 필리피, 팔레스티나의 카이사리아를 거쳐 예루살렘으로 감. 그곳에서 체포됨. - 58~60년: 바오로 사도, 카이사리아로 압송되어 펠릭스 총독과 만남. 카이사리아에 수감.	- 구전 선포가 기록됨: 아람어 마태오 복음. - 코린토에서: 테살로니카 서간. - 에페소에서: 필리피 서간, 제1코린토 서간, 갈라티아 서간, 제2코린토 서간. - 코린토에서: (갈라티아 서간?), 로마 서간. - 팔레스티나에서: 야고보 서간.
AD. 60년	- 60년: 네로, 황후 아그리파를 살해. 폼페이 대지진 발생. 포르키우스 페스투스, 유다 총독으로 활동함. - 61년: 브리타니아 지방 폭동. - 62년: 네로, 부인 옥타비아를 유배 보내고 포페이아와 재혼. 루케이우스 알비누스, 유다 총독으로 활동함. 세네카 은퇴.	- 60년: 바오로 사도, 페스투스 총독에게 황제 상소 탄원, 로마로 압송. 이집트인들의 팔레스티나 폭동을 펠릭스 총독이 진압. 로마와 로마 추종 세력에 대한 반감 커짐. - 예루살렘에서 주님의 형제 야고보, 대사제 하나니아스에 의해 순교. 클레오파와 마리아의 아들 시메온이 야고보 계승. - 63년: 얼마간의 자유를 얻은 바오로가 히스파니아로 선교를 떠난 것으로 추정.	- 필레몬 서간. - 제1베드로 서간, 마르코 복음, 제1티모테오 서간, 티토 서간. - 그리스어 마태오 복음, 루카 복음과 사도행전, 제2티모테오 서간, 히브리 서간, 콜로새 서간, 에페소 서간.

연도	일반사	교회사	교의·문헌사
AD. 60년	- 64년: 9일간 벌어진 로마 대화재로 도시 대부분 파괴. 게시우스 플로루스, 유다 총독으로 활동함. 네로의 화폐 개혁. - 65년: 네로 암살 음모 발각, 세네카, 루카누스, 페트로니우스 등 주요 인물 제거. - 67~68년: 팔레스티나 폭동 발생. 예루살렘의 그리스도인들이 펠라로 도피. 베스파시아누스가 군사 6만 명과 함께 개입하면서 갈릴래아와 유다 전역 평정, 쿰란 파괴. - 68년: 히스파니아 지방 폭동. 네로 자살. 황제 세 명 탄생(갈바, 오토, 비텔리우스). - 69년: 베스파시아누스 황제 추대.	- 64년/67년: 네로의 그리스도인 박해(로마 대화재 책임 전가). 베드로와 바오로 사도의 순교. - 67~79년경: 리누스 교황.	
AD. 70년	- 70년: 티투스의 예루살렘 함락, 성전 파괴. 유다 지방이 로마 황제 직할 속주가 됨. - 베스파시아누스, 황제의 권한 관련 법 제정. - 얌니아(야브네)에서 랍비회의 개최. - 71년: 티투스의 로마 개선, 성전의 일곱가지(枝) 황금 등경을 가져옴. 팔레스티나 몇몇 요새는 여전히 유다인 수중에 있었음(헤로디움, 마사다 등).	- 전쟁이 끝나고 피난을 갔던 일부 유다-그리스도인들이 예루살렘으로 귀환.	- 유다 서간, 제2베드로 서간, 에즈라 4권.

연도	일반사	교회사	교의·문헌사
AD. 70년	- 72년: 시켐에 '플라비아 네아폴리스' 건설. 로마에 플라비우스 원형 경기장, 일명 '콜로세움' 건축 개시. - 79년: 티투스 황제 즉위. 베수비오 화산 폭발,	- 79~88년경: 아나클레투스 (클레투스) 교황.	
AD. 80년	- 81년: 도미티아누스 황제 즉위. 로마에 티투스 개선문 건축. - 83년: 게르마니아를 두 개의 속주로 편입. - 84년: 브리타니아에서 칼레도니아까지 로마 영역을 확장. - 85~88년: 모이시아와 트라키아 원정. - 89~97년: 수에비아와 사르마타 정벌.	- 88~97년경: 클레멘스 교황 (역사가 에우세비우스에 따르면 92~101년경).	- 《디다케》: 익명의 유다계 그리스도인이 다양한 원천을 이용하여 편집. 초기 교회의 생생한 전승으로 세례를 준비하는 이들을 가르치는 지침이 담겨 있음.
AD. 90년	- 93/94년: 플라비우스 요세푸스 《유다 전쟁사》, 《유다 고대사》 집필. - 93년: 로마 지식인 박해. 도미티아누스의 사촌 플라비우스 클레멘스를 처형, 그의 부인 도미틸라를 판다테리아섬에 유배 보냄. 에우세비우스는 《교회사》에서 그녀가 그리스도인이라고 함.	- 제국 내 곳곳에서 그리스도인들을 '무신론자'로 몰아 박해.	- 요한 복음과 요한 서간. - 니콜라오와 추종자들: 교의와 윤리에 이완주의적인 태도 보임. - 요한 묵시록.

연도	일반사	교회사	교의·문헌사
AD. 90년	- 96년: 도미티아누스 황제 암살. 네르바가 원로원의 추대로 황제 즉위. - 97년: 네르바, 히스파니아 출신 트라야누스를 양자로 삼음. '입양된 황제'의 시작. - 98년: 트라야누스 황제 즉위. 타키투스가 《게르만족의 기원과 위치》 집필.	- 95년경: 요한 사도 파트모스섬으로 유배. - 클레멘스 교황 《코린토 신자들에게 보낸 편지》 집필. - 97~106년경: 에바리스투스 교황.	- 클레멘스 《코린토 신자들에게 보낸 편지》: 공동체의 장상에 불만을 품어 혼란을 겪는 코린토 교회에 로마 주교 개입. 1세기 말 로마 교회의 신학과 전례에 대한 중요한 정보 제공. 로마 교회가 다른 지역에 영향력 발휘. - 가현론 출현: 그리스도의 인성을 소홀히 하는 이단.
AD. 100년	- 101~106년: 다키아 원정. - 106년: 다키아와 아라비아 속주 편입.	- 100년경: 요한 사도 에페소에서 사망. 유스티누스 출생. - 105~115년경: 알렉산데르 1세 교황. - 107년경: 예루살렘에서 시메온 순교.	
AD. 110년	- 110/114년: 타키투스 《역사》, 《연대기》 집필. - 110년: 비티니아 총독 소(小)플리니우스가 황제에게 편지. 유베날리스 《풍자시》. 아르메니아 원정. 파르티아의 영토였던 메소포타미아 남부 아디아베네와 수도 크테시폰 병합. 메소포타미아와 아시리아 속주가 됨. - 100~112년: 오스티아에 '트라야누스 항구' 건설. - 112~113년: 로마에 '트라야누스 포룸' 건설.	- 110년경: 안티오키아의 이냐티우스, 로마로 여행. - 112년경: 이냐티우스, 로마에서 순교. - 소플리니우스에게 보낸 트라야누스 황제의 답변서: "오직 고발이 있을 때만 그리스도인들을 체포하라. 그러나 고발이 익명이어서는 안 되며, 또한 본인이 그리스도인이라는 사실을 부인하면 풀어 주어야 한다." 이는 그리스도교에 대한 로마 제국 최초의 공식 문서임.	- 안티오키아의 이냐티우스가 여행 중에 일곱 통의 서간을 씀(에페소, 마그네시아, 로마, 필라델피아, 스미르나, 트랄리아, 폴리카르푸스). 가현론에 대한 강력한 경고와 함께 유다이즘에 대한 우려 표명. - 폴리카르푸스의 《필리피 신자들에게 보낸 편지》: 다른 시기에 쓰인 두 통의 편지가 섞여 전해짐.

연도	일반사	교회사	교의·문헌사
AD. 110년	- 114년: 트라야누스 개선문 건립. - 115~116년: 키프로스, 키레네, 이집트에서 유다인들이 봉기를 일으킴. - 115년경: 에페소에 켈수스 도서관 건립. - 117년: 파르티아 원정 중 트라야누스 사망. 하드리아누스 황제 즉위.	- 115~125년경: 식스투스 1세 교황. - 115년경: 메소포타미아 지역에 《엘카사이》라는 이름으로 전해지는 일종의 계시에 대한 책이 유포. 이와 같은 영지주의적 에비온 이단에 속하는 분파의 주장이 서방에 점차 확산.	- 위-바르나바 《편지》: 편지 형식을 한 반유다이즘적 논문. 구약 성경에 대한 알레고리적 해석. 예수를 통한 진정한 새 계약이 그분을 믿는 이들 마음에 날인됨.
AD. 120년	- 아시리아와 메소포타미아 속주 포기. - 수에토니우스 《황제들의 생애》, 톨로메우스 《지리학》 집필. - 로마에 '판테온' 재건. - 125~135년: 티볼리에 하드리아누스 별장 건설. - 126/127년: 유다인 할례 금지. - 128~132년: 브리타니아에 하드리아누스 장벽 건설. 로마 제국의 동쪽(그레키아, 소아시아, 이집트) 방문.	- 125~136년경: 텔레스포루스 교황. 알렉산드리아의 바실리데스와 시리아의 사투르니누스에 의해 영지주의 확산. - 125년경: 타티아누스 출생.	- 120/123년: 첫 번째 호교 교부 과드라투스(아테네 혹은 소아시아 출신)가 자신의 작품을 하드리아누스에게 전함(유실).
AD. 130년	- 131~134년: 시몬 바르 코크바 팔레스티나에서 유다인 봉기. - 135년: 예루살렘을 '엘리아 카피톨리나'로 재건. 유다 속주를 팔레스티나 속주로 명칭 변경. 유다 성전 자리에 제우스 신전 건축.	- 130년: 그리스도인들의 재판에 관한 미누키우스 푼다누스의 질문에 하드리아누스 황제의 답변: "합법적인 고발일 경우에만 재판을 열어라."	- 130년 파피아스 《주님의 설교 해설》: 구전의 중요성 강조. 단편으로 전해짐.

연도	일반사	교회사	교의·문헌사
AD. 130년	- 132~139년: 로마에 '하드리아누스 영묘' 건축. - 138년: 하드리아누스 사망. 안토니누스 피우스 황제 즉위. 브리타니아에 '안토니누스 장벽' 건설.	- 130년경: 유스티누스의 세례. 에페소에서 《유다인 트리폰과의 대화》 집필. - 130/140년: 이레네우스 출생. - 136~140년경: 히기누스 교황.	- 에비온파: 예수를 단순한 인간으로 생각하는 유다계 그리스도인으로 구성된 분파. 바오로 사도를 인정하지 않고 모세 율법을 준행. 오리게네스가 '에비온파의 복음' 인용. - 펠라의 아리스톤 《기아손과 파피스코와의 논쟁》: 유실된 작품. 구약 성경의 예언에 대한 유다인과 그리스도인 사이의 토론 기록. 그리스도를 통해 모든 예언이 성취됨. - 외경 《베드로의 복음 선포》.
AD. 140년	- 141년: 로마 포룸에 파우스티나 신전 건립. - 148년: 로마 창건 900주년 기념식. - 149년: 안토니누스 피우스가 유다인의 할례를 다시 승인.	- 140~150년경: 피우스 1세 교황. - 140년경: 영지주의자 발렌티누스, 로마에 학원 세움. 시노페(폰투스) 출신 마르키온이 주교였던 아버지에게 내쳐진 후 로마에 도착. 교회 공동체에 받아들여지지 않자 자신의 교회를 세움. - 유스티누스, 안토니누스 피우스 치하 로마에 도착, 그리스도교 신앙을 전수하는 학원 설립. "나에게 오기를 원하는 누구에게라도 나는 진리의 가르침을 전했다."《유스티누스 순교 행전》3,3)	- 헤르마스 《목자》: 세례받은 후 한 차례 용서 가능. 초대 로마 교회의 자화상. - 마르키온: 구약의 하느님과 예수의 아버지 구별. 구약성경 거부. 바오로 사도 서간과 루카 복음만 인정(그것마저도 일부 수정). - 위-클레멘스 《코린토 신자들에게 보낸 편지》: 익명의 저자가 집필한 가장 오래된 강론(시리아 혹은 이집트로 추정). - 위-클레멘스 《동정자들에게 보낸 편지》: 4세기 후반 차명 작품.

연도	일반사	교회사	교의 · 문헌사
AD. 150년	- 게르만 민족의 남하 시작. - 158년경: 마다우라의 아푸레이우스 《변론》, 《변형》 집필.	- 아리스티데스가 안토니누스 피우스를 향해 호교론 작성. - 로마: 유스티누스 《호교론》 집필. 바티칸 언덕의 베드로 사도의 무덤 위에 작은 경당 건축. - 155~166년경: 아니케투스 교황. - 폴리카르푸스가 파스카 날짜에 관해 아니케투스와 토론. - 155년경: 알렉산드리아의 클레멘스 출생.	- 150년 이후 《솔로몬의 송가》: 유다계 그리스도교 공동체가 거행한 세례와 파스카 전례를 42개의 시로 주석. - 153년경 유스티누스 《제1호교론》: 안토니누스 피우스 황제와 그의 두 아들, 마르쿠스 아우렐리우스와 루키우스 베루스를 향한 호교서. 그리스도인을 향한 부당한 재판 절차와 거짓 고발을 비판하고 그리스도교의 진리를 설명. 특히 그리스도교 전례를 자세히 설명. - 유스티누스, 그리스도인 톨로메우스에 대한 부당한 박해를 계기로 첫 번째 호교론보다 짧은 《제2호교론》 집필. - 아니케투스 교황과 폴리카르푸스의 파스카 거행에 관해 논쟁: 아시아에서 니산달 14일에 파스카 전례 거행. 반면 로마에서는 이어지는 주일에 거행.
AD. 160년	- 161년: 안토니누스 피우스 황제 사망. - 마르쿠스 아우렐리우스 황제 등극. 입양 형제 루키우스 베루스와 공동 황제. - 163~166년: 파르티아의 왕 볼로게세와 전쟁. 아르메니아와 메소포타미아 수복. - 166년: 흑사병 1차 대유행.	- 160년경: 테르툴리아누스 출생. - 로마에서 타티아누스 세례 받음. 그리스 교육을 받은 타티아누스가 유스티누스의 제자가 됨. - 163~167년: 유스티누스 순교.	- 유스티누스 《유다인 트리폰과의 대화》: 유다교와 그리스도교 사이에 벌어진 논쟁. 그리스도교를 '참된 철학'으로 소개. 유스티누스는 철학 용어를 이용할 정도로 신앙과 이성의 조화를 시도함. 아리스토텔레스의 범주론을 사용한 최초의 그리스도인.

연도	일반사	교회사	교의·문헌사
AD. 160년	- 사모사타의 루키아누스 《대화》, 《진짜 이야기》 집필. - 167~175년: 북방 야만족이 아퀼레이아까지 침공. 게르마니아와 판노니아 정벌. - 169년: 루키우스 베루스 사망.	- 유스티누스의 순교 이후, 타티아누스가 로마에 학교를 열지만, 순교를 피해 동방으로 감. 《그리스인에 대한 연설》 집필. - 166-175년경: 소테루스 교황. - 스미르나의 폴리카르푸스 순교: 이레네우스에 따르면, 폴리카르푸스는 "주변 교회들과 몇몇 형제들에게 꾸짖거나 격려하기 위해"(에우세비우스, 《교회사》) 여러 통의 편지를 씀. - 테오필루스: 안티오키아의 5번째 주교.	- 타티아누스 《그리스인에 대한 연설》: 그리스 문화에 강력하게 대응하면서 그리스도교의 개념을 방어. - 《폴리카르푸스 순교록》: 성인의 순교일을 기해 스미르나 교회가 필로멜리움 교회에 보낸 편지. 순교자 공경과 유해 공경을 드러낸 최초의 문헌이자 최초의 '순교록'.
AD. 170년	- 동방 종교의 확산. - 마르쿠스 아우렐리우스 《명상록》 집필. - 175년: 시리아 총독 아비디우스 카시우스가 반란 일으킴. 북방 민족을 보조병으로 받아들임. 흑사병으로 인구 감소와 경제 위기 발생. - 마르쿠스 아우렐리우스의 기마상과 기념 기둥 건립. - 179년: 시리아 동쪽 오스로에네(로마 속국)의 아브가르 9세 왕 즉위.	- 170년경: 프리기아에서 몬타누스 활동. - 성경 일부가 라틴어로 번역: 《쉴리움의 순교자 행전》에 바오로 사도 서간이 라틴어로 번역되어 인용. - 175~189년: 엘레우테리우스 교황. - 동방으로 간 타티아누스가 엔크라티즘에 빠짐. 《디아테사론》 집필. - 177년경: 아테네의 아테나고라스, 마르쿠스 아우렐리우스와 콤모두스에게 호교문 《그리스도인을 위한 청원》 집필. - 177년: 리옹에서 포티누스와 블란디나 등 순교. 이레네우스가 포티누스를 이어 리옹의 주교 계승.	- 몬타누스가 성령의 대변자 자처, 본인을 요한 복음서 14장 26절과 16장 7절에 약속한 파라클레토스가 육화한 것이라고 주장. - 타티아누스 《디아테사론》: 사복음서를 조화롭게 편집. 동·서방 교회에 큰 영향 줌. 5세기 말까지 에데사 교회의 공식 복음서. - 아테나고라스 《그리스도인을 위한 청원》: 그리스도인들을 향한 비방(무신론자, 식인 식사, 근친상간)에 대해 그리스도교의 높은 윤리를 강조. 역사상 첫 번째로 하느님의 단일성을 이성적으로 증명하려고 함. 《죽은 이들의 부활》도 집필.

연도	일반사	교회사	교의·문헌사
AD. 180년	- 180년: 마르쿠스 아우렐리우스 사망. - 콤모두스 황제 즉위. 북방 민족과 평화 협정 맺음. 원로원을 무력화하며 독재 체제 구축.	- 180년경: 켈수스, 그리스도인 반박서 《참된 가르침》 집필. - 180년: 카르타고 쉴리움 출신 그리스도인 12명 순교. 《쉴리움의 순교자 행전》은 라틴어로 된 최초의 문헌으로, 아프리카에 그리스도교가 퍼져 있음을 보여 줌. - 180~183년: 안티오키아의 테오필루스 《아우톨리쿠스에게》 집필. - 에우세비우스: 소아시아 지역 사르디스의 주교인 멜리톤이 저술한 문헌 목록과 함께 마르쿠스 아우렐리우스에게 쓴 호교서의 단편을 전해 줌. - 185년경: 안티오키아의 테오필루스 사망. - 180~185년경: 리옹의 이레네우스 《이단 반박》 집필. - 185년: 빅토르 교황이 아시아 교회와 파스카 날짜에 대해 논쟁, 로마와 알렉산드리아는 부활절을 주일에 거행, 반면 아시아 속주의 교회들은 니산 달 14일에 거행. - 오리게네스 출생. - 이레네우스가 로마의 주교 엘레우테리우스에게 리옹의 순교자들에 대한 보고와 몬타니즘을 변호하는 편지를 전달함.	- 《참된 가르침》: 최초로 체계적으로 쓰인 반그리스도교 문헌. 오리게네스의 《켈수스 반박》을 통해 그 내용을 알 수 있음. - 테오필루스 《아우톨리쿠스에게》: 최초로 '삼위'(trias)라는 단어를 사용. 창세기 첫 장에 대한 주석. 가시적 피조물로부터 비가시적 하느님의 존재를 설명하려 함. - 멜리톤 《파스카 설교》: 탈출기 12장을 주석. 신구약 성경의 관계를 동일한 구원 역사 안에서 바라봄. - 이레네우스: 영지주의 이단의 오류에 관한 정보를 문의하던 어떤 주교의 질문에 대한 답으로 《이단 반박》이 집필됐을 것으로 추정. 5권 전체가 라틴어 역본으로 전해짐. 다양한 영지주의 이단을 소개하고 가톨릭 정통 가르침을 드러냄. '참된 영지'는 교회를 통해 전승됨. - 이레네우스 《사도적 가르침의 논증》: 1904년 아르메니아 번역본으로 발견됨. 100개의 짧은 장으로 구성.

연도	일반사	교회사	교의·문헌사
AD. 190년	- 192년: 아테네에서 사모사타의 루키아누스 사망. 페르시아의 볼로게세스 4세 왕 즉위. - 193년: 콤모두스 피살. 페르티낙스 피살. 속주 군단 추대 황제 디디우스 율리아누스 피살. 비잔티움에서 페스켄니우스 니게르, 브리타니아에서 클로디우스 알비누스 황위 찬탈. - 셉티미우스 세베루스 황제 즉위. - 194년: 세베루스, 페스켄니우스 니게르 격파. - 197년: 리옹에서 알비누스 격파. - 198~200년: 카라칼라와 함께 셀레우키아까지 파르티아를 몰아붙임. 오스로에네와 메소포타미아 로마 속주 편입. 니시비스를 식민지화. 군대 체계를 재정비. 화폐 가치 하락. 카라칼라에게 '존엄자' 부여.	- 190년: 비잔티움의 테오도투스 역동적 독주론과 입양론을 로마에 유포. 그리스도의 신성을 부인하면서 하느님의 유일성을 강조한 이단. - 190년경: 테르툴리아누스가 가톨릭으로 개종. - 판테누스가 설립한 것일 수도 있는 알렉산드리아의 교리 학원을 클레멘스가 지도. - 테르툴리아누스 《유다인 반박》, 《이교인들에게》 집필. - 197년/198년: 아프리카 속주 전집정관이 바뀌면서 카르타고 박해. 테르툴리아누스《순교자들에게》를 통해 감옥에서 죽음을 기다리는 형제들에게 용기를 줌. 《호교론》 집필. - 로마 그리스도인들이 카타콤베 마련. '위령회'(Collegia funeraticia)를 통한 무덤 관리 운영. - 199~217년: 제피리누스 교황.	- 《디오그네투스에게 보낸 편지》: 2세기 말, 익명의 저자가 쓴 호교서. 그리스도교를 향한 이교인 디오그네투스의 물음에 대한 답변서. 그리스도인의 정체와 세상과의 관계 설명. - 테르툴리아누스 《유다인 반박》: 그리스도인과 유다교로 개종한 사람과의 토론에 대한 보충 설명으로 유다교와 그리스도교 사이에서 벌어지는 논쟁의 중요한 요점을 드러냄. 유스티누스의 《유다인 트리폰과의 대화》를 토대로 함. - 테르툴리아누스의 호교서는 고전 라틴어의 수사학적인 구조와 문체를 동원한 변론서. - 테르툴리아누스 《이교인들에게》: 그리스도교에 대한 이교인들의 의도적 무관심을 깨뜨리고 이교 신화를 체계적으로 공박. - 《호교론》: 테르툴리아누스의 호교서 중 백미. 그리스도인의 생활과 신앙을 드러내면서 동시에 이교인들의 품행을 비판.

연도	일반사	교회사	교의 · 문헌사
AD. 200년	- 200년: 셉티미우스 세베루스, 개선문 건축. - 202년: 셉티미우스 세베루스, 유다인과 그리스도인의 선교와 개종 금지. - 208~210년: 브리타니아 전쟁. - 과세와 군대에 대한 절대 통치권 수락. 에메사 출신 황후 율리아 돔나의 강력한 정치적 영향력을 받음.	- 200년경: 미누키우스 펠릭스 《옥타비우스》 집필. - 테르툴리아누스 《이단자에 대한 항고》, 《영혼의 증언》, 《경기 관람》 집필. - 203년경: 오리게네스가 데메트리우스 주교에게 알렉산드리아의 교리 학교를 위탁받음. - 203년: 그리스도교 순교 문헌의 백미인 《성 페르페투아와 펠리치타스 수난기》. - 테르툴리아누스 《전갈 처방》, 《여성의 복장》, 《우상 숭배》, 《세례》, 《참회론》, 《마르키온 반박》, 《그리스도의 육신론》, 《죽은 이들의 부활》 집필. - 2세기 말: 순교자들의 유해 공경이 교회 안에 신심으로 정착.	- 미누키우스 펠릭스 《옥타비우스》: 오스티아에서 세 친구(이교인 케킬리우스, 옥타비우스, 저자) 사이의 대화. - 테르툴리아누스 《이단자에 대한 항고》: 적법한 전승을 토대로 한 정통 교회만 성경에 대해 해석할 수 있는 권한이 있음. - 《경기 관람》: 그리스도인들이 전차 경기와 원형 경기장의 볼거리에 참여하는 것이 합당하지 않음을 설명. - 《성 페르페투아와 펠리치타스 수난기》: 202년 셉티미우스 세베루스의 그리스도교 금지 명령을 어긴 예비 신자들의 수난기. 박해와 순교의 여러 장면이 자세히 묘사된, 순교 신학에 매우 중요한 문헌. - 《우상 숭배》: 우상 숭배의 여러 형태, 우상 숭배와 연관된 직업, 활동을 설명. - 《세례》: 역사상 최초로 그리스도교의 세례와 관련된 문제를 다룸. 세례의 필요성, 효과, 이단에 의한 세례의 적법성 등을 담고 있음. - 《죽은 이들의 부활》: 그리스도의 재림, 영혼과 재결합할 육체의 구원에 대한 설명과 함께 심판과 부활의 필요성 설명.

연도	일반사	교회사	교의·문헌사
AD. 210년	- 211년: 셉티미우스 세베루스 살해. 카라칼라와 게타가 공동 황제 즉위. 카라칼라에 의해 게타 살해. - 212년: '안토니누스 헌장' 반포하여 로마 제국의 모든 자유인의 시민권 인정. - 로마 카라칼라 목욕장 건설. - 216~217년: 파르티아와 전쟁. 카라칼라 메소포타미아에서 암살. - 218년: 헬리오가발루스 황제 즉위. - 시리아 출신 여성들의 정치적 위상 높아짐(율리아 돔나, 율리아 메사, 율리아 소에미아, 율리아 마메아). - 헬리오가발루스, 율리아 마메아의 아들이며 사촌인 세베루스 알렉산데르를 양자로 입양.	- 테르툴리아누스 《영혼론》, 《발렌티누스파 반박》, 병역 복무와 그리스도교가 양립할 수 없음을 드러내는 《월계관》, 《정결 권면》과 《동정녀의 베일》, 우티카의 개기일식 뒤에 그리스도인 박해를 시작한 전집정관에게 보낸 공개 서한 형식의 호교론 《스카풀라에게》 집필. - 213년: 테르툴리아누스가 몬타니즘에 빠짐. 박해를 피하는 것의 부당함을 쓴 《박해에서 도피》와 《프락세아스 반박》 집필. - 215년: 알렉산드리아의 클레멘스 사망. - 217년: 칼리스투스 교황. 히폴리투스 대립 교황. - 테르툴리아누스 《정덕》 집필.	- 《영혼론》: 영혼의 육체성과 영혼의 배태설 주장. 이 시기부터 점차 윤리적 강경 노선으로 선회하면서, 몬타누스 이단에 기울기 시작. - 《동정녀의 베일》: 성당에서만이 아니라 공적인 장소에서 베일을 착용해야 함. - 《프락세아스 반박》: 초대 교회 삼위일체론에 대한 양태론적 이단(성부 수난설)을 반박. "성부께서 동정녀에게 내려오셨으며, 동정녀로부터 태어나셨고, 고통을 받으셨다. 말하자면 바로 그분(성부)께서 예수 그리스도이시다."(1장)는 이단의 주장에 정통 삼위일체 가르침을 설명. - 알렉산드리아의 클레멘스 작품: 이교인들에게 그리스도교에로 귀의를 권고하는 《이교인을 위한 권고》, 그리스도교의 실생활과 연결된 기초적인 윤리를 가르치는 로고스 《교육자》, 세상의 기원과 다양한 신학과 영성적 주제를 다룬 모음집으로 7권으로 구성된 《양탄자》, 재물에 관한 강론인 《어떤 부자가 구원받는가?》, 개인적인 메모나 소견을 모은 《테오도투스 작품 발췌집》, 예언적 시가들.

연도	일반사	교회사	교의·문헌사
AD. 220년	- 222년: 헬리오가발루스와 그의 모친 마메아 살해. 세베루스 알렉산데르 황제 즉위. - 종교적 관용 정책 펼침. - 226년: 페르시아 사산 왕조의 시작, 아르다시르 1세 왕 즉위.	- 220년경: 로마 칼리스투스 교황, 사벨리우스 단죄. - 222~230년: 우르바누스 1세 교황. - 227년: 아프리카누스, 판테온 근처 '아름다운 도서관' 설립.	- 사벨리우스와 추종자들: '한 분 하느님'이 구약에서는 '아버지'로, 육화 사건에서는 '성자'로, 성령 강림에 '성령'으로 당신을 드러내신다는 양태론을 주장. - 영지주의자 바르데사네스의 주장이 그의 제자 필리포스가 쓴 《제민족의 법에 관한 책》을 통해 전해짐. - '두라-에우로포스'(현 시리아 지역)에 '카사 크리스티아나'(casa christiana) 건립: 그리스도교 전례를 위한 최초의 건물.
AD. 230년	- 231~232년: 페르시아와 전쟁. - 235년: 세베루스 알렉산데르 살해. - 막시미누스 트락스, 군단 추대로 황제 즉위. - 235~284년: 군대 내 권위 부재로 극심한 혼란 발생. - 238년: 고르디아누스 1세와 그의 아들 고르디아누스 2세가 몇 주간 황제가 됨. 아들은 전사하고 아버지는 자결.	- 230~235년: 폰티아누스 교황. - 230년: 오리게네스, 알렉산드리아를 떠나 팔레스티나의 카이사리아에 정착. - 231년경: 오리게네스, 그레키아 방문. 카리사리아에서 교수와 집필 활동에 몰두. 사제로서 교회에서 강론. - 알렉산드리아: 디오니시우스, 교리 학교 운영. - 235년: 막시미누스 트락스의 박해, 공개적으로 로마의 제신에게 제사 명령. - 235년: 폰티아누스 교황 사르디니아 유배 및 순교. 이어서 안테루스와 파비아누스 교황 승계.	- 교부 중 가장 많은 작품을 저술한 오리게네스: 신플라토니즘의 개념을 이용한 특유의 성경 해석을 통해 고대 그리스도교 교의를 체계화. - 오리게네스의 성경 관련 작품: 《헥사플라》(육중역본), 성경 주석서(요한 복음, 마태오 복음, 아가, 로마서), 카이사리아에서 행한 강론. - 교의 관련 작품: 《원리론》, 《헤라클리데스와의 논쟁》. - 영성 관련 작품: 《기도론》, 《순교 권면》, 《부활절》. - 《켈수스 반박》: 그리스어로 쓴 호교서 중 가장 뛰어난 작품. 친구이자 후원자인 암브로시우스의 의뢰에 의해 집필.

연도	일반사	교회사	교의 · 문헌사
AD. 230년	- 아퀼레이아에서 막시미누스 트락스 살해. 이어서 발비누스와 푸피에누스도 살해. - 238년: 고르디아누스 3세, 황제 즉위.	- 235년: 히폴리투스 사망, 이후 로마의 저술가가 라틴어 저술 시작. - 히폴리투스 《모든 이단 반박》 집필. 235년 사르디니아로 유배 간 동명의 로마 사제도 있음(히폴리투스의 수수께끼).	- 히폴리투스 《모든 이단 반박》: 모든 이단을 반박하기 위한 목적. 저자에게 이단들은 이교 철학파가 그리스도교 안에 드러난 것. - 도미틸라 카타콤베: '착한 목자 경당'.
AD. 240년	- 240년: 다키아의 다누비우스강 유역에서 고트족과 카르피족과 전쟁. - 시리아인 헤로디아누스 《마르쿠스 이후 로마 역사》 집필. - 242년: 페르시아와 레사이나 전투(다누비우스강 인근) 벌임. - 244년: 고르디아누스 3세 살해. 율리우스 베루스 필리푸스(아라부스) 황제 즉위. - 페르시아의 샤푸르 1세와 평화 조약. 다키아에서 고트족과 전쟁. - 248년: 로마 창건 1,000년 기념. - 249년: 베로나에서 필리푸스가 데키우스에게 패함. 데키우스 황제 즉위.	- 246년경: 키프리아누스 세례, 《도나투스에게》에서 죄 많은 이교도의 삶을 청산하고 그리스도로 말미암아 다시 태어나기 위한 것이 세례 이유였음을 밝힘. - 247년: 디오니시우스, 알렉산드리아 주교로 서품. - 249년: 키프리아누스, 카르타고의 주교가 됨. - 249년 말: 데키우스의 박해. 제국의 우상에게 희생 제사를 드리라는 칙령 내림. 이교 제사 수행 여부 증명서 발급. - 많은 이들이 배교함.	- 샤푸르의 친구 마니가 자신의 종교를 세움.

연도	일반사	교회사	교의·문헌사
AD. 250년	- 251년: 데키우스, 고트족과 전쟁에서 전사. 아들 호스틸리아누스 황제 즉위. 트레보니아누스 갈루스가 공동 황제로 추대. 호스틸리아누스가 흑사병으로 사망. - 고트족 소아시아와 그리스 약탈. - 샤푸르가 안티오키아에 도착. - 253년: 에밀리아누스가 트레보니아누스를 살해하고 황제 즉위. - 발레리아누스가 에밀리아누스 제거하고 아들 갈리에누스와 공동 황제. - 258년: 프랑크족과 알레마니족 침략.	- 250년: 파비아누스 교황 순교. 코르넬리우스 계승. 로마의 사제 노바티아누스가 대립 교황으로 열교. 노바티아누스 문제로 코르넬리우스가 교회 회의 소집. - 배교자 문제: 키프리아누스의 《배교자》. - 253년: 루키아누스, 교황으로 선출되자마자 유배됨. - 254년: 스테파누스 1세, 교황 승계 후 순교. - 254년경: 오리게네스, 데키우스의 박해 후유증으로 티로에서 사망. - 누미디아의 많은 신자들이 이방 민족에게 납치됨. 키프리아누스가 그들의 방면을 위해 도움. 고트족이 카파도키아의 신자들을 감옥에 가둠. 로마 교회가 그들의 방면에 힘씀. - 255/256년: 이단들의 세례에 관한 카르타고 교회 회의 개최. - 257~258년: 발레리아누스 박해. 그리스도인 재산 몰수. - 258년: 키프리아누스 순교. - 알렉산드리아의 디오니시우스 《호교론》 저술. 로마와 알렉산드리아의 동명의 디오니시우스 논쟁 발발. 알렉산드리아의 디오니시우스는 삼위의 구별을 강조, 로마의 디오니시우스는 하느님의 유일성을 강조.	- 노바티아누스 《삼위일체론》: 이단적 독주론을 공박. '트리니타스'(trinitas)라고 표현하지 않으며, 성령에 대해 '하느님'이라고도 '페르소나'(persona)라고도 하지 않음. - 데키우스의 박해로 인해 배교자의 참회에 대한 문제가 첨예화됨. - 키프리아누스의 해법: 배교자들은 공동체 앞에 공적인 죄의 고백과 합당한 보속을 거친 다음, 주교로부터 안수를 받고 성찬식에 참여할 수 있음.

연도	일반사	교회사	교의·문헌사
AD. 250년	- 259년: 갈리에누스가 방어. 알레마니족이 밀라노에서 패퇴. - 사산조 페르시아인들의 제국 서쪽 침략. 카파도키아와 안티오키아 침공. 두라-에우로포스 파괴.	- 259년경: 알렉산드리아에 흑사병 창궐, 그리스도인들이 환자들에게 도움을 줌.	- 키프리아누스는 아프리카의 전통인 교회 밖에서 세례받은 사람의 재세례를 인정함. 이에 대해 스테파누스 교황이 반대했으며, 재세례가 아닌 안수로 족하다는 입장을 취함.
AD. 260년	- 260년: 에데사 근처에서 발레리아누스가 패하고 페르시아인들의 포로가 됨. - 갈리에누스가 유일 황제 즉위. 군사 체계 개혁. - 플로티누스의 제자 모르피리우스 《엔네아데스》 저술. - 포스투무스가 갈리아와 히스파니아의 독립을 선언하고 황제 찬탈. - 267년: 오데나투스가 팔미라 왕국을 세워 페르시아와 고트족으로부터 로마 제국을 방어. 그가 사망한 후 왕비 제노비아가 아들 바발라투스와 함께 팔미라 통치. 로마로부터 분리 독립. - 268년: 북방 민족의 재침공. 밀리노에서 아우레올루스의 반란. - 갈리에누스 사망. 클라우디우스 고티쿠스 황제 즉위.	- 260년경: 갈리에누스가 종교 관용 정책을 공포하고 압류된 재산을 돌려줌. - 당시 제국 내 그리스도인 숫자가 대략 600만에 달함. - 264년경: 폰투스 지방에 복음과 오리게네스 사상을 전파한 기적의 그레고리우스 사망. - 268년: 안티오키아 교회 회의 개최. 사모사타의 주교 파울루스를 단죄. 이 결정에 펠릭스 1세 교황 동의.	- 2명의 디오니시우스 사건: 260년 리비아의 펜타폴리스 그리스도인들이 알렉산드리아의 주교 디오니시우스를 그리스도론 문제로 동명의 로마 교황 디오니시우스에게 고발. 로마 교회 회의는 사벨리아니즘과 삼신론을 모두 단죄함. - 사모사타의 파울루스가 역동적 독주론을 주장함. 로고스는 하느님의 능력이나 힘으로 하느님의 아들이 아님. 인간 예수 안에 하느님의 힘인 로고스가 머무는 것이라 주장.

연도	일반사	교회사	교의·문헌사
AD. 270년	- 270년: 클라우디우스 고티쿠스가 흑사병으로 사망. 도미티우스 아우렐리아누스 황제 즉위. - 아우렐리아누스가 이탈리아를 침략하려는 이민족 격퇴. 로마에 아우렐리아누스 장벽 설치. 다키아에서 철수. - 272/273년: 팔미라의 여왕 제노비아를 제압하고 동방을 다시 속주로 편입, 갈리아의 독립을 저지하면서 제국 전체 통일. - 12월 25일 태양신 숭배가 제국의 공식 축제가 됨. - 272년: 270년에 샤푸르 1세 사망 후 그의 아들 호르미즈드 1세 즉위. - 로마에 '불멸의 태양' 신전 세움. - 포르피리우스 《그리스도인 반박》 집필. - 272/277년: 마니 사망. - 275년: 비잔티움 근처에서 아우렐리아누스 살해. 클라우디우스 타키투스가 황제 즉위, 이듬해에 카파도키아에서 사망. 연이어 플로리아누스와 프로부스가 황제 즉위. - 277~278년: 유럽 한복판에서 북방 민족과 전쟁을 치름 (프랑크족, 알레마니족, 부르군트족).	- 270년경: 안토니우스, 은수 생활 시작. - 275년: 에우티키아누스 교황. - 275년경: 고대 교회 최초의 석관.	

연도	일반사	교회사	교의·문헌사
AD. 280년	- 282년: 프로부스 살해. - 황제가 된 카루스가 셀레우키아-크테시폰 함락. 황제의 두 아들 중 카리누스는 서방을 맡고 누메리아누스는 동방을 맡는 공동 황제. - 284년: 디오클레티아누스, 황제 즉위. 카리누스 살해 후 단독 황제 즉위. - 285~286년: 막시미아누스에게 '카이사르' 칭호 수여, 갈리아 바가우다이 봉기 진압. - 285~228년: 막시미아누스가 게르만족과 전투. 브리타니아 카라우시우스의 반란. - 286년: 막시미아누스에게 '아우구스투스' 칭호 부여. - 289년: 디오클레티아누스와 막시미아누스의 밀라노 회담. 공동 황제로 디오클레티아누스가 니코메디아를 수도로 제국 동쪽 통치, 막시미아누스가 밀라노를 수도로 제국 서쪽 통치.	- 283년: 카이우스 교황.	
AD. 290년	- 290년: 콘스탄티우스 클로루스가 카라우시우스를 상대로 전투. - 293년: 사두 정치 실시. 정제 2명(디오클레티아누스와 막시미아누스)과 부제 2명(콘스탄티우스 클로루스와 갈레리우스).	- 292년경: 파코미우스 출생.	- 카이사리아의 에우세비우스: 《(성경) 지명록》.

연도	일반사	교회사	교의·문헌사
AD. 290년	- 콘스탄티우스 클로루스가 브리타니아 반란 진압. - 296~298년: 갈레리우스가 사산조 페르시아 제압. 로마에 유리한 평화 협정 체결. - 297년: 마니교를 상대로 한 박해. - 제국 행정을 쇄신. 2명의 정제와 2명의 부제 밑에 황제 대행에 의해 통치되는 12개의 '디오케시스'와 87개의 '프로빈키아'. 프로빈키아는 민간 관리나 군인에 의해 통치됨. - 재정과 세제 정비. '황제 자문' 직책 만듦. - 296년: 디오클레티아누스, 이집트의 봉기 제압. - 298년: 디오클레티아누스, 로마에 목욕장 건설 시작.	- 296년: 마르켈리누스 교황. - 아르노비우스, 그리스도교로 개종. - 아르메니아의 왕 티리다테스 3세가 개종. '조명자' 그레고리우스가 아르메니아를 복음화.	- 아르노비우스 《이교인 반박》: 이교의 제전과 경신례를 비판함.
AD. 300년	- 301년: 화폐 가치 하락, 물가 안정을 위한 가격 정찰제 실시. - 302년: 디오클레티아누스, 로마 방문.	- 300년경: 락탄티우스 개종. 아타나시우스 출생. - 301년: 아르메니아 왕 트리다테스 3세, 그리스도교를 국교로 선포.	

연도	일반사	교회사	교의·문헌사
AD. 300년	- 305년: 디오클레티아누스와 막시미아누스, 황제 사임. - 정제로 갈레리우스, 콘스탄티우스 클로루스. 부제로 막시미누스, 플라비우스 세베루스. - 콘스탄티우스 클로루스 사망, 군인들이 그의 아들 콘스탄티누스를 아우구스투스로 추대. 막시미아누스의 아들 막센티우스가 로마에서 반란. - 307년: 막센티우스가 세베루스 제거. - 308년: 카르눈툼 회의 개최. 서방은 리키니우스(정제), 콘스탄티누스(부제), 동방은 갈레리우스(정제), 막시미누스 다이아(부제). - 팔라티누스 언덕 로마 최대의 공회당 '막센티우스 바실리카' 건설.	- 303/304년: 디오클레티아누스의 가장 강력한 박해. 수많은 순교자 탄생(아녜스, 세바스티아누스, 고스마와 다미아노 등). - 배교자 처리 문제 발생. - 305/306년: 이집트 리코폴리스의 멜리티우스가 배교자들에 대한 강경한 입장을 취하면서 교회 분열. - 305년: 다마수스 출생. - 308년: 수도승들이 은수 생활을 위해 안토니우스를 찾아옴. 힐라리온이 안토니우스 밑에서 수련받고 가자로 돌아감. - 308년: 마르켈루스 1세 교황, 에우세비우스 교황.	- 카이사리아의 에우세비우스 작품: 《연대기》, 《히에로클레스 반박》, 《카르피아누스와 복음서 규정》, 《교회사》의 첫 7권(신앙의 자유 이전 역사).
AD. 310년	- 310년: 막시미아누스 사망. - 311년: 갈레리우스 사망. 리키니우스가 동방의 정제가 됨. 서방의 정제는 공석. 콘스탄티누스, 밀라노를 접수하고 아퀼레이아를 수중에 넣음.	- 311년: 멜키아데스 교황. - 안토니우스가 순교자들을 만나 용기를 북돋기 위해 알렉산드리아 방문. - 갈레리우스가 종교 자유 칙령 발표(동방에 부분적으로 적용).	

연도	일반사	교회사	교의·문헌사
AD. 310년	- 312년: 콘스탄티누스, 막센티우스와 밀비우스 다리에서 결전을 치른 후 승리. 원로원으로부터 서방의 유일 황제로 승인. - 313년: 콘스탄티누스와 리키니우스의 밀라노 회담. - 리키니우스가 콘스탄티누스의 이복여동생 콘스탄티나와 결혼. 콘스탄티누스가 갈리아로 돌아가고 리키니우스는 막시미누스 다이아를 제거하며 동방의 유일 황제가 됨. - 313년: 밀라노 칙령에 대한 리키니우스의 편지. 에우세비우스의 《교회사》에 신앙 자유 선언 포고문 수록.	- 올림푸스의 메토디우스, 에우베아에서 순교. - 312년: 안티오키아의 루키아누스, 니코메디아에서 순교(아리우스와 니코메디아의 에우세비우스의 스승). - 그리스도교에 대한 콘스탄티누스 황제의 마음이 변하기 시작. - 아프리카: 도나투스파 열교 시작. 케킬리아누스와 카르타고의 마요리누스 사이의 분쟁이 도나투스까지 연장. - 313년: '밀라노 칙령'이 콘스탄티누스와 리키니우스에 의해 공포, 그리스도교 공동체의 자유로운 경신례 허락, 몰수된 압류 재산을 되돌려 줄 것과 배상을 규정함. - 그리스도교 성직자들이 국가가 정한 의무를 면제받음. - 로마에서 이탈리아와 갈리아 주교들이 도나투스 열교 문제로 교회 회의 개최. - 314년 이전: 히스파니아에서 엘비라 공의회 개최. 당시 히스파니아 교회의 모습과 그리스도인들의 분포에 대한 귀중한 정보를 제공함. - 314년: 에우세비우스, 팔레스티나의 카이사리아 주교가 됨.	- 메토디우스 《부활》: 오리게네스의 영혼 선재설 반박. 동정에 대한 대화집 《열 처녀의 잔치》 집필. - 루키아누스를 알렉산드리아의 알레고리적 성경 해석에 반대하고 문자적 해석을 주창하는 안티오키아 학파의 창시자로 여기지만, 이를 증명하는 명확한 근거 부족. - 에우세비우스 《팔레스티나 순교자들》. - 락탄티우스의 대표작: 《하느님의 작품》, 그리스도인을 박해한 이들에게 하느님의 정의가 내린다는 《박해자들의 죽음》. - 에우세비우스의 호교론: 이교인을 향한 《복음의 준비》, 유다인과 포르피리우스를 겨냥한 《복음의 논증》.

연도	일반사	교회사	교의·문헌사
AD. 310년	- 315년: 로마에 콘스탄티누스 개선문 건립. - 318년: 황제 제위 20주년과 황제의 안녕을 위한 축제 거행.	- 314년: 갈리아 아를에서 콘스탄티누스의 소집으로 도나투스파 문제를 다루는 회의 개최. - 실베스테르 교황. - 락탄티우스가 콘스탄티누스의 아들 크리스푸스를 트리어에서 교육함. - 315/316년: 도나투스주의자들을 단죄하고 박해함. - 316년: 교회 안에서 노예 해방 권한 허락. - 318년: 주교들에게 재판 권한 수여. - 319년경: 파코미우스, 공주 수도회 창설. 타벤니시와 파바우에 수도원을 세움.	- 314년 아를 공의회: 시라쿠사의 크레스투스의 주재로 카르타고의 케킬리아누스와 그의 주교 서품의 부당성을 공격하는 이들이 참석한 재판. 공의회는 313년 로마 교회 회의의 결정대로 케킬리아누스의 정통성을 확인. 이 외에 파스카 날짜, 세례와 서품에 대한 결정.
AD. 320년	- 323/324년: 콘스탄티누스가 리키니우스에게 하드리아노폴리스와 크리소폴리스에서 승리. 제국의 유일 황제 즉위. - 325년: 새로운 제국 수도 건설 착수. 검투 경기 금지. - 326년: 콘스탄티누스가 로마를 영구히 떠나면서 아니키우스 율리아누스를 로마 총독으로 세움. - 콘스탄티누스의 모친 헬레나가 로마를 떠나 예루살렘에 당도, 다수의 그리스도교 건물을 건설함.	- 320년: 독신을 금지하는 아우구스투스 법안 폐기. - 니노에 의한 조지아의 복음화. - 321년: 교회 축제일을 공휴일로 정함. 가톨릭 교회가 증여와 기증을 받을 수 있음. - 323년: 알렉산드리아에 아리우스를 단죄하기 위한 지역 교회 회의 개최.	- 콘스탄티누스가 막센티우스 대저택을 교황에게 증여. 후에 라테라노 대성전이 됨. - 에우세비우스 《교회사》: 사라질 수도 있는 많은 문헌을 수집하여 전해 줌. 호교적인 목적으로 집필.

연도	일반사	교회사	교의·문헌사
AD. 320년	- 328년경: 헬레나 사망. 시신을 로마로 옮김.	- 325년: 니케아에서 콘스탄티누스가 소집한 첫 번째 보편 공의회 개최. 아리우스 단죄, 신경 반포. - 326년: 이단들에게 성직자들이 누리는 특권을 박탈하는 법령 반포. - 328년: 아타나시우스, 알렉산데르를 이어 알렉산드리아의 주교가 됨. - 콘스탄티누스가 에우세비우스에게 성경 복사본 50권을 청함. - 아타나시우스에게 서품받은 프루멘티우스가 에티오피아 복음화. 에티오피아 악숨 왕국의 에자나 왕이 세례 받음.	- 니케아 신앙에 관한 논쟁의 핵심: '아버지의 본질로부터', '참하느님에게서 나신 참하느님, 창조되지 않고 낳음 받으신 분', '성부와 동일 본질'(homoousios)이라는 표현임. 이 신앙 고백은 후대 모든 보편 공의회를 통해 계속해서 확인함. - 안티오키아의 에우스타티우스《점쟁이에 관해 오리게네스 반박》: 오리게네스의 유비적 해석을 강력하게 비판. 다른 단편을 통해 그가 온건한 독주론자임을 알 수 있음. 유일한 신성 안에 아버지와 아들의 프로소폰이 구별됨. 그러나 그에게 프로소폰은 단지 행동 양식을 의미. - 니케아 공의회 혹은 바로 이어진 다른 공의회에서, 교구 내 부제·사제와 주교에 관한 것과 교구들 사이에 관한 25개의 카논이 카이사리아의 에우세비우스에 의해 공표.
AD. 330년	- 330년: 콘스탄티노폴리스, '새로운 로마'로 축성식 거행. - 기존의 이교 신전을 존치하면서 3개의 그리스도교 성당 건축.	- 330년경: 콘스탄티누스가 아리우스파 주교들을 보호함. - 330년: 아타나시우스, 테바이데 방문. 마카리우스, 스케시스에서 수도 생활. 팔레스티나 지역에도 수도원이 설립됨.	

연도	일반사	교회사	교의·문헌사
AD. 330년	- 332년: 고트족을 물리침. 콘스탄티누스가 아리우스파를 단죄하는 동시에 포르피리우스 추종자들과 그들의 책을 폐기. - 로마와 페르시아의 각축장이었던 아르메니아의 왕 트리다테스 3세 사망. - 티루스 교회 회의 동안 에우세비우스가 콘스탄티누스의 제위 30주년 연설. - 336년: 페르시아와의 전쟁 개시. - 337년: 콘스탄티누스, 니코메디아의 에우세비우스에게 세례를 받은 후 사망. 제국이 아들들에 의해 분할됨. 콘스탄티누스 2세(히스파니아, 갈리아, 브리타니아), 콘스탄스 1세(이탈리아, 일리리쿰, 아프리카), 콘스탄티우스 2세(아시아, 시리아, 이집트).	- 로마: 12월 25일 성탄 축일 거행. - 331년: '데쿠리오니'(시의 원이나 공무직 관리)는 성직에 오를 수 없음. - 335년: 티루스에서 이른바 '강도 회의' 개최, 아타나시우스를 단죄하고 갈리아로 유배 보냄. 아타나시우스, 그곳에 수도 생활을 소개함. - 실베스테르 교황 사망. 그 뒤를 마르쿠스, 율리우스 교황이 계승. - 예루살렘에 부활 성당을 봉헌. - 336년경: 아리우스 사망. - 336년: 카르타고 교회 회의, 도나투스파 문제. 주교 270명 참석. - 337년: 파코미우스, 자신의 거처를 파바우로 정함. - 안토니우스가 알렉산드리아와 니트리아 사막을 방문, 켈리아(작은 방, 거처) 세움. - 콘스탄티누스와 콘스탄스는 아타나시우스를 지지, 콘스탄티우스 2세는 아리우스파를 지지함. - 339년: 페르시아 샤푸르 2세의 그리스도인 박해.	- 유벤쿠스가 처음으로 육운 각시 형태의 주해시 《복음서 이야기 4권》을 집필.
AD. 340년	- 340년: 콘스탄티누스 2세가 동생 콘스탄스에게 살해. 제국이 남은 두 형제에 의해 분할.	- 340년경: 카이사리아의 에우세비우스 사망. - 340년: 아타나시우스, 로마로 유배됨.	

연도	일반사	교회사	교의·문헌사
AD. 340년	- 콘스탄스가 '결혼에 대한 신성한 의무 법'을 위반하여 유죄 판결. - 콘스탄스, 갈리아에서 프랑크족, 브리타니아에서 픽트족과 전쟁 벌임. 콘스탄티우스 2세가 메소포타미아에서 페르시아인들을 상대로 정복 전쟁. 에데사 함락. - 341년: 콘스탄스가 콘스탄티우스와 협의 하에 이교인들의 희생 제사 금지 시행. - 셀레우키아-크테시폰의 주교가 페르시아 제국의 그리스도교 박해로 순교. - 안티오키아를 비롯해 동방에 대지진 발생.	- 파코미우스의 누이 마리아가 여성 수도원을 세움. - 341년: 안티오키아 교회 회의 개최. - 울필라가 니코메디아의 에우세비우스로부터 주교품을 받음. 고트족에 아리우스주의를 퍼트리는 데 헌신함. - 342년: 성직자들의 공공 의무 면제. - 343년: 황제의 뜻에 따라 세르디카 교회 회의 개최됨. - 344년: 콘스탄티노폴리스의 주교 마케도니아누스가 이단적 주장 펼침(마케도니아니즘, 반성령파). - 345년경: 시리아인 아프라하트 사망, 시리아 교회의 첫 번째 교부로 일명 '페르시아의 현자'로 불림. - 347년: 파코미우스 사망. - 히에로니무스와 루피누스 출생. - 콘스탄스가 도나투스파 박해. - 348년경: 예루살렘의 키릴루스가 사제 혹은 주교가 된 지 얼마 안 되어 행한 설교집 《교리교육》 저술. - 348년: 도나투스파를 대항하기 위한 카르타고 공의회 개최.	- 세르디카(소피아) 교회 회의: 아리우스로 인해 발발한 논쟁으로 열린 회의. 동방의 주교들과 오시우스를 필두로 한 서방 주교들 사이 서로 다른 입장을 조율하기 위한 목적으로 개최. 그러나 많은 동방 주교들의 부재와 아리우스주의자들의 불참 속에 진행된 회의는 '호모우시오스' 개념을 배제한 채 니케아 신조를 재천명하고 일반 교회 규정을 채택함. - 아프라하트(아프라테스)가 저술한 23편의 서간과 강론이 《논증》이라는 제호로 편집. 첫 10편은 전통적인 신학 주제와 그리스도교 수덕 생활을 설명하고, 나머지 13편의 대다수는 반유다이즘 시각을 드러냄. - 피르미쿠스 마테르누스 《이교의 오류》: 당시의 이교주의를 논박. 황제들에게 이교주의를 말살할 중대 의무가 있음을 상기시킴. - 예루살렘의 키릴루스 《교리교육》(24권): 18권은 파스카에 세례받을 사람들을 위해 예루살렘의 신조를 세밀하게 설명하고, 나머지 5권은 세례받은 이들을 향한 신비 교리교육.

연도	일반사	교회사	교의·문헌사
AD. 350년	- 353년: 마그넨티우스가 콘스탄스를 제거하고 갈리아의 아우구스투스로 선포, 콘스탄티우스 2세에게 패망함. - 시베리아 남쪽에서 훈족이 출현. - 354년: 밀라노에서 갈루스 처형. - 355년: 율리아누스가 갈리아의 부제가 됨.	- 350년: 울필라가 성경을 고트족 언어로 번역, 종교적인 측면은 물론 문화적으로도 중요한 사건. - 351년: 파코미우스의 제자 호르시에시우스가 공동체를 테오도루스에게 인계. - 352년: 콘스탄티우스 2세가 리베리우스 교황을 트라키아로 유배 보냄. 대립 교황은 아리우스주의자인 펠릭스 2세. - 354년: 아우구스티누스 출생. - 355년: 주교들에게 일반 세속 법정에 서지 않을 특권 부여. 밀라노 교회 회의 개최, 아타나시우스를 단죄. - 355년경: 이집트의 안토니우스 사망. 로마의 빅토리누스 세례. - 도나투스 사망. - 356년: 이교 신전 폐쇄, 경신례 금지. - 357년: 아타나시우스 《안토니우스의 생애》 집필. - 시르미움 교회 회의: 아리우스주의 교회 회의. - 358년: 리베리우스 교황직 복귀. - 358/359년: 바실리우스, 팔레스티나와 이집트 방문 후 안네시에서 은수 생활 시작. 공주 수도 생활 유포, 규칙서 저술.	- 354년: 필로칼루스가 로마에서 공경받는 교황과 순교자들의 목록이 들어간 '로마 달력' 제작. - 카사이-니그라이의 주교 도나투스가 저술과 설교로 자신의 생각 유포. - 마리우스 빅토리누스: 세례를 전후로 다수의 작품 저술. 니케아 공의회의 '동일 본질'을 변호하지만 플라톤 철학의 시각을 벗어나지 못함. - 힐라리우스 《마태오 복음 주해》 저술. - 아타나시우스 《안토니우스의 생애》: 이집트 수도승 생활의 영성과 정보를 알려 주는 매우 중요한 문헌으로, 특히 서방에 많은 영향 끼침. - 356~360년 힐라리우스 《삼위일체론》: 전통적인 신학을 자신만의 독특한 시각으로 재탄생시킨 작품. 성부와 성자의 일치성과 위격적 구별을 강조하는 반면, 성령에 관해서는 많은 언급을 하지 않음. 성령에 관한 논쟁이 벌어지기 전이었기 때문임.

연도	일반사	교회사	교의·문헌사
AD. 350년	- 357년: 율리아누스가 프랑크족과 알레마니족 격퇴. - 359년: 페르시아의 샤푸르 2세 로마에 재항전.	- 358~359년: 여러 교회 회의를 통해 '유사 본질파' 승리. - 359년: 리미니 교회 회의, 콘스탄티우스 2세 주도로 개최. 카르타고의 레스티투투스 의장, 400명 주교 소집. 니케아 신경 재확인. 황제가 주교들에게 압력을 가해 아리우스주의와 타협하게 함.	- 358/359년 힐라리우스 《교회 회의》: 갈리아, 게르마니아, 브리타니아 주교들에게 동방의 신학을 소개함으로써 곧 개최될 리미니와 셀레우키아(이사우리아) 교회 회의를 준비하도록 함. - 359년 로마 시 행정관 유니우스 바수스의 석관 부조: 4세기 가장 훌륭한 그리스도교 조각.
AD. 360년	- 360년: 갈리아 군단이 페르시아와 전쟁을 벌이는 콘스탄티우스의 지원을 거부. 율리아누스를 정제로 추대. - 361년: 콘스탄티우스 2세 사망. 율리아누스가 유일 황제가 됨. - 361~362년: 예루살렘과 콘스탄티노폴리스 지진 발생. 율리아누스가 이교 신앙 자유 법령을 반포하고 이교 신전을 재건. - 363년: 페르시아 전투, 율리아누스 사망. - 요비아누스 황제 즉위. 니시비스를 포함한 제국의 영토를 페르시아에 양도. 율리아누스의 종교 정책 철회. - 요비아누스 사망. 발렌티니아누스 황제 즉위. 밀라노에 수도를 두고 자신은 서방을, 동생 발렌스를 콘스탄티노폴리스에 수도를 둔 동방의 황제로 지명.	- 360년: 콘스탄티우스 2세가 '유사파'의 주장이 관철되는 공의회를 원함. - 361년: 판노니아 출신의 마르티누스가 유럽 최초 수도 공동체(리구제) 창설. - 아폴리나리우스가 라오디케이아의 주교가 됨. - 율리아누스 황제가 그리스도교를 버리고 이교로 회귀. - 362년: 아타나시우스, 이집트에서 주교 회의 개최, 베르첼리의 주교 에우세비우스도 참석. - 364년: 이교 신전에 기증되었던 재화를 국가로 귀속시킴. 부자들은 성직에 오를 수 없음. - 365년: 아르메니아 첫 번째 교회 회의 개최. - 366년: 다마수스 1세 교황.	- 360년경: 성령의 신성을 부인하는 이단이 콘스탄티노폴리스 주교 마케도니우스로부터 촉발됨. 몇몇 유사 본질파 주교들이 동조함. - 아폴리나리우스는 육을 취한 말씀이 인간의 이성(nous)을 대신한다고 주장.

연도	일반사	교회사	교의·문헌사
AD. 360년	- 365년: 제국의 동방에 대지진 발생. - 367년: 발렌티니아누스, 여덟 살 아들 그라티아누스를 아우구스투스로 지명하고 자신은 트리어로 이주.	- 367년: 푸아티에의 힐라리우스 사망. - 에피파니우스, 키프로스의 살라미스 주교가 됨. - 368년: 테오도루스 사망, 호르시에시우스, 파코미우스 수도원 원장 복귀.	- 365~367년 힐라리우스: 《시편 주해》, 《신비론》 저술.
AD. 370년	- 370년: 콘스탄티노폴리스에 '성 사도들의 성당' 봉헌. - 372년: 테오도시우스 장군(테오도시우스 황제의 아버지), 브리타니아에서 로마 지배권 수복. - 375년: 발렌티니아누스 사망. 서방이 두 아들에 의해 분리됨. 그라티아누스(트리어)와 발렌티니아누스 2세(이탈리아와 아프리카). - 그라티아누스, 테오도시우스 장군을 처형. - 378년: '하드리아노폴리스(트라키아) 패배', 발렌스가 훈족, 동고트족, 아라니족과 전투에서 패하고 사망. - 379년: 그라티아누스가 동방의 아우구스투스로 테오도시우스 지명. 테오도시우스, 사마르티족과 고트족과 전투. 훈족과 아라니족이 판노이아 침략.	- 371년: 대(大)바실리우스, 카이사리아의 주교가 됨. - 칼리아리의 루키페루스 사망. - 371/372년: 베르첼리의 에우세비우스 사망. - 372년: 마르티누스, 투르의 주교가 됨. - 373년: 아타나시우스 사망. 페트루스 2세가 알렉산드리아의 주교가 되지만 로마로 피신해야 했으며, 379년에 자신의 도시로 복귀함. - 시리아 교회의 가장 중요한 저술가 에프렘 사망. - 재세례 금지. - 374년: 암브로시우스, 밀라노의 주교가 됨. - 다마수스 교황, 로마 교회회의 개최, 세바스테의 에우스타티우스와 라오디케이아의 아폴리나리우스 단죄. 히에로니무스, 팔레스티나로 이주.	- 370년경: 라티나 가도의 카타콤베 벽화. - 370/375년경: 히스파니아에서 프리스킬리아니즘이 발발. 프리스킬리아누스는 철저한 고행을 주창하며 교회 규정을 뛰어넘는 수덕 실천을 강조함. 구약과 신약의 하느님을 구별하며, 그리스도 인성의 실제성 부인. - 에프렘(에데사 교리 학교의 창설자): 셈족 전통의 성경 해석과 함께 그리스 철학의 영향을 받은 상징적 해석 모두를 경계. - 376년 암브로시우스의 첫 작품: 《동정》과 《과부》. 암브로시우스의 설교에 '동정'은 자주 언급됨. 그만큼 그의 사목에 있어 중요한 주제로서 그리스도교 수덕의 주요 개념임.

연도	일반사	교회사	교의 · 문헌사
AD. 370년	- 페르시아의 샤푸르 2세 사망, 아르다시르 2세 왕위 승계. 샤푸르 2세 치세 말년 그리스도인 박해. - 379/380년: 그라티아누스와 테오도시우스가 친그리스도교 칙령 반포.	- 갈리아 지역 발렌티아 교회 회의 개최. 교회 규율 상의함. - 376년: 루피누스와 멜라니아가 이집트 방문, 멜라니아가 올리브동산 수도원 설립. - 379년: 대바실리우스 사망. 이단의 모든 집회와 회의 금지. 라틴어가 로마에서 전례 용어가 됨.	- 379년: 암브로시우스가 그라티아누스 황제의 요청에 의해 아리우스 이단을 반박하는 《신앙론》 집필. - 379년경: 히에로니무스 《성 파울루스의 생애》.
AD. 380년	- 381년: 테오도시우스, 모든 이교 예식 금지. - 382년: 그라티아누스가 로마에 승리의 여신 제단 철거. 대사제직 거부. - 서고트족 제국 내 정착 허용. - 383년: 막시무스의 반란, 그라티아누스 사망. - 384년: 막시무스, 서방의 아우구스투스 찬탈.	- 380년: 테오도시우스의 '테살로니카 칙령' 반포, 그리스도교를 제국의 국교로 선언. 로마의 다마수스와 베드로와 알렉산드리아의 신앙만이 정통이기에, 그들과 일치하지 않으면 이단임. - 프리스킬리아누스 이단으로 인해 사라고사 교회 회의 개최. - 티모테우스, 알렉산드리아의 총대주교가 됨. - 381년: 이단의 집회 금지와 유언 작성 권리 박탈, 파스카 대사를 받을 수 없음. - 동방 교회의 정통 주교 목록. 이교 희생 제사 금지.	- 나지안주스의 그레고리우스: 콘스탄티노폴리스 5편의 《연설》. - 암브로시우스: 그라티아누스에게 《신앙론》 2부 헌정. - 히에로니무스: 카이사리아의 에우세비우스 작품 《연대기》를 번역, 로마 역사를 추가 증보(325년 콘스탄티누스의 통치 20주년 기념일부터 378년 발렌스의 사망까지). - 소경 디디무스: 《성령론》 저술, 암브로시우스가 이를 인용. 그리스어 원본이 1942년 투라에서 발견됨. 히에로니무스가 이 작품을 381년 라틴어로 번역, 암브로시우스는 디디무스의 책을 토대로 《성령론》을 집필.

연도	일반사	교회사	교의 · 문헌사
AD. 380년	- 387/388년: 막시무스의 이탈리아 침공, 테오도시우스가 격퇴. - 388년: 테오도시우스, 즉위 10주년을 맞아 이집트에서 군대 징병.	- 381년: 두 번째 보편 공의회가 콘스탄티노폴리스에서 개최. 니케아 결정 확인, 성령에 관한 교의 결정, 콘스탄티노폴리스를 로마 다음으로 위치시킴. - 아퀼레이아 교회 회의 개최. - 382년: 이교도와 이단, 마니교를 거스르는 친가톨릭적인 법령 제정. - 383년: 울필라 사망. - 에바그리우스가 팔레스티나를 거쳐 이집트 스케티스에서 은수 생활. - 아우구스티누스가 로마에서 교사 생활. - 384년: 다마수스 사망, 시리키우스 교황. - 385년: 프리스킬리아누스, 트리어에서 살해. 최초로 이단이 사형됨. - 히에로니무스, 로마를 떠나 동방으로 이주. - 386년: 요한, 예루살렘의 주교가 됨. - 밀라노에서 암브로시우스와 황후 유스티나 간에 아리우스주의로 인한 갈등 발생.	- 파우스티누스 루키페리아누스와 필아스트리우스가 암브로시우스가 작성했다고 알려진 '퀴쿰퀘(Quicumque) 찬미가'를 전함. - 니사의 그레고리우스: 바실리우스의 삼위일체론을 변호하고 에우노미우스를 반박하는 작품을 저술함. - 요한 크리소스토무스: '영적 결혼'을 하는 동정자들을 비판. - 383년: 히에로니무스가 오리게네스의 아가에 대한 강론 2편을 번역, 《마리아의 동정에 관해 다룬 헬비디우스 반박》 집필. - 384년: 히에로니무스가 다마수스 교황의 요청으로 복음서와 시편에 대한 재검토를 착수하고, 로마의 부인들에게 다수의 편지를 씀. - 니사의 그레고리우스: 교리 교사를 위한 주요 교리 요약인 《대(大)교리교육》 집필. - 386년: 암브로시우스가 성당 문제로 아리우스파와 대치하면서 처음으로 '찬미가'를 지었으며, 이후 작성한 전례적 찬미가가 서방 교회에 확산. - 요한 크리소스토무스: 친구 바실리우스와 나누는 대화 형식의 《사제직》 저술.

연도	일반사	교회사	교의·문헌사
AD. 380년		- 387년: 히포의 아우구스티누스가 암브로시우스에게 세례받음. 카시키아쿰에서 철학적 주제의 《대화》 저술. 오스티아에서 어머니 모니카의 죽음. 로마에서 이듬해까지 체류. 마니교를 반박하는 책 저술. - 389년: 나지안주스의 그레고리우스 사망. 놀라의 파울리누스 세례받음.	- 아우구스티누스 《행복한 삶》: 행복한 삶은 하느님에 대한 앎에서 주어짐. - 《아카데미아학파 반박》: 회의주의를 비판하면서 인간이 진리에 도달할 수 있다는 희망을 제시. - 《질서》: 악이 하느님의 섭리와 계획에 들어갈 수 있는지에 대한 탐구. - 《독백》: 하느님을 알고 소유하기 위한 조건을 제시하며, 영혼의 불사성을 다룸. - 《영혼 불멸》: 직전 집필한 작품을 보충하여 완성함. - 387년: 암브로시우스가 창조에 대한 강론을 행함(《육일 창조》). - 히에로니무스: 《말쿠스의 생애》, 《코헬렛 주해》. - 아우구스티누스 《영혼의 위대함》: 영혼에 대한 다양한 주제를 다룸. - 《자유의지론》: 악의 기원과 이와 관련된 문제들 즉, 자유, 윤리법, 하느님 등을 다룸.

연도	일반사	교회사	교의 · 문헌사
AD. 380년			- 아우구스티누스 《가톨릭 교회의 관습과 마니교도의 관습》: 마니교에게 그리스도교의 신앙을 변론함. - 히에로니무스: 여러 편의 주해 집필(필레몬 서간, 갈라티아 서간, 에페소 서간, 티토 서간). - 암브로시우스: 《성직자의 의무》, 시편 118편을 주해. - 히에로니무스: 《성 힐라리온의 생애》, 칠십인역 가운데 여러 권을 재번역, 히브리어 이사야서 번역, 주해서(나훔, 미카, 하까이, 하바쿡) 집필. - 아우구스티누스: 《음악》. - 《교사》: 아들 아데오다투스와 나눈 대화, 내적 스승이야말로 진정한 스승임.
AD. 390년	- 392년: 아르보가스트에 의해 발렌티니아누스 2세 살해. 에우게니우스, 갈리아의 황제를 참칭. - 스틸리코, 다누비우스강에서 아라니족, 고트족, 훈족을 격퇴. - 393년: 콘스탄티노폴리스 전차 경주장에 오벨리스크를 세움. - 올림피아에서 마지막 고대 올림픽 거행.	- 390년: 수도승들의 도시 체류 금지. - 테살로니카 학살로 인해 암브로시우스와 테오도시우스 황제 사이에 불화 발생. - 391년: 테오도시우스가 모든 형태의 이교 경신 예배 금지 칙령 반포. - 아우구스티누스, 히포에서 사제 수품. - 아우렐리우스, 카르타고의 주교가 됨.	- 390년경 암브로시우스 《루카 복음 해설》: 이전에 행한 강론 모음집. - 니사의 그레고리우스 《모세의 생애》: 구약의 모세를 통해 그리스도교 영성 설명. - 아우구스티누스가 "헛되고 거짓된 모든 주장"에 대항하여 《참된 종교》를 역설. 특히 마니교의 교설과 이교인들의 주장까지도 비판, 아울러 그리스도교 신앙이 얼마나 이성적인지도 변론.

연도	일반사	교회사	교의·문헌사
AD. 390년	- 394년: 테오도시우스, 프리기두스강 인근에서 에우게니우스 격파. - 395년: 테오도시우스 사망, 두 아들이 황제 승계. 호노리우스 서방 통치, 아르카디우스 동방 통치. 로마 제국이 사실상 동서로 분리. - 스틸리코, 전군의 지휘권 접수. - 395년: 고트족이 다누비우스강을 넘어 콘스탄티노폴리스 근처까지 침공.	- 392년: 테오도루스, 킬리키아 몹수에스티아의 주교가 됨. - 유다교 회당 파괴 금지. - 교회 안에 '피난 시설' 설치 법령. - 393년: 에피파니우스, 예루살렘을 방문, 요한에게 오리게네스를 단죄하라고 강요, 히에로니무스가 오리게네스 비난. 오리게네스 논쟁 시작. - 히포에서 아프리카 속주 전체 공의회 개최. 사제인 아우구스티누스가 개막 연설. - 394년: 히에로니무스 《명인록》 집필. - 394년경: 안티오키아 학파를 세운 타르수스의 디오도루스 사망. - 395년: 콘스탄티노폴리스 회의 의장을 맡은 니사의 그레고리우스 사망. 리코폴리스의 요한 사망. - 이교 축제가 종식됨. - 암브로시우스, 테오도시우스 황제의 장례식 연설. - 395/396년: 아우구스티누스, 히포의 주교가 됨.	- 390~391년: 암브로시우스 《성사론》과 《신비론》 집필. - 392년 아우구스티누스 《믿음의 유익》: 사제 서품 후 이성과 신앙의 관계를 분석. - 《시편 상해》: 시편 150편 모두 주해함. 직접 설교한 것과 쓴 것이 혼재. 기록된 것은 세 부류로 나눌 수 있음. 짧은 주석과 방대한 설명과 신자들이 설교를 읽을 수 있도록 받아 적은 것. 시편 설교의 대부분은 카르타고에서 행해졌음. - 파울리누스: 놀라의 성 펠릭스 축일을 기해 시가집인 '천상 탄일 송가' 작성. - 디오도루스: 알렉산드리아의 과도한 유비적 해석을 비판하면서 성경의 자구 해석을 강조. - 393년 아우구스티누스 《신앙과 신경》: 히포 교회 회의에 모인 아프리카 주교들 앞에서 신경을 해설. - 히에로니무스: 히브리 성경을 바탕으로 요나서와 오바드야서의 누락 부분을 재번역. - 397년: 시네시우스 《대머리 찬사》.

연도	일반사	교회사	교의·문헌사
AD. 390년	- 395년: 동방 황제 아르카디우스, 프랑크족 장군 바우투스의 딸 에우독시아와 결혼. - 서고트족 알라리쿠스, 트라키아를 약탈, 다른 게르만 부족이 제국을 침략. - 396년: 알라리쿠스, 그레키아 아테네를 약탈.	- 396년: 이교 성직자의 특권 몰수. - 히에로니무스와 예루살렘의 요한 사이 화해 시도, 두 사람 모두 로마 방문. 로마 원로원 의원 팜마키우스의 아내이자 수도 생활을 했던 파울리나 사망. - 397년: 카르타고 교회 회의 개최. 히포 공의회(393년) 결의안 요약 승인. - 397년: 투르의 마르티누스 사망, 밀라노의 암브로시우스 사망. - 콘스탄티노폴리스의 넥타리우스 사망. 환관 에우트로피우스의 천거로 안티오키아의 요한 크리소스토무스가 콘스탄티노폴리스의 주교가 됨. - 아나우니아에서 순교자 탄생. 트리엔트의 주교 비길리우스가 밀라노의 주교 심플리키아누스와 콘스탄티노폴리스의 요한 크리소스토무스에게 편지를 보냄. - 397/398년: 아우구스티누스 《파우스투스 반박》 집필. 제3차 카르타고 회의 참석. - 399년: 알렉산드리아에서 히바티아 아래 공부를 마친 시네시우스가 키레네로 귀향. 세금 감면을 황제에게 요구하는 펜타폴리스의 대사 자격으로 콘스탄티노폴리스에 파견된 후 3년간 체류.	- 397년: 카르타고 교회 회의 회의록이 단편으로 전해짐. 회의의 주요 부분을 담은 《히포의 축약본》(Breviarium Hipponense). 37개 조항의 규범은 히포 회의에서 논의된 내용을 기반으로 작성, 같은 해 카르타고 교회 회의에서 승인됨. 정경 목록 포함. - 루피누스가 팜필루스와 에우세비우스의 오리게네스에 대한 《변론》을 번역하고, 《오리게네스 저서 변조》를 집필함. - 387/398년: 아우구스티누스, 《그리스도교 교양》 집필. - 《마니교도 파우스투스 반박》: 파우스투스가 사용한 신구약 성경 구절을 조목조목 반박함. - 398년: 루피누스가 오리게네스의 《원리론》 두 권을 번역, 히에로니무스가 크레모나의 에우세비우스에게 《마태오 복음 주해》를 헌정. 루피누스가 《원리론》 3~4권을 번역, 히에로니무스가 히브리어 구약 팔경을 번역. - 398년: 시네시우스가 친구 파이오니우스에게 선물과 함께 동봉한 편지 《선물에 관해 파이오니우스에게》 집필.

연도	일반사	교회사	교의 · 문헌사
AD. 390년	- 397년: 아프리카에서 길도 장군 반란. - 페르시아의 바흐람 4세 사망, 야즈데게르드 1세 즉위. 제국 내 그리스도인 박해.	- 399년경: 니니아누스, 스코틀랜드 복음화. - 399년: 아나스타시우스 1세 교황. - 오리게네스주의자이며 영성에 관한 주요 문헌 저술가인 폰투스의 에바그리우스 사망. - 팔라디우스와 요한 카시아누스가 이집트 떠남. 팔라디우스는 비티니아 지역 헬레노폴리스의 주교가 되고, 카시아누스는 콘스탄티노폴리스에서 요한 크리소스토무스에게 부제품을 받음. - 알렉산드리아의 테오필루스, 오리게네스를 단죄하는 교회 회의를 소집. - 이교 축제를 금지하는 동시에 이교 신전 유지 보전을 금지.	- 397년: 아우구스티누스가 《고백록》 집필을 시작.
AD. 400년	- 400년: 동고트족이 판노이아 정복. 에우독시아를 동방의 여황제로 지명. - 402/403년: 이탈리아로 침공한 알라리쿠스가 폴렌티아와 베로나에서 스틸리코에게 패배함. - 403년: 호노리우스, 황실 수도를 밀라노에서 라벤나로 천도. - 406년: 동고트족이 피에솔레에서 격퇴됨.	- 400년: 아를의 호노라투스, 레렝스의 수도원 건립. - 로마에서 펠라기우스와 켈레스티우스의 친구인 시리아인 루피누스가 원죄를 부인하는 주장을 펼침. - 400년 말: 니트리아의 오리게네스주의자 수도승 50여 명이 콘스탄티노폴리스에 피신함. 그들 중에 암모니우스, 에우세비우스, 에우티미우스 등 일명 '키다리 수도승'들도 포함.	- 401년경: 아우구스티누스가 카르타고에서 신앙과 이성의 관계를 설명하는 《보이지 않는 사물에 대한 믿음》, 교육학적 견지에서 집필한 예비 신자 교육 교과서 《입문자 교리교육》, 결혼의 존엄성과 유익함에 관한 《혼인의 유익》 집필.

연도	일반사	교회사	교의·문헌사
AD. 400년	- 407년: 갈리아의 침공. 픽트족과 색슨족이 브리타니아를 침공. - 콘스탄티누스 3세, 로마 군단에서 독립 선언. - 콘스탄티노폴리스에 지진 발생. - 스웨비족의 레키아리우스가 세례를 받음. - 콘스탄티누스 3세, 브리타니아에서 황제 찬탈, 갈리아로 진격. - 408년: 동방 황제 아르카디우스 사망. 테오도시우스 2세 즉위. - 호노리우스가 스틸리코를 제거.	- 밀라노의 심플리키아누스 사망, 베네리우스가 주교직 승계. - 알렉산드리아의 테오필루스가 하누카 축제 때문에 모인 팔레스티나 주교들에게 오리게네스의 단죄를 통지. - 401년: 아퀼레이아의 루피누스가 자신의 신앙의 정통성을 변호하기 위해 아나스타시우스 1세 교황에게 편지를 씀. - 아나스타시우스 1세 교황 사망, 인노켄티우스 1세 교황 계승. - 몇몇 주교들이 '성직 매매'로 에페소의 주교 안토니누스를 요한 크리소스토무스에게 고발하지만, 얼마 안 되어 안토니누스가 사망함. - 톨레도 공의회 개최. - 402년: 이교 경신례가 거행되는 장소 압류. - 403년: 살라미스의 에피파니우스가 오리게네스주의자들을 고발하기 위해 콘스탄티노폴리스 방문. 에피파니우스는 요한 크리소스토무스에 대항하여 소란을 피우고 다른 주교들의 협조를 구하는 편지를 보낸 뒤 자신의 도시로 돌아오다가 사망. 그 해 9월 테오필루스가 28명의 이집트 주교들과 콘스탄티노폴리스에 도착(키릴루스도 참석함).	- 시네시우스가 "그 어떤 그리스인보다도 용감하게"(《꿈》) 아르카디우스 앞에서 군주다움에 대하여 연설, '군주의 거울'이라 할 수 있는 《통치에 관해 아르카디우스 황제에게》 저술: 군주의 권위가 하느님께 연유함. 이전 황제들의 오류 비난. 아르카디우스에게 선정을 권고하면서 게르만족에 대한 정책을 제안. - 루피누스가 자신과 오리게네스를 위한 변론서와 히에로니무스를 비판하는 두 권의 책을 준비, 이를 눈치챈 히에로니무스가 책이 발간되기도 전에 자신의 변론서를 집필. - 400년: 시네시우스가 콘스탄티노폴리스에서 벌어진 사건을 이야기하는 《섭리》를 쓰면서, 섭리에 바탕을 둔 역사 철학을 개진. - 히에로니무스의 변론서를 읽은 루피누스는 자신의 책을 보내면서 공격을 멈출 것을 요구, 이에 히에로니무스는 다시 자신의 변론서를 집필. 아우구스티누스가 히에로니무스에게 편지를 씀. - 404년: 히에로니무스가 파코미우스, 테오도루스, 호르시에시우스의 책들을 라틴어로 번역.

연도	일반사	교회사	교의·문헌사
AD. 400년	- 409년: 원로원이 호노리우스를 폐위하고 찬탈자 아탈루스를 옹위. - 북방 민족의 히스파니아 점령(아라니족, 스웨비족, 반달족).	- 404년: 요한 크리소스토무스, 유배 떠남. - 파올라 사망. 안티오키아의 주교 플라비아누스 사망, 그 자리를 포르피리우스가 불법 승계. 이에 대해 로마, 콘스탄티노폴리스, 알렉산드리아 사이에 신랄한 서신이 오고 감. - 히에로니무스가 파코미우스의 규칙서를 번역. 호노라투스가 레렝스에 정착. - 405년: 도나투스 이단에 대한 황제의 칙령 반포. - 재세례 금지. - 도나투스주의자들을 향한 소송 발생. - 요한 크리소스토무스의 적대자인 세바스네 출신 아티구스가 콘스탄티노폴리스의 주교가 됨. - 407년: 요한 크리소스토무스 사망. - 408년: '주교 법정' 재가. - 409년: 주일에 공공 경기 공연과 관람 금지.	- 404/405년: 프루덴티우스 시집 출간, 서문에 "내 죄 많은 영혼아, 낮 동안 찬미가를 불러라, 주님을 찬송하지 않은 채 밤이 찾아오지 말지어다."라는 저술 의도를 드러냄. - 시네시우스, 자유 학예를 권고하는 《디온》 완성, 꿈에 대한 심리학적, 형이상학적인 고찰을 담은 《꿈》 집필. - 405년: 히에로니무스가 구약 팔경 히브리어를 완역함. - 406년 하룻밤 사이 《비길란티우스 반박》 저술: 베들레헴에 히에로니무스의 손님이었던 사제 비길란티우스가 순교자와 성인 공경을 반대하고, 금욕과 성직자의 독신을 반대했음. - 《다니엘서 주해》: 과거와 다른 방법론 사용, 해석이 어려운 부분을 집중적으로 분석함, 그리스어본에 포함된 부분을 생략(수산나 이야기, 불가마의 청년 이야기, 용). - 아우구스티누스가 페틸리아누스를 변호하는 도나투스주의자 크레스코니우스의 글에 대한 응답 《크레스코니우스 반박》 집필. - 408년: 히에로니무스가 그리스어본과 칠십인역본으로 설명하는 《이사야서 주해》 집필. 팔라디우스가 유배 중에 《요한 크리소스토무스의 생애에 관한 대화》 집필.

연도	일반사	교회사	교의 · 문헌사
AD. 410년	- 410년: 서고트족 알라리쿠스가 로마를 포위하고 약탈, 칼라브리아까지 침공하다가 그곳에서 사망. 아들인 아타울푸스가 서고트족 왕위를 계승. - 411년: 콘스탄티누스 3세, 갈리아에서 패전. - 412년: 아타울푸스가 갈리아 침공(호노리우스의 누이이자 테오도시우스의 딸인 갈라 플라키디아와 찬탈 황제 아탈루스를 볼모로 동행) - 아프리카에서 헤라클리아누스의 반란.	- 410년경: 예루살렘에서 멜라니아 사망. - 레룅스가 수도 생활의 거점이 됨. - 410년: 셀레우키아-크데시폰 공의회 개최. 페르시아 제국 교회의 첫 번째 공의회. - 키리네의 신네시우스, 리비아 돌메타(프톨레마이스)의 주교가 됨, 413년 이후 사망. - 411년: 아퀼레이아의 루피누스 사망, 수많은 라틴어 번역 중에 오리게네스의 《원리론》과 에우세비우스의 《교회사》가 있음. - 아우구스티누스, 카르타고, 키르타에서 다시 카르타고로 여행. - 황제의 행정관 마르켈리누스의 주제 아래 가톨릭 주교 286명과 도나투스파 주교 285명이 카르타고에서 회의 개최. - 411/412년: 켈레스티누스와 펠라기우스가 카르타고에서 단죄받음. - 412년: 알렉산드리아의 테오필루스 사망. 조카 키릴루스가 주교좌 승계. - 헬레노폴리스의 주교였던 팔라디우스가 귀양에서 돌아와 아스코나의 주교로 지명.	- 그리스도교적 주제를 다룬 시네시우스의 작품 중 9개의 찬가가 가장 중요(5개의 신학적 찬가, 4개의 기도에 관한 찬가). - 시네시우스: 《제1카타스타시스》, 《제2카타스타시스》. - 아우구스티누스: 《죄벌과 용서 그리고 유아 세례》 집필. 413년에 《신국론》 집필 시작(1~5권), 육신의 눈을 통해 하느님을 바라보는 《하느님 관상》 저술. - 414년: 히에로니무스가 데메트리아데에게 보낸 서신(Ep.130)과 《에제키엘서 주해》 완성. 《펠라기우스파 반박 대화》에서 가톨릭 신자와 펠라기우스파 이단이 펠라기우스가 주장하는 여러 언급에 대해 토론하는 내용 담음.

연도	일반사	교회사	교의·문헌사
AD. 410년	- 413년: 콘스탄티노폴리스에 '테오도시우스 장벽' 건설. 부르군트족 갈리아 침공. - 414년: 아타울푸스가 갈라 플라키디아와 결혼. - 415~418년: 풀케리아, 동방 권력 장악.	- 412/414년: 도나투스 이단자들을 향한 칙령 반포. - 412/420년: 리옹의 에우케리우스, 레렝스에서 수도 생활. - 415년: 알렉산드리아에서 히파티아가 그리스도인들에 의해 살해됨. 이교 경신례에 보조금 금지, 이교 신전이 가톨릭 성당으로 개축, 군대와 공무에 이교인 배제. - 414/415년: 안티오키아 교회 분열 정리. 팔레스티나를 방문한 펠라기우스를 예루살렘의 요한이 환대함, 이에 히에로니무스가 반발(《펠라기우스 반박 대화》). - 415년: 펠라기우스를 단죄하는 디오스폴리스 교회 회의 개최. - 416년 봄: 오르시우스가 성 스테파누스의 유해를 가지고 아프리카에 도착. 예루살렘에서 오르시우스가 하느님의 전능하심을 부인한다고 고발받음. 이에 신학적 논술과 함께 자신의 신앙 정통성을 변호함. - 아우구스티누스 《본성과 은총》 집필.	- 아우구스티누스: 401년에 시작한 《창세기 문자적 해설》을 415년 완성(창세 3,24까지 설명). 의인들의 마음 안에 거주하시는 성령에 관한 《하느님의 현존》. 417년 말 디오폴리스 교회 회의 회의록 검토 《펠라기우스 행적》. 《요한 복음 강해》는 설교한 부분과 기록된 부분이 있음. 사목적 성격이 짙지만, 신학적, 철학적, 영성적 가르침이 풍부함. - 펠라기우스의 주장: 아담이 죄를 짓지 않았어도 죽었을 것임. 아담의 범죄는 오직 아담에게만 피해를 줌, 따라서 대대로 이어지는 원죄는 없음. - 오로시우스 《역사》: 노아의 홍수부터 417년까지 다룬, 가장 오래된 그리스도교 보편 역사. 410년 알라리쿠스에 의한 로마 함락의 여파로 집필되었으며, 이교주의를 비판하려는 목적. 아우구스티누스의 《신국론》 3권의 보충으로 평가됨.

연도	일반사	교회사	교의·문헌사
AD. 410년	- 415년: 아타울푸스를 이어 발리아가 서고트족 왕 즉위. - 418년: 발리아의 아들 테오도리쿠스 1세 서고트 왕 즉위(아퀴타니아 지방의 툴로사 왕국).	- 416년: 아프리카 주교들의 요구로 이노켄티우스 1세 교황이 펠라기우스와 켈레스티우스를 단죄함. - 417년: 예루살렘의 요한 사망. 조시무스 교황 즉위. 아우구스티누스 《도나투스파의 교정에 관하여》 집필. - 로마: 조시무스 교황 사망. 에우랄리우스 승계, 곧이어 보니파키우스가 승계. - 요한 카시아누스 《제도》 집필. - 아욱세레의 주교 게르마누스를 이어 아마토르 승계. - 418년: 아우구스티누스 《그리스도의 은총과 원죄》, 펠라기우스가 인노켄티우스 1세 교황에게 보낸 편지를 읽은 다음에 집필. 에우스토키우스 사망. - 419년: 에클라눔의 율리아누스와 아우구스티누스 사이에 서신 왕래. - 팔라디우스 《라우수스에게 바친 수도승 이야기》 집필.	- 아우구스티누스 《그리스도의 은총과 원죄》: 펠라기우스의 모호함을 비판하면서 은총의 내적 도움을 거부하는 그를 비난함. - 《혼인과 정욕》: 에클라눔의 율리아누스와 논쟁. - 헬레노폴리스의 팔라디우스 《라우수스에게 바친 수도승 이야기》: 대부분 이집트에서 활동한 남녀 수도승들에 관한 이야기를 모았으며, 팔레스티나의 모습도 일부 소개함. 개인적인 체험과 함께 타인에게 전해 들은 이야기들로 구성.
AD. 420년	- 420년: 바흐람 5세가 페르시아를 통치. - 422년: 라벤나의 황실이 반란으로 위험에 처하자 호노리우스가 갈라 플라키디아를 로마로 보냄.	- 420년: 페르시아의 그리스도인 박해. 가자에 복음을 전파한 포르피리우스 사망. 히에로니무스 사망. - 422년: 켈레스티누스 1세 교황. - 423년: 술피키우스 세베루스 사망.	- 아우구스티누스가 교의 신학에 매우 중요한 《삼위일체론》 완성. 삼위의 관계성 강조, 삼위일체의 '심리적' 접근, 성령의 위격적 고유성, 삼위일체 신비와 은총 생활의 관계를 설명한 작품.

연대표 · 569

연도	일반사	교회사	교의·문헌사
AD. 420년	- 로마와 페르시아가 평화 조약 맺음. 그리스도인들에 대한 박해 중단 협약. - 423년: 호노리우스 사망. 테오도시우스 2세가 네 살 발렌티니아누스 3세를 서방 황제로 승인(갈라와 콘스탄티우스 3세의 아들). 갈라 플라키디아의 수렴 청정. - 425년경: 켈트족의 보르티게른(지존 왕)이 브리타니아의 왕으로서 통치. - 427년: 아프리카 총독 보니파키우스의 반란.	- 425년: 콘스탄티노폴리스의 주교 아티쿠스 사망. - 예루살렘의 주교에 유베날리스 착좌. - 교회와 성직자의 특권 개혁. - 426년경: 요한 카시아누스가 마르세유에서 활동, 《대화》 집필. - 426년: 아우구스티누스 《신국론》 탈고. - 레렝스의 호노라투스, 아를의 주교가 됨. - 428년: 황제가 7개의 금지 목록과 형벌 목록 제정. - 네스토리우스가 콘스탄티노폴리스의 총대주교가 됨. 마리아의 '테오토코스' 칭호에 대한 입장 표명. 알렉산드리아의 키릴루스가 격렬하게 반응함. - 몹수에스티아의 테오도루스 사망.	- 아우구스티누스 《라우렌티우스에게 보낸 길잡이》: 《믿음, 희망, 사랑》이라고도 불리는 이 문헌은 세 가지 덕에 따른 신학 교과서. - 《율리아누스 반박》: 원죄, 결혼, 정욕, 유아 세례, 불신자의 덕 등에 관한 율리아누스의 주장을 조목조목 반박. - 《신국론》: 그리스도교에 대한 이교인들의 고발에 대해 두 가지 사랑, 하느님 사랑과 자기 사랑에 의한 두 도성이 역사 안에 혼재해 있음. 두 도성의 시작과 경과와 최종적 운명을 설명. - 《은총과 자유의지》: 하드루메툼의 수도승들을 향한 작품으로 은총의 필요성과 자유의지의 실재를 설명. - 《훈계와 은총》: 예정과 은총의 효과를 논함. - 아우구스티누스 《그리스도교 교양》 완성. - 《이단》: 88종의 이단을 다룸. - 에우케리우스: 《은수자 찬가》.

연도	일반사	교회사	교의·문헌사
AD. 430년	- 아프리카 총독 보니파키우스의 반란 진압. - 히포가 반달족에 포위됨. - 431년: 프랑크족이 갈리아 점령. - 435년: 아에티우스, 서방의 최고 군사령관과 권력자로 지명. - 아프리카에서 반달족과 로마가 동맹 협약 맺음. 속주의 일부를 제외하고 반달족의 점령을 인정. 훈족과 콘스탄티노폴리스가 협약 맺음. 아에티우스와 부르군트족의 벨지움 전투(니벨룽겐의 서사시 배경).	- 430년: 요한 카시아누스가 로마의 대(大)부제 레오(미래의 교황)의 청에 따라 네스토리우스의 주장을 반박하는 《주님의 육화에 관해 네스토리우스 반박》 저술. - 로마 교회 회의를 개최, 네스토리우스를 단죄하고 예루살렘, 안티오키아, 테살로니카, 필리피 교회에 통지, 키릴루스가 이 결정을 네스토리우스에게 전하게 함. 켈리스티누스 1세 교황이 알렉산드리아의 키릴루스에게 이 모든 것을 실행할 권한을 줌. - 히포의 아우구스티누스 사망. - 수많은 서간과 《수도 수련》을 집필한 안키라의 닐루스 사망. - 교회 안에 '피난처' 설치법 제정. - 431년: 테오도시우스 2세, 에페소 공의회 소집(제3차 보편 공의회). - 켈리스티누스 1세 교황 사망, 식스투스 3세 교황 승계. - 432년: 파트리키우스, 아일랜드 북쪽에 도착. - 433년: 네스토리우스로 유발된 문제에 대해 알렉산드리아의 키릴루스와 안티오키아의 요한이 화해 동의. - 434년경: 스케시스 파괴.	- 에우케리우스: 《세상 경멸》. - 혼란스럽게 전개된 에페소 공의회는 마리아가 '하느님의 어머니'로서, 하느님이시며 인간이신 그리스도의 어머니임을 천명. - 아르메니아어 알파벳을 만든 메스롭: 성경과 전례서 번역 필요.

연도	일반사	교회사	교의 · 문헌사
AD. 430년	- 438년: 콘스탄티노폴리스에서 '테오도시우스 법전' 공포. - 439년: 겐세리쿠스가 카르타고 점령.	- 434/435년: 아퀴타니아의 프로스페르가 요한 카시아누스를 반박하는 《대화 반박》 저술. - 435년: 이교 신전이 성당으로 바뀜. 펠루시우스의 이시도루스 사망. 393년부터 433년까지 수도 생활에 관한 정보와 영성을 제공하는 2천여 통의 편지를 남김. 아프리카에서 가톨릭에 대한 박해 시작. - 438년: 요한 크리소스토무스의 유해가 콘스탄티노폴리스에 도착. - 439년: 소멜라니아 사망. - 439/440년: 아르메니아 수도승 메스롭 사망.	
AD. 440년	- 440년: 반달족의 시칠리아 침공. - 로마 전역에 대지진 발생. 콜로세움 일부 파괴. - 442년: 아에티우스와 반달족 간 협약 맺음.	- 440년 로마: 식스투스 3세 교황 사망, 대(大)레오 교황 승계. - 443년: 테오도시우스 2세의 황후 에우도키아가 예루살렘으로 감. - 444년: 알렉산드리아의 키릴루스 사망, 후임으로 디오스코루스 승계. - 447년: 키루스의 테오도레투스가 2권으로 된 《에라니스테스》로 에우티케스의 주장을 고발함. - 448년: 에우티케스가 콘스탄티노폴리스에서 플라비아누스 총대주교가 소집한 회의에서 단죄됨.	- 에우케리우스: 《살로니우스에게 보낸 가르침》, 《영적 이해의 정식》. - 《에라니스테스》(거지): 정통파와 단성론자 사이에 오간 네 권의 대화, '거지'라는 서명은 이전의 여러 이단들로부터 동냥하듯 잘못된 주장을 모으기 때문임.

연도	일반사	교회사	교의·문헌사
AD. 440년	- 444/446년: 훈족의 아틸라 왕이 발칸 반도 유린, 콘스탄티노폴리스 인근까지 침공. - 449년: 헹기스트와 호르사의 지휘로 색슨족과 앵글로족이 브리타니아에 상륙.	- 그리스도인들을 반박한 포르피리우스의 책들이 폐기됨. - 449년: 대 레오 교황이 그리스도론 논쟁에 중요한 문서인 교의 서간을 플라비아누스에게 보냄. - 이른바 '에페소 강도 회의' 벌어짐. 알렉산드리아의 주교 디오스코루스가 주최하여 에우티케스를 복권하고 플라비아누스와 테오도레투스를 단죄함.	
AD. 450년	- 450년: 콘스탄티노폴리스에 지진 발생. - 동방 황제 테오도시우스 2세 사망. 마르키아누스가 풀케리아와 결혼하면서 후계자가 됨. - 서방 라벤나의 갈라 플라키디아 사망. 이탈리아 전역에 극심한 기근 발생. - 451년: 아에티우스, 카타라우눔 전투에서 아틸라 격퇴. - 452/453년: 이탈리아로 진격한 아틸라와 대 레오 교황의 만남. - 453년: 풀케리아 사망. 테오도리쿠스 2세가 아퀴타니아 지역 서고트족의 왕이 됨.	- 450년: 네스토리우스와 리옹의 에우케리우스 사망. - 페트루스 크리소로구스 사망. - 451년: 칼케돈 공의회 개최. 제4차 보편 공의회로 주교 500명이 참석, 에페소 강도 회의 결정을 폐기함, 대 레오 교황의 '토무스' 교리를 받아들임. 예루살렘을 총대주교좌로 인정. - 이교 경신례 금지 재확인. - 게노베파가 파리인들에게 훈족에 대항할 것을 독려함. - 452년: 페트루스 이베리쿠스, 마이우마의 주교가 됨. - 에메사(시리아)에서 세례자 요한의 머리 발견.	- 450년경 소(小)아르노비우스 《세라피온과의 논쟁》: 로마의 양성론자와 이집트인 단성론자(세라피온)와의 논쟁. - 칼케돈 신경: "한 분이시고 같은 분이 그리스도, 아들, 주님, 독생자이십니다. 두 본성 안에서 혼합되지 않으시고, 변화하지 않으시고, 분리되지 않으시고, 나누어지지 않으시고, 인식할 수 있으며 어디에도 일치 때문에 본성들의 구별이 없어지지 않으시고, 오히려 두 본성 각각의 특성이 보존되시며 하나의 프로소폰과 하나의 휘포스타시스로 결합되시고, 두 위격으로 나뉘거나 분리되지 않으십니다."

연도	일반사	교회사	교의·문헌사
AD. 450년	- 453~455년: 발렌티니아누스 3세가 아에티우스를 살해하고 로마에서 사망. 페트리니우스 막시무스가 황제 즉위. - 455년: 반달족에 의한 보름간의 로마 약탈. 대레오 교황의 개입. - 456년: 갈리아에서 아비투스가 새로 황제 즉위. - 반달족이 모든 아프리카 속주와 시칠리아, 사르디니아, 코르시카 점령. - 457년: 콘스탄티노폴리스에서 레오 1세 황제 즉위. - 서방의 마요리아누스, 황제 즉위.	- 454년 이전: 카르타고의 주교 쿠오드불트데우스 사망. - 454년: 디오스코루스 사망. - 세베리누스, 노리쿰에서 사목 활동 전개. - 457년경: 막시무스 주교 사망, 파우스투스가 레렝스의 아빠스 승계. - 457년: 티모테우스 엘루루스가 페트루스 이베리쿠스에게 알렉산드리아의 주교 수품, 그의 반칼케돈 공의회 입장이 알렉산드리아에서 분출함. - 40세가 넘은 여성일 경우에만 수도승으로 축성될 수 있음. - 459년: 기둥 위의 은수자 대(大)시메온 사망. 유베날리스 사망.	
AD. 460년	- 460년: 서방의 실권자 노릇을 하던 고트족 출신 장군 리키메루스가 마요리아누스를 퇴위시키고 살해함. - 461년: 리키메루스가 서방의 황제가 되기를 원했지만, 동방의 레오 1세가 승인하지 않음. 라벤나에서 리키메루스는 리비우스 세베루스를 황제로 선포함. - 465년: 리비우스 세베루스 사망, 20개월간 서방 황제 공석.	- 460년: 에우도키아 사망. - 460년경: 갈리아에서 클라우디아누스의 형제 마메르투스가 주교가 됨. 레미기우스가 랭스의 주교가 됨. - 461년: 사제 서품이 강요될 수 없음. - 대레오 교황 사망, 힐라리우스가 교황 승계. - 페르페투오스가 투르의 주교가 됨. 투르 교회 회의 개최.	- 테오도레투스: 교부 시대 최후의 호교가《이교인이 전염시킨 병에 대한 치료》집필. - 가이사리쿠스 지배에 놓인 마우리타니아 지역, 카르텐나의 빅토르가《참회론》과 아들을 잃은 바실리우스에게《위로》를 씀.

연도	일반사	교회사	교의·문헌사
AD. 460년	- 467년: 레오 1세가 안테미우스를 서방의 황제로 선택.	- 466년: 콥트 문헌의 아버지로 알려진 스케누테(하느님의 아들) 아빠스 사망. - 466년경: 키루스의 테오도레투스 사망. - 468년: 힐라루스 교황 사망, 심플리키우스 교황 계승. 시도니우스 아폴리나리스가 안테미우스의 서방 황제 즉위 기념사, 로마 시 행정관에 임명됨. - 469년: 마르세유의 살비아누스 사망.	- 살비아누스의 주저라 할 수 있는 8권의 《하느님의 다스림》: 마지막 권은 미완성, 제국의 혼란과 재앙을 언급하면서 하느님의 통치와 심판을 포함한 섭리를 다룸.
AD. 470년	- 472년: 리키메루스, 안테미우스가 고립되어 있는 로마를 포위. 리키메루스의 조카 군도바두스가 로마를 점령하고 안테미우스를 살해. 원로원에서 올리브리우스를 황제로 선포. - 베수비오 화산 폭발. 낙진이 콘스탄티노폴리스까지 떨어짐. - 올리브리우스 사망. - 동고트족의 왕 테오도리쿠스가 레오 1세에게 다누비우스강 인근 영토를 하사받음. - 474년: 레오 1세 사망. 손자 레오 2세와 이사우리아 출신 제노가 황제가 됨. - 475년: 바실리스쿠스, 찬탈 황제 즉위.	- 470년경: 클라우디아누스 마메르투스 《영혼의 상태》 저술. - 471년: 아카키우스, 콘스탄티노폴리스의 총대주교가 됨. - 페트루스 풀로니우스가 안티오키아의 최초 단성론 주교가 됨, 단성론적 전례 개혁자. - 시도니우스 아폴리나리스가 클레르몽의 주교, 이민족의 침입을 제거할 요량으로 로마의 관리가 주교가 됨. 시도니우스 아폴리나리스의 천거로 아우스피키우스가 투르의 주교가 됨. - 아를의 카이사리우스 출생. - 473년: 에우티미우스 사망.	- 클라우디아누스 마메르투스 《영혼의 상태》: 당시 떠돌던 익명 편지(리에의 파우스투스 편지의 마지막 부분)의 내용을 반박함, 영혼의 비육체성을 설명함, 갈리아 문학의 정수. - 리에의 파우스투스 《은총론》: 루키두스의 예정설을 반박함. 파우스투스는 원죄로 인해 이성과 의지와 같은 인간 본성의 선물이 지워지지 않았다고 주장함. 이와 같은 본성은 창조의 순간에 주어진 것으로 은총의 도움과 함께 인간이 선업을 쌓을 수 있게 함. 물론 선행의 시작과 완성은 하느님으로부터 이루어지며, 하느님이야말로 본성과 은총의 주인임. 이러한 파우스투스의 주장은 강력한 반대에 직면하게 됨.

연대표 · 575

연도	일반사	교회사	교의·문헌사
AD. 470년	- 로마 율리우스 네포스, 서방 황제 즉위. - 오레스테스 장군이 네포스 황제를 퇴위시킴. 네포스는 달마티아로 피신. - 오레스테스가 아들 아우구스툴루스를 황제로 선언. 네포스는 달마티아를 차지함. - 476년: 헤룰리족 출신 오도아케르가 오레스테스를 물리치고 아우구스툴루스를 퇴위시킴. - 서방 황제의 휘장을 동방의 황제 제노에게 보냄. 서로마 제국의 종식. - 477년: 겐세리쿠스 사망. - 테오도리쿠스가 발칸 반도 남부를 점령.	- 473년: 에우티미우스 사망. - 470/475년: 아를 공의회, 루키두스의 예정설 단죄. - 474년경: 클라우디아누스 마메르투스 사망. - 마르세유의 겐나디우스가 히에로니무스의 동명 작품에 이어 《명인록》 저술. - 478년: 아프리카 반달족이 가톨릭 박해. - 티모테우스 엘루루스 사망. - 파울리누스 페트로코리우스가 투르의 페르페투우스의 요청으로 3,622행에 달하는 육각시 《마르티누스의 생애》 집필.	- 리에의 파우스투스 《성령론》: 마케도니아누스파를 반박함. 성령의 발출이 성부와 성자로부터 기원함. - 티모테우스 아일루루스, 온건한 단성론자로 《칼케돈 공의회와 레오의 교의 서간 반박》 집필.
AD. 480년	- 481년: 프랑크족의 왕 킬데리쿠스 사망, 아들 클로비스가 왕위를 계승한 후 갈리아 대부분을 통일. - 483년: 오도아케르가 달마티아까지 세력 확장. - 484년: 서고트족 왕 에우리쿠스 사망, 알라리쿠스 2세 계승. - 반달족 왕 운네리쿠스 사망, 구테몬두스 계승.	- 보에티우스 출생. - 482년: 제노 황제가 콘스탄티노폴리스의 총대주교 아카티우스의 영향 아래 편집된 일치의 법령 《헤노티콘》 반포. - 알렉산드리아에서 티모테우스 살로파키올루스 사망, 단성론자 페트루스 몬구스가 알렉산드리아의 총대주교 계승. - 483년: 사바, 예루살렘 근처에 라우라 세움.	- 《헤노티콘》: 제국의 일치를 위한 칙령이지만 그 모호함 때문에 칼케돈파와 단성론파 모두가 받아들일 수 없었음. 이전의 세 공의회(니케아, 콘스탄티노폴리스, 에페소)의 결정을 확인하는 반면, 칼케돈을 언급하지 않음. 그리스도가 참하느님이며 참인간이라고는 하지만, 그 '본성'의 개수는 언급하지 않음. 에우티케스와 네스토리우스 모두를 단죄하지만, 키릴루스의 열두 파문문을 인정함.

연도	일반사	교회사	교의 · 문헌사
AD. 480년	- 486년: 클로비스가 갈리아 지역 총사령관 시아그리우스 격퇴, 메로빙거 왕조 창건. - 489년: 테오도리쿠스가 제노 황제의 집정관(콘술)으로서 동고트족과 함께 이탈리아 반도에 도착.	- 펠릭스 3(2)세 교황이 《헤노티콘》과 아카키우스를 단죄, 소위 '아카키우스 교회 분열'이 484년부터 519년까지 지속됨. - 484년: 시도니우스 아폴리나리스가 147통의 편지를 남기고 사망. - 486년: 셀레우키아-크테시폰 공의회, 바르사우마가 주도한 공의회를 통해 페르시아 교회가 네스토리우스주의로 기울어짐. - 484~489년: 카르타고의 사제 비타의 빅토르 《아프리카 속주 박해사》 저술.	- 카르타고의 드라콘티우스 《하느님 찬미가》: 감옥에서 집필한 육각시. 세상 창조와 구속과 영원한 생명을 통해 하느님의 은총을 찬미하는 노래. 신화나 세상의 역사보다는 성경을 시의 소재로 광범위하게 이용. - 카스텔룸 리파이의 카이레알리스 《아리우스파 막시미누스 반박》: 막시미누스가 제기한 삼위일체에 관한 문제들을 다룸. 막시미누스를 반박하기 위한 성경 구절 모음집. - 485년: 카르타고의 주교 에우게니우스 《신앙에 대한 책》: 가톨릭의 삼위일체론을 간명하고 정확하게 설명함. - 486년: 셀레우키아 공의회는 네스토리우스주의만 정당하고 유일한 신학임을 천명하고 반대자들을 단죄함. 안티오키아 총대교구로부터 완전 독립. 공의회의 마지막 카논은 성직자의 독신에 대해 다룸, 수도승에게 엄격한 독신 요구. - 비타의 빅토르의 작품은 아리우스주의적 반달인들로부터 가해지는 아프리카의 가톨릭 박해에 관해 수려한 라틴어 문체로 작성됨.

연도	일반사	교회사	교의 · 문헌사
AD. 480년		- 488년: 안티오키아의 최초 단성론 주교인 페트루스 풀로니우스 사망. - 489년: 제노 황제가 에데사 교리학교 폐쇄. - 485~490년: 카시오도루스 출생.	- 탑수스의 비길리우스 《아리우스파와 사벨리우스파, 포티누스파 반박 대화》: 대화 형식으로 삼위일체 신학의 다양한 의견 드러냄. 가톨릭 신자 아타나시우스라는 사람의 주재로 저마다 자신들의 견해를 창시한 사람들(아리우스, 사벨리우스, 포티누스) 변호. 세 이단이 각자 상대를 공격하면서 점차 가톨릭의 진리가 드러남. - 《에우티게스 반박》: 서방 교회에서 단성론에 대해 다룬 몇 안 되는 문헌 가운데 하나.
AD. 490년	- 491년: 제노 황제 사망, 아나스타시우스 1세 황제 계승. - 493년: 라벤나 3년간의 포위 끝에 테오도리쿠스에 의해 정복됨. 테오도리쿠스가 프랑크의 왕 클로비스의 딸과 결혼. - 492/493년: 갈리아에서 클로비스가 부르군트족 가톨릭 신자인 클로틸다와 결혼.	- 490년: 아타나시우스 2세, 알렉산드리아의 총대주교가 됨. - 490년경: 《영성사적 업적》의 저자 아비투스가 갈리아의 비엔 주교 수품. - 491년: 단성론자 페트루스 이베리쿠스 사망. - 투르의 페르페투우스 사망. - 491년: 아르메니아 교회가 바가르샤파트 공의회를 통해 단성론을 천명. - 492년: 겔라시우스 1세 교황이 로마의 전통적 이교 축제 재개를 반박하고자 《루페르쿠스 신의 축제에 대해 안드로마쿠스 반박》 집필. 아나스타시우스 황제에게 주교와 황제의 권위 차이를 설명하는 유명한 편지를 씀.	- 비엔의 아비투스 《군도바두스 왕과의 대화》: 아리우스파 군도바두스 왕에게 가톨릭 신앙의 가르침을 설명. 아리우스주의 이단을 드러내고 성령의 신성을 강조.

연도	일반사	교회사	교의 · 문헌사
AD. 490년	- 495년: 라벤나에 아리우스주의자들의 세례당 건축. - 497년: 클로비스가 가톨릭으로 개종. 레미기우스 주교에게 세례를 받음. - 테오도리쿠스가 아나스타시우스 황제로부터 왕위를 받음.	- 496년: 비엔의 아비투스가 부르군트족의 왕 군도바두스의 아들 시기스문두스에게 세례를 줌. - 아타나시우스 2세 교황. - 490/495년: 리에의 파우스투스 사망. - 498년: 심마쿠스 교황. 506년까지 로마 교회를 분열시킨 이른바 '라우렌티우스 열교'. 테오도리쿠스가 심마쿠스 교황의 손을 들어줌. - 플라비아누스, 안티오키아 총대주교 착좌. - 마르세유의 겐나디우스가 편집한 것으로 추측되는 《갈리아 교회 규정집》 편찬.	
AD. 500년	- 500년경: 동로마의 이탈리아 속주 총독 자격으로 테오도리쿠스가 칙령 공포. 로마법을 토대로 한 154개 법조문. - 부르군트의 로마법이 군도바두스에 의해 공포. 부르군트 왕국 내 로마인에게 해당되는 법령. - 506년: 서고트족의 로마법 반포. - 507년: 갈리아에서 서고트족과 프랑크족 전쟁.	- 502년: 아를의 카이사리우스가 성탄절이 지나서 주교품을 받음. - 《관상 생활》의 저자 포메리우스 율리아누스 사망. - 504년: 팔레스티나에 '새 라우라' 설립. - 506년: 아그데 공의회 개최, 아를의 카이사리우스가 주재한 공의회로 서고트족 왕 알라리쿠스 2세를 향한 종교적, 정치적 영향 미침. 이 공의회를 기점으로 로마 제국 시대에서 메로빙거 시대로 전환, 교회도 갈리아 · 로마적 모습에서 갈리아 · 프랑크적 모습으로 변화됨.	- 《미슈나》를 광범위하게 주해한 《바빌론 탈무드》 완성. 랍비 학파들 사이의 논쟁이 있는 용어와 개념을 명확하게 함. - 포메리우스 율리아누스 《관상 생활》: 수덕 신비와 종말론적 주제. 직무 사제직에 대해서도 다룸. - 레모주의 루리키우스: 두 권으로 편집된 82편의 서간을 씀. 갈리아의 종교를 비롯한 당시 사회상에 대한 많은 정보 제공.

연도	일반사	교회사	교의·문헌사
AD. 500년	- 509년: 테오도리쿠스가 전쟁에 개입. 자신의 영역을 확장함.	- 심마쿠스 교황이 카이사리우스에게 갈리아와 히스파니아에 대한 수위권 수여.	- 사막 교부들의 《금언록》: 사막 교부들의 영적 체험을 반영하는 일화나 묵상거리 모음집. 다양한 모음집이 4세기부터 나타나기 시작.
AD. 510년	- 511년: 클로비스의 사망. 네 아들에 의해 프랑크 왕국이 분리. 테오데리쿠스 1세, 클로도미르, 킬데베르트, 클로타르. - 테오데리쿠스의 왕국이 이탈리아, 프로벤자, 판노이아, 레티아, 노르키쿰까지 확장. - 513년: 비잔티움 제국 비탈리아누스의 반란. - 515년: 테오도리쿠스의 여동생 아말라순타가 히스파니아의 고트족 왕 에우타리쿠스와 결혼. - 518년: 유스티누스 1세 동방 황제 즉위.	- 511년: 아나스타시우스 황제가 마르키아누스를 총대주교좌에서 폐위. - 512년: 안티오키아의 총대주교 플라비우스가 퇴위되고 세베루스 즉위. - 513년: 펠릭스 엔노디우스, 파비아의 주교가 됨. - 514년: 심마쿠스 교황 사망, 호르미스다스 교황 계승. - 514년경: 리옹의 비벤티올루스 주교 수품. - 516년: 부르군트 왕 시기스문두스가 자신의 백성을 가톨릭으로 개종시킴. - 517년: 비엔의 아비투스 주재로 부르군트 왕국 에파오네에서 공의회 개최. - 티모테우스 4(5)세가 알렉산드리아의 단성론적 총대주교가 됨.	- 아비투스 《영성사적 업적》: 당시 식자층이 성경을 알도록 교훈적이며 성경적인 주제를 다룬 서사시. - 《에우티케스 이단 반박》: 군도바두스 왕의 개종을 위해 그리스도론에 관한 설명. 당시 부르군트의 왕은 동로마의 총사령관이기도 했기에 콘스탄티노폴리스에서 벌어지는 신학 논쟁에도 관심 있었음. - 루스페의 풀겐티우스 《아리우스파 파스티디오수스의 설교 반박》: 반달족의 트라사문두스 왕이 아리우스주의적 입장에서 가톨릭 가르침에 대해 제기한 문제를 토론. - 《트라사문두스 왕에게》: 왕이 제기한 그리스도론에 관한 주제에 대한 답변. 아우구스티누스의 노선에 따라서 설명. 제3권은 특별히 '신수난주의자'와 '단성론자'들을 반박.

연도	일반사	교회사	교의·문헌사
AD. 510년	- 519년: 케르디쿠스(세르딕)가 웨식스 왕국 창건.	- 519년: 호르미스다스 교황과 콘스탄티노폴리스 총대주교 요한 2세의 결정과 유스티누스 황제의 재가로 '아카키우스 분열'이 종식됨.	- 풀겐티우스 《모니무스에게》: 어떤 주교가 문의한 예정설을 비롯한 다양한 신학적 질문에 대한 답변서.
AD. 520년	- 코스마스 인디코플레우스테스(인도 여행가)의 에티오피아 방문. - 523년: 프랑크족과 부르군트족 전쟁. - 524년: 테오도리쿠스가 보에티우스를 파비아 감옥에 수감. - 525년: 유스티니아누스가 테오도라와 결혼. - 527년: 유스티니아누스 황제 즉위. 유스티니아누스에 의해 이탈리아와 아프리카와 히스파니아 일부 재탈환. - 526년: 테오도리쿠스의 사망. 테오도리쿠스의 딸인 아말라순타의 아들, 아탈라리쿠스 왕위 계승. - 아마라리쿠스가 히스파니아의 서고트족 왕 즉위. - 527년: 유스티니아누스와 사산조 페르시아의 전쟁. - 트리보니아누스의 주도로 《유스티니아누스 법전》 편찬 개시.	- 520년: '성령의 피리'로 알려진 시리아 저술가 세루그의 야코부스 사망. - 523년: 시리아 지역의 단성론을 유포한 맙부그의 필로세누스 사망. - 요한 1세 교황이 구금되어 사망하고, 펠릭스 4(3)세가 교황 계승. - 보에티우스의 사위 심마쿠스가 살해됨. - 524년: 보에티우스, 옥중에서 《철학의 위안》 집필. - 525년: 보에티우스 사망. - 527년: 톨레도 공의회 개최. - 527년경: 아르메니아 드빈에서 공의회 개최. - 갈리아에서 엘피디우스 루스티쿠스의 시가 유행함. - 529년: 누르시아의 베네딕투스가 안니오 계곡에 수비아코를 비롯한 12개의 수도원을 세운 다음에, 몬테카시노로 옮겨 수도원을 세움. - 오랑주 공의회 개최.	- 온건한 단성론자이자 시인인 세루그의 야코부스가 성경에서 영감을 받은 운율적 강론 집필. - 풀겐티우스 《예정의 진리에 관해 요한 사제와 베네리우스 부제에게》: 자유의지를 변호하면서도 아우구스티누스의 은총론을 깊이 있게 논증. - 530년 이전에 작성된 《스승의 규칙서》는 수도승 생활에 깊은 영향을 주었고, 특히 베네딕투스의 《규칙서》에 영향을 주었음. - 베네딕투스 《규칙서》: 순명과 그리스도의 이끄심으로 하느님께 나아가는 영적 여정의 종합. "그 무엇도 그리스도보다 우선할 수 없다!" - 529년: 오랑주 공의회는 은총론에 관한 중요한 공의회로, 세미펠라기아누스주의를 반대하는 25개 조항 채택. - 풀겐티우스 《죄의 용서에 관해 에우티미우스에게》: 참회가 동반한 죄의 용서가 오직 가톨릭 교회를 통해 가능함. 그리스도의 구원 희생 때문에 가능.

연도	일반사	교회사	교의·문헌사
AD. 530년	- 530년: 유스티니아누스의 장군 벨리사리우스가 다라에서 페르시아를 상대로 승리하지만 다음 해에 패함. - 가자의 에네아스가 개종 후 활약. - 531년: 히스파니아의 아마라리쿠스 사망, 프랑크족의 영토 확장. - 유스티니아누스와 페르시아의 평화 협정. 일명 '니카이의 폭동'으로 콘스탄티노폴리스의 대혼란. - 533년: 벨리사리우스가 이탈리아 진격. - 534년: 반달족으로부터 아프리카 탈환. - 아탈라리쿠스 사망. - 콘스탄티노폴리스에 《유스티니아누스 법전》 공포. - 대(大)브리타니아에서 케르디쿠스가 사망하고 킨리쿠스(신릭)가 웨식스 왕위 계승. - 534/539년: 비잔티움인들이 이탈리아 침공. - 537년: 로마를 포위한 동고트족의 왕 비티기스와 전쟁.	- 530년: 디오스코루스가 선임자에 의해 교황으로 지명되었으나, 사제단이 보니파키우스 2세를 교황으로 세움. 그 뒤를 이어 요한 2세가 교황 계승. - 아를의 카이사리우스가 여성 수도자를 위한 규칙서의 토대를 놓음. - 532년: 팔레스티나의 사바 사망. - 533년: 루스페의 풀겐티우스 사망. - 535년: 요한 2세 교황 사망, 아가피투스 1세, 실베리우스 교황 승계. - 카르타고 공의회. 유스티니아누스 황제가 단성론 주동자들을 유배에 처함. - 537년: 비길리우스 교황. - 538년: 안티오키아의 세베루스 사망. - 투르의 그레고리우스 출생.	- 풀겐티우스의 작품은 삼위일체론과 그리스도론을 비롯하여 구원론 즉, 은총과 자유의지에 대하여 세미펠라기아누스 주의를 반박함. - 온건한 단성론자인 세베루스는 칼케돈주의와 극단적 단성론을 모두 반박함. 그의 주장은 칼케돈의 가르침과 매우 근접함. - 위-디오니시우스 작품이 안티오키아의 세베루스 작품 안에 등장하는데, 532년 칼케돈파와 세베루스 주의자들 사이의 논쟁에 처음 언급됨.《천상 위계》,《교회 위계》,《신명론》이 있음. - 윤카의 베레쿤두스《교회 찬가 해설》: 구약 성경의 7개 찬미가(모세, 드보라, 예레미야, 아자리아 등) 주해. - 535년: 카르타고의 페란두스는 여러 편의 편지를 쓰는데, 그중 3, 5, 6 서간은 그리스도론 논쟁 상황을 드러냄. 특히 신수난 논쟁과 삼장 논쟁에 대한 정보를 제공함. 아울러 칼케돈의 그리스도론을 대변하는 "삼위일체 중 한 분께서 고난을 겪으셨다." (Unus de trinitate passus)라는 정식에 대한 논쟁 담음.

연도	일반사	교회사	교의·문헌사
AD. 540년	- 비잔티움인들이 라벤나를 정복. - 사산조 페르시아의 호스로 1세가 동방 지역에서 영역을 확장. - 카시오도루스가 칼라브리아의 비바리움 정착. - 541년: 동고트족 왕 토틸라 즉위. - 548년: 히스파니아 서고트족의 왕 테우데 사망.	- 540년경: 소(小)디오니시우스 사망. - 542년: 아를의 카이사리우스 사망. - 542/543년: 야코부스 바라데우스, 에데사의 주교가 됨, 그가 서품한 이들에 의해 단성론 교회 '야고보파'가 시작. - 543년: 오리게네스와 오리게네스주의자들을 단죄하는 칙령 반포. - 544년: 유스티니아누스 황제가 삼장에 대한 단죄 칙령 반포(몹수에스티아의 테오도루스, 키루스의 테오도레투스, 에데사의 이바스).	- 소(小)디오니시우스: 교회법의 개척자. 교회의 그리스어로 된 401개 규정(canon)을 라틴어로 번역. 연도 계산을 '주님의 탄신일'(anno Domini)을 기점으로 함. 로마 건국 753년을 예수 성탄으로 계산. - 유닐리우스 아프리카누스가 《성경 해석 방법론 개론》을 그리스어에서 라틴어로 번역. 하드루메툼의 프리마시우스가 아우구스티누스와 티코니우스에게 영향을 받은 《묵시록 주해》집필. - '현인' 길다스 《브리타니아의 패망과 정복에 관한 비탄》: 4세기 로마 군단의 철수와 함께 여러 민족에 의해 침략당한 로마-브리타니아의 굴곡진 역사를 설명함. 길다스는 켈트인으로서 최초의 라틴어 저술가. - 헤르미아네의 파쿤두스 《삼두서 변론. 유스티니아누스에게》: 황제의 신학 문제에 대한 개입과 이미 죽은 이들에 대한 단죄를 비판함. 이바스와 테오도루스와 테오도레투스에 대한 변론. 광범위한 문헌을 수집.

연도	일반사	교회사	교의 · 문헌사
AD. 540년	- 549년: 토틸라, 로마 정복.	- 545년경: 세비야의 레안드루스 출생. - 547년: 유스티니아누스가 비길리우스 교황을 납치.	- 시나이산에 성녀 가타리나 수도원 설립. - 크레스코니우스 코립푸스 《요한/시리아 전쟁》: 요한 장군의 지휘로 456~548년 마우리인들과 벌인 전쟁의 승리를 기리는 시.
AD. 550년	- 552년: 비잔티움 장군 나르세스가 이탈리아에 도착. - 토틸라 사망, 테이아가 왕위 계승. - 553년: 히스파니아의 아타나길드가 아길라 왕 격퇴. - 554년: 유스티니아누스가 이탈리아까지 황제 법령 확대. - 555년: 아우스트라시아 테오데발두스 사망. 클로타리우스 1세(수와송 왕)와 재혼한 그의 부인이 왕국을 합병. - 558년: 클로타리우스 1세, 프랑크족 전체 왕국 통일.	- 550년경: 카시오도루스, 칼라브리아에 수도원 '비바리움' 건립, 육체 노동과 함께 폭넓은 학문 연구, 성경뿐만 아니라 세속 학문도 연구하면서 수많은 장서의 필사와 번역. - 552년: 아프리카 속주 준카의 베레쿤두스 사망. - 553년: 제5차 보편 공의회(제2차 콘스탄티노폴리스 공의회) 개최. - 555년: '새 라우라'에서 오리게네스주의자들이 추방됨. - 555년경: 로마누스 멜로두스 사망. - 556년: 펠라기우스 1세 교황.	- '인도 여행가' 코스마스 《그리스도교 지도》: 지리 개설서. - 카시오도루스의 대표 작품: 《여러 가지 책(12권)》, 《고트족 역사》, 《종교적 학문에 관한 제도집》. - 황제가 551년 제국 전역에 《올바른 신앙》 칙령 공포: 4개의 보편 공의회 결정들과 13개 파문 정식(마지막에 삼장에 대한 단죄). 칼케돈 공의회 비판. - 요르다네스 《고트족 기원과 역사》: 카시오도루스의 《고트족 역사》 요약본. 유스티니아누스에 의해 폐망. - 파쿤두스 《학자 모키아누스 반박》: 삼장을 변호. - 두미오에서 브라가의 마르티누스가 여러 그리스 서적을 번역, 《이집트 사부들의 금언집》.

연도	일반사	교회사	교의·문헌사
AD. 550년		- 클로타리우스 1세의 여왕 라데곤다가 푸아티에에 '성 십자가' 수도원을 세움, 이를 계기로 '파젠 링구아'(Pagen Lingua)와 '벡실라 레지스' (Vexilla Regis)를 지음.	- 비길리우스 교황이 553년 《콘스티투툼》으로 몹수에스티아의 테오도루스가 주장한 60개 조항만 단죄하지만, 이바스와 테오도레투스의 경우 거부. 하지만 황제의 지시로 공의회는 파문문 형식으로 테오도루스와 이바스와 테오도레투스를 단죄하고 이전의 4개 보편 공의회 결정만 받아들임. 이듬해 또 다른 《콘스티투툼》을 공포하는데, 칼케돈 공의회 신앙을 진술한 다음, 이바스의 편지의 친저성을 부인. - 스키토폴리스의 키릴루스 편지: 팔레스티나에서 유명한 수도승들의 전기를 씀.
AD. 560년	- 560~593년: 잉글랜드의 에텔베르투스 켄드 왕 즉위. - 캘리누스, 웨식스 왕 즉위. - 561년: 클로타리우스 1세 사망, 아들들에 의해 프랑크 왕국 분할. - 562년: 사산조 페르시아 호스로 1세와 비잔티움의 평화 협정. - 565년: 유스티니아누스 사망, 유스티누스 2세 황제 계승. - 567년 히스파니아의 아타나길두스 사망, 레오비길두스가 왕위 즉위.	- 561년: 요한 3세 교황. - 안티오키아의 총대주교 파울루스 멜라누스가 반칼케돈파의 수장으로 '야고보파 교회'를 확장시킴. - 563년: 콜룸바누스, 스코틀랜드에 수도원 설립.	- 카르타고의 리베라투스 《네스토리우스파와 에우티케스파 사건 개요》: 네스토리우스가 콘스탄티노폴리스 주교로 서품될 때부터 유스티니아누스가 삼장을 단죄하는 칙령을 내릴 때까지 그리스도론 논쟁의 쟁점과 관련 문헌에 대한 보고서. - 툰누나의 빅토르 《연대기》: 반달족 치하의 아프리카 교회의 상황에 대한 정보 제공.

연도	일반사	교회사	교의 · 문헌사
AD. 560년	- 568/569년: 롬바르드족이 이탈리아를 침공, 알보니우스가 왕이 됨. 자신의 왕국을 공작령으로 나눔. - 레오비길두스가 서고트족의 유일한 왕이 됨.		
AD. 570년	- 570년경: 마호메트 출생. - 571년: 브리타니아가 색슨족 쿠트울푸스(커트울프)에 의해 정복. - 572년: 알보니우스 사망, 클레피 왕위 계승. - 573/575년: 갈리아의 클로타리우스 1세의 아들들이 전쟁 수행. - 577년: 웨식스 왕 캘리누스 영토 확장. - 578년: 유스티누스 2세 사망, 테베리우스 2세 황제 즉위. - 579년: 비잔티움의 장군 마우리키우스가 페르시아의 호스로 격퇴. 호스로 사망.	- 575년: 수에비족이 가톨릭으로 개종. - 베네딕투스 1세 교황. - 576년: 파리의 주교 게르마누스 사망. - 펠라기우스 2세 교황. - 579년경: 브라가의 마르티누스 사망.	- 브라가의 마르티누스 《농부들을 위한 계도》: 폴레미우스 주교에게 헌정. 갈리아 지역에 대한 인상을 묘사하며, 아직도 존재하는 이교 미신을 논박. - 575년: 베난티우스 포르투나투스가 4권의 서사시 형식이면서 성인전인 《성 마르티누스의 생애》 집필.
AD. 580년	- 582년: 마우리키우스, 동방 황제 즉위. - 히스파니아에서 가톨릭으로 개종한 에르메네길두스가 아리우스주의자인 아버지 레오비길두스에 대항하여 반란. - 584년: 이탈리아에서 아우타리스가 롬바르드족 왕 즉위.	- 580년: 카시오도루스 사망. - 585년: 콜룸바누스가 갈리아에 수도원들을 세움. - 콘스탄티노폴리스의 총대주교에게 '에쿠메니쿠스'(Ecumenicus) 칭호 사용.	- 투르의 마르티누스 《순교자의 영광》: 예수부터 시작하여 여러 성인의 기적적인 이야기를 전하며, 특히 갈리아의 순교자를 다룸.

연도	일반사	교회사	교의·문헌사
AD. 580년	- 네우스트리아의 왕 킬페리쿠스 사망, 클로타리우스 2세 왕 즉위. - 잉글랜드에서는 쿠타와 브리튼족 전쟁 발발. - 585년: 히스파니아에서 에르메네길두스가 투옥된 뒤 살해. - 586년: 레오비길두스 사망, 레카레두스 왕위 계승. - 크리다, 잉글랜드 메르키아(머시아) 왕국 창건. - 587년: 레카레두스 가톨릭 개종. - 클로타리우스의 왕비 라데군다 사망.	- 589년: 제3차 톨레도 공의회, 레카레두스 왕이 소집하고 세비야의 레안데르가 주재한 공의회, 서고트족이 가톨릭으로 개종을 선언. - 신경에 '필리오퀘'(Filoque)를 삽입.	- 베난티우스 포르투나투스 《성 라데군다의 생애》: 587년 8월 13일 성녀가 선종한 다음 저술, 자세한 개인적 생애의 굴곡보다는 성녀의 내적이며 인격적인 모습을 묘사, 특히 혹독한 수덕 생활을 드러냄.
AD. 590년	- 590년: 이탈리아에 흑사병 유행. 아우타리스 사망. - 591년: 아기울푸스가 과부가 된 테오도린다와 결혼하고 왕위 계승. - 592년: 캘리누스 사망, 캐오리쿠스 왕위 계승. 롬바르드족 로마 침공, 대그레고리우스 교황의 방어. - 595년: 아우스트라시아 왕 킬데베르투스 2세 사망, 두 아들이 왕위 계승. - 597년: 켄트족 왕 에텔베르투스가 가톨릭 개종, 선교사 아우구스티누스에게 켄터베리 궁궐 양도.	- 590년: 대그레고리우스 교황. - 590년경: 아르메니아의 대부분을 차지한 비잔티움 제국은 아르메니아 교회를 친칼케돈화함. - 597년: 아우구스티누스가 잉글랜드에 도착하여 켄트 왕국을 복음화. - 베난티우스 포르투나투스가 푸아티에의 주교 착좌.	- 대그레고리우스 교황 《사목 규칙》: 그리스도교 공동체의 이상적 사목자의 조건과 임무, 특히 설교의 중요성을 강조. - 《아우스트라시아 서간》: 메로빙거 왕조의 메츠(Metz)의 아우스트라시아 궁정에 오간 서간 48편 모음집. 당시의 정치 외교 상황에 대한 정보 제공. - 투르의 그레고리우스 《성 마르티누스의 기적》. - 투르의 그레고리우스 《교부들의 생애》: 갈리아 성인들의 생애 기록.

연도	일반사	교회사	교의·문헌사
AD. 590년	- 597~603년: 칼리코가 라벤나 주재 비잔티움 제국 총독이 됨.		- 《역사서 10권》: 창조로부터 자신이 사는 시대까지 기록, 자신의 체험이나 구전 문헌을 토대로 메로빙거 왕조 시기 상황을 자세히 전함. - 베난티우스 포르투나투스 《시가집》.
AD. 600년	- 600년: 섀베르투스, 에식스 왕 즉위 - 601년: 히스파니아에서 레카레두스 사망, 리우바 2세 왕위 승계. 스코틀랜드에 픽트족과 스코트족이 왕국 창건. - 602년: 포카스, 동방 황제 즉위. - 603년: 아기룰푸스가 아들 아달로알두스를 세례를 받게 함. - 스마라그도, 라벤나의 총독이 됨. - 604년: 켄트족 왕 에텔베르투스 법령 반포. - 에데사에서 비잔티움 제국이 패함. 동방의 속주들이 침략당함. - 발칸 반도로 슬라브족 유입. - 609년: 히스파니아의 서고트족 왕 빅테리쿠스 사망, 군데마루스 승계.	- 603년: '아우구스티누스의 참나무' 교회 회의 개최. - 604년: 사비니아누스 교황, 보니파키우스 3세 교황을 이어 보니파키우스 4세 교황 계승, 판테온을 성당으로 개조. - 606년: 교회 분열, 그라도에 가톨릭 주교(칸디디아누스), 아퀼레이아에 열교 주교(요한).	- 바우도니비아 《성 라데군다의 생애》: 베난티우스의 작품을 보완함.

연도	일반사	교회사	교의·문헌사
AD. 610년	- 610년: 포카스 사망, 헤라클리우스 즉위. - 612년: 서고트족의 왕 시세부투스 즉위. - 613년: 이탈리아 북동부 프리울리 지역에 아바르족 침략. - 갈리아 브루네킬데 사망, 클로타리우스 2세 왕국 통일. - 비잔티움이 안티오키아 전투에서 패함. - 614년: 정치·행정집 《클로타리우스 법령》 공포. - 발칸 반도에 슬라브족이 잠식하면서 도시 이름을 바꿈. 페르시아에 의한 예루살렘 함락. - 615년: 콘스탄티노폴리스가 페르시아와 슬라브족에게 포위. - 아기룰푸스 사망, 아들 아달로알두스 즉위, 왕후 테오도린다의 섭정. - 616년: 잉글랜드 에텔베르투스 사망, 애아드발두스 왕위 계승, 가톨릭으로 개종. - 617년: 노르트움브리아(노섬브리아)의 왕 에드위누스(에드윈), 베르니키아와 데이라 정복.	- 610년: 웨스트민스터 대수도원 건설. - 614년: 클로타리우스 2세의 소집으로 파리 공의회 개최, 성직자에 관한 문제의 법제화. - 615년: 아데오다투스 교황을 이어 보니파키우스 5세 교황 계승. - 갈루스가 스웨비족, 헬베티족, 알레마니족에서 선교 활동. - 콜룸바누스가 봅비오 수도원을 창건하고 사망. - 619년: 요한 모스쿠스 사망.	- 콜룸바누스가 《수도승 규칙서》, 《공주 수도 규칙서》 등 수도승 생활과 관련된 여러 작품을 남김. 고전 문학적으로도 높이 평가됨.

연도	일반사	교회사	교의·문헌사
AD. 620년	- 621년: 시세부투스 사망. - 레카레르두스 2세 사망, 수인틸라가 왕이 됨. - 622년: 마호메트, 메카에서 메디나로 헤지라. 이슬람의 원년. - 622/623년: 헤라클리우스, 동쪽으로 진격. - 623년: 다고베르투스, 아우스트라시아의 왕 즉위. - 623/626년: 이슬람이 메카의 주민과 베두인족과 전쟁. - 625년: 테오돌린다 왕비의 통치 종식. - 626년: 아리오발두스, 롬바르드 왕 즉위. - 콘스탄티노폴리스가 포위됨. - 627년: 에아르프발두스, 동앵글리아 왕 즉위, 가톨릭으로 개종함. - 628/629년: 다고베르투스, 네우스트리아와 보르고냐 접수.	- 625년: 호노리우스 1세 교황, 단력론을 지지하여 제6차 보편 공의회에서 단죄됨. - 627년: 노르트움브리아의 왕 에드위누스가 요크에서 측근들과 세례를 받음으로써, 요크의 파울리누스가 자유롭게 선교하게 됨.	- 요한 모스쿠스 《영적 초원》: 예루살렘 인근 성 테오도시우스 수도원 수도승 요한이 미래의 예루살렘 총대주교 소프로니우스와 함께 출간, 본인이 직접 순례한 수도원들과 인근 부락에 대한 자세한 설명. 요한 모스쿠스는 소프로니우스와 같이 칼케돈 결정을 지지했음.
AD. 630년	- 630년: 헤라클리우스, 페르시아군 격퇴, 예루살렘의 성 십자가 탈환. - 631년: 히스파니아의 시세난두스, 서고트족 왕 즉위. - 632년: 다고베르투스, 아퀴타니아 접수. - 마호메트 사망, 아부 바르크가 종교, 정치적 권력 승계.	- 633년: 예루살렘의 소프로니우스, 콘스탄티노폴리스의 세르기우스가 제안한 단력론 반대. - 제4차 톨레도 공의회 개최, 세비야의 이시도루스를 의장으로 함. - 네스토리우스파 그리스도교(경교)가 중국에 전파.	- 콘스탄티노폴리스 총대주교 세르기우스는 칼케돈파와 단성론파를 화해시키기 위해 '본성' 개념보다 '활력'이라는 새 개념을 도입. 예수 그리스도의 활력은 두 본성에 의한 것이 아닌 자신의 위격(hypostasis)에 기인한 것. 따라서 그리스도 안에는 오직 하나의 활력과 의지가 있다고 주장.

연도	일반사	교회사	교의·문헌사
AD. 630년	- 633년: 색슨족과 브리타니아의 부족 간 전쟁. - 이슬람이 중앙 아라비아를 정복. - 브리타니아에서 오스왈두스가 노르트움브리아를 정복, 자신의 영토에 선교사들을 초청. - 오마르가 아부 바르크에 이어 칼리파, 이란과 시리아와 메소포타미아를 정복. - 636년: 로타리스, 롬바르드 왕 즉위. 킨틸라, 히스파니아의 왕 즉위. - 637년: 아랍인에 의해 사산조 페르시아 멸망. - 638년: 칼리파 오마르 예루살렘 점령. - 639년: 다고베르투스 사망.	- 636년: 세비야의 이시도루스 사망. - 638년: 헤라클리우스가 세르기우스 총대주교의 권유에 따라 단성론자들과 칼케돈파들을 화해시키려는 의도로 《엑테시스》 발표. - 아랍인들에 의해 이집트가 정복됨으로써 단성론자들이 비잔티움 제국의 압력에서 자유롭게 됨. - 세베리누스가 교황으로 선출되었으나 헤라클리우스 황제의 승인을 받기 위해 거의 20개월을 기다림. - 아랍인들의 예루살렘 입성. - 예루살렘의 소프로니우스 사망.	- '증거자' 막시무스 《탈라시우스에게 한 질문》: 성경에 대한 리비아의 수도승의 질문에 답변. - 《요한의 난제》: 키지쿠스의 요한의 요청에 의해 나지안주스의 그레고리우스의 작품에서 해석이 어려운 부분을 설명. - 또 다른 '질문과 답변' 양식인 《토마스의 난제》: 나지안주스의 그레고리우스의 5개 항목과 디오니시우스의 1개 항목을 설명함. 첫 두 난제는 삼위일체, 나머지는 그리스도의 '에네르게이아이'(energeiai)에 관한 것. - 이시도루스 《어원》: 교회와 세속의 문화 전반에 대한 일종의 광범위한 백과사전. - 《엑테시스》: 그리스도의 신적 의지와 인간적 의지의 완전한 조화를 단언, 따라서 육화한 로고스의 유일한 위격 안에 두 본성이 혼합되지 않은 채 유일한 의지를 형성함.
AD. 640년	- 640년: 투라, 히스파니아의 왕 즉위. - 콘스탄스 2세, 비잔티움 황제 즉위. - 641년: 로타리스, 이탈리아에 주둔한 비잔티움 군대와 전쟁.		- 645년: 막시무스가 콘스탄티노폴리스 피루스를 이단으로 고발. 피루스와 세르기우스 모두 그리스도의 '하나의 의지'를 주장.

연도	일반사	교회사	교의·문헌사
AD. 640년	- 슬라브족, 이스트리아와 달마티아 침공. - 643년: 로타리스 칙령(롬바르드 법령) 반포. - 아랍인들이 이집트와 키레네 정복.	- 640년: 요한 4세 교황. 뒤를 이은 테오도루스 1세 교황과 마르티누스 1세 교황이 단의론에 대항 투쟁. 마르티누스 교황은 로마 교회 회의를 통해 단성론을 지지하는 경향인 헤라클리우스의 《엑테시스》와 콘스탄스 2세의 《티포스》를 단죄함. 이에 헤라클리우스는 교황을 체포 구금하고 크레미아로 유배 보냄. - 642년: 아랍인들의 알렉산드리아 점령.	- 막시무스 《피루스와의 논쟁》: 그리스도의 두 의지 문제를 다루고 두 활력을 분석. - 콘스탄스 황제 《티포스》: 혼란을 누그러트리려는 목적으로, 그리스도의 의지와 활력에 대한 그 어떤 논쟁도 금지.
AD. 650년	- 651년: 라벤나 총독 올림피우스의 반란. - 데이라의 왕 오스위누스 사망, 베르니키아의 왕 오스위그 두 왕국을 통일. - 652년: 로타리스 사망, 로도알두스와 아리베르투스 승계. - 653년: 서고트족 왕 레케스빈투스 법령집 반포.	- 653년: 롬바르드족, 가톨릭 개종. - 654년: 마르티누스 교황이 유배를 간 사이 에우게니우스 1세 교황 즉위, 이어서 비탈리아누스가 교황이 됨.	
AD. 660년	- 661년: 아리베르투스 사망, 롬바르드족의 내분. - 이슬람이 수니파(정통파)와 시아파(칼리파 알리의 추종자)로 나뉨.	- 662년: 증거자 막시무스가 단의론을 반대하며 황제의 칙령을 거부한 이유로 혀와 오른손이 잘리는 형벌을 받은 뒤 사망. - 664년: '휘트비 교회 회의' 개최, 노르툼브리아의 왕 오스위그 소집, 켈트 예절과 앵글로-로마식 전례의 혼란을 해결.	- 막시무스 《사랑에 관한 단상》(400편): 수도 생활 개념과 영적 가르침에 대한 폭넓은 설명. - 《(성자의) 하느님성과 구원경륜, 덕행과 악습에 관한 여러 단상》: 200개의 단상 모음집.

연도	일반사	교회사	교의·문헌사
AD. 660년	- 662년: 그리모알두스, 롬바르드 왕 즉위. - 668년: 콘스탄스 2세 사망, 아들 콘스탄티누스 4세 즉위.	- 667년: 톨레도의 일데폰수스 사망. - 668년: 켄터베리의 테오도루스가 주교가 되어 잉글랜드 교회를 재정비.	- 《신비 교리교육》: 전례 예절의 의미 설명, 교회를 건물과 모임이라는 상징으로 설명. - 《신학적·논쟁적 소고집》: 27편 모음집, 다양한 상황과 여러 신학적인 주제를 다룸.
AD. 670년	- 671년: 페르타리투스, 롬바르드 왕 즉위. - 672년: 밤바, 서고트족 왕 즉위. - 673년: 네우스트리아의 왕 클로타리우스 3세 사망, 킬데리쿠스, 아우스트라시아와 네우스트리아와 보르고냐의 왕. - 675년: 다고베르트 2세, 아우스트라시아 왕 즉위. 헤르스탈의 피피누스(피핀)가 아우스트라시아의 궁재가 됨.	- 672년: 아데오다투스 2세 교황. - 676년: 도누스 교황. - 680년: 아가톤 교황, 단의론을 단죄하고 라벤나 교회의 '자치 독립권'을 종식함.	
AD. 680년	- 680년: 에르비기우스, 동고트족 왕 즉위. - 685년: 유스티니아누스 2세, 동방 황제 즉위. 아랍인들과 평화 협정. - 687년: 피피누스(피핀), 프랑크 왕국의 유일 궁재.	- 680~681년: 제6차 보편 공의회가 콘스탄티노폴리스에서 개최. - 682년: 레오 2세 교황이 선출되었으나 오랜 시간 동방 황제의 승인을 기다림. - 684년: 베네딕투스 2세 교황. - 685년: 요한 5세 교황. - 686년: 코노누스 교황.	- 제6차 보편 공의회는 단력론과 단의론을 단죄, 이런 이단을 지지하는 생존자는 물론이고 이미 사망했을지라도 단죄함(안티오키아의 마카리우스, 알렉산드리아의 키루스, 콘스탄티노폴리스 총대주교인 세르기우스, 피루스, 파울루스, 페트루스). 그리스도 안에 분리되지 않는 두 의지와 두 활력을 확인함.

연도	일반사	교회사	교의·문헌사
AD. 680년	- 687년: 에키카, 서고트족 왕 즉위. - 688년: 쿠니페르투스, 롬바르드 왕 즉위	- 687년: 세르기우스 1세 교황. - 아랍인들의 침공으로 마론파 수도승들이 레바논의 산악 지방으로 이주.	
AD. 690년	- 690년: 세바스토폴리스(아르메니아)에서 비잔티움이 아랍인들에게 패배하고 그 지역 일대를 상실. - 예루살렘에 오마르 모스크가 세워짐. - 695년: 유스티니아누스 2세가 퇴위되어 코가 잘리고 유배형에 처해짐. 레온티우스가 황제가 됨. 처음으로 베네치아인들이 '도제'를 세움. - 697/698년: 아랍인들이 카르타고와 그 일대를 정복. - 698년: 티베리우스 3세(아프시마르) 동방 황제 즉위.	- 690년: 빌리브로르두스가 프리지아 지역에 복음화 시작. - 692년: 콘스탄티노폴리스에서 '트룰루스 공의회'(퀴니섹스투스) 개최. 제5차와 제6차 보편 공의회를 보완하려는 의도에서 열렸으며, 방대한 카논을 공포함. - 세르기우스 1세 교황은 '트룰루스 공의회'를 승인하지 않음.	- 692년 트룰루스 공의회: 동방 교회의 규범과 교회 생활 규정에 매우 중요한 회의. 102개 조항이 수도자와 성직자에 관한 규정. 예를 들어 결혼한 부제와 사제에 관한 13개 조항이 있음. 카논 36조는 콘스탄티노폴리스를 로마 다음이지만, 그에 버금가는 권위를 가진다고 천명. - 《파비아 교회 회의에 관한 시가》: '스테파누스'라는 이름의 저자가 롬바르드 왕 쿠니베르투스의 신앙과 업적을 찬양. "이탈리아 전역에서 하나의 신앙"을 이루기 위해 교회 회의를 개최한 왕의 업적을 기림.
AD. 700년	- 701년: 비티차, 서고트족 왕 즉위. 아리베르투스 2세, 롬바르드 왕 즉위.	- 700년: 루페르투스, 살리스부르구스의 주교가 됨. - 701년: 요한 5세 교황. 요한 7세 교황. 시신니우스 교황이 즉위 20일 만에 사망.	- 야코부스가 그리스어로 된 많은 작품을 시리아어로 번역함. 구약 성경의 시리아 번역본 씀.

연도	일반사	교회사	교의·문헌사
AD. 700년	- 705년: 유스티니아누스 2세가 유배에서 돌아와 황제로 복위. - 다마스쿠스에 대규모 모스크 건축.	- 708년: 콘스탄티누스 교황. - 798년: 에데사의 주교 야코부스 사망. - 인도의 마라바르 지역에 네스토리우스파 주교들 정착.	
AD. 710년	- 710년: 아랍인들, 페르시아 전역 점령. - 711년: 필리피쿠스 바르다네스 황제가 눈이 뽑힌 뒤 폐위되고, 아나스타시우스 2세가 동방의 황제가 됨. - 아랍인들이 히스파니아 침략, 톨레도 점령. 로데리쿠스, 서고트족의 마지막 왕. - 712년: 리우트프란두스, 롬바르드 왕 즉위. - 714년: 피피누스 사망. - 715년: 카를루스 마르텔, 아우스라시아의 궁재가 됨. - 비잔티움 황제가 테오도시우스 3세와 레오 3세 이사우리아인으로 이어짐. - 717년: 펠라기우스, 아스투리에의 왕 즉위. - 719년: 카를루스 마르텔, 프랑크 왕국의 실질적 지배자가 되어 킬페리쿠스 2세를 왕으로 지명.	- 715년: 그레고리우스 2세 교황이 황제 레오 3세 황제의 성화상 파괴 명령에 저항, 몬테카시노의 수도권 재건 지시, 718년 로마에 도착한 보니파키우스를 지지함. - 719년: 보니파키우스가 중부 게르마니아와 프리지아에서 복음화 진행.	

연도	일반사	교회사	교의·문헌사
AD. 720년	- 721년: 아랍인들이 프랑스 침략. - 725년: 에아르베르트, 웨식스 왕 즉위. - 727년: 리우트프란두스, 수트리를 정복하고 그 지역을 그레고리우스 2세 교황에게 헌납.	- 723년: 리우트프란두스가 히포의 아우구스티누스의 유해를 사르디니아에서 파비아로 옮김. - 725년: 레오 3세 황제가 성화상 공경을 금지하는 칙령 반포. - 727년: 알사지아에 피르미니우스 수도원 건립. - 수트리의 증여로 교황령 탄생.	
AD. 730년	- 732년: 카를루스 마르텔, 피레네 산맥을 넘은 아랍인들과 푸아티에 전투. - 738년: 카를루스 마르텔, 프로벤키아(프로방스)에서 아랍인들 격퇴. - 739년: 알폰수스 1세 카톨리쿠스, 아스투리에 왕 즉위.	- 731년: 그레고리우스 3세 교황이 교회 회의를 통해 성화상 파괴주의자들을 단죄. - 베다의 《앵글로족 교회사》 (731년까지 역사). - 735년: 베다 사망.	
AD. 740년	- 741년: 콘스탄티누스 5세 코프로니무스, 동방 황제 즉위. - 카를루스 마르텔 사망, 왕국이 아들들에 의해 분리.	- 741년: 자카리아 교황이 피피누스(피핀) 3세를 프랑크 왕국의 왕으로 인정. - 보니파키우스의 제자 스트루미우스에 의해 '스트룸 대수도원' 설립. - 749년경: 다마스쿠스의 요한 사망.	- 다마스쿠스의 요한 《인식의 원천》: 철학, 이단, 정통 신앙에 대해 다룸.